北京物资学院大运河研究院年度研究报告

北京大运河
文化保护与传承利用
专项研究报告

(2022)

刘崇献　孙静 等 ◎ 编著

首都经济贸易大学出版社
Capital University of Economics and Business Press
· 北 京 ·

图书在版编目（CIP）数据

北京大运河文化保护与传承利用专项研究报告. 2022 / 刘崇献等编著. --北京：首都经济贸易大学出版社，2023. 7

ISBN 978-7-5638-3526-3

Ⅰ. ①北… Ⅱ. ①刘… Ⅲ. ①大运河-文化-保护-研究报告-北京-2022 ②大运河-文化-利用-研究报告-北京-2022 Ⅳ. ①K928. 42

中国国家版本馆 CIP 数据核字（2023）第 105781 号

北京大运河文化保护与传承利用专项研究报告（2022）
BEIJING DAYUNHE WENHUA BAOHU YU CHUANCHENG LIYONG ZHUANXIANG YANJIU BAOGAO（2022）
刘崇献 孙静 等 编著

责任编辑 潘飞
封面设计 砚祥志远·激光照排 TEL：010-65976003
出版发行 首都经济贸易大学出版社
地　　址 北京市朝阳区红庙（邮编 100026）
电　　话（010）65976483 65065761 65071505（传真）
网　　址 http://www.sjmcb.com
E- mail publish@cueb.edu.cn
经　　销 全国新华书店
照　　排 北京砚祥志远激光照排技术有限公司
印　　刷 北京建宏印刷有限公司
成品尺寸 170 毫米×240 毫米 1/16
字　　数 448 千字
印　　张 24. 25
版　　次 2023 年 7 月第 1 版 2023 年 7 月第 1 次印刷
书　　号 ISBN 978-7-5638-3526-3
定　　价 85. 00 元

编写人员

刘崇献

孙　静

朱群芳

刘玉奇

邹旭鑫

李博雅

杨　扬

序　言

贯彻落实好习近平总书记关于大运河文化带建设的重要指示批示精神，保护、传承、利用好大运河文化资源是大运河沿线六省两市的共同责任。2019年2月和12月，中共中央办公厅、国务院办公厅相继印发《大运河文化保护传承利用规划纲要》《长城、大运河、长征国家文化公园建设方案》，以保护传承利用大运河文化作为出发点和立足点，提出将大运河打造成为绿色生态带、璀璨文化带和缤纷旅游带。作为京杭大运河的北端城市和漕运终点，北京市按照“四个中心”的城市战略定位，确定了“一核一城三带两区”的总体建设框架，将大运河文化带作为推进北京全国文化中心建设的重要抓手，构筑大运河实体与区域文化伴生共荣的集中展示空间，更好凸显北京历史文化整体价值。

北京是大运河文化资源要素的重要汇聚点。大运河北京段途经通州、朝阳、东城、西城、昌平、海淀六区，拥有河道、湖泊、闸、桥梁、码头、仓储、古建筑等几十处不同类型的物质文化遗产，涵盖地名、传说、风俗等百余项非物质文化遗产。进入新发展阶段，北京大运河文化保护、传承与利用面临新形势、新挑战、新使命，亟待学术界开展多视角、多维度、多层次的系统研究，为推动北京大运河文化带、大运河国家文化公园的高质量建设提供理论基础与对策建议。在这一背景下，《北京大运河文化保护与传承利用专项研究报告（2022）》（以下简称《研究报告》）的出版可谓恰逢其时。

《研究报告》的编写单位北京物资学院坐落于京杭大运河最北端的通州区，是一所以物流和流通为特色、多学科协调发展的公办高等院校，这与自古以“惠通南北”为核心功能定位的大运河有着天然的默契。在相关部门和兄弟院校的指导与支持下，北京物资学院的学者较早便开始关注和研究大运河文化，并在运河历史、物流价值、文旅产业等多个领域取得了一系列成果。2018年1月成立的大运河研究院，系国内首批专门针对大运河研究的高端智库。同年6月，大运河研究院与中国人民大学、中央党校经济学部、中国社科院财经战略研究院、南京邮电大学等30余家高校、科研院所联合发起成立“中国大运河智库联盟”，并当选为联席理事长单位。“中国大运河智库联盟”自成立以来先后承接国家发改委、北京市社科联等多项大运河研究项目，并在《光明日报》《北京日报》《前线》《财经问题研究》等主流报刊、学术期刊发表系列成果。2021年12月，学校改组大运河研究院，朝实体化研究机构发展迈出了坚实一步，目的是全面打造以大运河文化研究为主题和特色的首都高端智库。

本《研究报告》选题广泛、视野开阔，既研究了北京市的大运河保护传承利用问题，也比较分析了京津冀等运河沿线省市的相关发展情况；既包括文化产业的发展研究，也涉及文化管理体制机制、公共文化服务等领域的研究；既触及文旅融合的深层议题，也研究了区域协同推进文化发展中的要点难点。这些研究发现都建立在大量细致的资料搜集、实地调研和科学分析之上，并且饱含了北京物资学院学者对大运河的真切情感与文化认同。我们希望并且相信这份《研究报告》能够为扎实推进大运河文化带和大运河国家文化公园的建设贡献一份力量。

北京物资学院大运河研究院

2023年2月于大运河畔

目 录

第一篇　北京大运河文化保护与传承

第二篇　北京大运河沿线产业发展

第三篇　大运河文化带经济带建设

第一篇

北京大运河文化保护与传承

北京市大运河文化保护与传承利用方案研究

刘崇献

本文第一部分探讨了大运河和大运河文化的内涵，并重点分析了大运河文化及其保护与传承利用的背景，指出大运河文化保护及传承利用已经上升为国家级规划，研究北京市大运河文化保护及传承利用方案具有重要的现实意义。

第二部分分析了北京市大运河文化保护与传承利用的现状，梳理了北京大运河文化保护与传承利用的政策背景，强调了北京大运河文化保护与传承利用的原则与导向，并重点分析了大运河文化（北京段）遗存及保护现状。

第三部分分析了大运河（北京段）文化保护传承利用的主要障碍，包括土地利用、管理体制和投融资体制等方面的障碍因素，并提出了相应的对策与建议。

第四部分以大运河典型城市（无锡和杭州）为例，分析了其在大运河文化保护及传承利用方面的主要做法、模式和成效，为解决北京大运河文化保护及传承利用面临的土地利用、管理体制、投融资体制、文旅商融合发展等方面的障碍提供了借鉴。

第五部分作为报告的重点部分，从五个方面提出了北京大运河文化保护与传承利用的方案建议。主要包括：①贯彻先进发展理念，推动大运河文化保护与传承利用；②创新大运河文化宣传方式，助力提升大运河知名度；③深化大运河文旅商融合发展，促进经济文化娱乐一体化；④从政府、市场、市民三方面推进运河文化传承与文物保护；⑤以大运河文化带建设作为城市副中心高质量发展的抓手；⑥规划、培育一批中长期特色项目，打造新时代大运河地标。

一、大运河文化及其保护与传承利用的背景

（一）“大运河”的界定

大运河始建于公元前5世纪的我国春秋时期，已历经2 000多年历史，地跨今北京、天津、河北、山东、江苏、浙江、河南和安徽八个省级行政区，

跨越 3 000 多千米，沟通了海河、黄河、淮河、长江、钱塘江五大水系。沿线人口达到 1 亿 7 千万。大运河是世界上唯一一个为确保漕运安全，达到稳定政权、维持统一的目的，由国家开凿和管理的人工运河。它沟通了国家的政治中心与经济中心，在促进经济繁荣、文化交流和科技发展方面发挥了不可替代的作用。正所谓“运河通，朝代兴；运河断，朝代亡”，大运河历经千年沧桑，运河的兴废与历史上传统王朝的盛衰息息相关。

大运河是中国人民创造的一项伟大工程，是中国人民智慧结晶的直接体现，它不仅促进了南北商贸往来与经济发展，还搭建起了文化沟通与互鉴的桥廊，具有十分重要的历史文化意义。2014 年 6 月，中国大运河在第 38 届世界遗产大会上被联合国教科文组织列入《世界遗产名录》，成为中国第 46 个世界遗产项目。大运河以其独特的历史文化底蕴和经贸发展价值，吸引了相关部门和诸多学者的关注。

从申请世界文化遗产的角度，根据《中国大运河申报世界遗产文本》和《大运河遗产保护与管理总体规划（2012—2030）》（以下简称“总体规划”），大运河的范围被界定为由京杭大运河、隋唐大运河、浙东运河等现有和历史上最近使用的主河道构成。大运河文化带以大运河流经的北京、天津、河北、山东、河南、安徽、江苏、浙江等八个省市为规划范围，涉及三十五座运河沿线城市。

（二）大运河文化的内涵

“大运河文化”又称“京杭大运河文化”，在部分文献中亦被称为“运河文化”。然而“运河文化”也可泛指世界范围内的各种运河文化，故应在开头部分表明文章所称“运河”即为“大运河”，本文也是如此。

推进大运河文化建设，保护是基础，传承是方向，利用是动能，而一切的逻辑起点是对其文化内涵的深刻认知……只有多层次、全方位、不间断地深化对大运河文化的内涵认知，读懂大运河的文化含义，凝聚发展共识，推进价值共创，才能做好大运河这篇大文章，让古老的大运河向世界亮出“金名片”[1]。当前对大运河文化的理解有泛化趋势，因此深入认识“大运河文化”的内涵非常重要，要知道大运河文化不是一个万能的筐，什么都可以往里面装。

不同学者对文化有不同的理解和界定，大部分学者采取广义的文化理解，即认为文化包含物质和精神两个层面。

吴欣认为，文化是凝结在物质之中又游离于物质之外的能够被传承的历史、地理、风土人情、传统习俗、文学艺术、价值观念乃至信仰等。“大运河文化带”是指置于运河带状区域之上，在历史进程中累积的，由民众创造、遵循、延续的制度、技术、社会文化的总和[2]。

熊海峰认为，大运河文化是指依托大运河而产生、发展、流传的物质财富和精神财富之和，中国运河文化是中华民族文化大系中的亚文化，它与其他区域文化一样是由物质、制度、行为及精神等多个层面构成的完整的文化体系[3]。

李泉认为，大运河的稳定通航和漕运功能的强化使之具备了形成区域文化的地理空间。频繁的文化交流使得大运河区域的文化发生演变，并与周围区域文化产生差异；加之经过较长历史时段的文化认同感培养，使大运河文化成为不同于周边地区的新文化形态[4]。

郑孝芬认为，广义的文化是一种社会现象，同时又是一种历史现象，包括人类在社会历史发展过程中所创造的物质财富和精神财富。大运河文化应该是一个大文化概念，既蕴含丰富的物质文化，如河道变迁、水利工程遗迹、税关仓储等，又蕴涵非常丰富的非物质文化，包括宗教信仰、风土人情、传统习俗、学术思想、文学艺术、科学技术等[5]。

王加华认为，“区域的文化”本质上是以“地域”而非“核心文化要素”来界定的。大运河文化的核心动力要素应是“运河”，即“运河”决定了大运河文化的本质和内涵。因此，大运河文化是因大运河而生、因大运河而变的文化。该学者将大运河文化分为以下几类。

第一，因大运河而生，即伴随大运河的开凿及其核心功能的发挥而新产生的文化内容。因大运河而生的文化也可分为物质文化和非物质文化。其中，物质文化包括大运河河道的水利工程，因开槽、疏浚等特定节日而产生的神灵崇拜和祠宇建筑等；非物质文化包括有关大运河河道和漕运管理的河漕制度[6]，由大运河衍生出的船民风俗[7]，以及催生出的纤夫群体的生存状况及社会影响[8]。

第二，因大运河而变的文化，即因大运河开凿及航运兴盛所产生的大运河特有文化对沿河地区既有文化的影响结果，根据影响的积极与消极性又可再细分为两类。因大运河发展而产生积极影响的文化有很多，如徽商、晋商等商帮借助大运河扩展经商范围；又如，大运河区域的商品经济发展和人口结构变化，带动了大运河区域的农业产品进入市场，使农业生产结构由传统的麦豆转向经济作物，使自给自足的自然经济部分转向商品经济；等等。与此相对，因大运河发展而产生负面影响的文化包括奢华侈靡的消费观等[9]。

第三，因大运河而传播的文化，即在大运河沟通交流功能的影响下，某一文化扩大了传播范围。例如，经由大运河的传播，经商的思想一改末流地位，逐渐成为被各阶层追捧的社会风气。徽商、晋商在大运河区域的活动，刺激了当地人的经商热情，大运河沿线城市的商人结成商帮，又沿大运河到达南北各地。

第四，受大运河影响而衍生的文化，这主要指的是远离大运河区域，但又受大运河、漕运等连带影响而产生的行业组织、社会习俗等。例如，非大运河沿岸省份的漕粮运输，即衍生出以漕运为目的的组织机构[10]。

（三）大运河文化保护与传承利用的背景

习近平总书记指出：“大运河是祖先留给我们的宝贵遗产，是流动的文化，要统筹保护好、传承好、利用好。”积极推进大运河文化带建设，多方位保护好、传承好、利用好大运河历史文化遗产是一项十分重大而艰巨的任务。

近年来，从国家层面再到各省、市、区层面都在积极推进大运河文化保护项目建设，各地依据其自身特点出台了多项政策保护措施，扎实做好在“保护中发展，在发展中保护”。

2019 年 2 月，中共中央办公厅、国务院办公厅印发了《大运河文化保护传承利用规划纲要》（以下简称《规划纲要》），以科学规划、突出保护、优化布局、合理利用为基本原则，着重强化顶层设计，加强体制机制建设。《规划纲要》明确指出，要按照“河为线，城为珠，线串珠，珠带面”的思路，构建一个主轴带动整体发展、五大片区重塑大运河实体、六大高地凸显文化引领、多点联动形成发展合力的空间格局框架。与此同时，该规划从强化文化遗产保护传承、推进河道水系治理管护、加强生态环境保护修复、推动文化和旅游融合发展、促进城乡区域统筹协调、创新保护传承利用机制等六个方面入手，阐述各方面重点工作、重点任务和重要措施，并提出文化遗产保护展示、绿色生态廊道建设、河道水系资源条件改善、文化旅游融合提升等四项工程，以及精品线路和统一品牌、运河文化高地繁荣兴盛等两项行动，着力打造集璀璨文化带、绿色生态带、缤纷旅游带为一体的大运河文化保护体系。

2021 年 7 月，由国家发展改革委牵头编制的《大运河文化保护传承利用“十四五”实施方案》（以下简称《实施方案》）正式对外发布，该实施方案将大运河文化保护的建设目标、时间规划、建设措施等加以进一步细化与阐释。《实施方案》提到，到 2023 年大运河相关世界文化自然遗产保护水平迈上新台阶，有条件的河段实现旅游通航、绿色生态廊道初具规模、大运河旅游精品线路和品牌初步创立、大运河国家文化公园建设保护任务基本完成。到 2025 年，大运河沿线各类文化自然遗产保护实现全覆盖，分级分类展示体系基本形成，力争京杭大运河主要河段基本实现正常来水年份有水，绿色生态廊道基本建成，大运河文化和旅游实现深度融合，“千年运河”统一品牌基本形成，大运河国家文化公园成为向世界传播中华文化的重要标志。《实施方案》还着重明确了四方面四十七项具体任务，其中包括强化文化遗产保护传承、开展生态环境保护修复、推进运河航运转型提升、促进文化旅游融合发展等，以多方面、全方位塑造一条造福人民的“幸福河”。

随着我国经济社会的不断进步，全国一盘棋和高质量发展日益受到重视。大运河作为一种重要的物流、水利和景观设施，在当代经济发展和社会生活中仍然发挥着重要作用。当前，不仅现有运河的保护和利用受到重视，而且一批新的运河项目也在建设或规划中。例如，位于广西的平陆运河已经开始建设，规模更为宏大的浙赣粤运河也在积极推进中，此外还有讨论多年的红旗河工程等。运河建设在地区物流、区域调水、水利灌溉、城市泄洪、城市景观塑造等之中发挥着重要作用，在未来相当长的时期内将成为推动我国绿色低碳发展的重要抓手，以及拉动我国经济增长的新基建重点领域之一。在此背景下，北京市积极打造大运河文化带建设，进而打造促进我国东部地区协同绿色创新发展的大运河经济带，具有重要的意义。

二、大运河文化保护与传承利用的现状分析

如前所述，近年来，从国家层面到各地方层面都在积极推进大运河文化保护项目建设。各地依据其特点出台了多项政策保护措施，扎实做好在“保护中发展，在发展中保护”。大运河是重要的文化传承与发展的纽带，各地政府高度重视大运河文化保护建设，在贯彻中央政策的同时，结合大运河的特殊开发地位出台了多项政策文件，使“运河名片”更加鲜亮。

（一）北京大运河文化保护与传承利用的政策背景

大运河（北京段）是北京市重要的文化传承与发展纽带，北京市政府高度重视大运河文化保护建设和打造“运河名片”。2019 年 12 月，北京市推进全国文化中心建设领导小组正式发布《北京市大运河文化保护传承利用实施规划》《北京市大运河文化保护传承利用五年行动计划（2018 年—2022 年）》，该规划和计划制定了 2025 年、2035 年、2050 年三个阶段的大运河文化传承保护目标，力求发挥大运河对城市文化发展的优化作用。根据该规划，大运河文化带将构建起“一河、两道、三区”的发展格局，同时以列入世界文化遗产名录的点段为重点，大力推进大运河不同区域带建设，形成七个文化展示区和五个生态展示区，使文化与生态相互融合、相互促进。该规划还指出，大运河文化带发展的定位之一是成为高水平建设城市副中心的重要标识，在城市副中心建设中充分运用和展示运河元素，让大运河“文化品牌”

“生态品牌”为城市副中心增光添彩，有效凸显城市的独特魅力。大运河文化带已成为北京城市副中心着力打造的重要地标。

在“2021北京（国际）运河文化节”上，《北京市大运河国家文化公园建设保护规划》（以下简称《规划》）正式发布。该规划围绕2021年、2023年、2025年三个时间节点对大运河国家文化公园建设目标进行了详细规划，并提出到2023年大运河沿线文物和文化资源保护传承利用协调推进局面基本形成，大运河国家文化公园建设保护任务基本完成；到2025年，大运河各类文化遗产资源保护基本实现全覆盖，基本完成北运河、通惠河、萧太后河、坝河等重点河段综合治理，实现河道水体全面还清。未来，北京将重点推进大运河的保护传承、研究发掘、环境配套、文旅融合、数字再现，将运河千年神韵传递给世人。根据《规划》，北京围绕大运河建设将打造文化之河、生态之河、发展之河、民生之河、融合之河，还将围绕大运河物质文化遗产与周边环境风貌打造文化创新典范，如规划建设大运河源头遗址公园、修复八里桥、推进文物保护修缮、建设路县故城古遗址公园等，使文化之河熠熠生辉。《规划》还提出，修复大运河生态环境，建设观水、近水的滨水休闲空间，加强大运河河道两旁绿化提升和环境整治，大力建设通州堰防洪体系，使生态之河长存永续；培育大运河主题精品旅游产品，建成大运河博物馆、城市副中心剧院和图书馆等重大公共文化设施，使发展之河源远流长；优化鼓楼西大街、南锣鼓巷、南新仓、通惠河沿线等一批传统利用区，提升公共空间、商业业态、建筑风貌和交通秩序，建设具有大运河特色的高品质京味文化休闲区，使民生之河造福人民；发挥大运河连接京津冀等地的轴线作用，促进沿线八个省市开展交流合作，如持续办好国际运河文化节、运河国际艺术周、京津冀文化交流季等文化活动，使融合之河助推城市发展。

在城市副中心层面，北京市通州区推进全国文化中心建设领导小组办公室于2020年正式发布《通州区大运河文化带保护建设规划》和《通州区大运河文化带保护建设三年行动计划（2020年—2022年）》。

该规划从生态、旅游、文化、开放四个层面，自然、世界、历史、未来四个维度提出了四大战略。在目标规划方面提出四个中长期目标：到2022年，基本建成城市副中心的“黄金水道”和“城市名片”；到2025年，再现大运河北首盛景；到2035年，以大运河文化带建设引领京津冀协同发展，使之进一步发挥示范带动和战略支撑作用；到2050年，大运河成为中国文化与世界文明交流的重要承载地。在空间布局方面，提出“一河、三区、多点”的发展格局。“一河”即以大运河河道及两侧为大运河文化带规划主体部分。“三区”即运河水城展示区、运河文旅体验区和运河生态观光区。所谓“多点”：一是时代文化创新点，主要包括张家湾设计小镇、台湖演艺小镇、宋庄艺术创意小镇、环球影城主题公园等；二是历史遗产传承点，主要包括通州古城、漷县古城、路县故城、张家湾漕运古镇等；三是休闲文化体验点，主要包括西集生态休闲小镇以及儒林村、张庄村、马头村等一批特色古村落。千年的大运河漕运史在通州留下了众多文物古迹。该规划中还提出了不少亮点实施规划，如提出要着力加强对大运河古桥、古闸、古坝、古码头的保护和再利用，改造和恢复 7.5 千米古河道，创造条件展现玉带河故道、北运河故道、明清通惠河等历史水系的历史风貌；要对路县故城、通州古城、张家湾古镇等进行整体保护和利用，打造城市副中心的大运河文化标识区；实施大运河两岸陆路交通贯通工程，打通断头路，实现大运河通州段全线两侧或单侧堤岸沿线车道贯通；进一步完善大运河绿道系统建设，增加亲水步道，以大运河绿道串联绿色生态空间、历史文化遗迹、公共文化展示场所；开发整合“三庙一塔”景区、运河公园、大运河森林公园等运河沿岸文化旅游资源，按照 5A 级景区标准完善旅游基础设施和公共服务设施，打造集休闲、体验、度假、购物于一体的 5A 级大运河景区。

（二）北京大运河文化保护与传承利用的原则与导向

大运河作为世界文化遗产，是我国古代伟大的物流民生工程，具有和我国伟大的国防工程——万里长城相媲美的历史文化地位。根据北京市大运河文化遗产的现状和特点，借鉴其他省份大运河文化保护与传承利用经验，笔者认为北京市大运河文化保护和传承利用应贯彻以下原则与导向。

1. 占位要高，要发挥引领作用

应着力把大运河宣传打造成为与长城齐名的中华文明象征之一。从增强文化自信和促进文旅融合角度看，可以把长城、故宫、大运河“打包宣传”为中国 G3（Grand 系列）景点。为此，北京市应在大运河文化保护与传承利用模式、关键障碍解决方式、特色文化项目培育等方面积极创新，树立标杆或标准；在全国性大运河文化品牌培育和宣传方面，以及推动大运河文化带协同发展等方面发挥统筹策划、示范引领作用。

2. 加强大运河文化研究和遗址遗迹发掘和保护

文化是根，对其加以充分挖掘、研究和保护，是大运河文化产业及相关旅游业、濒水产业发展的基础。同时，应在鉴别、取舍的基础上凝练大运河文化的特色和品位。

3. 重视大运河文化的产业化开发

大运河文化保护和产业化开发是相辅相成的，产业化开发可以给文化保护提供资金支持，从而实现更高水平的可持续保护和宣传；文化保护和研究则为产业化提供载体、内容、灵魂和基础，从而提升文化产业的品位和内涵。产业化开发应以对大运河文化内涵有全面正确理解、有利于大运河历史文化遗产保护和发扬光大为前提，反对过度商业化甚至破坏性开发。

4. 重视创新和传承利用

大运河文化保护不仅仅是花费巨资复原一些古桥、古码头等，而是要守正创新，结合时代需求对大运河文化加以传承利用，因此要勇于创建新时代大运河标志性景观和利用模式。此外，要想推动大运河文化、生态、游憩和物流功能综合有序开发，应有整体运营观念和创新性方案，尽量做到成本和效益的平衡。

5. 同北京城市高质量发展和城市功能定位融合发展

大运河文化保护与传承利用是首都北京建设全国文化中心的重要领域，也是培育北京这一全国文化中心的重要抓手。同时，大运河文化也是北京城市副中心最突出的特色，大运河文化带建设和产业化发展是推动北京城市高质量发展的重要领域和抓手。因此，大运河文化的保护与传承利用要同北京市（包括城市副中心）的高质量发展统筹考虑，协同推进。

6. 培育北京特色

在保护好古运河及其遗址、遗迹的基础上，针对从中挖掘、提炼、宣扬哪些文化要素，确立什么样的地标性工程和重点项目，发展什么样的滨水产业，如何创新投融资模式和运营管理模式，如何塑造北京大运河文化特色等问题，都应有一个中长期的规划和落实方案。

（三）大运河文化（北京段）遗存及保护现状

1. 大运河文化（北京段）遗产总体概况

北京的大运河体系在千百年的变迁中不断发生变化，不仅推动了运河沿线城市经济、科技和文化的交流，而且积累了丰富的文化遗产。大运河遗产之所以和其他普通的文化遗产之间存在着显著的差异，因其是一种复合型文化遗产，遗产形态多样：既包括运河河道、附属建筑、工程遗址等物质文化遗产，也包括漕渠名称、相关地名、漕运制度及管理方法、水利技术以及有关运河的传说、民俗等非物质文化遗产。

元代以前关于北京段大运河的记载模糊，航道也未清晰记载，加之修建时的技术水平有限，因此并没有留下太多遗迹、遗存。与之相比，元、明、清时期，京杭大运河正式成形，并在数百年间一直发挥着独特的作用，在北京境内留下了丰富的遗产，如今大运河所留存的历史遗迹也主要以明、清时期的为主。

目前，北京段大运河遗产从整体来看保存相对比较完整。河道、湖泊的整体连贯性保存较好，包括保存下来的众多桥梁、码头遗址及水利工程设施等，此外如古建筑、古遗迹等也多有留存，遗产体系的整体性较强。

但是应当看到，上述具体遗产点的保存状况较差，如河道、湖泊被污染，桥、闸、古建筑本体均有不同程度的损害，运河仓厂、码头等在地上已无遗存，仅存留地下遗址。此外，绝大部分北京段大运河遗产已失去其原有的历史功能，功能延续性差。

《大运河遗产保护规划（北京段）》经过历史考证或考古发掘的物质文化遗产共 40 项（见表 1）。其中水利工程遗产共 31 项，包括河道 5 项、水源 4 项、水利工程设施 7 项、航运工程设施 10 项、古代运河设施和管理机构遗存 5 项。其他运河物质文化遗产共 9 项，包括古遗址 6 项、古建筑 2 项、石刻 1 项。非物质文化遗产共 11 项（见表 2）。目前，已有 25 处大运河遗产成为各级文物保护单位，其中已公布为全国重点文物保护单位的遗产点共 3 处，推荐列为全国重点文物保护单位的遗产点共 10 处[11]。

表 1　北京大运河物质文化遗产

遗产类别		遗产名称	朝　代
河　道	运河河道	通惠河（包括今通惠河与通州一段故道）	元
		通惠河玉河故道	元
		白河（今北运河）	元
		坝　河	元
	人工引河	南长河（今昆玉××段与长河）	元
水　源	泉	白浮泉（含九龙池与都龙王庙）	元
		玉泉山诸泉	金
	湖　泊	翁山坡	元
		积水潭（今什刹海）	元
水利工程设施	闸	广源闸（包括龙王庙）	元
		万宁桥（包括澄清上闸遗址）	元
		东不压桥遗址（包括澄清中闸遗址）	元
		庆丰上闸遗址	元
		平津上闸遗址	元
		颐和园××湖绣漪闸	清
		高粱闸桥	元

续表

遗产类别		遗产名称	朝代
航运工程设施	桥梁	德胜桥	明
		银锭桥	明
		永通桥（包括御制通州石道碑）	明
		通济桥遗址	明
		广利桥（包括镇水兽）	明
		通运桥	明
		张家湾东门桥	明
		张家湾虹桥	明
	码头	张家湾码头遗址	辽
		里二泗码头遗址	元
古代运河设施和管理机构遗存	仓库	北新仓	明
		南新仓	明
		禄米仓	明
		通州大运中仓遗址	明
		通州西仓遗址	明
其他	古遗址	神木厂址（包括神木谣碑）	明
		通州城北垣遗址	元、明
		张家湾城墙遗迹	明
		皇木厂遗址（包括古槐）	明
		花板石厂遗址	明
		上、下盐厂遗址（包括下盐厂石权）	明
	古建筑	玉河庵（包括玉河庵碑额）	清
		燃灯佛舍利塔	北周
	石刻	王德常去思碑	元

资料来源：北京市文物局《大运河遗产保护规划（北京段）》（京文物〔2012〕1211号）。

表2 北京大运河非物质文化遗产

遗产类别	遗产名称
地名	海运仓
	与运河相关的胡同名、街道名
	通州区若干个村庄的村名

续表

遗产类别	遗产名称
传 说	宝塔镇河妖
	“铜帮铁底”古运河
	八里桥的故事——“扒拉桥”
	不挽桅
	乾隆游通州的奇闻逸事
	萧太后河的来历
风 俗	通州运河龙灯会
其 他	通州运河船工号子

资料来源：北京市文物局《大运河遗产保护规划（北京段）》（京文物〔2012〕1211号）。

2. 大运河北京段遗产的价值

北京段大运河水利工程遗产具有很高的历史价值和科学价值，凝聚了我国古代劳动人民智慧的结晶，充分体现了我国古代运河文化的创新精神。在引水工程中，有为大运河起到济运储水功能的玉泉山诸泉、瓮山泊（今颐和园昆明湖）、紫竹院湖、高碑店水库等水体，为大运河河道引水的京密引水渠、通惠灌渠，以及在元代曾与通惠河共同承担京城漕运功能的坝河等。它们在选址选线、充分利用自然环境、工程规划设计方面，都体现出很高的科技价值，其修建思路对现代水利建设也有一定的启示，是北京段大运河遗产中科学技术水平的重要体现。

北京段大运河的交通、水工设施以桥梁、闸坝为主。学者景萌[2]经过对文献资料的查阅以及现场调研，共查询到二十三座大运河北京段古桥，其中十五座是已经消失的古桥，八座为现存的古桥。现存的八座大运河古桥中，有两座位于长河上，分别为广源闸桥和高梁桥；两座位于积水潭区域，分别为德胜桥和银锭桥；两座位于玉河故道上，分别为东不压桥和万宁桥；此外，永通桥位于通惠河上，通运桥位于萧太后河道上。闸坝是我国古代为了克服河道高程，用来蓄排水的重要水工建筑。通惠河上闸桥的存在，不仅解决了通惠河水流速过快，船只无法上行的问题，而且解决了通惠河两岸的交通问题，具有极高的技术价值。

在文化遗产方面，燃灯佛舍利塔是历史上运河的标志物，其始建于北周，辽代以后多次重修，在造型等方面有很高的艺术造诣。燃灯佛舍利塔坐落于大运河的北端，古时沿大运河北上的商客将其视为一种平安到达京城的地标，如今已成为通州的重要地标。另外，运河沿岸的建筑也具有很高的欣赏价值，金、元、明三代，许多王公贵族竞相在通惠河沿岸修建庭院别墅，因此这里建有不少私家园林，如金章宗的鹿园，元代都水监张经历的双清亭，明代周珍建的三忠祠、濯缨亭等，这些古建筑使得自然美景和码头气象越来越散发出文化的韵味。

古仓库遗产，有南新仓、北新仓、禄米仓、通州西仓、通州大运中仓遗址等，其中以南新仓价值最高，其位于今北京市东城区，是明、清两代京城储藏皇粮、俸米的皇家粮仓，与杭州的富义仓南北呼应，并称“天下粮仓”。南新仓建于明朝时期，明成祖朱棣迁都北京之后，京城粮食的需求量迅速增加，急需从南方漕运粮食，为此朝廷兴建了一大批粮仓来储存经运河北上的粮食。南新仓在建筑造诣上也是首屈一指的，无论是选址规划、结构稳定性、修建材料和技术、仓内维护等，都展现了当时一流的科技水平。南新仓如今保留仓廒9座，是北京现存规模最大、保存规模最为完好的皇家仓廒，也是北京漕运史、仓储史的重要见证。

除了物质文化遗产，在大运河的开凿和通航历史中，也形成了丰富多彩的大运河文化，如通州运河龙灯会、通州运河船工号子等，这些非物质文化遗产滋养着沿岸人民，传承至今。这些文化遗产既从文化视觉反映了大运河对北京文化演变的历史影响，也体现了大运河文化的兼容性、多元性和开放性。

3. 大运河文化（北京段）遗产的现状

如今，这些遗存河道早已丧失了原有的漕运功能，只有玉河故道还承担着城市的景观与排水功能，其他河道如白浮泉、玉泉山等几乎已完全断流，失去了水源作用，部分湖泊则还发挥着调蓄水库的作用。通惠河分为三段，第一段从积水潭出，经万宁桥、东不压桥后向南流的一段，也就是我们所说的玉河故道；第二段自东便门东南（原大通桥位置）一直向东流至通州北关，是现今保存最完好的一段；第三段是自通州城区流向张家湾的一段。玉河故道一段自清末漕运终止后逐渐淤塞，在20世纪50年代北京城市道路改造时进行了填埋，现在已成为街道；原河道上的古桥，如皇恩桥、涵碧桥、御河三桥等均被拆除或掩埋。2009年5月，北京市对万宁桥至东不压桥段的玉河故道进行了恢复，建成玉河遗址公园，向人们重新展现了这一段运河故道的风采。此外，大通桥至通州北关一段的通惠河是现阶段保存最好的一段河道。新中国成立后，这一段河道成为北京城区重要的排水和泄洪渠道，河床和驳岸均进行了硬化处理，河岸还设有步行道供人们通行。经过多年的水质处理，通惠河水质已经较为清澈。这一段河道上的庆丰公园和永通桥是大运河文化的重要实物载体。通州城区至张家湾一段的通惠河，其绝大部分河道已经消失，留存下来的一小段河道水质较差，加之地处郊区，河道周边环境也较差。

大运河（北京段）的闸、仓库、码头等功能现在已完全丧失，只有部分桥梁，如德胜桥、永通桥等仍保持着通行功能。部分遗产则在群众的文化休闲生活中起着作用，如白浮泉、瓮山泊、积水潭、燃灯佛舍利塔等已成为人们观光游览的景点和市民休闲娱乐的场所。南新仓、北新仓、大运中仓等在大运河鼎盛时期作为沿线重要的物资储藏地，现已不再延续其原有功能，而是用作展示或办公用房，南新仓还变身为如今北京有名的休闲文化街。

4. 北京加强大运河文化保护传承利用的主要举措

（1）建设大运河文化遗产相关设施。为加强大运河文化保护传承利用，推进大运河物质文化遗产与周边环境风貌、文化生态的整体性保护，北京市政府规划建设了一系列大运河文化遗产相关设施。

遗址保护方面，北京市规划建设大运河源头遗址公园，建设路县故城考古遗址公园，建设观水、近水的滨水休闲空间。

公共文化设施方面，建设具有大运河特色的高品质京味文化休闲区，创建通州大运河国家5A级旅游景区，建成大运河博物馆（即首都博物馆东馆），建设城市副中心剧院和图书馆。

近年来，针对大运河的保护、传承、利用，北京市形成了“长期有规划、中期有行动计划、年度有折子工程”的规划实施体系，持续推进大运河“文化之河”“生态之河”“发展之河”“民生之河”“融合之河”建设。目前已经累计实施80多个重点项目，大运河文化遗产保护传承取得突破性进展，沿岸生态环境治理成效显著，市民生活品质明显提升。

（2）推进京杭大运河全线贯通补水行动。京杭大运河纵贯华北、华东两地六省市（北京、天津、河北、山东、江苏、浙江），沟通五大水系，是一条政治水脉、经济水脉、文化水脉和生态水脉。大运河文化的保护与传承，直接关乎沿线生态保护和人民福祉。

在南水北调东线一期北延工程供水的基础上，岳城水库开闸，潘庄引黄渠首加大流量，向京杭大运河黄河以北河段补水，标志着京杭大运河2022年全线贯通补水行动正式启动。通过南水北调工程改善大运河河道水系资源条件，恢复大运河生机活力，促进华北地区河湖生态环境修复和地下水超采综合治理。为此，水利部与北京、天津、河北、山东四省市人民政府共同开展行动。这一行动的主要目的是为黄河以北707千米河段进行补水，通过引黄水、再生水及雨洪水等多水源实现南水北调工程，进而实现京杭大运河全线通水，沿线约60万亩耕地从使用地下水灌溉转换为多渠道供水灌溉，从而促进水生态系统恢复改善，使大运河沿线周边地下水水位回升或保持稳定。

此次补水行动以京杭大运河黄河以北河段为主要贯通线路，北起北京市东便门，经通惠河、北运河至天津市三岔河口，南起山东省聊城市位山闸，经小运河、卫运河、南运河至天津市三岔河口。在此项补水工程中，由于水源构成复杂、补水线路长、涉及范围广、影响面大，有关各方应积极做好预防工作、实施工作、监管工作。

预防工作。为避免工程施工过程中出现阻水问题，有关各方应加强河道清理整治，妥善解决河道内垃圾、障碍物、违章建筑等影响河道过流能力的问题，做好预防工作，提高工程效率，不断推进补水行动进度。

实施工作。实时更新实施状态，统筹补水进程、河道水位、沿线引水情况和防洪数据达标状况等关键数据，切实保障工程顺利进行。把握补水契机，提高农业水源置换力度，以降低地下水开采量，有效回补地下水，恢复地下水生态。

监管工作。实施大运河及补水路径沿线水量、水位、水质、水生态等全要素、全过程监测，确保完整控制水量变化过程；加强巡护管理，强化水量监管，保障生产人员安全以及沿河居民、建筑物安全。

为促进京杭大运河沿线各省协同发展，北京市 2022 年第 1 号总河长令强调，要进一步突出治水为民，强化水岸共治共享，实现大运河京冀段旅游通航。通州区各级河长、河长办探索“特色党建+河长制”，实行网格化管理等方式，广泛发动群众力量参与运河保护。河长应广泛发动运河周边各单位党员力量，联合开展环境整治，治理运河两岸环境[12]。

三、大运河（北京段）文化保护传承利用主要障碍分析

（一）大运河（北京段）文化保护传承利用的主要障碍

1. 土地利用方面

北京段大运河遗产按照各自特点可划分为三个类别：①河道、水源；②闸、桥梁；③古遗址、古建筑[3]。

整体而言，对于以上在规划中位于中心城、新城集中建设区内的区段，主要考虑维护遗产周边环境安全和景观协调，考虑现实因素，参考周边用地规划情况进行划定，将紧邻保护范围的公共绿地、防护绿地尽量纳入，为保证遗产景观的连续性，紧邻保护范围的市政交通设施用地应纳入参考；位于村庄、郊野、农田附近的区段，参考周边用地规划和自然地形进行划定；位于旧城、历史文化保护区内的区段，考虑特殊区域的保护要求进行划定。

就古遗址和古建筑而言，对于地上无遗存的遗址类遗产，以保护其完整

性为原则，覆盖地下遗存，划定地下埋藏区。就通州古城、张家湾古城和皇木厂村内的遗产点而言，出于对历史城镇、村落保护与抢救的目的，整体划定其保护区划，并设置必要的建设控制地带和地下埋藏区，防止历史城镇、村落遗产被进一步破坏。

根据以上土地划分区域要求，可知北京市政府不仅是为保护大运河遗产本身，而且十分重视围绕在遗产、遗址周边的土地利用效率、人民生活水平、环境治理改善等方面是否随同大运河文化遗产的保护而得到了相应的提升。

就北京市大运河遗产周边土地利用方面，还有以下几个问题有待研究。

（1）大运河遗产周边建设外延，耕地大量流失，存在生态环境污染问题。大运河开凿初期，漕粮征派的重点地区多为农业生产的发达之区，这也在一定程度上促进了农业水利的发展。漕运极大地促进了商品流通，在很大程度上改善了当时各地粮食短缺问题。

然而，随着我国城市化进程的不断深化，运河沿线城市发展较好，城市化水平不断提高，而这也造成各类耕地被建设开发区占用等问题。尽管《大运河遗产保护规划（北京段）》中明确提出维护大运河遗产周边环境，开发应以保护环境、促进长期发展为前提，但是仍然有部分大运河遗产周边建筑的开发反其道而行之，完全以经济利益为目标，一味追求建设文化馆、旅游景点以吸引游客，破坏周边耕地，污染运河附近水质，背离了大运河文化遗产利用和传承的初衷。

（2）土地规划不完善，盲目建设，土地利用集约化程度不高。对于大运河遗址周边土地建设，目前尚无明确建设方案，这样容易出现规划不完善，土地利用集约化程度不高等问题，从而造成土地闲置，经济水平不升反降等后果。

（3）遗址周边土地征用，迁移居民难度高，工程进度慢。遗址规划建设往往涉及周边原居民的迁移，涉及面较广，如居民就业、教育、赔偿、安置等，过程烦琐、复杂，易出现沟通不善、意见不合等问题，从而延缓工程进度，影响遗址及遗址周边土地的整体建设发展。

2. 运营管理体制方面

对于大运河文化设施建设而言，其运营管理体制必须坚持为人民服务、为社会主义服务的方向，应充分利用公共文化设施传播有利于提高民族素质、有利于经济发展和社会进步的科学技术、文化知识，开展文明、健康的文化活动。

北京（通州）大运河文化旅游景区连通了四大区域，自北向南分别为西海子公园葫芦湖景点片区、燃灯塔和周边古建筑群、运河公园、大运河森林公园。

大运河文化公园内部的文化设施应向公众免费开放。这些公共文化设施应当以大运河历史文化为基础，根据其功能、特点向公众开放，并打造大运河文化 IP，创造商业价值，促进资金融通。

当然也必须看到，文化设施的免费开放易引起道德风险，造成一些不守规则的人肆意破坏文化设施、不遵守文化设施安全和环境保护要求等问题。在商业价值方面，由于宣传不到位、传播能力不足、受众经济能力有限等方面的因素，易发生入不敷出等问题，从而可能导致保障文化设施的资金链断裂，致使文化设施建设延迟和停滞。

3. 投资融资体制机制方面

文化设施建设中很重要的一点，是凸显其涵盖的历史传承、文化影响和艺术特征，因此文化设施建设与一般意义上的公共设施建设在管理模式、制度设计等方面存在差异。因此，在建设大运河国家文化公园、大运河源头遗址公园、路县故城考古遗址公园等之中的大运河文化设施时所采用的投资融资体制也有所不同。

完善的投融资体制机制是建设大运河文化设施的保障，为此需要充分发挥政府主导和社会资本参与的协同作用，激活市场主体，创新社会资本参与的多元投入机制。同时应进行恰当的制度设计和政策安排，不断探索社会力量融入性高、建设质量保障性强的路径，切实把大运河文化设施建设成沟通中西、弘扬美好国家形象的重要标志。

当然，由于目前大运河文化设施的投融资主要以政府为主，易造成资金流通程度不高、资金量不足、收益不高等问题，从而影响大运河文化传承和利用，而这也恰恰说明引入多元市场主体参与的必要性和重要性。

4. 文化发展方面

北京大运河文化带之多元文化共生的特点，在政治、历史、经济、社会、生态等方面都呈现出特殊的历史意义和文化价值。

政治国脉：大运河在历史进程中稳固了北京政治中心的地位。历史文脉：大运河在首善文化的对外传播、南北文化的相互交流等方面起到了积极作用。经济动脉：大运河（北京段）作为连接我国政治中心与经济重心的轴线北段部分，在促进我国南北方经济交流与发展方面发挥了重要作用。社会命脉：大运河在维护社会稳定，促进地区和谐方面发挥了重大作用。生态水脉：大运河（北京段）自西北流向东南，大致可分为西郊、老城、通州三个水段，共同构成了北京地区的生态水脉。

文化发展涉及面广，其重点不易把握，易造成避重就轻等问题。例如，有的文化设施建设者并非来自文化遗址地，对大运河文化了解不够全面，不能深入挖掘文化的深层含义，难以设身处地地为运河文化传承和利益谋出路，易出现利益至上，商业气息过强，文化传承目的削弱等问题。这些都需要引起各方重视并加以解决。

（二）解决大运河（北京段）文化保护传承利用障碍的建议

1. 土地规划方面

（1）制定科学、统一、协调的土地利用规划，集约利用土地。建立完善的文化建设规划体系，不断完善土地管理体制，加强对耕地的保护，实行土地节约、集约利用制度，避免土地资源浪费，提高城市土地利用率。在严格控制文化设施建设空间密度的同时，应注重周边耕地、旧居址等的改造，以提高文化传承和利用为目的，弘扬大运河文化。

（2）完善土地环境保护法律法规，减少土地污染。应不断完善土地环境污染治理和文化设施保护的相关法律法规，明确土地利用范围、垃圾处理方式、企业激励机制、环境保护条例，提高公众保护土地环境的自觉性，提高污染物净化效率，以保障土壤、水源质量。

（3）健全土地市场，规范土地出让行为，保障迁移居民权益。整治土地市场乱象，建立以土地使用权出让、转让、承租、租赁为主体的土地市场，运用市场机制配置土地资源，提高土地使用率，制定基准地价和企业用地最低限价政策，避免出现因低价占地而导致的粗放利用土地行为。

2. 运营管理体制方面

应在文化设施内设立相关提示语以及相关惩罚条例，提倡文化设施环境保护，规范游客行为，避免道德风险。政府应规定并定期查验文化设施安全系数，及时反馈设施安全程度，保障游客安全，促进游客量的提高。此外，应多渠道宣传大运河文化，鼓励群众消费，促进资金流通。

3. 投资融资体制机制方面

坚持完善政府专项债券、专项基金、基础设施不动产投资信托基金（REITs）等政策性资金来源方式，不断推进以政府支撑和市场为主的投融资体制机制，结合北交所新三板，创新创立大运河文化投融资平台，以承担相关投融资、市场化运作、招商促进、项目建设等职能，为大运河文化建设提供充足且稳定的资金保障、灵活高效的资金运转机制、科学规范的项目开发模式、可持续发展的运营管理方式[13]，从而实现短期盈利和长期发展。

4. 文化发展方面

抓住大运河文化重点，不断扩大、凸显大运河文化特色；探寻文化深度，追溯大运河本根文化；结合大运河文化传承人的切身体验，弘扬大运河的“活”文化。随着媒体传播渠道的多元化发展，可以借助其在电视节目、短视频传播、微信公众号推广等方面的传播优势促进对大运河文化可持续发展有利的正能量传播，通过品牌化、形象化的塑造来提高运河文化的影响力[14]。

四、大运河文化保护与传承利用的比较分析

（一）大运河（江苏段）文化保护传承的典型案例——以无锡为例

无锡作为大运河江苏段的重要节点，对推进大运河历史传统文化的资源保护、开发传承和利用等非常重视。基于大运河“以河为本，以岸为脉，以文化为魂，以城为基”的理念，应继续致力于促进生态环境保护大背景下作为文化继承和科学保护之载体的中国大运河建设，努力为保护、发展大运河上的城市文化遗存创建一个积极、良好、有序的发展氛围，继续积极探索京杭大运河沿岸城市的独特地域特点，包括继承发掘和丰富大运河无锡河段城市的科学文化内涵，不断提升其在中国乃至全世界的知名度和美誉度。

1. 以护河为本，加强生态文明建设

在开展保护大运河无锡段工程建设的多年实践历程中，当地高度重视对无锡段运河工程和主要河流生态的修复、保护，致力于进一步保护水资源以及有效恢复整个大运河生态环境。截至目前，贯通运行的我国大运河沿线前期生态治理工作已经陆续完成，大运河干流水质环境得到明显改善。同时，无锡还一直着力探索加强地方生态文明体系建设，颁布施行了不少生态环境保护方面的法律法规，调整、充实和完善了相关区域生态环保补偿的政策，并持续有序推进水环境综合治理和其他生态重点区域环境治理项目的相关经济补偿工作，为推动京杭大运河干流无锡段的整体生态文明系统建设提供了坚实有力的地方政策保障。

2. 以岸为脉，串联城市文化元素

近几年来，大运河无锡段持续推进和开展了一系列大规模、高标准的环城及古运河步道工程项目建设，意在全面还原大运河古老河道上的无锡龟背古河格局，以及大运河在历史上留下的“四门八区”之运河古城风貌。目前，该工程已经基本贯通了京杭大运河上的15座新老桥梁和大运河全线的16个老码头。在大运河洋窑湾段，围绕无锡码头附近规划并建设了城市河道的

“彩虹健身步道”；围绕叶沁园码头及其周边规划与建设了一座完全开放式的现代城市河道公园；在河边的台地广场周围则相继建起了各种反映汉民族工商经济繁荣的广场雕塑，如在怀谷桥、高墩桥、亭子桥下，随处可见反映无锡名胜古迹的浮雕。

3. 以文为魂，传承历史文化资源

无锡是一座拥有极为悠久辉煌历史和深厚文化底蕴的运河城市。这是运河文化传统与当地传统文化极其重要的一次融合。

首先，是大运河文化与吴文化的紧密融合。无锡是吴文化的一处重要发祥地。无锡的大运河相关建设工程依托对世界遗产湿地公园、城市民俗博物馆区等文化场所的持续保护、开发管理和恢复利用，大力推进大运河生态建设与吴文化的有机、持续融合。

其次，是传统工艺与当代工商文化的紧密融合。无锡通过不断发掘、整合运河流域的各类古代工业遗存，建立并发展起一批独具特色工艺魅力的艺术博物馆、文创园中心和美术馆。例如，“周怀民间藏画博物馆”是由原大米公司仓库旧址改造的，“何振梁与奥林匹克展览馆”是由塑料厂车间旧址改造的，“中国工商博物馆”是由茂新面粉厂原址改造的，“中国丝绸工业博物馆”是由丝绸仓库原址改造的，“中国乡镇企业博物馆”是由原春雷船厂旧址改造的，等等。

最后，是注重大运河文化与水乡文化的紧密互动与融合。当地以亲水文化街区和历代名人文化为中心，在清明桥、惠山古镇遗址等地重建了许多具有丰富历史文化底蕴的保护街区，营造了一种青山白墙和小桥流水人家的江南水乡意境，还原、再现了水乡风貌。

4. 以城为基，提升综合治理效果

无锡坚持以生态城市保护为示范基地，强调发展要规划先行，不断努力提高生态综合治理效果。目前，近河道 15 千米内的河道古段（运河古段）已经被国家指定为河道环境安全控制区，6. 6 千米以外的市区河道段也被当地政府指定为文明施工控制区，惠山古河段（运河古段）和支流清明桥河段则被国家文物局指定命名为古水龙塘文物保护区。这些治理措施切实有效地保护了古运河及其两岸地区的文化生态环境秩序和文物建筑。

不仅如此，无锡市还持续加强对水运公司的管理。以中国现代干线（京杭大运河段规划）为重点建设工作样板，推动、开展了一大批诸如京杭大运河西城区间至钱塘江运河区段等国家级重点及国家级、省级优化提升改造工程和转型升级工程，使得中国大运河沿线的高效水陆交通运输、自然生态人文服务功能与两岸多元经贸文化深度互动、有效整合。预计未来京杭大运河干流北段到无锡运河段的港口设计码头年平均货运船舶流量将超过45万艘，年总物流运输量有望达到3亿吨。

由此可见，大运河无锡段将被打造成为由全国沿海集装箱运输线延伸至京杭大运河干流上的航运中心区段之间重要的港口物流发展大动脉。同时，大运河沿线的无锡名胜风景区工程也已逐步在全市区域内积极规划，弘扬古运河文化历史的京杭大运河主题文化旅游区与文化度假区的开发建设工作也在有序推进之中，这将使大运河发展史上留下来的灿烂经济文化成果惠及更多的人。

除此之外，还有以下几点建议。

第一，加强生态保护与文化遗产保护。加强遗址生态环境与大运河文化遗产的联合保护。为科学保护好无锡市现有历史文化遗址，应积极、持续地处理好大运河沿岸文物遗存考古、研究整理和评估鉴定发掘等一系列相关工作，严格、全面执行申遗国际公约规定和与旅游相关的国家法律法规及规定，向全世界人民科学展示这一世界文化遗产。为依法确保现阶段我国大运河及其沿线文化遗产继续得到充分、有效、科学的保护，应认真依据世界遗产价值综合评估指标和相关保护技术要求，对大运河及其沿线主要历史地名遗存和各类非物质文化遗产逐一进行分类调查和分级，并尽快就新发现的文物和遗址进行保护申报。

在协调综合开发保护运河流域生态环境方面，应以大运河“还河于民，惠民于民”工程建设为工作根本目的，加强环保部门对大运河工程沿线及有关世界文化遗产的动态保护管理监督评估和污染问题集中整治。对位于大运河周边的生活、住宅单位与化工生产单位中威胁大运河遗产保护区安全环境的有害部分，应进行限期现场拆除修复，就地拆除整治处理或按规定列入限期搬迁计划。为切实恢复运河生态文化功能，营造舒适宜人的滨河生活环境，应继续组织、全面开展清理违法施工建设、违法超标排污等生活环境问题综合大整治工程，让市民得以近渠、游渠、赏渠。此外应建立长效的科学环境管理监督评价机制，当地政府应加强对大运河两岸景观生态与水环境管理的整治；严格把控，就大运河环境问题制定相应的整治目标、管理范围和主体责任，以确保对大运河生态环境安全和自然文化遗产多样性的有效保护，再现京杭大运河之“千年运河”的丰富厚重的人文内涵、独特壮丽的生态风貌特征和悠久深厚丰富的文化底蕴。

第二，推动编制整体规划与特色规划。尽快制定《大运河文化带（江苏段）发展规划（2020—2030年）》及若干子规划，形成大运河文化带江苏段建设的总体思路和科学指导。为彰显中华文化魅力，推动江苏形成富有世界影响力的运河文化带，应秉持“全面保护、积极创造”的理念，使大运河文化融入现代生活，从而实现对大运河文化的传承发展与合理保护。建议以国家重点文化保护单位和世界遗产单位的管理标准为基础，结合大运河（江苏段）沿河住宅的特点和优势，参考水利、交通、环保、园林、旅游等相关法律法规，为大运河文化带（江苏段）建设制定相关规范。与此同时，建议各地区充分发挥自主能动性和创造性，从多角度丰富大运河文化带建设。此外，建议做好负面清单，确立底线思维，以防止建设走味、捏造景观、相互模仿，甚至出现破坏性发展等问题。

第三，推进文化景观与基础设施建设。应先对老运河进行修复。例如，明清两代的古运河作为世界遗产，目前河内到处都是树木、庄稼和杂草等，泥沙则淤积在岸上。因此，首要任务应该是保持古运河的基本形态，将河道恢复至遗址湿地的状态。其中，对于元明两代的主要交通要道古黄河（也是古泗水遗迹），应根据实际情况，利用好现有文化资源和独特的沿线景观，使其河道全部或部分通航；打通破碎道路，建设高标准车辆和步道，升级现有道路标准，尽快实施大运河两岸陆路交通连接项目。此处尤其要注意跨省、跨市、跨江道路的设计和施工标准，实现大运河两岸或沿岸一侧的车道连接，致力于整个大运河（江苏段）两岸的互联互通，这也有利于旅游业的发展。

第四，丰富运河文化品牌与文化业态。现有规划中已经确定大运河（江苏段）历史文化产业经济带发展中的运河商业布局，制定了推进江苏省大运河文化旅游与文化生态旅游带发展的文化经济长廊项目建设计划，应充分利用好、发挥好其在江苏区域规划中对大运河及相关历史文化片区的旅游产业经济辐射示范及带动作用。为确保加快培育发展一批特色鲜明的丝路经济带，激活主要城市内各类境外投资主体与市场要素，充分调动运河沿线地区主要发达城市利用外资的积极性，对此可重点依托并发展建设大运河沿线各大型水利工程、特色民居古镇、历史文化名街区、历史建筑文化景观、工业遗迹建筑等。此外，要加快推动形成我国各类新型实体经济行业门类的融合发展，包括数字文化技术及内容创意型文化产业、影视产业、设计创意研发制造产业、健康服务和远程医疗产业、旅游文化产业、体育产业、信息产业、科技产业等。同时，要推动江苏省大运河产业带从单一的传统交通运输体系向集文化艺术创意休闲产业、高新技术产业、旅游和休闲服务产业要素等于一体的跨界融合体系发展，从而真正形成一条蓬勃发展的江苏省大运河经济带。

第五，加强历史文献的宣传推广与整理。加快申报、建设大运河（江苏段）以及大运河沿线其他相关城市的“大运河文化主题博物馆”，全面、系统地展示当地与大运河传统文化内涵相关的各种特色历史文化成果。同时应要求有关地方政府部门全力做好大运河（江苏段）的对外宣传，丰富宣传内容与形式，讲好江苏大运河故事。此外，在实施规划“江苏省大运河历史文化资料收集整理工程”时，应继续加强对江苏省大运河工程相关古籍文献档案的挖掘、研究和保护力度，对工程相关重要古籍、地方志、老地图、文物、考古勘探资料和档案等各类相关基础资料定期进行文献汇编。

（二）浙江大运河文化保护传承的典型案例——以杭州为例

大运河的风光魅力不仅是杭州历史上的光辉篇章，而且逐渐汇集成为大运河杭州段的一种具有独特历史风韵的文化景观和风情民俗，形成了大运河“河中满载船只，桥由东向南一步一步相连”的独特风光。

2002年以来，杭州运河管理处紧紧围绕建设“还江于民、申报世界文化遗产、打造世界一流旅游产品”重点工程这一中心工作和目标，通过实施河道水污泥处理、路网规划和建设、景观水系升级改造等项目和“五大工程”重点系统工程，全面提升了大运河的生态功能、文化功能、旅游观光及度假区功能、休闲功能、商业功能、居住及生活设施功能等。

目前，大运河杭州段已完成约29万平方米面积的历史文脉保护，该段大运河两侧约21千米的旅游步道和景观带也已基本连通。大运河杭州段形成了以自然生态景观为核心轴，以历史街区、文化创意产业园区、博物馆、寺庙和安堂、文物古迹等为重要组成部分的文化休闲经济走廊[15]。

1. 大运河历史遗产保护不遗余力

从整个研究工作的内容体系构成上分析，大运河中下游两岸历史遗产文化及其整体保护活动已逐渐从物质文化遗产的整体传承及保护活动向非物质文化遗产的整体性传承与保护过程演变；从整体结构格局上来看，已逐渐从大运河文化传统保护扩展、延伸到大运河水质体系保护和滨水公园水景带周边的自然生态水系保护；从实施主体形式上可以看到，已逐步由政策性保护发展到了立法保护，以此充分引导、动员大运河周边社会各界主动参与大运河文化遗产资源的整体性保护建设和传承。杭州市政府发布《杭州大运河世界文化遗产保护规划》，坚持并充分贯彻保护性挖掘大运河两岸现有古渡口桥梁、古集镇街道、古塔、古建筑物以及保护非物质文化遗产项目的相关原则，展现了大运河流域原有的独特历史文化特色。从现有的遗存建筑和已成功申报联合国教科文组织世界遗产保护计划的历史河流遗迹出发，进一步拓展延伸到多线面综合保护，如小河直街、市西埕公桥、大斗路、塘栖老街水北街、市老街南街路、三板巷街等著名历史老街区，以及福一仓、桑路、广济桥、赣龙路渝北桥等一大批历史文化通道，总面积超过 29 万平方米。同时，当地政府还挖掘出了千年运河灯会、运河古石桥施工技巧、京杭大运河运河古港口码头施工技巧、运河魏家班古皮影戏表演等国家级非遗重点保护名录项目。

2. 杭州运河文化大走廊初步建设形成

经过十几年的保护和开发，杭州市初步建成了沿大运河 30 千米长的“市民文化走廊”，覆盖了塘栖古镇、祥福桥、云河湾、夏岩故居等历史文化街区。此外，杭州市因地制宜，在潜江新城规划建设“江河汇文化园”，与拱墅区运河文化广场、下城区西湖文化广场相连，随后又连接了良渚遗址、塘栖古镇等文化遗址所在地。

3. 大运河文化精品不断推陈出新

通过对大运河艺术、大运河风土人情、大运河故事、大运河名人逸事等文化遗产的系统挖掘、研究和整理，编著出版了《中国运河发展史》《杭州运河丛书》《发现运河南端遗址》《说运河南端码头》《画运河》等一系列有影响力的书籍，计 50 余本。同时，通过支持与大运河相关的文化、艺术、影视、动漫等作品创作，打造了歌舞剧《遇见大运河》、经典越剧《梁祝》等多部品牌剧。“2019 中国大运河国际钢琴艺术节”成功举办，大运河文化带网络文献收藏工程启动。此外还联合举办以大运河为主题的文化节、灯会、庙会、水上游戏、美食节、端午节、烟花会演等跨区域活动，群众参与热情高涨。

4. 大运河文化产业支撑不断夯实

近年来，在杭州“两回三进”政策的引导和推动下，文创产业园已成为运河沿线既有老码头、房屋、工厂、仓库改造的重要方式，沿运河建设的空间组织特征显著。这些园区充分利用文化融合发展的优势，打造“运河文化有载体、产业经营有内涵”的文化创意产业发展模式。例如，培育建设了余杭艺尚小镇、运河财富小镇、运河智慧网络谷、杭州运河广告产业园、运河世界文化创意园、杭州创意设计中心等特色文化小镇和文化园区，集聚创意设计、文化艺术、会展策划等产业。大运河文化创意产业带与沿江数字文化产业带、环湖影视产业圈互为补充。此外，杭州市还通过活化杭州丝厂旧址等工业遗产项目，打造“大运河历史古镇精品旅游线路”。

5. 几点建议

虽然浙江大运河已成功列入世界文化遗产名录，但后续的保护、管理工作仍十分艰巨。在运河保护与传承、监测与管理、遗产研究、展示与利用等方面还存在诸多问题。针对以上不足，本文提出以下建议。

（1）政府应继续加强大运河文化建设。政府推动是影响大运河文化传播的首要因素。党的十九届五中全会提出“建设长城、大运河、长征、黄河等国家文化公园”，标志着大运河文化保护、传承和利用进入了一个新的阶段。当前，保护、传承、利用好大运河文化，是时代赋予我们的新任务。做好这项工作，必须站在新高度，具备新视野。同时，政府加大对大运河文化带建设的支持力度，既能有效提高社会各界对大运河文化带建设的认识，又能促进大运河沿线民众参与大运河创新发展，并有效吸引投资。此外，要利用当前中国的创新创业浪潮，吸引相关专业人才，推动大运河文化创新，推动大运河文化发展进入新时代。

具体措施上，政府应继续加强对大运河文化保护与发展政策的贯彻落实，如颁布重要古运河遗址综合修复建设政策，继续从古运河遗址中挖掘各种具有物质和非物质遗产特色的历史遗迹，同时也可以倡导大运河沿线的专项开发。例如，大运河沿线城市可在古典建筑特色的基础上，建设具有古运河文化内涵的古城、古镇和传统村落；通过合理规划提升建筑品质，形成景观态势，促进大运河文化产业与其他产业的融合与发展，充分发挥大运河文化在经济社会发展中的作用。

（2）认识与弘扬还要进一步深入。大运河的历史文化资源是全人类共有的社会财富。它既是有形的物质载体，又是无形的精神资产。笔者在调查中发现，一些地方的运河保护和开发意识及理念还比较落后，大运河沿线的许多人仍然把大运河当作身边的一条普通河流来看，不知道它的历史价值 。大运河作为中华文化瑰宝，其历史内涵和现实意义尚未得到很好的挖掘，大运河背后的文化内涵和民族精神尚未得到很好的弘扬。因此，在大运河文化带建设过程中，要注意适当的传播和教育，营造全社会参与的良好氛围。

浙江省的历史积淀深厚，非物质文化资源丰富，但其历史文物主要以分散形式存在，开发利用也存在碎片化问题[16]。目前，大运河的利用主要停留在水路运输、水上旅游等较低水平，尚未向中华文化展示、产业集聚、区域协调发展等更高水平推进。由于部分遗址缺乏展示和服务设施，文化内涵挖掘不深，传播推广力度不够，文物资源闲置。因此，要加强对文化遗产的研究和有效利用，使之成为向公众展示大运河文化和江南水乡风貌的重要载体。

（3）青年群体应当成为大运河文化传播的主力军。随着信息时代的到来，不同语言、文化之间的交流融合已成为一种发展趋势。在此背景下，拥有较先进媒体技术基础的现代青年群体既是当代新媒体信息的主要内容接受者，也是新一代信息深度传播的主力军[17]。同时，肩负推动中华民族实现伟大和平复兴战略历史使命的有志青年群体，要勇于主动、系统地学习、继承、保护和创新，发扬好作为中华优秀传统思想文化宝库重要组成部分的中华民族大运河精神文化，将中华民族传统历史文化内涵与马克思主义理论知识、社会发展实践活动相结合，不断探索，将其发展为海内外大众所普遍接受的民族文化。

因此，在大力传播、推广大运河精神文化理念的建设过程中，必须充分发挥大学生青年群体潜在的主体作用。首先，年轻人要注重主动深入学习研究和保护传承大运河优秀文化，以研究大运河历史文化精髓为关键突破口，深入了解中华灿烂文化宝库和地方民族文化，不断继承发展大运河传统思想文化精神的精髓。其次，作为新时代下的“新潮流骑手”，年轻人应该有效地利用当前各种主流新媒体，如网络短播视频、虚拟现实（VR）技术平台等，多角度讲述大运河中的文化故事，并可根据大运河不同阶段的主要故事内容特征和主要受众特点选择适合的信息及传播推广方式，使大运河传统文化内容对外传播的效果最大化。

（4）社会各界应积极参与大运河文化传播。大运河的文化保护建设工程是我国一项具有历史保护、文化传承和传播、教育创新、经济发展等多种功能和价值的宏大系统工程，迫切需要海内外各界友人的高度关注、投入和强有力的传播媒介支持。大运河旅游文化事业发展与景区文化及旅游、水利工程、文物保护修缮等多个社会部门关系紧密，因此，建议进一步构建由政府、企业、社会组织、媒体等多元主体组成的长效、良性的互动发展渠道，如由运河旅游管理局等相关政府部门及相关运营企业联合牵头组织开设大运河历史主题文化特色旅游运营专线，打造“游千年运河，品中国历史”等特色文旅深度融合旅游品牌，探索以大运河为主题的文化旅游、历史研学、建筑旅游、工艺文化旅游、戏曲艺术旅游等多种形式来促进大运河文旅产业的融合式发展，尝试通过推进文旅产融合的发展，促进大运河沿线文化带旅游的泛区域旅游交流，以此实现对大运河旅游文化精髓的进一步活化及传承[18]。

大运河旅游特色文化活动对外传播推广方面的专家普遍认为，应该充分利用现代新兴移动数字多媒体终端网络，借助移动端微视频、录播短视频、VR 直播游戏平台视频等现代新兴数字视频娱乐传播及互动营销媒介，以挖掘传播大运河历史特色文化品牌与大运河精品旅游 IP 特色旅游品牌线路资源为推广主题，开展多种形式与各具特色的宣传大运河的特色文化活动。同时，应开发制作大运河文创产品。一方面，文创产品的开发有助于营造一种具有浓厚的大运河传统历史和大运河文脉气韵的社会氛围，从而为大运河地方旅游资源的开发保护和当地商贸服务业的开发经营注入鲜活的生命力；另一方面，大运河文创产品的制作也是对大运河传统地域文化价值的一种再开发。为了提高有关大运河旅游文化特色传播工作的推广、宣传效果，各类知名主流媒体应携起手来，共同推动境内外媒体发挥积极作用，多渠道、多元化、多角度深入开展海内外有关弘扬大运河特色文化的主题报道，积极宣传大运河。

五、大运河（北京段）文化保护与传承利用的对策与建议

（一）贯彻先进发展理念，推动大运河文化保护与传承利用

1. 保护优先，绿色发展

应严格按照《大运河遗产保护与管理总体规划（2012—2030）》、《实施方案》和《规划纲要》等的要求，在北京大运河旅游开发中坚持保护为主，利用为辅，确保文化遗产的原真性，维护历史风貌的真实性，保持历史文化的完整性。要以大运河遗产保护为出发点，以彰显文化遗产价值、激活历史文化生命为落脚点，凸现历史遗产的唯一性和地域文化的独特性。要注重遗产的真实性、完整性保护，不搞无遗产价值的“假古董”，坚决摒弃一切对大运河（北京段）遗产造成破坏或干扰的开发项目。

坚持绿色低碳发展，避免伪生态。在大运河（北京段）的旅游开发中，要充分利用现代生物技术和循环经济技术，建设低碳景区，推行低碳消费。包括：在景区的规划设计上提倡原生态，不进行过度开发；景区设施上不追求奢华，提倡简便、实用、安全；在施工上崇尚节约、不浪费，选用环保、节能、耐用的建材；在景区标识上提倡简单明了，树立低碳消费标识牌，使低碳之风无处不在；在交通方面推行电瓶车、自行车，提倡步行，减少使用化石燃料的交通工具；在景区监管上推行数字化，运用现代信息技术，集视频监控、电子防控、高效应急处理于一体，降低景区管理的碳排放量；等等。以此打造低碳景区，实现人水和谐、古典景观与现代功能相融合的大运河文化公园，实现大运河文化带、旅游带、生态带三带融合发展格局。

2. 活化产品，创新发展

根据资源特点和市场需求确定旅游开发内容和时序，合理组织旅游线路，丰富旅游产品内容，开展各类型大运河专项旅游和特色旅游。例如，将古运河与沿线的古建景观、风俗民情等自然、人文旅游资源有机整合，将古运河沿线的自然风光与历史文脉融为一体；结合遗产、旅游、文化、休闲、景观等多种要素，立足遗产观光，打造精品游览线，此外可借鉴苏州的“吴风、水韵、天堂”——姑苏繁华游览线和“惠山寺—寄畅园—祠堂群—黄埠

墩”——无锡古运河风情游览线等。同时，应立足北京特色，开发主题旅游线路。例如，北京的大运河旅游观光线路可将乾隆皇帝的游览线路作为主线，开发“两堤花柳全依水，一路楼台直到山”的乾隆水上游览线。此外，可结合目前的旅游需求热点和旅游市场发展趋势开发富有创意、深受市场欢迎的新型旅游产品，如空中看大运河（借助直升机、热气球、滑翔伞等低空俯瞰大运河）特色观光项目，漂流、划水、水上摩托、帆艇等水上娱乐项目，还可以开发大运河主题演艺项目和大运河人家民俗风情体验项目等。

3. 产城融合，开放发展

《规划纲要》要求统筹考虑遗产资源分布和通州大运河沿线地区的特殊性——运河遗产与通州区相伴相依，运河旅游与通州区融合互动。特别是，在国家大力推进全域旅游的大背景下，大运河旅游开发应与通州区的旅游发展融为一体。同时，大运河旅游开发应依托其所在地的旅游、餐饮、住宿等基础设施来进行，推进产城融合互动，加强大运河景区、景点与通州区以及周边地区的协作和一体化。这样既能通过政府主导高水平建设开发大运河文旅产业，也能通过大运河国家文化公园的开发建设促进北京城市副中心的高质量发展和宜居城市建设。总之，应充分发掘通州大运河的历史和文化价值，保护运河沿岸生态环境，突出并优化运河沿线的自然景观与文化特质，将景点有机串联，注重深度开发，发挥景点合力，增强景点之间的集聚效应。

依托大运河景区、景点，融合旅游老六要素和新六要素（即吃、住、行、游、购、娱和商、养、学、闲、情、奇），参照旅游小镇、特色小镇等模式，通过“旅游+”模式建设旅游综合体，以土地综合开发为基础，以观光、娱乐、休闲、度假等综合性服务功能为导向，以酒店、景区、商业、休闲娱乐、地产等多种业态为载体，优化配置资源，整合相关空间和产业，建设综合性旅游产业集聚区。

（二）创新大运河文化宣传方式，助力提升大运河知名度

1. 打造大运河文化创意系列产品

首先，可以借鉴比较成功的文创产品（如故宫系列和敦煌系列）的推广路径，积极依托大运河文化，以及宋庄艺术小镇、张家湾科创文创小镇等发展文化创意产业，设计制作文创产品。文创产品系列要有不同的市场定位，不同的文创产品面向的是不同的受众群体，应在产品供给端和受众需求端共同发力，打造独具特色且受大众欢迎的创意产品。现在市场上有各种各样的文创产品，若要体现大运河文创产品与其他文创产品的不同之处，根本在于这些文创产品是否具有大运河文化独有的灵魂和魅力。

其次，设计可供收藏的大运河艺术作品集。可邀请知名画家创作大运河遗迹风景写生作品或者插画作品，也可以邀请现代作家、诗人创作大运河相关故事、小说、诗歌等，定期汇集成作品集，面向全国刊发。目前已经有了与大运河相关的文学刊物，应该在这方面加大宣传，除了作者自己主动投稿外，相关刊物和出版人也应该主动去邀请并呼吁更多的国内外相关专家参与其中。

最后，定期举办高水平的大运河文艺作品交流会，深入挖掘大运河文化的内涵，推动运河文化的繁荣发展。例如，可在北运河岸边设立中国大运河京杭对话固定会址，在大运河河面打造水上剧场或对话会场，集聚与大运河相关的会展和文艺演出活动，培育“印象大运河”精品文艺项目，打造副中心的“外滩”，等等。又如，可以依托北京物资学院的运河剧院定期举办以大运河为主题的话剧、音乐剧、舞蹈剧等现场表演活动，展示大运河历史文化故事；同时要注意高雅和通俗的结合，可以尝试在全国各地巡回演出，将大运河文化推向全国，并争取打造一些全国知名的经典作品，如芭蕾舞剧《天鹅湖》那样能长久流传的佳作。除此之外，还可以设计各类周边产品，如手办、饰品、化妆品等融入大运河文化元素的国潮品牌。现在年轻人是消费主力，设计过程中要考虑到他们对国潮品牌物品的喜好特点。

2. 利用互联网等技术打造云运河游览场景

首都北京是全国文化中心，也是全国科技创新中心，应当充分利用其在文化宣传和科技创新方面的优势，与互联网等科技巨头企业合作，让大运河文化遗产变得鲜活起来。为此，要做好文化遗产的“活化”工作，通过引入“互联网+”等新技术手段，如借助三维立体（3D）技术生动呈现大运河的历史发展进程，使人真实感受运河沿线人家的民俗风情，社会经济文化的变迁历程，等等。还可以设计一系列“云游览”大运河的场景和趣味互动场景，使那些无法亲自前来游览大运河的民众在家就能对大运河遗迹一览无遗。同时，可筹建大运河物流博物馆，在大运河文物收藏展览基础上展示古代帆船、航运技术、仓储技术及其原理，复建部分帆船、船闸、谷仓、码头，辅以声光电技术开展科普和历史文化教育。总之，要通过科学技术手段保存并向民众宣传大运河沿线的非物质文化遗产，要善于利用科技手段加强中国大运河文化的对外展示，让大运河文化走向更广阔的舞台，让其内涵深入人心。

3. 大运河（北京段）文化遗产地图绘制

对此笔者建议，一方面可通过历史文化资源调查，结合大运河空间数据和河道、古遗址等专题数据，对大运河（北京段）的历史文化资源进行梳理和展示；另一方面探索将测绘地理信息技术和制图技术应用于后申遗时代的大运河遗产保护利用之中。具体可以《中国大运河·北京》文化地图的成果形式呈现。笔者认为，通过这种方式，可以对大运河（北京段）进行良好展示，并深入解读大运河文化。具体的技术路线如图1所示。

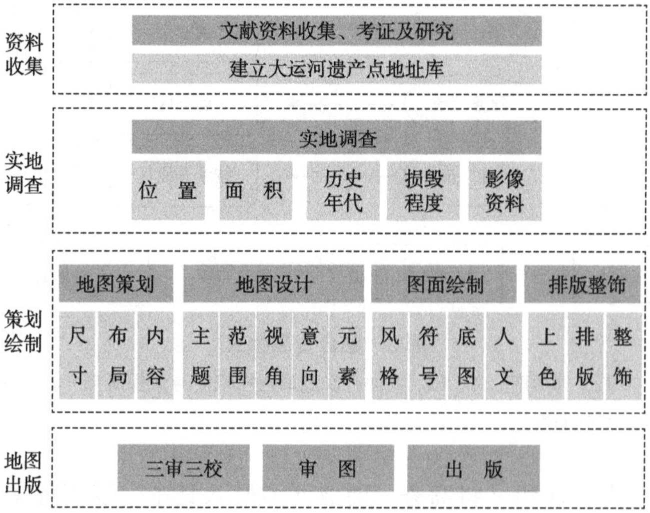

图1　技术路线

资料来源：笔者根据相关资料绘制。

（三）深化大运河文旅商融合发展，促进经济文化娱乐一体化

目前，在大运河（北京段）中，通州段是推动大运河文旅商融合发展的重点区域。构建通州段大运河文旅商高质量融合发展，要把握文化、旅游、商业、商务行政、科技等五大要素，聚焦行政办公、商业商务、文化旅游等三个重点领域，并紧紧围绕运河文化，吸纳聚集其他高端要素。

文旅商融合发展模式的具体表现之一为产业集聚区。产业集聚的过程具有一定的共性，即都是在一定的资源、资本、人才和政策支持等基础上形成的。其中，资源、资本、人才和政策支持是一个地区经济增长的重要影响因素[19]。探究这些因素如何影响产业集聚和平台的融合发展，对于分析通州段大运河文旅商融合发展的路径模式具有重要的理论和现实指导意义。具体的融合发展模式如图2所示。

从文旅产业集聚情况看，目前通州正在形成以大运河文化带和六环路为城市空间动线，构建“一带一轴一区三镇多板块”的文化和旅游发展空间格

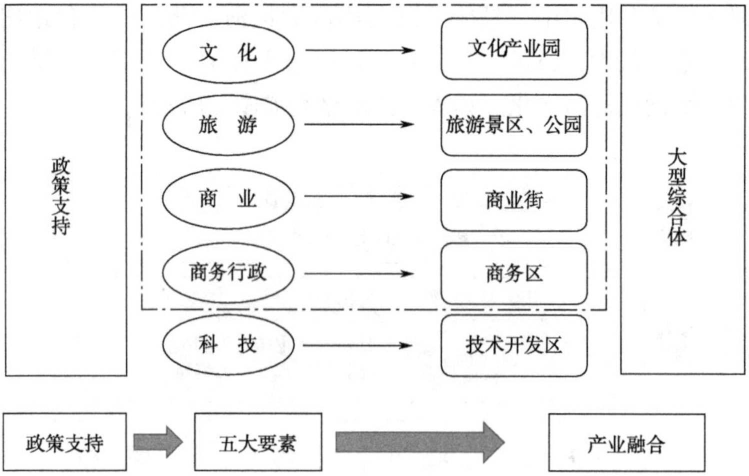

图 2　融合发展模式

资料来源：梁峰，郭炳南．文、旅、商融合发展的内在机制与路径研究［J］．技术经济与管理研究，2016（8）：114-118.

局；在此基础上，通州又将商务、商业元素融入其中，以实现文旅商融合发展，力争到2025年将通州文化旅游区打造成为国家文旅商融合发展示范区。在这之中，"一带一轴"是指大运河文化带和东六环创新发展轴，以此开发大运河精品旅游线路，串联环球主题公园、张家湾、台湖、宋庄等区域，形成产业聚合发展动力，推动六环高线公园建设，串联宋庄艺术小镇、行政办公区、文化旅游区和城市绿心等，形成文旅创新发展轴线；"一区"是指文化旅游区，其建设目的是加快引入国内外品牌文化和旅游企业入驻，同时大力发展由环球主题公园产业带动的全链条产业；"三镇"是指张家湾设计小镇、台湖演艺小镇和宋庄艺术小镇，最终将打造成以创新设计、综合演绎、原创艺术品设计与交易为支撑的三大文化旅游小镇；"多板块"是指通州古城、张家湾古镇、漷县古镇、路县故城、运河商务区、南大街历史文化街区、城市绿心以及西集、于家务和永乐店等。

为了更好促进通州段大运河文旅商融合发展，促进北京城市副中心建设，落实首都城市战略定位，建设国际一流的和谐宜居之都，笔者提出以下几点建议。

1. 协调各方关系，建立协同管理机制

由于三大产业由不同的政府部门负责，在具体融合的过程中可能会出现一些需要协调的问题，因此需要建立多个主体共同参与的协同管理机制。为此，建议通州区政府在规划建设时，引入企业、社会团体和相关高校等共同参与政策的制定和实施，加强各方的合作[20]，共同将通州文旅区建设成为国家文旅商融合发展示范区。

2. 协调各方利益，实现合作共赢

在文旅商融合发展过程中，企业更多关注的是经济效益，这就可能存在商业开发和文化遗产保护相冲突的现象。鉴于文旅商融合发展的最后行动者还是每家企业，因此，通州区政府应在促进运河文旅商融合发展的同时，尽可能地与相关的企业主体等利益相关方进行协作，达成共赢局面。

3. 打造智库系统，加强科学研究

通州段大运河文旅商融合发展涉及面广，影响深远，其发展很大程度上影响着北京城市副中心的建设，规划建设北京城市副中心是以习近平同志为核心的党中央作出的重大决策部署，是千年大计、国家大事，需要大量相关智库的支持。位于通州大运河源头（即大运河北端源头）的北京物资学院具有大运河方面的科研优势，应牢牢抓住这个历史机遇，充分发挥大运河研究院这一高校专业科研机构的作用。同时，在成立大运河研究院的基础上，应进一步联合校内外优质资源，共同打造具有实力和影响力的运河研究智库或研究中心，并逐步建立相关人才培养和引进机制，让更多年轻的优秀学者能够投身运河文化事业和北京城市副中心发展建设，从而建立起长远发展的机制[20]。

4. 加大宣传力度，扩大全国知名度

目前，大运河文化开发利用存在宣传力度不足，全国知名度不够高等问题，这在一定程度上说明通州段大运河文化资源尚未被完全挖掘出来并传播出去。为此，一方面，通州区政府和相关各方应充分利用各种网络媒体平台，积极宣传通州段大运河的历史文化价值，努力提高通州段大运河的知名度和影响力[21]；另一方面，应运用科技手段创新文旅商融合的消费体验方式，如定期举办不同主题、不同类型的文化旅游体验活动[23]，等等。

（四）从政府、市场、市民三方面推进大运河文化传承与文物保护

2017 年 6 月，习近平总书记对建设大运河文化带作出重要指示：“大运河是祖先留给我们的宝贵遗产，是流动的文化，要统筹保护好、传承好、利用好。”启动三位一体“通州模式”，为保护好、传承好、利用好运河文化提供了一个解决思路。所谓三位一体“通州模式”，即以运河文化为主体，通过政府主导、市场调节、市民参与的方式保护北京城市副中心的文化遗产。

1. 政府主导

政府在北京城市副中心的文化遗产保护中担负着重要使命，具有领导作用。哪些文化遗产应该得到重点保护？如何对不同类型的文化遗产加以保护？应制定、实施什么样的文化遗产保护政策以及这些政策的预期效果如何？其关键就在于政府如何作为。对北京城市副中心的文化遗产进行规划前，要对现有文化遗产的历史渊源以及现存情况有必要的了解。这就需要专家介入，依据专家对文化遗产相关情况的梳理，再结合北京城市副中心对自然景观、区域经济环境等城市资源的合理配置，制定相关文化法规，将文化遗产保护纳入北京城市副中心建设的总体战略规划。

第一，要尽快建立大运河特色文化遗产信息库，尽快制定整体保护规划，尽快形成完善的保护体系。

第二，规范非遗旅游作用机制，如提高非遗保护的文化自觉性，强化非遗旅游资源开发效果，完善非遗开发保护激励制度，提升对非遗传承生态环境的保护效果。

第三，积极推进非遗保护体系创建工作，并开展大运河沿线特色文化遗产调查工作，吸引更多的参与者开展非遗保护工作，健全非遗保护的法律体系，建立非遗保护的名录体系，加强非遗文化的知识产权保护；完善非遗旅游开发过程，科学设计非遗旅游产品，提升非遗旅游开发聚合效应，实现非遗旅游产业化发展，提升文化遗产旅游者的保护主动性。

第四，实现非遗原真性动态传承，加强非遗活态传承教育宣传，注重非遗保护中的原真性和活态性，建立非遗保护区机制，培育非遗传承人。

第五，将传承者作为保护的核心，大力发展文化产业，积极创建文化生态区，完善相关法律制度及标准，积极组织学术研究建设工作。总之，应着力保护大运河特色文化遗产的物像本身和它的生命之源，正视文化遗产的现时状态、发展和流变。只有坚持大运河文化遗产保护的整体性原则，才能有效保护其本真性和文化内核，才能从中完整继承优秀中华文化传统。

2. 市场调节

历史上的通州商贸之繁荣，曾令随朝鲜使节团来华的使者感慨道：“自天津卫会于张家湾，天下船运之物皆凑集于通州。不见潞河之舟楫，则不识帝都之壮也。”但自清末漕运衰落以后，这种景象便难以再看到。如今，北京城市副中心的建设将大运河文化与产业发展结合起来，新兴的运河文创产业正逐步成为北京城市副中心发展的新经济元素。例如，宋庄文化创意产业集聚区就因聚集了相当数量的当代艺术家而一举成为中国当代艺术以及艺术产业发展的象征。驻足宋庄的艺术家以通州运河文化遗产为灵感进行创作，形成了独具特色的商业品牌，在打开市场的同时也宣传了通州的文化遗产，并吸引更多的人加入保护文化遗产的行列中来。另外，以出版发行为主导的台湖镇国际图书产业紧密结合通州文化遗产资源的开发与利用，这有利于增强北京城市副中心文化对周边城市文化的影响。

3. 市民参与

市民是文化遗产的享有者，也应当成为文化遗产的保护者。文化遗产的保护工作是一项长久而艰辛的工程，不能光靠政府。市民作为传承、保护文化遗产的基础力量，其积极参与能够更好地推动文化遗产整体保护工作的进行。市民的参与表现在对物质文化遗产的爱护，对非物质文化遗产的传承，如积极参与有关文化遗产保护的听证会、专家座谈会等各类与遗产管理关系密切的活动。市民的参与在保证文化遗产管理科学性的同时，也有助于加深公众对当地大运河文化的情感认同。由于市民的生活区域与遗产区域的重叠性，其有条件对涉及文化遗产保护规划工程的开发进行有效监督。市民在监督中发现的各种问题，如各级文化遗产的管理部门和工作人员的工作责任心问题、资金使用妥当与否等，都应及时向有关方面进行反映。

（五）以大运河文化带建设作为北京城市副中心高质量发展的抓手

通州是北京大运河文化带的核心区域。从曾经大运河边上的远郊区到如今“千年大计”的现代化城市精品，北京城市副中心在十年间实现了跨越式发展，改变了首都的空间格局，它也成为首都“一核两翼”中的重要一翼。建设大运河文化带，是中央为传承中华文化、保护文化遗产而作出的重要决策。通州地域开阔，其大运河沿线多数处于待开发状态，有利于多样化和多层次的产业集聚发展，而大运河文化带建设正是北京城市副中心高质量发展的重要内容和抓手。

1. 继续加强对北京城市副中心的节点规划

京杭大运河的航线正如其名，南至浙江杭州，北起北京通州，其中流经北京约 41.9 千米。通州是京杭大运河流域的重要一环。北京城市副中心的建设是调整北京空间格局、治理大城市病、拓展发展新空间的需要，也是推动京津冀协同发展、探索人口经济密集地区优化开发模式的需要。《关于支持北京城市副中心高质量发展的意见》指出，到 2025 年，城市副中心绿色城市、森林城市、海绵城市、智慧城市、人文城市、宜居城市能够基本形成；到 2035 年，现代化城市副中心基本建成，承接北京非首都功能疏解和人口转移的作用全面展现，形成现代化城市管理和社会治理体系、现代化经济体系，

“城市副中心质量体系”完善成熟，与周边地区的一体化高质量发展取得显著成效。北京城市副中心党工委委员、管委会副主任胡九龙表示：“副中心规划建设，是我们践行新发展理念的生动实践，是我们落实国际京津冀协同发展战略的有力抓手，根据控规，一共制定了500多项市级和区级重点工程建设任务，并把这些工作按照一年一个节点来推进。”

2. 打造大运河文化延展产业链

依托大运河文化带而衍生出的文旅商产业对北京城市副中心的发展具有重要作用，可放大大运河文化的文化符号效果。例如，大运河文化带显著的标识有船运、水、大运河沿线的动植物资源、人文风景等系列元素，可以由此挖掘并开展各类项目，利用这些元素打造具有大运河特色的创意设计，并与现代科技相融合，增强项目的吸引力，再利用互联网科技进行传播，扩大大运河文化带的影响力。这样既能够保留历史的本真性，展现大运河厚重的文化底蕴，又能与现代潮流结合，满足现代人的精神需求，从而吸引各类人群来此观赏游玩，带动一系列产业的发展，从物质和精神两个层面提升群众的生活质量。因此，有关方面应注意促进大运河相关产业之环环相扣，上下配合，形成以大运河文化为主线的产业链。

3. 强化重点产业高质量发展，打造带动北京城市副中心发展的龙头产业集

应以大运河文化带突出产业为龙头，持续赋能通州地区的经济发展。以地处大运河文化带之中的北京环球度假区为例，早在该项目开业前，其负责人便提出，主题公园会带来很大的溢出效应，而像北京环球度假区这样的项目能产生的辐射效应是景区本身收入的10~15倍，将对整个地区的经济发展起到非常明显的拉动作用，并将进一步带动周边消费，持续赋能该区域经济和社会发展，创造大量工作机会，进而拉动整个副中心的经济发展[24]。

应充分挖掘领军企业的特质，以“先强”带“后强”。环球影城主题公园因丰富的情景设施，其目标人群范围大，来源广泛。像环球影城这种大型的、对通州的消费能力和流动性具有较大影响的景点充分体现了大运河文化带相关产业对通州区经济的带动作用，应当继续延续以文化带动商业，以商业赋能文化的做法，创造一批能够带动副中心发展的龙头产业[25]。

4. 开辟大运河文化带传播路径，提升大运河文化带影响力

充分利用现代传播体系，为大运河文化带相关产业引流。随着科技的进步与发展，文化传播路径变得更多、更宽、更广。例如，北京（国际）运河文化节通过交流艺术项目，以“游运河，行大运”为口号，整合大运河北京段沿线文化、旅游、体育等各类资源。该运河文化节围绕“千年运河”“缤纷运河”“活力运河”三大板块，推出系列线上、线下活动，邀市民共享大运河保护利用成果，汇集了全球各地的爱好者来此参观，为大运河引来流量，提升了大运河的知名度，将由大运河衍生出来的文化产业推向全世界。

弘扬中华民族传统文化，推动地方连通世界。现代人除了在物质生活中有较高的需求，在精神上也渴望深入历史，接受传统文化的熏陶。中华民族传统文化是我们民族精神的根基，应充分利用大运河文化，打通通州与世界交流的通道，让历史古城不再只存活在历史书和古文记载中，而是印在世界各地人民的脑海里。总之，应通过大运河文化与世界文化的融合，使通州成为古今文化的交融之地、串联世界的开放之地。

5. 恢复大运河往日活力，发挥其促进经济发展的多重作用

重塑大运河给通州带来了崭新的未来。隋唐大运河经过历史的变迁已经不复存在；京杭大运河则由于年代较近，再加上持续使用而得以保存。现在，京杭大运河是南水北调东线工程的输水渠道，从扬州附近的长江干流引水，利用京杭大运河及其平行河道输水，连通几大湖。但毕竟，大运河的全部功能已被封存了数年之久，通州地区迫切需要重现大运河两岸昔日的活力，使之成为自然、文化和生活的交融地。通过重塑大运河，让大运河从提供基础设施的功能之河（运输、排污、防洪）到公共目的地的活力之河（文化、生活和生态），使通州实现从排污城市到生态水域，从洪涝城市到弹性绿城，从通勤城市到乐活新城的华丽转身，从无名之城变为文化之城，从车行之城变为人行之城。

（六）规划培育一批中长期特色项目，打造新时代大运河地标

为充分发挥在大运河文化带建设中的引领作用，北京市在推动大运河文化保护和传承利用方面，应守正创新、继往开来，积极规划培育一批中长期特色项目，打造新时代大运河地标。

1. 大运河文化在建地标性项目

从目前来看，近期能初步发挥大运河文化地标效应的在建项目主要有以下几类。

（1）大运河通州段 5A 级景区创建。目前大运河 5A 级景区景观相对分散，交通不便，除了燃灯塔等遗迹外尚缺乏有吸引力的文化景点和设施，需要进一步加快设施创建，丰富其内涵要素，并推动大运河通州段旅游性通航，丰富休闲、娱乐功能。

（2）张家湾古镇建设。张家湾被称为漕运古镇，在历史上对北京乃至北方地区的物资集散转运发挥了重要的作用，目前仍留存有古桥、古码头等遗迹。张家湾古镇建设是对大运河文化遗产的综合性保护和传承利用方式，应

突出其在古代物流文化、商业文化、劳动文化和皇家文化等方面的特色，在发挥其文旅功能的同时发挥其科普功能，并积极打造现代文创产业高地。

（3）北京大运河博物馆建设及馆藏内容和布局设计。北京大运河博物馆（又称首都博物馆东馆）作为位于北京城市副中心绿心公园内的三大建筑之一，已接近完工。建议在大运河文物收藏展览的基础上，复建部分帆船、船闸、谷仓、码头，展示古代帆船、航运技术和仓储技术及原理，辅以声光电技术，开展科普和历史文化教育，结合当代物理化学知识，普及我国古代的航运技术、水利技术、仓储技术、装卸搬运技术，力争将其打造成青少年科普基地。

2. 建议未来积极打造的地标性项目

（1）玉带河联通工程。未来，北京可以通过玉带河工程（运凉減河）联通北运河、萧太后河和凉水河，通过游船联通环球影城、张家湾古镇、绿心公园、大运河5A级景区、张家湾设计小镇、行政办公区、西海子公园等主要景点或区域，在三河合围区内加强娱乐休闲设施配置，开通旅游性航线，积极打造桃花岛、樱花谷等专题乐园，建设水上游乐设施。

（2）“通运山”“通运湖”工程。通州处于平原地带，缺乏标志性的湖泊或山峰，因而缺乏地标性自然游憩场所。鉴于目前北京城市副中心正处于建设高峰期，可以考虑利用建筑渣土、各类工程弃土、河道开挖和清淤废土等，在城市副中心东南部大运河沿岸或凉水河、萧太后河沿岸堆垒土山并进行功能设计和绿化，打造游憩新地标。

另外，建议在绿心公园（面积11.2平方千米）中开挖一个人工湖，面积可以参照颐和园昆明湖（约2平方千米），取名通运湖，三面连通大运河、玉带河和凉水河；同时借鉴杭州西湖的做法以使湖水流动更新，打造水上旅游的枢纽。未来可以将该湖培育成为绿心公园的核心和灵魂，改善绿心公园大而不当、缺乏特色的问题。以目前的工程能力，建造这样一个人工湖并不困难，挖出的土可以就近堆垒通运山。这样，有山有湖的绿心公园和大运河公园将形成类似北海公园和景山公园的格局。此外，还可以就势布局一些水上娱乐、冬季滑雪或会展设施，打造“通州行大运，大运在通州”的效果，形成当代大运河（北京段）的标志性景点。

（3）打造永久性运河文化宣传平台或剧场。建议在运河商务区的北运河岸边或通运湖上设立中国大运河京杭对话固定会址，在运河河面或通运湖面打造水上剧场或对话会场，从而集聚起与大运河相关的会展和文艺演出活动，选育一批与大运河相关的文艺节目，如北京物资学院编排的舞剧《运》等，定期演出，培育“印象大运河”精品文艺项目，打造北京城市副中心的“外滩”。此外，可以定期展示与北京大运河相关的非物质文化遗产，打造北京全国文化中心建设的重要展示窗口。

（4）大运河生产功能和滨水产业规划开发。目前，北京市只是在推动大运河旅游性通航，未来在河道整治的基础上，应积极开发利用大运河的生产功能。一方面可以开通水上客运巴士快线，开展通勤性通航，客流高峰期用于通勤，非高峰期用于观光，带动大运河沿线滨水商务和房地产业发展；另一方面可规划部分物流快线，规划建设部分滨水农贸市场或建材市场，批量大宗运输可以引导走水运，恢复大运河部分物流功能。

在滨水产业规划开发方面，可以重点推进运河商务区、文创区、科创区、会展区、娱乐区建设，这些方面可借鉴我国南方一些城市的商业化开发模式。这样，大运河景观和大运河文化将为滨水商业和房地产业发展提供灵魂和品质保障，滨水商业和房地产业发展将为大运河文化高质量保护和传承利用提供资金支持，从而实现两者的良性互动与发展。

（参与本项目调研和报告撰写的还有陈佳豪、张嘉豪、董怡妍、顾忆、王逸菲、宋美萱、刘佳、罗婷娅）

参考文献

[1] 熊海峰．多维度深化大运河文化内涵认知 [N]．经济日报，2020-06-29（11）．

[2] 吴欣．大运河文化的内涵与价值 [N]．光明日报，2018-02-05（14）．

[3] 李泉．中国运河文化及其特点 [J]．聊城大学学报，2008（4）：8.

[4] 郑孝芬．中国大运河文化研究综述 [J]．淮阴工学院学报，2012，21（6）：1.

[5] 侯仰军．大运河上的船民习俗 [J]．新阅读，2020（2）：44.

[6] 吴欣．京杭大运河纤夫的生计与制度 [J]．学海，2020（5）：7.

[7] 王加华．眼光向下：大运河文化研究的一个视角 [J]．民俗研究，2021（6）：53.

[8] 京文物〔2012〕1211 号．大运河遗产保护规划（北京段） [S]．北京市文物局，2012.

[9] 北京发布规划 加强大运河文化保护传承利用 [J]．建筑技术开发，2021，48（24）：188.

[10] 周泓洋．创新投融资体制机制，高水平建好国家文化公园 [J]．新华日报，2021-11-12（4）．

[11] 田凯．融合背景下城市媒体助推运河文化发展策略 [J]．视听界，2021（6）：100-102.

[12] 周竞风，谢世诚．大运河传奇：京杭大运河与中华优秀传统文化 [M]．上海：

上海科学技术文献出版社，2021.

［13］孟丹，刘玲童，宫辉力，等．京杭大运河沿线地区城市化与生态环境耦合协调关系研究［J］．自然资源遥感，2021，33（4）：162-172.

［14］曹珊．国际视野下大运河（浙江段）国家文化公园建设的启示［J］．旅游纵览，2021（2）：109-111.

［15］吕梦倩．大运河（浙江）文化带建设研究［J］．中国工程咨询，2017（11）：29-30.

［16］梁峰，郭炳南．文、旅、商融合发展的内在机制与路径研究［J］．技术经济与管理研究，2016（8）：114-118.

［17］王健，王明德，孙煜．推动大运河国家文化公园江苏段建设［J］．群众，2019（10）：27-29.

［18］胡梦飞，王雪莹．聊城大运河国家文化公园建设策略探究［J］．济宁学院学报，2022，43（1）：51-56.

［19］陈玉玲，张淑红．浅析大运河文化带德州段的文化特征及建设方向［J］．济宁学院学报，2022，43（1）：57-61.

［20］姚懿．文旅商融合发展的路径及重点：以重庆市沙坪坝区为例［J］．中国中小企业，2019（8）：94-95.

［21］王新迎．北京大运河文化带通州段的地标价值［J］．新视野，2021（3）：101-107.

［22］王洪见，王敏，王剑．用大运河文化赋能北京城市副中心建设［J］．北京财贸职业学院学报，2021，37（4）：68-72.

北京市大运河国家文化公园建设研究

孙　静*

大运河是建立在国家治理和经济文化交流等层面上的大发掘、大开发、大融合，其内涵和意义丰富且深厚。随着社会的发展，大运河文化的内容、内涵和表现形式不断融合、扩展、创新，其发展和传播形态越来越显现出大型化、多样化、现代化、社会化和国际化的趋势。

截止到2022年底，北京大运河国家文化公园的文化遗产保护传承取得了突破性进展，沿线生态环境治理成效显著，大运河沿线文化旅游设施与品牌建设推进明显，经济技术大运河文化协同机制初步形成。基于以上取得的成绩，北京大运河国家文化公园应在向世界集中展示全国文化中心别具一格的运河文化、塑造绿色生态系统、促进文旅多种业态发展、推进大运河文化交流传播、促进沿线区域民生建设等方面持续推进，并形成北京大运河国家文化公园的特色。

此外，如何以大运河国家文化公园建设为抓手，积极对接京津冀协同发展战略，主动融入京津冀城市群，是推动大运河文化公园高质量建设的关键所在。对于京津冀地方政府而言，这又是一个难得的机遇，即通过更科学的顶层设计，更好地对接并推进京津冀协同发展战略。为此，本文认为：从内部建构角度出发，在大运河文化公园建设中应重视国家文化公园布局与布点的协调，完善管理体制机制，优化主体功能区的规划设计；从制度设计视角出发，在创新北京大运河国家文化公园管理机制上，可以从组建实体管理机构、明确多元主体权责、完善管理运行体制等方面发力。

一、大运河国家文化公园建设的政策背景与当代价值

（一）国家文化公园的功能阐释

文化公园是指依托原有的文化遗产和文化故事资源，以“文化”为主题

* 本研究前期部分成果已发表于2021年第3期的《美术与设计》。

的设计理念和设计实践，通过文化主题结合各种文化元素在景观上的运用和表达，构建集文化传播、休闲为一体的新型公共空间。建立以世界遗产保护区为基础的国家文化公园，是在国家公园基础上的一种新尝试。国家文化公园兼具国家公园和文化公园两类空间的特性，实行“公有、公管、公益、公享”，倡导建设与民共享的公共文化空间，具有保护、科研、宣教、旅游等功能。

1. 国家公园与国家文化公园的内涵

国家文化公园的概念源自国家公园。国家公园是由国家批准设立并主导管理，以保护具有国家代表性的大面积自然生态系统为主要目标，实现自然资源科学保护和合理利用的特定陆地或海洋区域。根据世界自然保护联盟的定义，国家公园主要用以保护大尺度生态过程以及这一区域的物种和生态系统特征，同时提供与其环境和文化相容之精神的、科学的、教育的、休闲的和游憩的机会，其宗旨是加强自然保护。保护区必须防止或消除可能会对保护目标造成危害的任何自然资源开发或管理活动，同时努力维持或尽量增加受保护生态系统的自然程度。尽管国家公园的实践在我国刚刚起步，但类似的如保护区、保护范围等早已有之。国家公园主要以生态自然保护为主，现在又衍生出不同的类型。如前所述，国家文化公园则兼具国家公园和文化公园两类空间的特性，既包括国家公园最重要的生态保护、科学研究、旅游等功能，还包括遗产保护、文化传承利用、科普教育等功能，并且更加讲求还生态、还文化、还园于民。国家公园注重生态保护，旨在实现对自然、生态系统及其文化价值的长期保护；而国家文化公园文化更注重文化内涵的挖掘和提炼。

推进国家公园建设是党的十八大以来我国探索自然生态系统保护的重要举措，其核心是构建适合中国国情的国家公园体制，这既是党的十八届三中全会提出的重点改革任务，也是我国生态文明制度建设的重要内容①。大运河等国家文化公园作为国家公园的新类型，自然成为国家公园体制建设的重要组成部分。另外，对于大运河文化带建设这一新时代重大战略决策而言，从管理体制入手优化顶层设计，是有效推进大运河文化带建设的关键，也是对党的十九届四中全会“坚持和完善中国特色社会主义制度”精神的有力回应。接下来，本文将从理论和实践两个层面深入讨论大运河国家文化公园省域管理体制问题，为有效推进大运河文化公园建设、彰显我国在国家公园建设方面的制度优势提供智力支持。

---

① 2016年以来，中央深改组和深改委先后审议通过了三江源（2016年3月）、大熊猫（2016年12月）、东北虎豹（2016年12月）、祁连山（2017年3月）、海南热带雨林（2019年1月）等10个国家公园体制试点方案。2017年9月，中办、国办印发《建立国家公园体制总体方案》。

2. 国家文化公园的一般功能阐释

国家文化公园概念具有两个方面的意蕴：一是承载着中华民族的文化基因，服务于国家与民族；二是体现了共同价值，是对建立新型文化遗产保护和传承模式的创造性探索，以在多元文化共存的人类命运共同体框架下实现共同价值。

（1）保护功能。国家文化公园保存了重要的生态系统和自然系统，是生态安全格局的骨架和重要节点；国家文化公园拥有完整、健康的生态系统，区域生态调节功能强，具有保持和提高区域生态环境质量的重要作用，是维系我国生态功能的关键区域。

（2）科研功能。国家文化公园具有极其重要的科学和研究价值，可直观反映关键区域生态系统和自然资源的现状和演变趋势，为生态环境保护与恢复提供科学的背景数据，是最重要的科研平台之一。

（3）宣教功能。国家文化公园蕴含着丰富的生物、地质、环境、历史文化等方面的知识，是人们了解、学习自然科学和人文历史，激发环境保护意识，增强民族自豪感，培育爱国主义精神的重要基地。

（4）旅游功能。国家文化公园景观独特、观赏价值高，代表国家形象，国民认同度高，在降低人为因素干扰和影响的前提下，给国民提供了亲近自然、了解自然、愉悦身心的场所[1]。

国家文化公园是国家层面的重大文化工程，体现了中华民族追求统一、团结的坚定信念，承载着生生不息、传承永续、多元一体的厚重文化，集中展现了中华民族在国家发展进程中的伟大智慧、坚强决心、拼搏勇气和家国情怀，因此，在建设大运河国家文化公园的过程中，应在这些方面进行深入挖掘和合理呈现。

3. 大运河国家文化公园的独特释义

国家文化公园是国家公园新的发展形式，国家文化公园建设的文化理论是国家公园文化理论的延续与发展。大运河国家文化公园的文化内涵与特质比一般的国家文化公园更加复杂，把握其文化内涵与特质，是开展大运河国家文化公园建设的基础。大运河国家文化公园集中呈现的“大运河文化”，既是历时的——从春秋时期开凿邗沟至今，历经 2 000 余年，不同历史年代留存下不同的年代印记；又是共时的——大运河地跨南北，流经 8 个省市，沿线 35 座城市，北至北京、南抵杭州、东达宁波、西到洛阳，构成一个个绚丽多彩的文化空间。这些文化空间积淀了丰富多元的文化价值，形成独具个性的“大运河文化”。

大运河国家文化公园建设是一项重大文化建设工程，这项工程应建立在公园文化、运河文化和革命文化、社会主义先进文化的基础之上。只有深入把握其文化内涵与特色及其发展规律，将世界知识与地方知识融会贯通，才能精准定位，科学施策，建设好经得起历史检验的大运河国家文化公园。

（二）大运河国家文化公园建设的政策背景

新时代，党中央、国务院作出建设国家文化公园的重大战略部署。当前，我国形成了长城、大运河、长征、黄河、长江五大国家文化公园的总体建设布局。中国大运河是世界上唯一完全由国家投资和组织建造并进行管理的巨大工程体系，在国家文化公园建设的背景下，推动大运河文化在国家文化公园建设中的活化利用，对我国打造良好运河人居环境、促进运河文化遗产保护、弘扬中华民族精神、推动文旅融合发展具有重大意义。大运河国家文化公园的建设要用现代文化价值观阐发古老大运河文化的当代价值，深入挖掘内涵，高度阐释价值，虚心立足传统，积极探索创新，加强大运河文化的活化利用与创新转化，将大运河国家文化公园打造成为独具中国特色的历史文化标志、人民精神家园和文化体验空间。

大运河国家文化公园建设强调对运河文化内涵的挖掘和提炼。如何将大运河文化遗产的精华及其人文生态环境在一个广阔的、相对固定的空间区域内完整地保留下来，有效解决大运河保护与沿线地方、部门经济社会发展之间的矛盾，是一个长期、艰巨的课题，而将国家公园试点纳入大运河文化带建设中，不仅必要，而且紧迫。只有充分挖掘大运河的文化内涵，摸清其“文化家底”，大运河国家文化公园建设才能定位准确、规划长远、目标明确。

党的十八大以来，中央相继推出一系列国家重大区域发展战略，形成了区域发展格局持续优化的难得的制度环境。作为当前我国最为重要的区域发展战略之一，京津冀协同发展战略提出6年多来，其一体化进程之快有目共睹。与此同时，大运河文化带建设作为新时代党中央、国务院作出的又一项重大决策部署，积极对接京津冀协同等重大区域发展战略成为推进其高质量建设的题中之义。为此，《大运河文化保护传承利用规划纲要》第八章第三节就“对接重大区域发展战略”作出了总体部署。在实践方面，早在2017年12月举行的京津冀协同发展研讨会上，京津冀三地就已签署《携手推进大运河文化保护传承利用倡议书》[2]，以推动京津冀一体化与大运河文化带的协同发展。但从目前实践推进的情况看，如何找到恰当的突破口以破解“战略对接”的时代之问，依然是京津冀大运河沿线地方政府面临的巨大挑战。

2019年7月24日，中央全面深化改革委员会第九次会议审议通过《长城、大运河、长征国家文化公园建设方案》（以下简称《建设方案》）[3]，

“大运河国家文化公园”成为大运河文化带建设的重点工程和重要抓手。本文认为，应以大运河国家文化公园为建设契机，积极探索大运河文化带对接国家重大区域发展战略的有效模式，形成一批可复制、可推广的成果经验。就“战略对接”这一议题而言，国内学界已经积累了丰富的研究成果，如有学者从资源和产能配置角度分析了长江经济带与“一带一路”的战略关系[4]；有学者则从空间战略角度分析长三角、珠三角、京津冀“三大城市群”，以及“一带一路”、长江经济带、沿海经济带等的一体化发展问题[5]；还有学者分析了“一带一路”如何与京津冀协同、长江经济带、粤港澳大湾区三大区域发展战略实现有效战略对接的问题[6]；此外有学者以大运河文化带扬州段建设为个案，分析大运河文化带、扬子江城市群和江淮生态经济区三大战略的协同建设问题[7]。这些研究对推进我国区域发展战略的有效对接起到了积极的作用。但遗憾的是，这些成果多是研究以经济发展为目的的同质性战略对接问题，而对大运河文化带和大运河国家公园这类以文化为核心属性的战略对接议题却少有关注。

（三）大运河国家文化公园的当代价值

我国地域辽阔，物产丰盈，具有得天独厚的资源禀赋。然而在古代，由于南北交通不畅，这片广袤土地上的资源难以畅通流转。但是，先民们不断进行着检视自身、改造自身的探索，以顽强的意志、巨大的勇气和高超的技术手段攻克了这一难题，充分激活了广阔腹地中的丰富资源，使人、财、物等生产要素进行高效率流动，并在此过程中形成了独具特色的中华文明体系，使整个国家连接成一个紧实的整体。大运河是建立在国家治理和经济文化交流等层面上的大发掘、大开发、大融合，其内涵和意义丰富且深厚。随着社会历史的发展，大运河文化的内容、内涵和表现形式不断融合、扩展、延伸、创新，其发展和传播形态越来越显现出大型化、多样化、现代化、社会化和国际化的趋势。大运河文化具有多维度的价值，具体可阐述为多元一体的国家观、统筹兼顾的集体观、天人合一的自然观、义利相辅的经济观、包容开放的交往观、绵延永续的发展观等。建设大运河国家文化公园要把握大运河文化的深刻内涵，深入阐发和弘扬大运河文化的价值，加强大运河文化的活化利用。

因此，大运河国家文化公园的建设需要对大运河文化的价值功能进行全面而深入的阐释，并且在建设实践中对大运河文化的创新性传承方式和创造性转化模式进行积极探索，在价值阐释、传播形式、传播载体、建设模式等方面多角度地进行深度挖掘，实现经济效益与社会效益的双赢，推动大运河国家文化公园的高质量建设。

1. 多元一体的国家观

秦汉以来，我国总体上维系着大一统状态，大运河在其中发挥的作用不容忽视。大运河的开凿，将不在一个水系中的河道沟通连接，促进了沿岸地区人民的往来交流，同时促进了商业的兴盛、经济的发达、政治的稳定，维系了国家的统一。隋唐以来，随着政治中心东进北移，经济重心南移，大运河成为历朝统治者统御南北、总揽全国的重要纽带。中央政权也通过大运河与各地建立了更加紧密的联系，由此中央和地方政权在政治、经济和文化上既能统筹行动又可发挥自身优势，使得全国形成一个共同体。我国大运河因政治、军事和经济需要而开凿，因通航、漕运而发达，是传统时代国家实施南粮北运、解决军队给养和充实国库的重要保障。纵观历史，贯通南北、沟通四方的大运河在我国历史上的国家治理中发挥了重要作用，它把中国联结成了一个经济共同体、政治共同体和社会共同体，并且在共同的社会生活中形成了文化共同体，进而从多层面塑造了多元一体的国家格局。

2. 统筹兼顾的集体观

隋大业元年（605），隋炀帝在前代汴渠的基础上下令开凿通济渠，沟通黄河与淮河。据史载，“辛亥，发河南诸郡男女百余万，开通济渠。自西苑引谷、洛水达于河。自板渚引河通于淮。”同时，隋炀帝下令重新疏浚邗沟以及疏凿长江以南的江南运河。大业四年（608），“春正月乙巳，诏发河北诸郡男女百余万开永济渠，引沁水南达于河，北通涿郡。”从而在中国历史上第一次建成了从南方重要农业产区直达中原地区政治中心和华北地区军事重镇的内陆水运交通动脉，促成了中国历史上第一次南北大沟通。至元朝，中国的政治中心从关中地区迁至北京，元世祖忽必烈组织开凿了会通河、通惠河等河道，大运河成为沟通北京与江南地区的内陆运输水道，促成了第二次南北大沟通。历代运河开凿与修造的史实表明，大运河是我国各族人民心血的结晶，它也正是靠着各民族共同的力量才能贯通千百年，成为南北交通的大动脉，为中华民族多元一体格局的巩固和发展作出了贡献。如前所述，中国大运河是世界上唯一由国家投资、组织建造、进行管理的巨大工程体系，沟通了国家的政治中心、经济中心和文化中心，实现了在广袤土地上大跨度地调配各种物产和资源。

3. 天人合一的自然观

纵观中国的治水历史，可以归结为 16 个字：因势利导、合理改造、天人合一、和合共生。我国大运河连通了黄河、淮河、海河、长江、钱塘江五大水系，形成南北互通、东西相连、辐射全国的交通网。我国大运河是人工河道和自然河道相结合的成果，它的开凿和贯通借助了天然河道的自然基础，体现了人的智慧和能动性，客观上符合水资源利用的规律，展现了人类合理利用和改造自然环境的伟大智慧；大运河的开凿和贯通也是尊重自然规律和科学规律，与大自然和合共生的成果，可谓人与自然的共同创造。我国大运河是世界上唯一一条南北走向的大规模人工运河，沿线地形复杂多变，气候条件差异大，水资源分布不均，修建难度巨大，堪称农业文明技术条件下的杰作，是世界水利航运工程史上的伟大创造，体现了中国古代众多先进水利思想，凝聚了水工技艺精华。例如，修建了涵盖闸、坝、堤、水库、桥梁等各种保障大运河正常运行的水工设施，创造了梯级船闸工程系统、南旺分水工程、黄淮海交汇的清口水利枢纽工程、航运节水工程（澳闸）和调节水柜、航运安全工程系统、工程建设管理系统等众多水利成就，并创造了跨越千年的国家漕运体系，这些都是中华民族勇于探索、不断积累的智慧成果。大运河积淀了中华民族数千年的科技文明和治水经验，承载着天人合一的文化内涵，缔造了天人合一的生态网络，是我国天人合一治水模式的典范，凝聚着历代运河建设者的治国理念和治理智慧，充分展现了中华民族勤劳勇敢、自强不息的精神品格，承载着与时俱进、传承创新的时代价值。

4. 义利相辅的经济观

大运河是我国古代的经济命脉，大运河文化与黄河文化、长城文化、长征精神、长江文化相比，具有农业文明和商业文明的双重属性。大运河的贯通打破了地理局限，使我国南北交流更加便利，为大运河商业文明的形成奠定了现实基础。无数漕运官船，民间商船、货船和客船，在大运河纵横交错的水上交通网上往来各地，推动了南北物资交流。《万舟骈集》中“天际沙明帆正悬，翩翩遥望影相连。漕艇贾舶如云集，万国梯航满潞川”的画面，生动描绘了大运河商贸的繁盛景象。除漕粮外，丝绸、棉布、茶叶、瓷器、木材、棉花、药材、食盐、干鲜果品等各种各样的商品也通过大运河流转至各地。巨量的人流与物流催生出庞大的餐饮、住宿、娱乐、仓储、运输、商品交易等市场，更有众多城镇因运河而兴盛，如扬州、苏州等。借助运河连通之利，城市间的商品贸易快速发展，并形成了立体的商业网络。明清时期，全国八大钞关中就有七个设置在大运河沿线。商业的发展进一步带动了城市扩张和人口增长，促进了手工业、娱乐业、服务业、加工业等的发展。商业以逐利为目的，与西方以海洋文明为基础而产生的具有掠夺性和侵略性的商业文化相比，我国大运河所滋生的商业观念是积极进取、义利相辅、富而知礼的。大运河沿岸区域是各地商人聚集之地，形成了众多商帮，徽商、晋商等是其中的典型代表，其或在运河城市中开设店铺从事经营活动，或以运河为枢纽，往来经商，为繁荣商品市场、构建商业秩序、丰富市民生活、带动地方经济、充裕国库作出了巨大贡献。例如，徽商作为当时重要的商业组织，以诚信为经商理念，通过同乡互助、修造会馆、扶危济困、投身公益、入仕为官等，参与各种文化活动和政治活动，将个人理想与家国信念相结合，使徽商文化发展成为当时重要的商业文化，也成为大运河文化的重要组成部分。

5. 包容开放的交往观

中国大运河是一条包容开放的交往之河。大运河流经的各个区域虽然自然条件存在差异，生活习俗各异，文化也不尽相同，但是大运河以其博大的胸怀，不断包容、吸纳各种文化，形成了多元一体的大运河文化。大运河的挖掘和开通解决了我国南北交通运输的问题，使社会经济不断得到发展，为沿线区域文化事业的发展奠定了雄厚的物质基础，同时也促进了南北文化的大交流，使各种文化相互、碰撞、融合。大运河沟通京津、燕赵、齐鲁、中原、淮扬、吴越等地域文化，融汇漕运文化、船舶文化、水利文化、饮食文化、商业文化等。大运河也是联系古代中国与世界的桥梁，促进了不同区域之间的物流和人际交往，也影响了古代中国与世界的往来。我国大运河沿岸的许多城镇是文化输出的重要起点，隋、唐、宋时期大运河的南端从明州（今宁波）、泉州经由海上丝绸之路通向海外诸国；西端则从洛阳西出，通过横贯亚欧大陆的陆上丝绸之路去往中亚、欧洲。从唐代到清代前期，朝鲜、日本以及东亚、南亚、欧洲的客商和文化使者大都经过大运河沿岸城市到达当时中国的京城。元代以后，大运河成为东南亚诸国以及朝鲜、日本向中国朝贡的首选路径。不少外国使者，如马可·波罗、利玛窦、崔溥、尼古拉·斯帕塔鲁·米列斯库等都曾通过大运河来到中国。与此同时，外来文化也通过大运河传入中国。在唐代，胡乐、胡舞、胡服就曾风靡一时，与中原文化遥相呼应。元代以佛教为国教，因而运河两岸的宗教文化景观，如寺庙、佛塔、雕塑等兴盛发达，大运河沿岸不少城市成为佛教的传播中心。明代后期，传教士利玛窦数次通过大运河至北京通州的张家湾登岸进京，并把西方自然科学成就介绍到中国来。

6. 绵延永续的发展观

水是生命延续和发展的象征。大运河作为中华民族主动与水亲密合作、协作的工程，其善、其美、其重，嵌以中华文明智慧之浓墨重彩。因水而成的江河湖海滋养、延续着人类社会。水既是一种交通方式，承载着人与物的往来，也是一种联系方式，促进经济、文化等的沟通交流。中国大运河因水而成，因水而兴，其形成和发展顺自然、利万物、润天下、兴邦国。正所谓“不废江河万古流”，不同历史时期对运河的开凿、疏浚、整理，虽曾有中断，但总体延续至今。大运河展示着中华文化顽强不屈的生命力和横亘千古的延续性，并不断扩大、延伸、融合、创新、发展。中国大运河沟通南北，辐射四方，人员、物资往来经久不息，经其运载的人和物不计其数，所产生的经济效益和社会效益难以估量。生活在运河边的人们一代又一代地繁衍传承，独具特色的运河文化相伴而生，与运河相关的风俗习惯、传统文化、思想观念流传至今。中国大运河在古代发挥着重要的漕运、灌溉作用，直至今日仍发挥着重要的输水供水、内河航运、防洪排涝、生态景观、文化旅游、休闲游憩等作用。

二、大运河国家文化公园的战略定位与体制建构

大运河国家文化公园是国家公园的新形态，具有属性嵌套性、功能多元性和范围广域性等特点。大运河国家文化公园也是大运河文化带建设的重要抓手，两者是整体与部分、定向与探索、布局与布点的关系。大运河江苏段作为大运河国家文化公园唯一的重点建设区已先行一步，在多元参与协同推进、完善顶层设计加强引导、明确重点工作精准施策、汇集建设资源有序推进等四个方面全面发力。下一阶段应着力从组建实体管理机构、明确多元主体关系和完善管理运行体制三个方面，探索构建大运河国家文化公园省域管理体制。

（一）大运河国家文化公园的战略定位

明确大运河国家文化公园的战略定位是构建科学的大运河管理体制的前提。对此笔者认为，应从以下两个方面考量大运河国家文化公园的战略定位。

1. 大运河国家文化公园是国家公园体系的新形态

国家公园是国家为保护某些典型自然生态系统的完整性而划定的特定自然区域，在该区域内可以适度开展教育、科研和旅游活动[8]。自 1872 年世界上第一个国家公园——美国黄石国家公园诞生至今，目前世界上已有 150 多个国家设立了国家公园。

我国对国家公园内涵的认识是一个不断深化的过程。中央办公厅、国务院办公厅于 2017 年 9 月印发的《建立国家公园体制总体方案》明确将国家公园定义为“由国家批准设立并主导管理，边界清晰，以保护具有国家代表性的大面积自然生态系统为主要目的，实现自然资源科学保护和合理利用的特定陆地或海洋区域”。这一概念表明，国家公园的基本理念是“生态保护第一”，设立标准是“自然生态系统代表性、面积适宜性和管理可行性”。可

见，该方案中的国家公园概念基本上等同于自然保护地体系。由于我国传统的自然保护地体系是按照资源类型分类设置的，因此在实践中便出现了国家自然保护区、国家风景名胜区、国家水利风景区、国家森林公园、国家湿地公园、国家地质公园、国家矿山公园等7种类型。

党的十八大以来，中央高度重视新时代文物和文化资源的保护传承利用工作，《国民经济和社会发展第十三个五年规划纲要》《国家“十三五”时期文化发展改革规划纲要》等将建设国家文化公园确定为国家重大文化工程。国家文化公园正逐步被纳入国家公园体系，成为我国国家公园体系中的新类型。《建设方案》的发布，则标志着这一新型国家公园进入实质性建设阶段[9]。至此，我国已建立起包含自然类国家公园和文化类国家公园两种形态在内的国家公园体系，我国国家公园的内涵也因此超越了西方语境下的国家公园内涵。我国国家公园的主要类型如表1所示。

表1　我国国家公园的主要类型

分类		功能定位	首个代表及设立时间
自然类	国家自然保护区	国家生态安全屏障	鼎湖山自然保护区（1956）
	国家风景名胜区	供人们游览、休息、科学考察的风景区	泰山风景名胜区（1982）
	国家水利风景区	以水域（水体）或水利工程为依托的主体	十三陵水库水利风景区（2001）
	国家森林公园	森林生态保护	张家界国家森林公园（1982）
	国家湿地公园	湿地生态保护	北京野鸭湖国家湿地公园（2005）
	国家地质公园	地质遗迹	云南石林地质公园（2000）
	国家矿山公园	矿业遗迹保护	黑龙江鸡西恒山国家矿山公园（2005）
文化类	国家文化公园	文化资源的保护传承利用	长城、大运河、长征国家文化公园建设（2019）

资料来源：笔者根据公开资料整理。

有别于自然类国家公园，大运河国家文化公园具备三重特质。一是基本属性的嵌套性。大运河文化带是大运河国家文化公园的属性所在与之源。《大运河文化保护传承利用规划纲要》将大运河文化带的建设目标定位为“璀璨文化带”、“绿色生态带”和“缤纷旅游带”，这决定了大运河国家文化公园应包含文化、生态和旅游这三重基本属性。笔者认为，对于大运河国家文化公园而言，这三重属性并不是平行关系，而是以文化属性为核心，以生态属性为根本，以文旅属性为延伸的嵌套式结构。二是主体功能的多元性。《建设方案》指出，大运河国家文化公园将重点建设管控保护、主题展示、文旅融合、传统利用四类主体功能区。据此，可以将其主体功能分解为文化资源保护功能、文化资源展示功能、文化旅游融合功能和文化生态建构功能。文化资源保护功能主要体现为通过建设保护第一、传承优先的样板区，实现对文物本体及环境实施严格保护和管控，以及对濒危文物实施封闭管理的目的。文化资源展示功能主要体现在通过建立核心展示园、集中展示带和特色展示点，汇集形成文化载体密集地带，提升文化资源的整体保护利用和系统开发，满足分众化参观游览体验需求。文化资源展示功能体现在以文化公园助推文化旅游的深度融合，体现文物和文化资源的外溢辐射效应。文化生态建构功能体现为通过适度发展文化旅游、特色生态产业和适当控制生产经营活动等，实现传统文化生态的合理保存，是文化生态理念的集中体现。三是辐射范围的广域性。作为超大型、长距离、重大题材的线性文化载体，大运河国家文化公园的建设范围包括京杭大运河、隋唐大运河、浙东运河等三个部分，通惠河、北运河、南运河、会通河、中（运）河、淮扬运河、江南运河、浙东运河、永济渠（卫河）、通济渠（汴河）等十个河段，涉及北京、天津、河北、江苏、浙江、安徽、山东、河南等八个省市，是迄今为止辐射范围最广的国家公园。

2. 大运河国家文化公园是大运河文化带建设的重要抓手

大运河文化带建设是步入新时代以来中央作出的一项重大决策部署，大运河国家文化公园是加速推进大运河文化带建设的重要抓手。两者既有在指导思想、规划设计等方面的一致性，也有在建设侧重点、功能定位等方面的差异性[10]。其关系主要体现在以下三个方面。

（1）整体与部分的关系。大运河文化带是具有整体性、全局性和战略性的综合性工程。横向上涉及大运河文化内涵的挖掘和丰富、文化遗产的保护和传承、河道水系的治理和管护、生态环境的保护和修复以及文化产业的发展等多个方面。纵向上涉及文旅融合、城乡协调发展、重大区域发展战略对接等相互关联的多个层面。大运河国家文化公园是大运河文化带建设的重点工程和重要组成部分，其建设工作围绕“文化公园”这一具有特定开放空间的公共文化载体而展开，其建设规划应服从并服务于大运河文化带建设的总体规划。

（2）定向与探索的关系。大运河文化带建设作为更高一个层级的战略设计，对大运河国家文化公园的建设具有定向导航意义，如坚持保护优先、重视空间布局、强调统筹协同、注重顶层设计等基本建设原则，在大运河国家文化公园的建设方案中也有所体现。但毕竟，作为我国首个以文化为核心和建设目标的重大区域发展决策部署，大运河文化带建设缺乏先行经验，迫切需要借助大运河国家文化公园这一实体工程进行实质性“探路”，其重点应在以下几个方面：探索四大功能区建设的协同推进路径，探索国家公园管理体制的改革创新路径，探索推动文旅融合的全面深化路径，探索与重大区域发展战略的有效对接路径。

（3）布局与布点的关系。整体上看，大运河文化带侧重于四方面布局，即推进新时代“五位一体”总体布局，串联国家重大区域发展战略布局，助推优势互补的高质量区域发展布局，优化宏观经济产业结构布局。大运河国家文化公园则着眼于园、区、点等公园实体工程的布点，是基于省域协调机制，以沿线各设区市为单元的布点工程，并最终形成串点成线的格局。

基于上述分析，笔者认为，大运河国家文化公园建设应当紧紧围绕四个功能区建设，一方面应拓展国家公园内涵，积极助推国家公园体制改革；另一方面则要把握好与大运河文化带建设的关系，通过串联功能、优化布点，实质性推进大运河文化带建设。大运河国家文化公园的战略价值如图 1 所示。

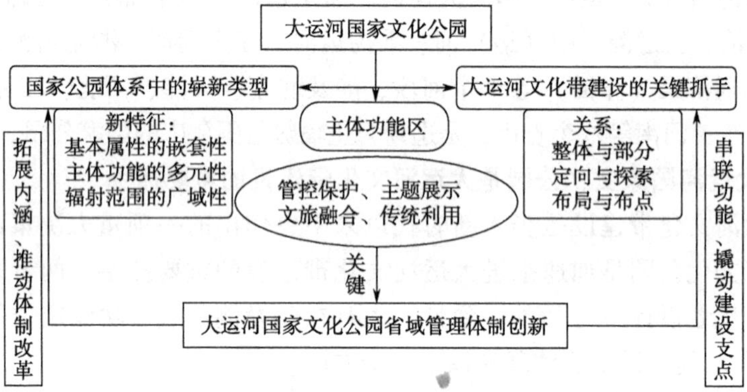

图 1　大运河国家文化公园的战略价值

资料来源：笔者绘制。

（二）江苏省大运河国家文化公园建设的实践推进

大运河江苏段作为目前大运河国家文化公园的唯一重点建设区，在没有先例可循的情况下，其“先行探路”的建设定位是非常明确的。《建设方案》规定，江苏省大运河国家文化公园应于 2021 年底前完成建设，率先构建“权责明确、运营高效、监督规范的管理模式”，形成“可复制推广的成果经验”，为全面推进大运河国家文化公园建设创造良好条件。

事实上，江苏省早在 2018 年就依据《国家“十三五”时期文化发展改革规划纲要》中“依托长城、大运河、黄帝陵、孔府、卢沟桥等重大历史文化遗产，规划建设一批国家文化公园，形成中华文化标识"[11]的部署，积极推进大运河国家文化公园建设。2018 年 4 月，《大运河国家文化公园（江苏段）建设规划》编制工作启动。2018 年 7 月，中国大运河博物馆（筹）被纳入国家文化公园重点项目并加以推进。2019 年 7 月 24 日，中央全面深化改革委员会审议通过《建设方案》之后，大运河国家文化公园（江苏段）建设进入全面推进阶段，一系列顶层设计相继推出，建设框架基本成形。笔者将上述实践进展概括为以下四个方面。

1. 多元参与，协同推进

2018 年 6 月，江苏省大运河文化带建设工作领导小组成立，统筹推进大运河文化带（江苏段）和大运河国家文化公园（江苏段）的建设工作。其职能包括：统一领导和统筹协调大运河文化带建设工作，审议大运河文化带建设的重大政策、重大问题，协调跨地区、跨部门重大事项，督促检查重要工作落实情况。其下设办公室主要负责日常工作，具体落实大运河文化带建设工作的综合协调、组织推进和督促检查。有关设区的市和县（市、区）也建立了相应机构，统筹协调本行政区域以及相邻行政区域的大运河文化带和大运河国家文化公园建设工作。

根据《江苏省大运河国家文化公园建设保护实施方案（2020—2021 年）》，目前已确定省委宣传部、省发改委、省文化和旅游厅等 20 个部门以及沿线地市共同参与，分别对应落实 5 个方面 28 项具体工作（见图 2）。

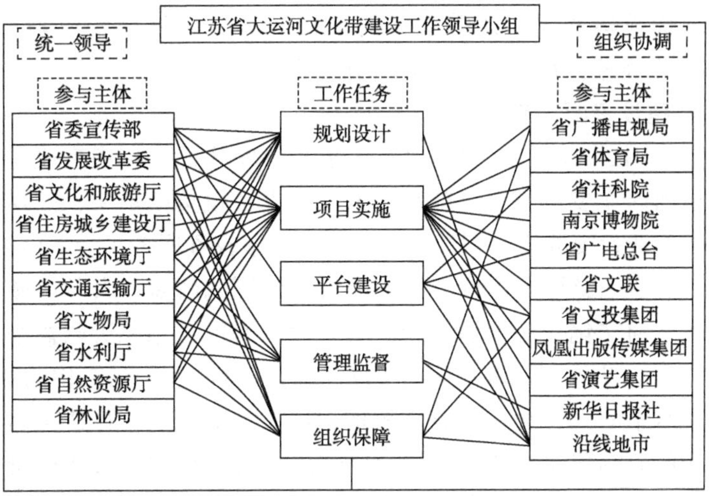

图 2　江苏省大运河文化公园建设全面推进阶段的参与主体与工作任务

资料来源：笔者根据公开信息整理绘制。

2. 完善顶层设计，加强引导

江苏省在全国率先出台《江苏省大运河文化保护传承利用实施规划》，编制完成《大运河国家文化公园（江苏段）建设保护规划》，推动省有关部门编制6个省级专项规划，指导11个设区市制定出台相应规划，形成大运河文化保护传承利用“1+1+6+11”规划体系。江苏省于2022年审议通过《2022年全省大运河文化带和国家文化公园建设工作要点》和《世界级运河文化遗产旅游廊道建设实施方案》，高标准加强大运河历史文化遗产保护传承，统筹物质和非物质文化遗产保护，推进大运河沿线重要遗址遗迹的考古发掘和专题研究，对文物古迹、水工设施、历史街区、古村古镇等物质文化遗产进行抢救性保护，对故道历史、故道文学、故道名人、故道风情等非物质文化遗产进行系统整理。实施苏州文物建筑国家文物保护利用示范区建设工程，推动扬州、淮安大运河文物保护利用示范区建设。创新沿线传统工艺、曲艺、音乐、舞蹈、美术、武术、杂技等非物质文化遗产传播方式，加强省级非遗创意基地、非遗旅游体验基地等非物质文化遗产衍生品的开发利用，拓宽传播渠道。

3. 明确重点工作，精准发力

江苏省在实践层面的基本思路是：统筹推进大运河文化带和大运河国家文化公园建设，立足国家重点建设区定位，以项目化思路推进各项工作。《2020年全省大运河文化带和国家文化公园建设工作要点》中详细列举了8个方面的工作，包括做好文化遗存保护、构建文化展示体系、加强文化价值传承弘扬、加快文化旅游融合发展、推动生态运河建设、强化河道水系综合利用、提升现代航运水平，统筹大运河沿线区域经济社会发展等8个方面、27项具体工作任务，旨在有的放矢、精准发力。

4. 汇集建设资源，有序推进

2019年1月，“江苏省大运河文化旅游发展基金”在南京成立，这是全国首个大运河产业发展基金。随后，由江苏省文投集团牵头，谋划组建大运河文化旅游产业投资联盟，积极搭建大运河文旅投资服务平台。由省文明办、省广电总台、省电影局等单位牵头成立大运河剧院联盟、大运河城市院线联盟，搭建大运河文化交流展演平台。成立大运河保护志愿者联盟组织，搭建群众参与平台。此外，江苏省还注重发挥高等学校、研究机构的智力优势，推动设立高水平的大运河文化研究机构，加大资源投入，打造大运河文化保护传承利用的高端智库，如江苏省社科院成立大运河文化带建设研究院并在多地设立分院，南京邮电大学成立大运河研究中心，为江苏大运河文化带和大运河国家文化公园的高质量建设和发展提供了有力的智力支持。通过上述举措，江苏省汇聚了丰富的人力、财力和智力资源，初步构建起政府主导，社会、媒体、企业、群众协同参与的江苏大运河文化带治理机制。

（三）探索构建大运河国家文化公园省域管理体制

1. 国家文化公园管理体制改革的基本趋势

党的十八大以来，国家公园体制改革受到中央的高度关注和重视，2013 年党的十八届三中全会提出“加快生态文明制度建设，建立国家公园体制”[12]。2015 年 5 月，中央编办、国土部、环保部等 13 个部门联合印发《建立国家公园体制试点方案》，标志着我国国家公园体制改革正式启动。其后，三江源、大熊猫、东北虎豹等 10 个国家公园体制改革试点公园纷纷建立。在总结试点经验的基础上，2017 年 9 月，中央办公厅、国务院办公厅发布《建立国家公园体制总体方案》，成为国家公园体制改革的引领性文件。

“管理体制”在广义上等同于“体制”，指的是“国家机关、企业事业单位在机构设置、领导隶属关系和管理权限划分等方面的体系、制度、方法、形式等的总称”[13]，涵盖了“计划、组织、指挥、协调、控制”[14]等多个环节的制度设计。本文中的“管理体制”概念则取狭义理解，仅指权力在纵向和横向上的配置方式①。学术界普遍认为，国家公园管理体制是有效调动相关利益主体积极性与主动性的决定性要素[15]。世界自然保护联盟（IUCN）将国家公园管理体制分为政府治理、联合治理、私人治理、社区治理四种类型[16]。有学者从纵向管理职权分配的角度，将国家公园管理体制划分为集中管理、地方自治和综合管理三种模式，并比较了其差异性[17]。表 2 为美国、英国和德国的国家公园管理体制比较。

表 2　美国、英国和德国的国家公园管理体制比较

典型国家	管理主体	管理模式	土地权属	经营体制
美　国	中央政府	集中管理	绝大部分归中央政府所有	特许经营制度
英　国	中央与地方政府共同	综合管理	大部分为私人所有	法律制度约束下的频繁旅游活动
德　国	地方政府	地方自治	绝大部分归地方政府所有	公益性为主的适度旅游活动

资料来源：笔者根据公开信息整理编制。

① 这与《建立国家公园体制总体方案》中的“管理体制”概念是一致的。该方案提出“理顺管理体制，创新运营机制，健全法治保障，强化监督管理，构建统一规范高效的中国特色国家公园体制”，其中“管理体制”是“体制”的首要组成部分。参见：《建立国家公园体制总体方案》（中办发〔2017〕55 号）。

按照上述分类方式，我国国家公园管理体制应属中央与地方共同管理的综合管理模式。近年来，中央针对国家公园管理体制所存在重叠设置、多头管理、边界不清、权责不明、保护与发展矛盾突出等问题，积极开展体制改革试点，相继印发《建立国家公园体制总体方案》（2017 年 9 月）、《关于建立以国家公园为主体的自然保护地体系的指导意见》（2019 年 6 月）以及一系列试点方案。从试点的情况看，国家公园管理体制改革呈现出以下三个趋势。

（1）事权统一。改革的核心任务是将多头管理改由一个部门统一行使公园管理职责，主要包括国家公园内的生态保护、自然或文化资源资产管理、特许经营管理、社会参与管理、宣传推介、特定的综合执法等，并负责协调与当地政府及周边社区的关系。

（2）分级协同。国家公园管理权由中央和省两级政府行使。国家公园的资源和资产所有权或由中央政府直接行使，或由中央政府委托省级政府代理行使。其中的关键是在合理划分中央和地方事权的前提下，建立起有效的央地协同管理机制。中央政府侧重政策支持、业务指导、规划设计等职责，地方政府则侧重协调配合、公共服务、社会管理、市场监管等方面。

（3）社区共管。社区共管体现了生态系统理念。“生态”是生物学中的一个概念，指的是生物有机体及其与周围环境的相互关系①。20 世纪中期，一批持有开放主义系统论观念的学者开始将其引入社会科学领域，随后，“政治生态学”“经济生态学”“组织生态学”“文化生态学”等学科分支相继产生，这一理念对当代社会科学研究的发展产生了极其深远的影响。国家公园可以被视为一种复杂的生态系统，其管理应更加注重区域内居民的生产生活问题，更加重视周边社区建设与国家公园整体保护目标的协调，应合理规划好入口社区和特色小镇。

作为国家公园的新形态，江苏省大运河国家文化公园管理体制的构建理应遵循上述趋势，并着力结合国家文化公园的独特定位及其与大运河文化带建设的特殊关系以实现体制创新，为构建国家文化公园管理体制探路。

2. 建构大运河国家文化公园省域管理体制的对策建议

大运河国家文化公园管理体制建设应充分吸取 2015 年以来国家公园体制改革试点工作中的经验和教训，并紧密结合大运河国家文化公园的战略定位和江苏省的实际。其制度设计应着力克服国有文化资源所有者权益不到位，

① 此概念于1866 年由德国科学家海克儿（Haeckel）在其所著《普通生物形态学》提出。王进．我们只有一个地球：关于生态学的哲学［M］．北京：中国青年出版社，1999：22.

“政出多门”和管理越位、错位、缺位等问题，建立权责边界清晰、所有权与监管权分离、公园管理部门与地方政府和社区良性互动的大运河国家文化公园省域管理体制。

为此，笔者提出以下几点建议。

第一，尽快组建实体管理机构。遵循面积适宜和管理可行原则，在划定管理区的前提下，各省级行政区可建立大运河国家文化公园管理局，作为各省级行政区政府的派出机构，统一行使本省级行政区大运河国家文化公园管理区内国有文化和自然资产的所有者职责。同时下设资产管理、生态保护、文化旅游、对外协同等职能处室履行管理职能。各省级行政区大运河国家文化公园管理局及其职能设置应具有一定的灵活性，可根据中央层面的机构改革适时进行调整。同时，按照“一总多分”布局，在大运河文化资源代表性区域建立分园，并设立各省级行政区大运河国家文化公园分园管理委员会。委员会受省级行政区管理局和所在市政府双重领导，以管理局管理为主。

第二，明确多元主体权责。按照事权统一原则，由各省级行政区大运河国家文化公园管理局统一行使管理职能，通过综合规划、综合管理和综合执法等方式，对大运河文化公园管理区内的文化和自然资源实行一体化、集中高效的统一管理。同时，强化专业合作和分工负责，文旅、生态、林业、水利等部门依法对管理区内相关资源的管理和保护利用进行监督和指导。公园管理局还应与地方政府合理分工，明确权责、积极协作，建立起各司其职、有机衔接、相互支撑、密切配合的良性互动关系。属地政府主要行使辖区内经济社会发展的综合协调、公共服务、社会管理和市场监管等职责，配合管理局做好公园建设工作。探索公园与周边社区的共生模式，通过科学规划建设入口社区和特色小镇，实现大运河文化生态系统的可持续发展。

第三，完善管理运行体制。在人事管理方面，建议按照“编随职转，人随事走”原则，从省市县相关机构现有编制中调整划转，落实机构编制人员和“三定”方案。同时，通过完善内部管理制度，明确职能职责、工作流程、岗位标准，形成职业化的国家文化公园管理队伍。在经费管理方面，应依据实际管理需要核算预算，包括基本预算和专项预算。一方面，积极加强与国家相关部门的衔接对接，推动更多项目进入国家重大建设项目库，在财税、金融、土地、投资等方面争取更多政策支持。另一方面，省财政和属地财政也应通过现有渠道加大支持力度。在制度建设方面，应加快地方性法规、规章及规划建设。

三、北京市大运河国家文化公园建设的政策背景与推进现状

（一）北京市大运河国家文化公园规划的颁布与实施

2021年10月9日，《北京市大运河国家文化公园建设保护规划》（以下简称《规划》）发布，从而进一步完善了长期有规划、中期有行动计划、年度有折子工程的推进实施体系。《规划》提出，将全面打造管控保护、主题展示、文旅融合、传统利用等四个功能分区，扎实推进保护传承、研究发掘、环境配套、文旅融合、数字再现等五个重点工程，集成推出一批标志性项目，以线串珠，以珠带面，延续壮美运河千年神韵，打造具有首都标准、北京特色、时代气象的北京市大运河国家文化公园，使大运河成为文化之河、生态之河、发展之河、民生之河、融合之河。

《规划》从2021年、2023年、2025年三个时间节点对大运河国家文化公园的建设目标进行了安排并提出：到2021年，大运河国家文化公园建设管理机制全面建立，北运河通州段实现全线游船通航，为全面推进大运河国家文化公园建设创造良好条件；到2023年，大运河沿线文物和文化资源保护传承利用协调推进局面基本形成，大运河国家文化公园建设保护任务基本完成；到2025年，大运河各类文化遗产资源保护基本实现全覆盖，生态环境显著改善，大运河国家文化公园成为标志性的文化符号。

加强大运河文化保护传承利用，建设文化之河。《规划》提出，将推进“河道、水源”“闸、桥梁”“古遗址、古建筑”等三类大运河物质文化遗产与周边环境风貌、文化生态的整体性保护，打造文化保护传承与创新的典范。重点是规划建设大运河源头遗址公园，保护修复八里桥，加快推进通州古城核心区、张家湾古镇等文物保护修缮，建设路县故城考古遗址公园。

推进大运河沿岸生态环境治理，建设生态之河。《规划》提出，将修复大运河生态环境，建设观水、近水的滨水休闲空间，整体打造水城共生、人水和谐的大运河生态文化景观长廊。重点是加强河道两侧的绿化提升和环境整治，建设通州堰防洪体系，到2025年基本完成北运河、通惠河、萧太后河、坝河等重点河段的综合治理，实现河道水体全面还清。

促进大运河沿线文旅融合发展，建设发展之河。《规划》提出，培育大运河主题精品旅游产品，推动大运河文化旅游品牌影响力不断提升。建成大运

河博物馆（首博东馆）、城市副中心剧院和图书馆等重大公共文化设施，推动通惠河部分河段、潮白河部分河段实现游船通航功能。

增进大运河两岸民生福祉，建设民生之河。《规划》提出，将在沿线传统生活生产区域内逐步疏导不符合保护建设要求的设施、项目等，促进环境和整体风貌提升。重点是优化鼓楼西大街、南锣鼓巷、南新仓、通惠河沿线等一批传统利用区，集中整治提升公共空间、商业业态、建筑风貌和交通秩序，建设具有大运河特色的高品质京味文化休闲区。

推动大运河沿线交流合作，建设融合之河。《规划》提出，将发挥大运河联接京津冀等地的轴线作用，促进沿线八省市以大运河为媒介开展交流合作，探索以文化交流带动区域协同发展的新模式，持续释放协同发展活力。重点是要持续办好中国（北京）国际运河文化节、运河国际艺术周、京津冀文化交流季、中国大运河文化带"京杭对话"等文化活动，加强沿线区域人文艺术交流。

笔者将《规划》作为数据源，使用 ROST CM6 内容挖掘系统（ROST Content Mining System）进行语义分析，抽取有用信息（见表 3、图 3）。

表 3　《北京市大运河国家文化公园建设保护规划》中的高频词及频次统计

高频词	频　次	高频词	频　次
大运河	30	区　域	4
文　化	27	通　州	4
建　设	20	打　造	4
保　护	15	运　河	4
规　划	14	全　面	4
公　园	12	提　升	4
国　家	11	实　现	4
重　点	8	协　同	3
沿　线	8	小　镇	3
环　境	7	风　貌	3
推　进	7	工　程	3
生　态	7	惠　河	3
提　出	6	加　强	3
发　展	6	特　色	3
利　用	5	传　统	3

续表

高频词	频　次	高频词	频　次
交　流	5	遗　址	3
传　承	5	河　段	3
融　合	5	河　道	3
推　动	5	民　生	3

资料来源：笔者根据《北京市大运河国家文化公园建设保护规划》文本信息编制。

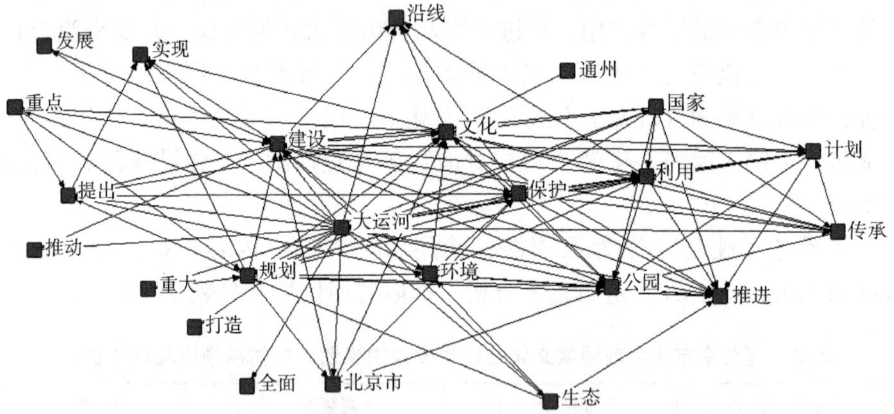

图3　《北京市大运河国家文化公园建设保护规划》文本网络语义

资料来源：笔者根据《北京市大运河国家文化公园建设保护规划》文本信息绘制。

（二）北京市大运河国家文化公园建设进程与成果

1. 大运河文化遗产保护传承取得突破性进展

截止到2022年12月底，白浮泉遗址完成腾退，大运河源头遗址公园也是以此为依托而规划建设的（见图4）。目前公园一期已完成主体建设，未来将向公众开放，打造大型运河文化展示区。

此外，万寿寺周边搬迁腾退顺利完成，万寿寺保护修缮也在持续开展，坐落其中的北京艺术博物馆已经于2022年9月16日正式对外开放。同步推动路县故城遗址公园与遗址保护展示工程建设（见图5）。目前，公园一期已具备开园条件，遗址保护展示工程地下结构已全部完成，将打造以持续考古为特色、学者与公众共同参与的历史文化场所。

图 4　白浮泉大运河源头遗址公园

图 5　路县故城遗址公园与遗址保护展示工程

资料来源：《路县故城遗址保护展示工程项目建议书获批复 大运河文化带新地标助推北京打造"博物馆之城"》（摘自《北京城市副中心报》2022-10-10）。

2. 沿岸生态环境治理成效显著

（1）大运河通州城市段正式实现旅游通航。北运河是京杭大运河的北段，建有甘棠、榆林庄（见图 6）和杨洼三个船闸。2019 年 10 月 3 日，大运河通州城市段正式实现旅游通航，市民可在北关闸至甘棠闸 11.4 千米的河道内乘船赏景。2021 年 6 月，甘棠闸至市界 28.7 千米河道实现旅游通航。

图 6　通州区榆林庄船闸

与甘棠闸、榆林庄闸景观以硬装为主体有所不同，杨洼闸突出郊野化生态滨水船闸定位，下游引航道设置近 1 000 平方米生态示范区，以杨树为主题树种，呼应“杨洼闸”地名特点，同时种植多种北京市本土树种，如桃树、李树、松树等，与船闸所处的西集生态休闲小镇配套，打造运河上的生态绿洲，营造集生态休闲、郊野自然于一体的京城滨水空间。三座船闸是实现北京城市副中心构建蓝绿交织、清新明亮、水城共融生态城市布局的举措之一，也是北京市大运河文化带保护、传承与利用工作的重要体现。随着沿线船闸、码头建设，5A 景区创建，省际水运启动以及配套公共服务设施提升等的推进，京杭大运河京冀游船互联互通的目标也如期完成。

（2）通惠河朝阳段已完成综合治理并实现高碑店湖段通航。亮马河国际风情水岸全面亮相，建成了约 80 万平方米的景观廊道，其中可供市民休闲的公共空间占 75%。萧太后河（朝阳段）全线河道实现贯通，并按照 5A 级标准建成马家湾湿地公园，新增水域 26 万平方米，实现“水清、岸绿、景美、蕴深”的治河示范。

3. 大运河文化旅游设施与品牌建设推进明显

通州大运河文化旅游景区积极创建北京城东部唯一的国家 5A 级旅游景区，目前“燃灯塔及周边古建筑群”景区优化提升已经完成，预计 2022 年底可达到 5A 景区验收标准。在城市绿心公园中已规划建设了大运河博物馆（首博东馆）、城市副中心图书馆和剧院。目前，三大文化设施主体结构已全部封顶并实现外檐亮相，未来将成为集文化体验、共享交流、演艺演出、展览展示、休闲娱乐于一体的城市活力组团，打造大运河沿线文化新地标。

同时，北京持续提升大运河沿岸景观风貌，形成了一批滨水休闲空间。2018 年 9 月底什刹海西海湿地公园建成开放，这是核心区内唯一一处城市湿地，公园北侧的郭守敬纪念馆重新开放，成为北京小微博物馆界的“流量明星”。2020 年 9 月大通滨河公园绿化美化建设工程完成并正式开园，新建约 3. 3 公里的健身步道和 1 800 平方米的运动场地，建成自然、生态、野趣的城市森林公园。

4. 京津冀大运河文化协同机制初步形成

北京与天津、河北建立了大运河文化保护传承利用协同会商机制。2022 年 6 月 24 日，京杭大运河北京段、河北段联合举行京冀游船通航仪式，大运河京冀段 62 千米实现互联互通，京津冀协同发展再进一步。此外，北京连续三年与杭州共同举办“中国大运河文化带京杭对话”活动，两地签署了《大运河文化带京杭对话合作机制框架协议》，开创了以文化建设促进区域合作的新模式。

四、协同关系建立的可能：基于三个层面的理论分析

与传统意义中相对封闭的“公园”观念不同，大运河国家文化公园本质上是一个复杂的半封闭半开放系统[1]其内涵是以大运河文化资源为核心的要素自由流动、资源开放共享与治理协作有序的空间载体，这与京津冀协同发展所倡导的开放合作原则是相互耦合的。因此，如果将大运河国家文化公园和京津冀协同视为两个复杂开放的系统，将协同理论应用于两者间协同关系的研究中，可以发现两者之间存在三个层面的协同关系。

（一）系统协同关系：共享的基础性资源

系统协同指的是各系统在维系彼此存在发展的基础性资源方面给予相互支撑。大运河国家文化公园系统与京津冀协同系统在空间上具有高度重合性，京津冀地区是大运河文化带的重点区域之一，涵盖了大运河文化带“五大片区”之一的“京杭大运河黄河以北片区（含雄安新区）”的绝大部分。这决定了它们在某些基础性资源领域是共享和相互支撑的。一方面，前者为后者提供了必需的生态资源，其中最为核心的是水资源。众所周知，大运河是京津冀地区重大调水工程的关键水系，是京津冀生产生活得以维系的基本条件。如南水北调的东线工程，从江苏省扬州市附近的长江干流引水，利用京杭大运河以及与其平行的河道输水，连通洪泽湖、骆马湖、南四湖、东平湖，并

作为调蓄水库，经泵站逐级提水进入东平湖后，向北穿黄河并自流到天津。从长江到天津北大港水库的输水主干线长约 1 156 千米，自 2013 年 11 月 15 日正式通水以来，抽江的水量达 87.7 亿方/年，其中大部分流入京津冀地区。于 2020 年开工建设的南水北调东线一期北延应急工程每年可增加向京津冀地区供水约 4.9 亿立方米[18]。南水北调工程是京津冀协同发展的生态源，京津冀地区已成为南水北调工程的最大受益者[19]。另一方面，后者又为前者提供了发展建设所必要的人、财、物等资源。京津冀地区是我国人口密度最高、经济发展水平最好、文化资源最为丰富的区域之一。京津冀协同发展倡导通过优势互补、互利共赢，实现京津冀人口经济资源环境相协调的高质量发展态势，为推进大运河文化带和大运河国家文化公园建设创造了良好的系统条件。根据国家第六次人口普查的结果，京津冀区域常住人口已达 11 109.22 万人，占全国的 8.03%[20]。2018 年区域 GDP 总量突破 8.5 万亿元[21]。由此可见，大运河国家文化公园与京津冀协同发展系统间相互耦合，协同发展，具备了整体提升的巨大空间。

（二）要素协同关系：功能要素与任务要素的契合

要素协同关系是指各系统在具体操作层面的相互协同关系。大运河国家文化公园与京津冀协同两大系统间的要素协同关系，主要表现为前者的功能要素与后者的建设任务要素之相互契合和支撑。大运河国家文化公园是推进大运河文化带高质量建设的重要抓手和核心工程，具有高定位、跨区域和撬动性的特点，具备支撑沿线区域协同发展的功能特征。2019 年 7 月 24 日，习近平总书记主持召开的中央全面深化改革委员会会议审议通过了《建设方案》，明确了大运河等国家文化公园的建设目标和基本路径，提出了管控保护、主题展示、文旅融合、传统利用等四类主体功能区的建设方案。再结合 2019 年 2 月发布的《大运河文化保护传承利用规划纲要》中对大运河文化带建设目标的界定，笔者将大运河国家文化公园的核心功能概括为环境保护功能、文旅融合功能、社区共建功能和要素流通功能。

京津冀协同发展是党的十八大以来中央提出的国家战略之一①。依据 2014 年 2 月习近平总书记有关京津冀协同发展的重要讲话精神，以及 2015 年 4 月中共中央政治局审议通过的《京津冀协同发展规划纲要》，京津冀协同在现阶段的核心任务可以概括为四个方面：生态空间扩大、产业对接协作、城

① 党的十八大以来，中央提出了京津冀协同发展、长江经济带发展、粤港澳大湾区建设、长三角一体化发展、黄河流域生态保护和高质量发展等一系列国家战略。

市布局优化和市场一体化。这与大运河国家文化公园的环境保护、文旅融合、社区共建和要素流通四大系统功能要素形成了并行嵌套、协调支撑的要素协同关系，具体表现为以下几点。

1. 生态协同

大运河国家文化公园的“管控保护”主题功能区，将在保护文化公园管理区内滨河生态系统、各类文化和自然遗产、人文景观风貌的原真性和完整性基础上，加强生态空间管控，推进生态保护修复和水环境污染防治，构建山水秀丽的绿色生态带。这一功能积极回应了京津冀协同发展战略“着力扩大环境容量生态空间，加强生态环境保护合作”的任务要求。特别是在具体操作层面提出的完善水资源保护、水环境治理、清洁能源使用等领域合作机制，也有利于大运河国家文化公园的生态环境保护和生态功能的发挥。

2. 产业协同

在大运河国家文化公园中建设文旅融合主体功能区的理念，是以文化公园助推文化旅游的深度融合，而这将为京津冀协同推进产业结构调整提供新的内生动力。同时，这也有利于进一步理顺京津冀三地产业发展链条，丰富区域产业样态，形成区域间产业合理分布和上下游联动机制，不搞同构性、同质化发展，加快推进产业对接协作。

3. 内涵协同

内涵协同主要是指大运河国家文化公园与京津冀协同两大系统在增进城乡发展内涵上存在协同关系。大运河国家文化公园建设中关于主体展示和传统利用主体功能区的建设，包括建立核心展示园、集中展示园和特色展示点，并倡导适当发展文化旅游、特色生态产业和适当控制生产经营活动。这有利于夯实京津冀区域的文化基石，也有助于提高京津冀城市群的内涵发展水平。同时，大运河文化公园所秉持的文化生态理念有利于构建生态、生产、生活相协调的城乡空间格局，也有利于城乡地域特色和人文特色的塑造，以最终形成可持续的区域文化网络体系。

4. 要素协同

大运河国家文化公园作为新时代中央的一项重大决策部署，正主动融入京津冀城市群，并加速推动人才、技术、资本等市场要素的自由流动和高效配置。与此相契合，京津冀协同发展正着力加快推进市场一体化进程，不断破除限制市场要素自由流动和优化配置的各种体制机制障碍，推动各要素按照市场规律在区域内自由流动和优化配置。

（三）环境协同关系：系统的结构二重性

依据协同理论的观点，系统中行动者的行为与系统外部环境之间也存在协同互构的关系，这一观点源于社会科学领域有关人的行为与（社会）结构的讨论。英国社会学家吉登斯在有关人的行为与（社会）结构的理论中提出了“结构二重性”的观点。吉登斯认为，“英美功能主义中的‘结构’概念作为一个‘描述性’术语出现，而法国结构主义则是以还原的方式来使用这个概念，关于‘结构’概念的这两种使用方法将造成从概念上模糊能动的主体”[22]。吉登斯认为，结构就是指规则，而规则就是指行为的规范和表意性符号，其中规范包括政治、经济和法律制度，表意性符号就是指具体的有意义的符号，如语言、动作等。另外，“结构可以在实践中表现出来，但不是具体实践的外显模式，而是一些记忆中的原则。结构本身也不是具体的存在，它没有实践和空间的边界，它必须以知识的延续或实践的延续才能存在。结构之于实践的差异，如同语言规则之于说话行为的差异。结构，恰似某种抽象的规则，它只是使某种构造性行为成为可能的虚幻的存在”[23]。可见，吉登斯的“结构”概念与本文中的系统外“环境”概念是一致的，因此笔者将其提出的“结构二重性”观点作为讨论战略系统中行动者与外部环境互构关系的哲学基础。

吉登斯认为，“结构”和“行为”是互为因果相互影响的关系，“所谓的结构二重性指的是社会体系同时既是社会行为的中介，也是行为结果的结构化特征……结构二重性概念是任何关于社会再生存解释的基础，并且根本没有功能主义色彩”[24]。沿着这一理论，笔者认为大运河国家文化公园和京津冀协同这两大系统较好地呼应了当前的重大外部环境，特别是现阶段的三大政策环境，即五位一体的总体布局、高质量发展和国家治理现代化。一方面，三大政策环境形塑了两大系统的目标定位、功能设定、核心任务以及内部制度等；另一方面，两大系统中的内部制度以及行动者行动亦会进一步回应并影响外部环境。对于正在推进中的大运河国家文化公园系统而言，其内部系统的建构不仅是对系统外宏观环境的有力回应，而且将对与京津冀协同系统的关系产生根本性影响。图 7 为大运河国家文化公园与京津冀两大系统的协同关系。

（四）建立协同关系的障碍

大运河文化带京津冀段拥有得天独厚的基础性资源，再加上京津冀协同发展战略的持续推进和一体化程度的不断提高，为实现大运河文化带与京津冀两大系统间协同关系的建立奠定了良好基础。但是，我们也应当清醒地认识到两者构建协同关系所面临的障碍。有学者将制约“京津冀协同发展与大运河文化带建设共融共建”的因素归结为三个方面。一是资源定位的局限。

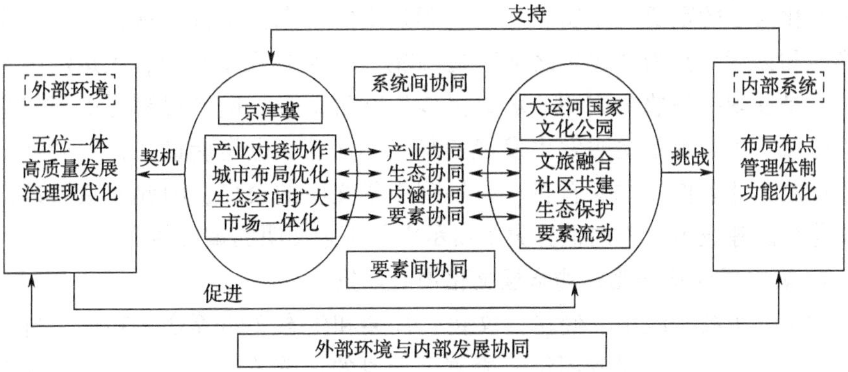

图 7　大运河国家文化公园与京津冀两大系统的协同关系

资料来源：笔者绘制。

由于缺乏对大运河文化带的全面认知，难以充分发挥大运河的文化资源优势，难以形成以文化产业转型升级撬动区域发展内生力的态势。二是治理体制不够顺畅。由于缺乏区域协同治理、利益共享的发展共识，再加上区域发展水平的不均衡和利益诉求的多元分化，目前尚未达成具有约束力和可操作性的合作模式。三是宏观规划与微观行动的脱节。在宏观规划上存在产业定位和方向不清晰的问题，造成产业转移对接程度偏低[25]。

上述三个方面同样是影响大运河文化带对接京津冀协同发展的主要障碍。由《建设方案》可以看出，大运河国家文化公园建设将为破除这些障碍提供难得的机遇。首先，大运河公园建设涉及国土空间规划、基础设施、管理体制等多个层面，有望触发区域协同发展关键环节改革的连锁效应。其次，《建设方案》中有关完善国家文化公园建设管理体制机制的构想，将推进建立中央统筹、省负总责、分级管理、分段负责的工作格局，这有利于激活京津冀跨区域统筹协调的工作机制，也为进一步理顺区域内要素整合和流通渠道创造了条件。最后，《建设方案》所提出的四个主体功能区有利于更好地整合大运河国家文化公园管理区内的重要文物和文化资源，形成具有特定开放空间的公共文化载体，使大运河文化带建设的潜力和活力得以更充分释放。接下来，笔者将结合这些判断，从内部系统建构的角度提出对策建议。

五、北京大运河国家文化公园的功能定位与地方实践

（一）北京大运河国家文化公园的功能定位

北京大运河国家文化公园建设是新时代宣传中国形象、展示中华文明、

彰显文化自信的重要展示窗口，具有彰显中华生态文明价值观、大运河生态多样性和大运河作为“民生之河”的功能[26]。从性质上来说，大运河国家文化公园是展现中华悠久文明，彰显民族生态价值观、世界观和历史观的集中表达区域。生态既是文明发生发展的基础和摇篮，也是衡量文化发展水平的显性标志。北京作为国家首都，是展现中华文明的窗口，因此北京大运河国家文化公园建设承担着向世界集中展示中华生态文明的重要使命。

1. 集中展现首都北京的全国文化中心地位

大运河承载着政治、经济、文化、社会和生态文明等众多功能，自始至终服务于国家大局和民族团结，凝聚了深厚的情感关联、共同的文化观念和高度的价值认同，在促进南北沟通和城乡协调发展中发挥着不可替代的作用，体现了中国人民的共同理想和奋斗目标，是培养和抒发新时代爱国情怀的信念根基。

大运河是与人民群众休戚与共的宝贵历史文化遗产。首都北京应继续讲好运河故事，提升文化品质，抓好标志性项目建设，进一步彰显以大运河为轴线的文化生态格局，把大运河打造成为璀璨文化带、绿色生态带、缤纷旅游带，为全国文化中心建设提供有力支撑。在大运河国家文化公园的建设、运营和使用过程中，应通过各种物质载体、活动形式和展示传播方式，对锻造国家的大规模动员能力、塑造中华民族大一统国家观念、铸牢中华民族共同体意识、强化个人在国家中的秩序感、发扬集体主义精神、塑造民族性格、坚定民族自信等观念进行深入挖掘和生动呈现。同时，应大力推动优秀传统文化的传承发展，使中华民族宝贵精神绵延永续、伟大情怀深入人心，锻造新时代新发展形势下的国家观念、民族观念和社会观念。在深入阐释和生动展现大运河对推动我国多元一体国家格局形成和发展演进重要作用的高度上，增强人民群众在公共文化空间中的参与感、认同感和满足感。

2. 统筹兼顾，规划北京国家文化公园建设

2021 年，《北京市大运河国家文化公园建设保护规划》率先在全国印发并实施。截止到 2022 年底，北京市针对大运河的保护、传承、利用，形成了“长期有规划、中期有行动计划、年度有折子工程”的规划实施体系，已经累计实施 80 余个重点项目，持续推进大运河“文化之河”“生态之河”“发展之河”“民生之河”“融合之河”建设，大运河文化遗产保护传承取得突破性进展，沿岸生态环境治理成效显著，市民生活品质明显提升。

在大运河国家文化公园的建设中，统筹思想很重要。各级政府应站在更高层面上，发挥集中力量办大事的制度优势，统筹部署各方面力量，既要突出顶层设计，又要注重跨地区、跨部门协调，加强与区域发展战略、各类法律法规和制度规范的有效衔接，形成上下联动、整体推进的工作合力；对各项建设任务应加以合理规划、分工、布置，包括文化治理、水系治理、交通体系的配套建设、文化旅游资源的开发利用、制度创新等。此外，应明确划分中央与地方事权，有效构建中央统筹、省负总责、分级管理、分段负责的整体工作机制，建立不同部门、不同区域间的沟通协调机制。

同时，要统筹考虑大运河京津冀沿线地域的广泛性、文化遗产类型的多样性和文化资源的差异性，推进大运河国家文化公园建设项目的分类施策、分步实施。按照“河为线，城为珠，珠串线，线带面”的思路，重点围绕大运河京津冀3省（市）及沿线8省（市），优化形成一条主轴凸显文化引领、四类分区构筑空间形态、六大高地彰显特色底蕴的大运河国家文化公园总体功能布局。明确差异化建设保护重点，构筑空间相连、功能互补、特色各异的大运河国家文化公园保护利用形态。系统推进大运河国家文化公园保护传承工程、研究发掘工程、环境配套工程、文旅融合工程、数字再现工程等重大工程建设。加强大运河国家文化公园遗产管控保护、文化主题展示、文化和旅游融合、沿线传统利用等四类主体功能区的统筹规划建设，同时围绕大运河不同河段的功能定位，串联大运河国家文化公园的核心展示园、集中展示带和特色展示点。整体展示大运河文化遗产、社会经济、自然生态、水利运输、人民生活等，形成融交通、文化、体验、娱乐、休闲、游憩、康养等各种功能于一体的复合空间。

3. 以自然观塑造北京大运河沿线绿色生态系统

2022年是《北京市大运河文化保护传承利用五年行动计划（2018年—2022年）》实施收官之年，截至当年12月，行动计划所提出的59项任务均进展顺利，经对大运河涉及的10条河段、4个湖泊，共计28个断面进行全面监测，结果显示目前大运河主要河段水质已基本达到水环境功能区要求。

北京大运河国家文化公园的建设应进行整体展示和体现，注重提升整体景观风貌，坚持以人与自然和谐共生的理念设计建设各类展示空间，推进特色文物、文化资源与大运河历史河道水系、自然生态系统、传统人文风貌的统一展示。优化调整交通线路、慢行系统沿线业态布局和景观风貌，精致管理、维护沿河景观界面和具有文化意义的景观视廊，形成高品质、各具特色的河流廊道和城乡肌理。

大运河国家文化公园建设应推动各地以文化生态要素为核心，构建大运河标志性特色文化遗址公园、非遗展示园、自然生态公园、雕塑公园、郊野公园、中央公园、考古遗址公园等，突出历史文化和生态景观之双重价值。应科学配置和优化调度水资源，改善河道水系资源条件，推动恢复大运河通水通航，做好大运河沿岸国土绿化和水环境治理。应加强大运河沿线生态环境保护修复，强化京津冀滨水生态空间互联互通，推进滨河防护林生态屏障建设，打造北京大运河绿色生态廊道。

4. 促进大运河文旅多种业态发展

大运河沿线8省（市）是京津冀协同发展、“一带一路”建设、长江三角洲区域一体化发展、长江经济带发展、黄河流域生态保护和高质量发展等重大国家战略的关联区域，其以不足全国百分之十的土地，承载着全国约三分之一的人口，贡献了全国近一半的经济总量，整体发展水平较高，发展基础好且发展动力强。可见，大运河国家文化公园建设具有文化和经济上的双重优势，更有条件实现经济效益和社会效益的统一。北京大运河国家文化公园建设要重点发展大运河通航产业、文化创意产业、旅游产业、绿色产业、休闲健康产业等多种业态，深化产业融合。发展休闲新业态，应以旅游休闲为主，不断拓展文化、农业、体育、健康、养老等休闲业态，满足人民不断增长的高品质休闲需求。

北京大运河国家文化公园应借力通州区大运河5A级景区建设，建设运河文化特色鲜明的国家级街区，培育国家健康旅游示范区（基地、项目）和国家体育旅游示范基地。此外，还应保护发展大运河中华老字号，大力发展“假日经济”“夜间经济”，推出系列休闲精品项目和活动。大运河国家文化公园的建设应传承运河商业精神和商业理念，以义为先、义利相辅，既要追求经济效益，又要保证社会效益，落实其公益属性。推动北京大运河国家文化公园相关文化旅游产业的健康发展，形成可观的市场效益，同时满足人们不断发展的精神文化需求，形成集生态、旅游、商贸、文化、娱乐、休闲为一体的大运河公共文化空间。

5. 推进大运河文化交流传播

大运河是交通要道与文明交融的纽带，具有开放包容、通达互融、兼收并蓄、博采众长等文化特质，是新时代彰显中华文明世界眼光和全局思维、寻求不同文明心意相通和情感共鸣的重要载体，是讲好中国故事的重要平台。新时代国家文化公园的建设要依托北京大运河历史上和今天的河道及周边区域，围绕沿线京津、燕赵地域文化，打造北京大运河特色文化高地，构筑北京大运河实体与地域文化伴生共荣的集中展示空间，形成分类集中、有机衔接、深度融合的大运河国家文化公园多元一体格局。

同时，首都北京作为全国国际交往中心可以围绕大运河文化加强国家间交流与传播，打造交流合作平台，积极推动国际文化交流合作。应鼓励国家文化公园各组成部分坚持开放建园，建立国内外“友好公园”关系，推动形成长期合作。应鼓励国内外高校、研究机构开展交流与学术活动，加强中外智库合作，积极推进高水平文化交流合作。应发挥各类社会组织和行业协会作用，加强与其他国家公共文化空间或机构交流合作，推进国家文化公园共建共享。应加大国际传播力度，准确解读建立大运河国家文化公园的价值内涵和重要意义，利用国际通行语言体系讲述大运河文化，传播大运河精神，彰显大运河价值。北京应积极发挥我国和其他国家关于"运河交流平台"的重要作用，建立国际化大运河传播平台，积累多语种、全系列的大运河文化宣传素材，进一步加大传播力度。同时，应积极创新传播模式，充分利用数字技术与新媒体创新表达方式，不断提升传播效果。

6. 促进大运河区域民生建设

近年来，大运河沿线文旅融合、特色生态、数字科技等业态蓬勃发展，景观打造、河道整治、环境保护等工作成效突出，城乡建设品质持续提升，为推进大运河国家文化公园建设保护奠定了坚实基础。大运河育人更惠民，大运河国家文化公园的建设，应与人民群众的生产生活和文化艺术活动深度融合、开放共享，建立共建、共治、共享的公共文化产品服务体系。大运河是与民众休戚与共的宝贵历史遗产，对此首都北京应持续推进民生之河建设，不断讲好运河故事，提升文化品质，把大运河打造成为璀璨文化带、绿色生态带、缤纷旅游带，为全国文化中心建设提供有力支撑。

大运河国家文化公园要对大运河文物和非物质文化遗产进行活态传承和合理利用，维护大运河文化遗产的完整性和原真性。建立人河共生的文化空间、经济空间和自然生态空间，统筹兼顾沿线的生态环境，保障沿岸居民的生产生活，发展水上观光文旅与绿色航道交通，使大运河文化保护同提升城市品质、改善民生同频共振[27]。

（二）北京城市副中心大运河国家文化公园建设的文化价值与地方实践

北运河北起北京通州北关闸，流经河北香河，入天津汇入海河。其上游河流为温榆河，在北京境内长 41.9 千米。北运河段文化遗产丰富，包括河道、水源、水利工程设施（堤坝、桥梁）、航运工程设施（闸坝）、古代漕运设施（仓库、码头）和管理机构（官署）遗存等各种文化遗产，是北京市大运河国家文化公园的核心区，也是展示运河文化、首都文化乃至中国文化的重要窗口。

1. 城市副中心大运河文化遗产保护现状

北运河城市副中心段区域物质文化遗产主要呈点状分布于运河沿线区域，

笔者通过调研和文献查询梳理了其中尚有地表遗存的29项[①]（见表4）。

表4 北运河（城市副中心）遗产类型及其主要遗存

遗产类型	主要遗存
水利工程设施类	北关闸、通州闸、和门闸、榆林庄闸、杨家洼闸、杨堤、石槽、马堤、萧太后河、苍头河、码头村渡口、里二泗、运通桥、土桥等
漕运管理机构类	司空分署、四员厅、张家湾、验粮楼等
其他物质文化遗产	燃灯塔、静安寺、张家湾、陆辛庄、三士庙、小圣庙、佑民观、砖厂、皇木厂、花板石厂等

资料来源：笔者根据调研及公开资料编制。

目前学界对运河遗产划分方式多样，京杭大运河不同河段历史发展历程、用途等也各有侧重，其中北运河之兴起发展与漕运有着密不可分的关系。表4实际上将北运河物质文化遗产划分为两大类，漕运类相关物质文化遗产（包括河道、堤坝、各类设施、码头、桥梁、管理机构等）及其他物质文化遗产（包括古村镇、古建筑、古寺庙、古石刻、古遗址遗迹、沿河文物等）进行前期粗略归纳。

表5 北运河非物质遗产分区域名录整理

地　区	非物质 遗产名称
北京市其他区	相声、京韵大鼓、北京玉雕、北京绢花、雕漆技艺、面人汤和便宜坊焖炉烤鸭技艺、全聚德挂炉烤鸭技艺、东岳庙庙会、花丝镶嵌制作技艺、北京烤肉制作技艺等
通州区	运河龙灯、通州运河船工号子、通州大风车、高跷秧歌、彩塑京剧脸谱、大顺斋糖火烧制作技艺、“泥人张”彩塑（北京支）、通州骨雕等

关于区域运河相关的非物质文化遗产，目前均未失传，仍以民间流传或相关文化机构引导或商业用途传播等形式存在，调研中主要收录了具备一定知名度且与运河关联度较高的非物质文化遗产项目（见表5），其中多项为在较小区域范围内流传较广、历史久远，与当地地域文化密切相连，或其中部分与运河紧密相连的非物质文化遗产。

---

① 调研主要集中于北京市通州区下辖4个街道、10个镇、1个民族乡，其中新华街道、张家湾镇、漷县镇及下辖皇木厂村、马堤村、马头村等村落为运河遗产主要分布区。

2. 城市副中心大运河国家文化公园与大运河国家5A级景区的同步推进

2018年，通州区政府印发了《北京（通州）大运河文化旅游国家5A级景区创建方案》，该景区将整合“燃灯塔及周边古建筑群”、运河公园、大运河森林公园三大核心景点，辐射城市绿心、环球影城主题公园、路县故城、通州古城、张家湾古镇、西海子公园等北运河沿线文旅资源。依照此方案，当地计划从2018年至2022年用5年时间分两个阶段完成创建任务，即景观资源评审阶段和景区提升改造阶段。目前，景区建设已进入整体提升改造阶段，主要包括大运河通航、大运河文化旅游项目建设、大运河文化旅游产品开发等。其中，将重点打造“燃灯塔及周边古建筑群”景区非遗传习所、主游客中心、西海子实景演艺、水马驿水资源保护利用中心、两岸营地、景区智慧化管理、应急救援服务等项目。同时，以“燃灯塔及周边古建筑群”景区为重点，对景区内文物保护修缮、旅游配套服务设施完善、智慧景区建设、展览展示等方面进行全方位提升改造，打造大运河文化旅游景区重点历史人文地标符号。其中，当地政府与凤凰数字等8家企业签订框架协议，吸引社会优质力量为大运河景区提供智慧、技术、项目支撑。同时，以环球影城主题公园开园为契机，发展精品民宿，提升服务设施配套标准。另外，深入挖掘以大运河文化、通州文脉为代表的各类文化旅游资源，推出运河文化、通州记忆、非遗体验、当代艺术、特色小镇、田园休闲、文艺范儿、健身康体等8类文化旅游资源为主题的23条特色旅游线路，多角度打造城市副中心网红打卡地。

《规划》提出，要加快创建大运河国家5A级旅游景区。推进游客中心、大运河文化沉浸式体验、北运河非遗传习所等重大文旅项目建设。建设集水幕观影、灯光秀等于一体的运河城市观景平台，按照国家5A级景区标准完善北运河智慧化旅游基础设施和公共服务设施，推动建设文化旅游商业休闲走廊，打造集展示、休闲、创意、度假、体验、购物于一体的大运河国家5A级旅游景区。

此外，应牢牢把握“运河北首”品牌定位，加快建好大运河国家文化公园（通州段）。推动建成通州古城核心展示园，通过恢复水系、营造绿化植被、设置文化节点等综合手段，勾勒由通州古城墙、古城门和护城河等构成的历史风貌。以通州古城核心展示园为基点，建设通州大运河集中展示带，串联通州古城等历史文化遗产，延伸至大运河国家5A级旅游景区南端。在核心展示园和集中展示带以外，加强路县故城遗址、张家湾古镇等具有特殊文化意义的文化资源展示，形成大运河主题特色展示点，满足公众参观游览体验需求。

六、北京大运河国家文化公园建设对策建议

（一）协同推进京津冀大运河文化公园建设

积极对接京津冀协同发展战略，主动融入京津冀城市群，这是推动大运河文化公园高质量建设所面临的重大课题。同时，大运河国家文化公园尚处于初步规划建设阶段，这对于京津冀地方政府而言又是一个难得的机遇：可以通过更科学的顶层设计，更好地对接并推进京津冀协同发展战略。为此，笔者认为从内部建构角度出发，未来京津冀大运河文化公园建设中应重视以下三个方面的工作。

1. 注重国家文化公园布局与布点的协调

从布局的角度看，京津冀大运河国家文化公园建设应在推进新时代“五位一体”总体布局的视域下，助推优势互补的高质量区域发展布局和优化区域经济产业结构布局。这就要求在京津冀大运河国家文化公园“园、区、点”等实体项目的布点上，既要考虑到不同地区在文化旅游资源、社会经济发展条件等方面的现有差异，又要考虑到区域分工的未来定位，有序布点并最终形成串点成线的格局。

2. 完善管理体制机制

根据《建设方案》有关“完善国家文化公园建设管理体制机制，构建中央统筹、省负总责、分级管理、分段负责的工作格局”[3]的要求，应遵循面积适宜和管理可行原则，在划定管理区的前提下，尽快建立京津冀大运河国家文化公园专门管理机构，统一行使大运河国家文化公园（京津冀段）管理区内国有文化资产的所有者职责。按照事权统一原则，由京津冀大运河国家文化公园的管理机构统一行使管理职能，通过综合规划、综合管理和综合执法，对大运河文化公园管理区内的文化和自然资源实行一体化、集中高效的统一管理。同时，强化专业合作和分工负责，文旅、生态、林业、水利等部门在管理区内，依法对管理区内相关资源的管理和保护利用进行监督和指导。公园管理机构还应与地方政府合理分工，明确权责、积极协作，建立起各司其职、有机衔接、相互支撑、密切配合的良性互动关系。属地政府主要行使辖区内经济社会发展的综合协调、公共服务、社会管理和市场监管等职责，配合公园管理机构做好公园建设工作。此外，应重视协调公园与社区关系，通过科学规划建设入口社区和特色小镇，实现大运河文化生态系统的可持续发展。

3. 优化主体功能区的规划设计

主体功能区指的是“根据不同区域的发展潜力和资源环境承载能力，按区域分工和协调发展的原则划定的具有某种主体功能的规划区域”[28]。从区域发展的角度看，建设主体功能区在促进区域的分工与合作、引导生产要素有序流动、优化空间开发结构、创新区域管理模式、促进人与自然和谐发展等方面都具有重要意义[29]。《建设方案》根据资源布局、禀赋、环境和配套等，提出管控保护区、主题展示区、文旅融合区、传统利用区等四类国家文化公园主体功能区，使之成为突破大运河沿线的行政区划限制，更快释放大运河文化资源优势的关键。为此笔者提出以下几点建议。

首先，设计分层级的主体功能区单元。主体功能区的规划，应当是一个从中央到相关地方多层级政府都参与其中的发展规划，同时各级政府的划分标准应当分层，建立起“中央-省-市”三级规划管理体制。其中，中央主要依据大运河文化带全线的资源分布情况和沿线区域战略分工，制定大运河国家文化公园主体功能区国家级标准，凸显不同区域在全国国土空间开发格局中的地位和重要性，并解决主体功能区的省际协调、协作等问题。大运河沿线省级政府则主要负责制定大运河国家文化公园主体功能区省级标准，标准的制定依据应考虑到国家级标准、本省资源环境承载能力、大运河文化资源分布、现有开发程度、国土空间分布特征等要素。

其次，京津冀三地应当发挥京津冀协同发展战略的政策优势，加强主体功能区内各行政区间的合作。在推进大运河国家文化公园建设的初期，重点是理顺不同行政区政府的职责义务，特别是在建立国家公园管理机构之后，先要做的是理顺国家文化公园管理区内的社会服务供给主体职责，避免多头管理。为此，笔者建议利用好互联网技术，构建互联互通的文化公园管理区公共服务网。

（二）创新北京大运河国家文化公园管理机制

如前所述，北京市大运河国家文化公园管理体制建设应充分吸取 2015 年以来国家公园体制改革试点工作的经验和教训，并结合北京大运河国家文化公园的战略定位和城市副中心文化发展的实际，创新大运河国家文化公园（城市副中心段）建设的机制。其制度设计应着力克服国有文化资源所有者权益不到位、“政出多门”和管理越位、错位、缺位的问题，建立起权责边界清晰、所有权与监管权分离、公园管理部门与地方政府和社区良性互动的大运河国家文化公园省域管理体制。

1. 尽快组建实体管理机构

遵循面积适宜和管理可行原则，在划定管理区的前提下，建立北京市大运河国家文化公园管理局（以下简称“北京市管理局”），作为北京市政府派出机构，统一行使本省（市）大运河国家文化公园管理区内国有文化和自然资产的所有者职责。下设资产管理、生态保护、文化旅游、对外协同等职能处室履行管理职能，同时应具有一定的灵活性，可根据中央层面机构改革适时进行调整。此外，按照“一总多分”布局，在大运河文化资源代表性区域建立分园，并设立北京大运河国家文化公园分园管理委员会。该委员会受北京市管理局和所在区政府的双重领导，并以北京市管理局的管理为主。

2. 明确多元主体权责

按照事权统一原则，由各省（市）大运河国家文化公园管理局统一行使管理职能，通过综合规划、综合管理和综合执法，对大运河文化公园管理区内的文化和自然资源实行一体化集中高效管理。同时如前所述，应强化专业合作和分工负责，文旅、生态、林业、水利等部门依法对管理区内相关资源的管理和保护利用进行监督和指导。各地的大运河国家文化公园管理局还应与地方政府合理分工，明确权责、积极协作，建立起各司其职、有机衔接、相互支撑、密切配合的良性互动关系。属地政府主要行使辖区内经济社会发展的综合协调、公共服务、社会管理和市场监管等职责，配合大运河国家文化公园管理局做好公园建设工作。此外，各地应探索公园与周边社区的共生模式，通过科学规划建设入口社区和特色小镇，实现大运河文化生态系统的可持续发展。

3. 完善管理运行体制

如前所述，在人事管理方面，建议按照“编随职转，人随事走”原则，从市区相关机构现有编制中调整划转，落实机构编制人员和“三定”方案。同时通过完善内部管理制度，明确职能职责、工作流程、岗位标准等，形成职业化的国家文化公园管理队伍。在经费管理方面，应依据实际管理需要核算预算，包括基本预算和专项预算。一方面，积极加强与国家相关部门的衔接对接，推动更多项目进入国家重大建设项目库，在财税、金融、土地、投资等方面争取更多政策支持。另一方面，市财政和属地财政也应通过现有渠道加大支持力度。在制度建设方面，应加快地方性法规、规章及规划建设。

（参与本项目调研和报告撰写的还有刘晓峰、邓宇琦、刘雯雯、肖德民、隆雨彤）

参考文献

[1] 王健，王明德，孙煜．大运河国家文化公园建设的理论与实践 [J]，江南大学学报（人文社会科学版），2019，18（5）：45.

[2] 京津冀三地社科专家齐聚通州共论“大运河文化带建设和京津冀协同”[E/OL].[2023-01-13]. http：//ex. cssn. cn/skyskl/skyskl_yw/? COLLCC=3641696850&.

[3] 中办、国办印发长城、大运河、长征国家文化公园建设方案 [N]. 人民日报，2019-12-06（1).

[4] 杨继瑞，罗志高．“一带一路”建设与长江经济带战略协同的思考与对策 [J]. 经济纵横，2017（12）：85-90.

[5] 侯鹏，孟宪生．新时代我国区域经济一体化的空间战略 [J]. 甘肃社会科学，2019（2）：196-203.

[6] 高国力，黄征学，张燕．促进“一带一路”与三大区域发展战略对接 [J]. 宏观经济管理，2018（8）：15-18.

[7] 黄杰．以大运河文化带为核心的三大战略协同建设研究：以探索大运河文化带扬州段建设为例 [J]. 扬州大学学报（人文社会科学版），2018，22（2）：46-51.

[8] 刘克勇，邓泽林．建立基于公共服务的国家公园体制 [J]. 林业经济，2014（4）：3-7.

[9] 王健，王明德，孙煜．大运河国家文化公园建设的理论与实践 [J]. 江南大学学报（人文社会科学版），2019（5）：45.

[10] 王健，王明德，孙煜．推动大运河国家文化公园江苏段建设 [J]. 群众，2019（10）：27-29.

[11] 国家“十三五”时期文化发展改革规划纲要 [N]. 人民日报，2017-05-08（1).

[12] 中共中央关于全面深化改革若干重大问题的决定 [N]. 人民日报，2013-11-16（1).

[13] 辞海编辑委员会．辞海 [M]. 上海：上海辞书出版社，1989：596.

[14] 雷恩，贝德安．管理思想史 [M]. 6版．孙健敏，李原，译．北京：中国人民大学出版社，2012：245-252.

[15] PAPAGCORGIOU K, KASSIOMIS K. The national park policy context in Greece：park users' perspectives of issues in park administration [J]. Journal for nature conservation, 2005，13（4）：231-246.

[16] DUDLEY N，FEYERABEND G B. A tool to help selecting the appropriate IUCN categories and governance type for protected areas [EB/OL]. [2023-02-11]. www. iucn. org.

[17] 彭红松，章锦河，陆林，等．中国国家公园体制建立的若干思考 [J]. 安徽师范大学学报（自然科学版），2016，39（6）：575-579.

［18］新华社．南水北调东线一期北延应急工程开工可增加向京津冀供水能力 4.9 亿立方米［EB/OL］．［2023－03－07］. https：//baijiahao. baidu. com/s？id = 1651447652197517614&wfr=spider&for=pc.

［19］葛剑平，牟溥．让南水北调成为京津冀协同发展的生态源［J］．北京观察，2015（3）：20–21.

［20］周进．京津冀地区的功能布局调整与人口发展［J］．新视野，2018（1）：59.

［21］陈雪柠．去年京津冀 GDP 总量突破 8.5 万亿元［N］．北京日报，2019-04-04（2）.

［22］吉登斯．社会学方法的新规则：一种对解释社会学的建设性批判［M］．田佑中，译．北京：社会科学文献出版社，2003：26–27.

［23］GIDDENS. The constitution of society：outline of the theory of structuration［M］. Berkeley：University of California Press，1984：17.

［24］GIDDENS. Politic，sociology and social theory：encounters with classical and contemporary social thought［M］. Stanford，Calif.：Stanford University Press，1995：19.

［25］杨英法，李彦玲，韩峰．京津冀协同发展与大运河文化带建设互融共建探讨［J］．社会科学家，2019（6）：38–42.

［26］陈喜波，王亚男，郗志群．北京大运河国家文化公园建设的生态路径研究［J］．城市发展研究，2022，29（8）.

［27］周泓洋，王粟，周扬．大运河文化的多维价值与国家文化公园建设［J］．中国名城，2022，36（7）：11–16.

［28］邓玲，杜黎明．主体功能区建设的区域协调功能研究［J］．经济学家，2006（4）：60–64.

［29］孙久文，彭薇．主体功能区建设研究述评［J］．中共中央党校学报，2007（6）：68.

北京市大运河文旅产业融合高质量发展研究

朱群芳

本研究是为将大运河打造成“璀璨文化带”和“缤纷旅游带”之国家发展目标而服务的，也是为首都北京作为全国文化和技术创新以及国际交往中心这一定位而服务的。文旅业是北京城市副中心建设高质量发展的重要支撑产业，积极发展文旅业有利于推进大运河文化的保护和传承，满足人们个性化、品质化的高质量文化服务需求。

本研究通过对北京大运河沿岸和文化区片及拓展区的文旅资源、景区、文物、地标建筑、文化设施、文创中心、文化古城、品牌文旅节庆活动、研学基地、博物馆、文化馆、文化体验基地、文化小镇等具有代表性的文旅资源融合开发运营项目进行调研，重点分析北京段大运河的自然、人文和非遗资源现状，并提出了北京文旅融合发展的四大特征。从北京大运河研学旅游、环球影城消费者、汉服消费、通州图书馆消费、博物馆消费者等问卷调查入手，针对代表性文化景区和网络途径反馈的消费者新需求绘制了消费者画像。通过发放对文旅融合产品的满意度问卷，评估公众对文旅产品新需求、服务满意度，搜集第一手数据资料，提出文旅融合发展评价体系并开展了环球影城、大运河森林公园、燃灯塔景区等三地的实证分析。此外，阐述了大运河京外文旅产业开发的成功经验和融合的模式及发展案例。在上述实证分析和比较分析的基础上，揭示了文旅资源地存在的主要问题及具体改进建议，提出北京大运河文旅融合存在知名度低、品牌形象尚未建立，旅游规划理念较传统、缺乏创新，文旅交通配套建设不足、协同发展亟待优化等问题，并指出这些问题的背后存在产品活化不足、产业融合不全，各部门缺乏配合、市场融合不深，缺乏对文旅融合水平的评价理论和评价方法的研究等深层原因，并针对这些问题和原因提出以下建议：要开展落实大运河文旅高质量发展的顶层设计，使建设主体多元化，创建方式多样化；大运河游船应植入文化体验，实现差异化服务；塑造特有的纪念品形象，全面打造“北京大运河文化带”文化商业符号；将大运河文旅业产业链充分延伸，将大运河文化发扬光大；创建文旅融合水平评价体系等。希望通过此项研究，以北京大运河文旅产业为抓手，构建具有全球影响力和竞争力的文旅资源体系、服务体系和产业体系，实现融合发展、创新发展、高质量发展。

一、绪论

（一）选题依据和研究意义

1. 选题依据

国家先后制定的《大运河文化保护传承利用规划纲要》《长城、大运河、长征国家文化公园建设方案》《大运河文化和旅游融合发展规划》都提出，要通过文旅融合等方式推动大运河文化保护传承利用，这为大运河文旅融合发展提质增效带来了新契机，指明了新方向。与此同时，《北京市“十四五”时期文化和旅游发展规划》为新时期北京市大运河文旅融合高质量发展提供了战略部署。本课题就是为以上顶层设计的具体落实而开展的深入研究。

2. 研究意义

本课题可为国家将大运河打造成“璀璨文化带”和“缤纷旅游带”这一发展目标服务，为首都北京作为全国文化和技术创新以及国际交往中心这一发展定位服务。文旅业是北京城市副中心建设高质量发展的重要支撑产业，发展文旅业有利于推进大运河文化的保护和传承，满足人们个性化、品质化的高质量文化服务需求。

（二）研究内容和方法

1. 研究内容

本课题的研究对象是北京大运河沿岸和文化片区及拓展区的文旅资源、景区、文物、地标建筑、文化设施、文创中心、文化古城、品牌文旅节庆活动、研学基地、博物馆、文化馆、文化体验基地、文化小镇等具有代表性的文旅资源融合开发运营项目，对大运河文旅资源按照遗产类、挖掘类、环境类、水系类、文创类等不同类别进行清单整理，以揭示北京市文旅融合发展的特征。笔者通过实地重点调查文化街区、主题公园、文化产业园、文化博览会、文化景区、文化遗址和文化品牌活动等，阐述文旅产业开发的成功经验和融合模式的创新方向。笔者通过走访文旅融合发展专家学者及文旅项目经营者，验证了长期以来大运河遗产保护压力巨大、传承利用质量不高、资源环境形势严峻、生态空间挤占严重、合作机制亟待加强等突出问题，开展对大运河开发难点及原因的剖析。大运河现在的文旅产品以自然类旅游为主，类型单一，内涵挖掘不足，致使体验性、互动性、科技感不够，低层次、同质化开发产品现象仍然存在，文旅融合自提出以来便在实践中面临着“两张皮、落地难”的困境。笔者通过发放对文旅融合产品的满意度问卷，评估百姓对文旅产品的新需求和对服务的满意度，搜集第一手数据资料，分析研究对象的发展现状，揭示在消费服务中存在的问题及影响因素。笔者通过经典案例，分析文旅融合对首都北京作为全国文化中心以及对北京城市副中心高质量发展的贡献度及经济带动作用。结合上述研究，笔者深入探寻北京这一文化之都、文化名城，在大运河沿线充分挖掘与北京大运河相关的古都文化、京味文化、漕运文化、红楼文化、士大夫文化、码头文化、市井文化、现代创新文化等相关文化资源的基础上，提出文旅产品开发的思路和新理念：构建北京文旅融合高质量发展的精品系列组群，以大运河 5A 景区建设为中心，发挥环球影城的外溢效应，重点推进张家湾设计小镇、张家湾古镇、城市绿心、台湖演艺小镇、宋庄艺术小镇等区域的协同发展，完善北京大运河文旅发展的带状空间布局；创建“运河+文化+旅游”的新模式，更好地发挥北京作为全国文化中心的作用，倡导与创意产业园，文化展会、博览会等文化实体共同打造品牌活动，带动文旅业精品线路的打造；强化文旅产品融媒体的多元化宣传，通过地推、宣传单、广告、自媒体等方式进行产品的大力宣传，制造网红打卡地效应，建立管理规范、点线面联动、创新开发文旅产品和文创协同的运营机制；构建具有全球影响力和竞争力的文旅资源体系、服务体系和产业体系，实现融合发展、创新发展、高质量发展；等等。

2. 研究方法

笔者主要运用文献研究法了解研究现状，运用实地调查法考察大运河文旅融合项目运行情况，运用问卷调查法探究消费者对文旅消费的需求，运用案例分析法揭示运营模式创新和经验示范作用。同时，将效益满意度评估法应用于文旅项目运营分析，以评价其产品开发能力和运营服务水平。

（三）研究特色和创新点

1. 研究特色

本课题在研究内容上聚焦北京，在研究方法上通过全方位、立体化的案例分析、实地调查、问卷调查等建立多元化的实证调研，从而更好地了解产业市场，消费需求，准确把握市场发展的脉络。此外，本课题在研究资源上拥有良好的调研对接平台，如笔者作为区政协委员可以更方便地与相关管理部门进行沟通交流，所获信息全面，调研工作深入开展，提出的建议有对接的政协平台。

2. 创新点

首先，本课题尝试创建文旅产品评估的方法和指标体系，进行文旅产业经济学分析，以形成独有的研究视角和思路，将文旅 IP 融入住宿、观光游玩、体验活动等全领域；开展全域文旅产品的“运河100”体验项目群的建议思路开阔，具有超前意识的碎片化体验产品之市场适应性极强，这些都将大大提高游客的获得感。其次，本课题提出应加强数字化科技在文旅区的场景应用，不断迈向产品品牌化、体验数字化、服务智能化的融合发展之路，在大运河文化品牌的打造过程中注重特色鲜明、场景与技术手段适时交互，以提升游客的体验感，加深游客对文旅区的记忆，极大地提高游客对文旅区的满意度和复游率。

二、相关文献及法规

（一）文献综述

大运河文旅资源整合与开发研究的文献较丰富，其多从地方旅游资源的特点入手，根据旅游资源的性质、价值、规模、区位条件、组合等方面提出旅游的发展思路、模式和具体开发对策。目前，大运河文旅融合在国内尚处于发展阶段，学术界尚未建立起完整、系统的研究框架。早期主要侧重于资源整合开发和主题产品设计等研究，研究较零散，缺乏理论体系支持。随着大运河申遗成功以及《京杭大运河保护与“申遗”杭州宣言》的发布，国家开始从战略高度启动对京杭大运河的抢救性保护工作，文献数量迅速增长。部分学者从实践的角度，以各地大运河文化发展为案例，研究文旅融合的发展路径与模式，从多维度探究文旅融合发展的动力、发展策略与路径选择，为文旅融合发展提出对策、建议。例如，陈国峰基于常州“532”发展战略，探索大运河文化建筑助推城乡文旅融合的内在机理与路径[26-27]；张怡青等从新媒体角度出发，以余杭段大运河为实证调查对象，探讨利用线上、线下两个渠道推动大运河文旅融合，挖掘其中针对大学生群体之文旅产业开发利用的历史文化传统资源[1]；孙静和王佳宁以大运河流经的北京、天津、河北、山东、河南、安徽、江苏和浙江八省市为研究对象，比较分析了大运河文化带文化产业发展的现状，指出大运河沿线省市文化产业发展迅速并呈现差异化的发展模式，但尚未有效落实大运河文化带建设的全局性文化产业发展思路[2]。

一些学者探讨了疫情下大运河的发展路径。吴秋丽等认为，疫情对河北大运河文旅产业发展造成了直接影响，且次生影响仍在继续。后疫情时代，河北大运河文旅融合发展在推动文旅企业复工复产与转型发展、满足公众个性化文旅消费需求、推进大运河文化保护与传承等方面具有文化、社会、经济等三重价值。河北大运河文旅产业走出困境的根本出路，在于把握市场变化，谋求文旅融合发展路径的创新[3]。钱建农提出，后疫情时代的文旅变局呈现从无差别市场到细分市场、从远程低频到近程高频、从旅游到“旅游+”的发展趋势，他以复兴旅游文化集团作为案例①，提出打造“去爱去生活去复游城”口号，在复游城里人人都可以找到自己的爱，不只是情爱，还有家庭的爱、朋友的爱、同学的爱，等等。在复游城里可以找到很多加深感情的生活方式。在此基础上，钱建农进一步提出应开发创造更具国际化品质和多元文化背景的产品，以顺应受疫情影响，旅游业格局向区域旅游和国内游发展的态势[4]。

在文旅融合水平的测度上，王秀伟运用熵值法对大运河文化带文旅产业发展水平进行综合评价，认为其呈现曲折中上升发展、地域差异性并不同步、融合水平整体偏低、协同性不足、同质化现象突出、竞争力亟待提升等显著特征。针对文旅融合水平不高、省际融合水平差异大和文旅产业协同性弱等现实问题，王秀伟在研究中提出应以平台思维统一配置和管理文旅产业生产要素，通过生产要素重组整合文旅产业价值链，形成文旅融合的内在动力。有针对性地补齐短板、弥合差距，实现区域文旅融合的平稳发展[5]。

其他的研究，则多是从总体层面分析大运河文旅融合的保护措施[6]、重要意义和实现途径[7-8]。

（二）相关法律以及发展规划为大运河开发指明方向

大运河由京杭大运河、隋唐大运河、浙东运河三部分构成，全长近 3 200 千米，开凿至今已有 2 500 多年，是中国古代的一项伟大工程，是世界上距离最长、规模最大的运河。2012 年，文化部部务会议审议通过《大运河遗产保护管理办法》（以下简称《管理办法》）。该文件明确了大运河遗产的范围，规定实施统一规划、分级负责、分段管理的保护方法，并设立大运河保护和申遗省部级会商小组，以协调大运河遗产保护中的重大事项，解决重大问题。《管理办法》对大运河文化遗产的管理范围、管理主体、管理制度、管理措施以及惩戒责任等方面提出相应要求，为大运河遗产的保护提供了方向。此后，为统筹文化事业、文化产业发展和旅游资源开发，国家组建文化和旅游部，以促进文化事业、文化产业和旅游产业的融合发展。2019 年，文化和旅游部制定了《文化和旅游规划管理办法》，从总则、立项和编制、衔接和论证、报批和发布、实施和责任等方面对文化和旅游规划体系进行统一，对规划管理进行完善，以提高规划质量。

① 复兴旅游文化集团打造的复游城系列度假物业将成为其倡导的 FOLIDAY 体系中以“3F”（即生活 Family、友情 Friend、乐趣 Fun）为核心理念的生活方式的极佳载体，这也是 FOLIDAY 体系中较为全面的产品，用以打造未来家庭休闲度假生活方式之核心理念。

2014 年，大运河成功进入《世界遗产名录》。虽然大运河沿线文化遗产资源丰富，运河功能持续发挥，区域发展水平较高，但长期以来大运河也面临着遗产保护压力巨大、传承利用质量不高、资源环境形势严峻、生态空间挤占严重、合作机制亟待加强等突出问题和困难。党的十九大作出“坚定文化自信，推动社会主义文化繁荣兴盛”的重大部署，为将大运河打造成为中华民族伟大复兴的标志性文化品牌提供了宝贵的历史机遇。2019 年，中共中央办公厅、国务院办公厅印发了《大运河文化保护传承利用规划纲要》；2020 年,文化和旅游部、国家发展改革委等部门印发了《大运河文化和旅游融合发展规划》，紧扣高质量发展的主旋律，为沿线各省市进一步推动文旅融合纵深发展指明了新方向，为新时期大运河文旅融合高质量发展提供了战略遵循。

空间布局上。首先，明确核心区、拓展区、辐射区的融合发展定位。核心区主要指大运河主河道流经的县（市、区），包括北京、天津、河北、山东、河南、安徽、江苏、浙江等 8 省市的 150 个县（市、区），其侧重于保持大运河文化遗产的价值、真实性、完整性，保护和提升沿线景观和基础设施，推动大运河文化和旅游资源相互融通，打造特色鲜明、文化浓郁、风景亮丽的区域；拓展区主要指大运河主河道流经的地市，包括北京市的 5 个区以及河北、山东、河南、安徽、江苏、浙江等 6 省的 34 个地市，其以大运河文化为特色，以重大文化和旅游项目为引擎，推动大运河文化和旅游与现代农业、新型工业、信息科技等有机融合，不断创新和拓展大运河文化载体，提升融合发展的竞争力；辐射区主要指大运河主河道流经的省（市），是与大运河文化密切相关的联动区域，可以为持续推进大运河文化和旅游深度融合发展提供更多资源要素和保障条件。其次，培育融合发展功能集聚区。大运河文旅融合发展不仅要发挥大运河遗产的文旅价值，而且要依托大运河，构筑区域协作、功能衔接的三大文化和旅游融合发展功能集聚区。其重点是建设由文化文物、人文历史、红色文化、自然生态、现代文旅等优质资源组成的，周边资源和设施配套衔接的文化和旅游深度融合示范区域。

时间布局上。预计到 2025 年，大运河文化和旅游融合发展初见成效，成为沿线经济社会发展的新亮点，大运河国家文化公园基本完成建设任务。大运河文化艺术精品力作不断涌现，大运河文化遗产得到有效保护利用，沿线文化产业和旅游产业对经济发展的带动支撑作用更加显著。沿线文化和旅游公共服务更加完善，文化和旅游与相关领域的融合程度日益加深，大运河文化在引领风尚、教育人民、服务社会、推动发展等方面的作用得到更好发挥。到 2035 年，大运河文化和旅游融合发展成效突出，为沿线经济社会发展作出重要贡献，大运河国家文化公园建设提质升级。沿线文化和旅游在更大范围、更广领域、更高层次上实现融合，文化事业、文化产业和旅游业实现高质量发展。社会效益和经济效益实现高度统一，初步建成璀璨文化带和缤纷旅游带，大运河文化具有较强的国际影响力。展望2050年，大运河文化和旅游融合发展效益充分显现，“千年运河”品牌享誉中外，大运河成为宣传中国形象、展示中华文明、彰显文化自信的重要标志，大运河文化保护传承利用成为中华优秀传统文化传承发展的样板和典范。

三、北京大运河消费者的画像

在各种因素影响之下，北京市民大大增加了本地游的需求，这也成就大运河文旅业的当地游客群。同时，大运河作为世界非遗项目，一个活态的运河，特别是其恢复全线通航后，必将引起诸多国内外游客的关注与向往，也将进一步引领北京城市副中心的高质量发展。

（一）研学旅游的消费分析

1. 优势

（1）游学发展空间广。我国研学旅行发展刚刚起步，尚未形成规模，发展潜力和空间巨大。目前，国内的研学旅行发展势头良好，但开发的深度与广度有待提高，总体发展水平处于初级阶段。据不完全统计，中国研学行业的市场空间有望从2016年的约300亿元（人均150元）增长至2023年的千亿元水平（人均500元），并将在未来数年中保持30%到50%的增速。

2020年底，教育部相关负责人表示，国内已遴选了622个全国中小学生研学实践教育基地和营地，开发了6 397门研学实践课程和7 351条精品线路。2018年，国内研学旅行人数达到400万人次，市场规模达到125亿元，人均消费3 117元/次。2019年我国国内研学人数（470万）与海外游学人数（120万）共计590万人，2019年我国研学市场规模达到164亿元。近期因疫情零星散发，国内旅游业受影响明显，但研学类旅游产品异军突起。携程旅行数据显示，2021年暑期研学游人数同比增长超650%，亲子游订单中研学类产品订单占比近七成。这反映出我国研学旅行需求规模的增长，其中以北京为目的地的研学旅行更是需求旺盛。

（2）旅游资源禀赋好。在北京，大运河旅游线路是青少年研学旅行的优质选择地之一，既可浏览自然景观，又可感受浓厚的历史气息。例如，潞河中学附属学校的学子们以“最美故乡畔，多彩大运河”为主题，通过研学旅行的方式，先后来到运河文化广场、城市副中心地下综合管廊及张家湾博物馆，实地感受传统运河文化魅力，弘扬运河文化，并体验北京城市副中心的新建设、新发展。2022 年 9 月 4 日，由通州区文化和旅游局主办的“小少年运河游船研学营”迎来了 20 多个探寻大运河历史脉络、热爱运河文化的家庭，大人、孩子一起畅游大运河，感知文化魅力。此次活动作为“遇见·运河”城市探访系列活动之一，旨在在“双减”政策之下，通过文化大师课、木作工坊、运河畔的自然课、森林中的艺术课等多个环节，丰富孩子们的社会生活经历，使其在实践中了解北京漕运，体会运河文化内涵。

2. 劣势

目前，市场上大多数的研学旅行活动还是由校外教育培训机构或旅行社来提供服务，而非教育主管部门和学校。在旅行社提供的研学旅行服务中，大多数游学线路“侧重旅游，学的内容不专业”。

3. 机遇

首先，乡村休闲市场可开发。远离喧嚣、回归乡村已成为都市人的心声。乡村旅游资源丰富、非遗文化、民俗文化具有一定特色，依托其独特的自然景观以及人文客体的优势，将会吸引越来越多的游客。这有利于乡村振兴发展，开发乡村休闲特色体验产品。其次，主题旅游市场需求扩大。京郊游休闲度假需求旺盛，旅游消费还有提升空间。目前，京郊旅游市场份额占整个在京游市场份额的 60%左右。在消费构成中，餐饮消费高达 34%，观光娱乐占 21%，交通占 18%，购物占 16%，住宿占 11%。

4. 挑战

研学旅行赛道将涌入更多竞争者。研学行业从业者面临的最大的竞争对手，极有可能来自迫切需要转型的校外培训机构。这些培训机构积累了大规模客户群体，如果转型做研学，已有客户群体将成为其最大的优势，而这种优势是现在一般的研学旅行企业难以企及的。

（二）环球影城消费者调查

文化旅游是北京城市副中心通州区重点发展的三大功能之一。其中，北京环球度假区作为重要的旅游目的地之一，对通州文化旅游区的建设、对城市副中心高质量发展以及北京文化和旅游业发展具有多方面的带动作用。通州之前不是成熟的旅游聚集和集散地，也没有大量外来游客的涌入，而环球影城的建设吸引了国内外游客的到访和游览。北京环球影城于 2021 年 9 月 20 日开园，弥补了北京“高度体验感和深度互动感”类休闲旅游度假产品的空白，具有强大的产业集聚效应和创新示范效应。目前北京环球影城已经完成第一期建设，据公开数据显示，环球度假区年均拉动北京市生产总值（GDP）

1.02 个百分点。根据中国旅游研究院专家的测算，开园之后，北京环球影城每年将对北京市的旅游收入起到 4.8%的带动作用。自 2020 年开园以来，暑假期间北京环球影城单日客流量峰值达 36 000 人。目前，环球影城 2 期建设 2.2 平方公里正在规划中，后续旅游产业向通州区的聚集将进一步带动通州区文化旅游产业的吸引力，极大推动通州区原有文化旅游项目的提效升级。北京环球影城项目将会成为除 2022 北京冬奥会之外，北京服务业经济的另一旗舰项目和新的经济增长极。通州如何利用其经济溢出效应带动当地文旅业发展是一个大课题，特别是大运河如何吸引这些游客就地消费是一个难题。在研究北京环球影城客流特点的过程中，根据消费者调查分布（见图 1）可知，首先，环球影城侧重娱乐体验，其目前受众多为年轻人，并将带来更多以休闲度假为目标的年轻旅客。其次，自驾前往环球影城的游客占 46.60%，采用其他交通工具的游客占 53.40%，这对瞬时交通的要求非常高，需要承载力极大的交通系统的支撑，建设便捷的轨道交通势在必行。最后，环球影城消费者多样化的兴趣爱好也为通州区的产业联动带来契机，通州区应充分利用环球影城主题公园的外溢效应，形成一批具有餐饮、文化、购物、灯光秀等特色的商业街区，充分吸引客流，构建“主题公园–休闲娱乐–文化科技–服务配套”的圈层结构，实现环球影城内外联动，努力推动北京城市副中心文化旅游产业高质量发展。

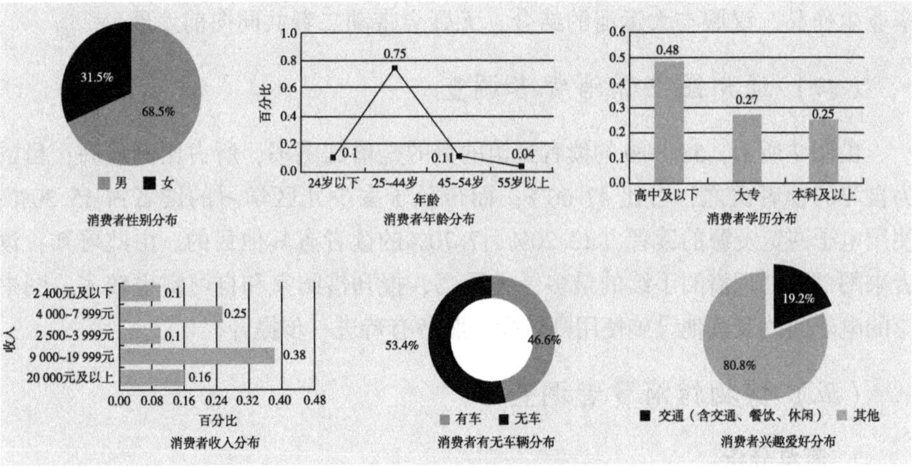

图 1　北京环球影城消费者信息

（三）汉服消费者调查

相关数据显示，2020 年我国汉服市场规模达到 76.9 亿元。汉服爱好者中，年龄在14~25岁的占70%，其中女性占比58%；在受众职业上，有60%的汉服爱好者是学生，19%为单位员工。可见，汉服爱好者的主要群体画像为年轻女性和在校学生。

年轻群体对汉服文化有着自己独特的理解和主张，若能够将传统文化与现代流行文化有机结合，如将汉服与旅游资源、社交媒体、动漫影视等媒介相结合，在传播机制的作用下，就可以极大提高其影响力并在该群体迅速传播。近年来，随着“汉服热”的兴起，越来越多的青少年喜欢身着汉服外出、聚会、拍照。正是基于这样的背景，不得不说，汉服与景区很“般配”。不论是自然山水还是博物馆、胡同，身着汉服都是在体验上做加法，别有一番韵味。许多景区推出了与汉服相关的活动，成为热门旅游打卡地，旅游景区也成为穿着汉服的主要场景之一。景区与汉服的结合，是文旅融合的一种具体呈现，这一将传统文化与沉浸式体验相结合的形式，对游客有更大的吸引力。2022年9月24日，作为北京（通州）大运河文化旅游景区系列文化活动的首场活动，“国潮2022运河文化时尚大赏”在北京城市副中心大运河畔举行。运河主题服装秀精彩上演，将国风之美与潮流时尚完美结合，80余套运河文化主题服饰相继亮相。演出服装分为四个系列，包括根据历史考证复原的明制服饰，以及展现明代服饰温婉端庄、恬静典雅、清丽脱俗之美的创新汉服，其设计元素来源于大运河题材书画作品的新中式时装，以及北京服装学院的毕业生作品。汉服与大运河的结合，无疑会带动二者共同向前发展。

（四）通州图书馆消费者调查

由图2所示，58.80%的读者到馆的目的是借阅图书，所占比例最高；目的为自习的读者次之，占比47.60%；而带孩子去少儿区学习的读者占15.30%；使用电子阅览资源的读者占13.20%，7.70%的读者有其他目的。由此可知，读者来图书馆办理借阅手续的最多，去图书、报刊借阅室和自习室也较多，图书馆的电子阅读及其他设施使用则较少，服务有待进一步提升。

（五）博物馆消费者调查

1. 简单分析

（1）消费者参观博物馆的目的，首先是了解文化增长知识，其次是休闲娱乐，参观时长主要为1小时~3小时，有63.7%的消费者是以年或季为频率进行参观的。此外，有78.07%的消费者愿意专门去参观博物馆，其中82.09%消费者愿意重复参观。

（2）馆藏文物是最令消费者印象深刻的部分，因此藏品对博物馆的建设

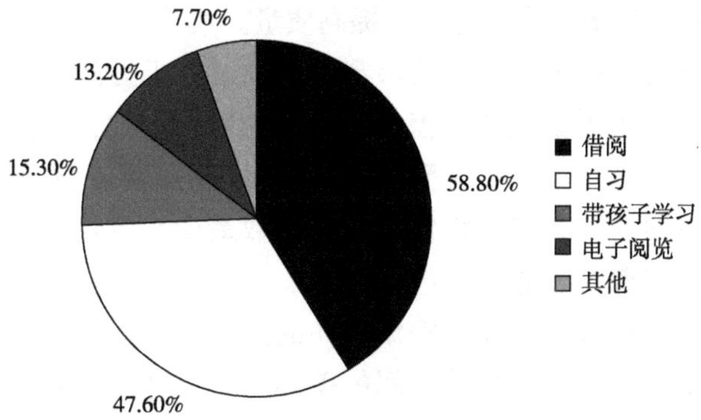

图 2　读者到通州图书馆的目的

很重要。

（3）近九成的消费者愿意参观收费的博物馆，且费用定价不超过 60 元，不愿意付费的消费者多数认为博物馆作为公益性单位是不需要付费的。

（4）消费者最喜欢去的是历史类博物馆，接下来是综合性博物馆。

2. 网络评价分析

如表 1 所示，两组评分分别取自美团和大众点评，在国有博物馆、高校博物馆和私人博物馆中各取两家为例。

表 1　不同类型博物馆评分

名称		美团				大众点评			
		评分 1	总数 1	低分 1	差评率 1	评分 2	总数 2	低分 2	差评率 2
国有博物馆	故宫博物院	4.9	278 354			4.98	59 447	2	0.00%
	北京汽车博物馆	4.8	35 566	984	2.77%	4.90	9 255	25	2.70%
高校博物馆	清华大学艺术博物馆	5.0	2 501	35	1.40%	4.95	2 143	32	1.49%
	北京大学地质博物馆	3.4	23			3.87	18	1	5.56%
私人博物馆	观复博物馆	4.9	7 867	73	0.93%	4.95	5 459	37	0.68%
	大戚收音机电影机博物馆	4.1	246	12	4.88%	4.84	200	4	2.00%

从评分看，国有博物馆的评分较高，私人博物馆次之，高校博物馆分数差距较大。从中可以看出，消费者对国有博物馆还是比较满意的；私人博物馆由于消费者个体差异，其参观感受稍有差别；高校博物馆质量则参差不齐，

需要在自身展览、服务等方面进一步提高质量。

从评价总数看，去国有博物馆参观的人数远大于另两类博物馆，高校和私人博物馆总体参观人数较少。但是，在三类博物馆中，具体到不同博物馆的游览数量存在明显差距，可见受知名度或展览的影响，不同博物馆对消费者的吸引力是不同的。高校博物馆的游览总数最少，与其他博物馆有明显差距，可见其与消费者的游览预期差距较大。

从低分和差评率看，高校博物馆存在的问题最多，国有博物馆和私人博物馆整体比较平稳，但是馆与馆之间的差异较大。这也说明目前尚缺乏衡量博物馆建设质量的统一标准，从而难以对博物馆的质量进行评价和监督。表 2 为不同博物馆的差评汇总。

表 2　不同博物馆差评汇总

属　性	名　称	评　价
国有博物馆	故宫博物院	人多，购票退票烦琐，服务态度差，讲解供应商服务差，步行累，排队长，组织混乱
	北京汽车博物馆	展品数量少、质量差，服务态度差，整体没意思，停车不方便，体验和趣味性差
高校博物馆	清华大学艺术博物馆	服务态度差，自驾车极不方便，部分展览质量差，缺少人性化服务，管理混乱
	北京大学地质博物馆	进校园的要求多
私人博物馆	观复博物馆	服务态度差，门票性价比低，展品质量、讲解差，地处偏远，管理混乱
	大戚收音机电影机博物馆	地处偏远，票价与展览质量不成正比，信息公告更新不及时，制度松散，服务态度差

整体来说，各博物馆都存在服务态度差，展览质量差等问题。服务态度包括展区内工作人员、安保人员和售票员的态度，展览质量包括展品数量和质量、展览水平。

此外，高校博物馆的主要问题是进入校门的要求比较严格，自驾车不方便；受场地限制，在人流量比较大的时候现场会很混乱。

私人博物馆的主要问题是地理位置比较偏远，票价比较高，如果展品不能满足消费者预期，则他们容易产生消极情绪，认为参观不值这个价。

同时，上述博物馆都存在管理混乱的问题，最明显体现在参观人群的准入制度（包括参观时间、不同人群购票价格、购票途径）以及网络公示信息与实际不符等。

国有博物馆的讲解服务需要提高，包括讲解内容和获取讲解服务的便利程度等，此外有些展览质量和展品数量无法满足消费者需求。

（六）大运河（北京段）代表性文化景区的消费者评价

由表3可看出，有关大运河文化景区的综合评分都比较高，评论较多。消费者更偏爱户外的自然风景。户外的自然景观能够让消费者逃离城市的喧嚣，体验人与自然的独特之美。大部分消费者的主要目的有释放压力、呼吸新鲜空气、健身、娱乐、遛娃、获取相关的知识、提升个人素养等。消费群体比较广泛，有学生、公司企业职员、自由职业者等。

表3　北京段大运河沿线代表性文化景区消费者画像

名　称	综合评星	评分总数	消费者真实评价展示	消费目的
大运河森林公园（4A）	4.9	8 494	呆米嘞 发布于 12月8日 打分 终于终于开放啦，不用宅家里了～自由的空气真好！ 大运河森林公园 是评分很高的4A公园，目前入园需要48小时核酸。 湖面已结冰，夕阳的映衬下的莲蓬就像一幅油画。 园子里有一群圆滚滚的大胖鸭，羽毛很干净，扑腾着翅膀吃游客喂的食物。 结冰的湖水旁走走还是有点儿冷的，注意保暖	放松，呼吸新鲜空气，散步，健身，娱乐
城市绿心公园	4.9	2 393	是豆豆啊也是闪闪 发布于 22小时前 打分 城市绿心公园，离我最近的一个大型公园之一，但是去的次数却有限。去的区域也很有限~ 这次去的应该是2号停车场P，从2号停车场进去，有个宝宝玩的室内乐园，路过室内乐园，就进入了绿心外围的一个小公园，有一个大大的荷花池，夏天一定很美，或许像现实版莫奈花园吧~ 再往北走，会走到1号停车场P旁边，那里就是小鹿乐园啦~天气好，小鹿拍得可可爱爱~	放松，游玩，健身
燃灯塔及周边古建筑群	4.9	202	yltwxcb 发布于 12月16日 打分 大运河重要景观，地标性古建筑，通州八景之一，燃灯佛塔，通州文庙，紫清宫，儒道佛三教一体！今年全部整修完毕重新开放，目前是免费的，到门口预约入园，里面有很多文创用品，还有非物质文化遗产展示，适合带孩子来玩！	参观文物古迹，体验运河文化
通州区博物馆	4.8	204	aiwawp 发布于 11月26日 打分 作为通州历史悠久的见证，这里应该被更多人知晓。每天只接待三十人，先到先得。二进院，不大，但是内容丰富。详细看看也能学到不少。比如海东青的，万字学会啊，真是不看不知道。 对了，值得一提的是，全免费的馆，还配有免费讲解， 全文	了解通州文化，运河文化

续表

名　称	综合评星	评分总数	消费者真实评价展示	消费目的
张家湾博物馆	3.6	14	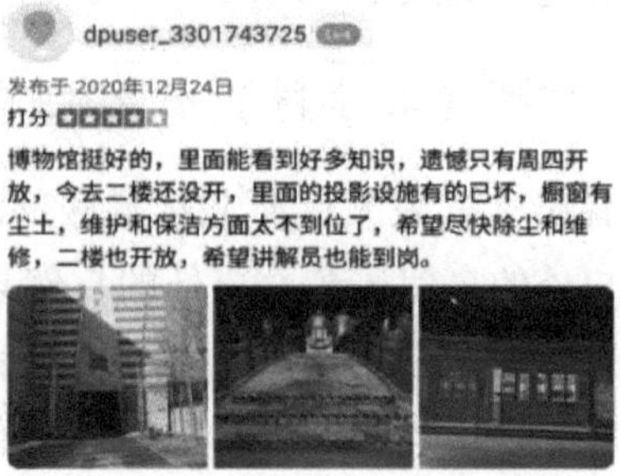 	获取知识，了解文化

（七）网络调查当代消费者新需求

根据21世纪经济研究院发布的《2021新一线城市Z世代青年消费趋势报告》中4 067份调查问卷得出的结果，我们可以以小见大，通过Z世代人群的选择倾向，来为发展和完善大运河文旅产品提供灵感和思路。其中调查结果如表4、表5、表6所示。

表4　Z世代青年喜欢一座城市的原因

原　因	比　例
生活悠闲、归属感强，烟火气十足	70.01%
好看精致、潮店云集，自带网红属性	46.30%
文化活动和夜生活丰富，美术馆、书店、咖啡店、小型现场演出空间（Live House）等应有尽有	51.32%
提供理想的工作状态和行业机遇	31.66%
吃货天堂，饮食符合口味	68.06%

表5　Z世代青年最喜欢的城市消费空间

城市消费空间	比　例
有创意、美感和品位的消费场景，如咖啡厅、美术馆等	64.99%
舒适便捷的消费空间，如随处可见的24小时便利店等	72.66%
夜生活丰富，如夜宵店、酒吧、夜间娱乐场所等	37.66%
引领时尚潮流，如网红品牌首饰店、美妆集合店等	41.28%
多元场景云集，如中古店、汉服体验店、宠物馆等	43.79%

表 6　Z 世代青年在购物过程中看重的因素

因　素	比　例
性价比为王	70.29%
价格不重要，必须质量好、体验佳	34.03%
品牌方提供全面、周到、可触达的服务	46.30%
小众个性、有创意，符合自身兴趣和价值观	66.39%
好看精致，颜值至上	36.54%
偶像“爱豆”代言	12.13%
跨界联名、限量款	9.34%
其　他	0.14%

可见，大运河文化旅游资源的开发要遵照独特性原则，做到“人无我有，人有我优”。物以稀为贵，唯有独特才能产生吸引力。在打造大运河文旅融合产品时，可以在充分研究当地消费习惯的前提下，创建一些对当地消费者更具吸引力、更加适合在当地推广的产品，尤其是历史遗迹周边、文创产品等。

四、大运河文旅产业融合发展资源分析

（一）文旅景区

1. 景区景点

（1）亮马河国际风情水岸。亮马河国际风情水岸（见图 3）位于北京市朝阳区麦子店街道公园 16 号蓝色港湾，其主要为旅客提供的游玩项目是游船。对于广大消费者来说，亮马河国际风情水岸通航是充满科技感、休闲感以及新鲜感的体验。该项目目前已成为北京首批入选国家级夜间文化和旅游消费集聚区的项目之一。截至 2022 年 9 月，该景区已有四万余人次到访，经各类主流媒体报道百余次，在“小红书”“抖音”等 App 平台的搜索量更是高达一亿多次。这里将文化、娱乐、休闲等功能进行充分融合，在城市内打造出全新的消费场景，并且与三里屯商业区、四季酒店、朝阳公园等大型商业项目和城市公共空间相邻，更容易形成联动效应。

该景点融合了文化、娱乐、休闲等多种功能，满足游客对新消费及新场景的需求。除了通航，河道沿线还有各国风情餐饮店，为市民打造户外运动以及休闲的公共空间，并提供桨板、皮划艇、滑板、游泳、瑜伽、骑行，钓鱼、野餐、露营、后备箱咖啡等产品和服务。航线由燕莎码头至蓝港码头，

图3　亮马河国际风情水岸

途中穿越十个创意光影场景，既有科技感、时尚感，又有休闲感、静谧感；河道由西向东分别是各国驻华使馆（第二、第三使馆区），沿途还有四环内最大的城市公园朝阳公园、宝格丽等高档酒店以及三里屯、蓝港、燕莎等大型商业项目和城市公共空间。亮马河畔还经常举办联动水岸的啤酒美食节、潮购市集等一系列市民喜闻乐见的体验活动，此类活动不仅市民的参与感强，而且与已有的两岸商业形成了有效互补。这样的水岸联动新尝试，在满足市民文化休闲需求的同时，不仅带动了客流量，而且有效拉动了消费[14]。

景区位置独特，距离城中心适中。景区河道体量适中，景观层次丰富：室外就餐区备受大家欢迎，甲板餐厅中可观赏绝美日落风景；轻舟夜赏亮马河，水岸交叠之处有郁郁葱葱的芦苇，拉近了人与自然的距离；步行道紧挨河道，人们蹲下就可触摸湖面。

（2）通州燃灯塔及周边古建筑群。通州燃灯塔及周边古建筑群（见图4）位于北京市通州区大成街1号，主体为儒家文庙（学宫）、佛教佑圣教寺（塔庵）、道教紫清宫（红孩儿庙）和燃灯佛舍利塔。儒家文庙也就是孔庙，属三庙中最大的一个，并有碑林展示，此外还有一个训诫亭。燃灯塔即燃灯佛舍利塔又称“通州塔”，由通州大运河文化旅游景区管理中心管理，目前为试运营状态。燃灯塔是该景区最大的特色，也是通州区的标志性建筑。

图4　通州燃灯塔及周边古建筑群

通州燃灯塔及周边古建筑群采用发放游园票和扫码预约制进园。沉浸式国风音乐会“山河月明·经典流传”在大运河文化旅游景区北区“燃灯塔及周边古建筑群”上演；运用人工智能（AI）、全息投影等技术为游客打造虚拟与现实结合的沉浸式体验；开展国潮文化市集，设置了非遗文化市集、汉服打卡、游艺互动体验等丰富多彩的活动，在互动区不仅有绘纸鸢、猜谜语、蹴鞠、投壶等传统游戏，而且搭建了江南水乡、书香贡院、桃花源等场景，满足人们穿古装拍照打卡的需求。

2. 主题公园

大运河（北京段）沿线也打造了很多主题公园（见表7），如西海子公园、大运河森林公园、城市绿心森林公园、将府公园、庆丰公园（通惠河）、西海湿地公园、通州运河公园、潮白河森林公园等。

表7　主题公园一览

名　称	地　址	运营单位	主　体	特　色
西海子公园	通州区西海子西路12号	北京市通州区西海子公园管理处	游船、燃灯佛舍利塔、李卓吾先生墓、西海子湖、葫芦湖等	（1）融入古典园林景观，与现代建筑技术相结合； （2）通过发散型渗透设计手法将北运河、通惠河及城市道路等生态廊道连通，构建商务中心区全空间生态网络体系
大运河森林公园	通州新城通怀路北运河两侧	北京市通州区大运河森林公园管理处	六大景区、十八景点	（1）北京市唯一一个运河生态天然大氧吧； （2）月岛上的观景平台已成为网红打卡地； （3）“以绿为体，以水为魂，林水相依”，形成大尺度滨水空间
城市绿心森林公园	通州区张辛庄路与通怀路交叉路口	北京城市副中心投资建设集团有限公司	一核、两环、三带、五片区	（1）塑造“绿心”品牌，致力于打造北京市最大、最具活力的一站式户外活动综合体，持续两年打造绿心冰雪嘉年华和欢乐水世界； （2）园内有多处工业遗产的留存改造，践行文化传承理念； （3）开放式无围墙设计，拉近与居民的距离

续表

名称	地址	运营单位	主体	特色
将府公园	朝阳区将台地区东八间房村	朝阳区园林绿化局	以将府文化为主题，全园分为驼房文化休闲区、林地休闲观赏区、将台水景休闲区、坝河水岸观赏区、球类体育运动区、京韵文化活动区等六个区	（1）将府公园建设集中体现将台文化，以一本厚重的线装版将府公园故事书拉开公园的序幕，院内引入酒仙桥的传说、燕昭王登台拜将、驼房营村地名的由来和坝河昔日粮船等历史文化元素；（2）铁路、二月兰是园内“出圈”的打卡地，每到四五月，络绎不绝的游客来这里拍照、取景
庆丰公园	朝阳区通惠河北路与通惠河北路入口交叉口	朝阳区园林绿化局	公园以“帆”和“船”为设计元素，整体分为北部现代滨水景观区和南部绿色生态文化区，细分为八个景点	（1）公园里的湖泊和小河全部是通惠河的支流，且都是活水，河面上一年四季都干净清澈；（2）公园正好处在一个传统与现代的交汇点，中间是八百年历史的漕运河道和众多的文化遗迹，而对面是代表着首都国际化大都市形象的摩天大厦群——国贸中央商务区（CBD）等，是北京商业最繁华之地。它承担着传承历史文脉、彰显现代都市景观的功能，意义非凡
西海湿地公园	德胜门西什刹海西海	（1）北京什刹海旅游开发有限公司；（2）北京市西城区什刹海风景区管理处	围绕汇通祠郭守敬纪念馆的展陈内容进行呼应和外延，在北入口至湖边郭守敬雕塑之间形成郭守敬之路，同时将原有的什刹海入水闸口进行恢复性展示	每到合适的季节，湖面西侧的荷叶连天，公园里荷叶新鲜碧绿，莲蓬也鼓起来了。这种场景在北京二环内实属难得
通运河公园	通州区北运河通州新城城市段	北京（通州）大运河文化旅游景区管理中心	1号码头、文化广场、燃灯塔、验粮楼等	—
潮白河森林公园	顺义区滨河北路	顺义区园林绿化局	两大建筑景观——百米喷泉组合和玫瑰园	（1）公园内的湖面多达6处，总面积1 200余亩；（2）北京市最大的平原森林公园，风景优美，旅游区有“小北戴河”之美誉，是一处近城而远人的好去处

（1）西海子公园。西海子公园凭借它的功能和魅力每天接待来此晨练、游玩的游客 3 000 多人次，公园年平均接待游人量达 120 万人次。

（2）大运河森林公园。依托“一河、两带、六大景区、十八景点”的整体布局，创造出北京地区独一无二的大尺度滨水空间。六大景区为潞河桃柳景区、月岛闻莺景区、银枫秋实景区、丛林活力景区、明镜移舟景区、高台平林景区；十八景点分布于六大景区之中，包括桃柳映岸、榆桥春色、茶棚话夕、皇木古渡、长虹花雨、月岛画境、湿地蛙声、半山人家、银枫秋实、枫林茗香、大棚囤贮、风行芦荡、丛林欢歌、双锦天成、明镜移舟、平林烟树、枣红若涂、高台浩渺等。

大运河森林公园是一个休闲公益性公园，游乐项目较少，配套服务尚不理想。

（3）城市绿心森林公园。自 2020 年 9 月开园以来，经过 1 年半的运营，城市绿心森林公园已累计接待游客超过 300 万人次，成为北京城市副中心最具活力的地标。2022 年国庆，城市绿心森林公园成为北京市热门景点之一，7 天游园人数约 12 万人次，其中国庆当天迎来游园高峰，达 2.23 万人。

运营经验：2022 年北京科技周城市副中心分会场已选址“绿心”，整体展示面积约 4 500 平方米，将借助虚拟现实（VR）等展示技术，打造科普盛宴。建好“绿心”室外音乐舞台，布设室外音乐广场，配合国家大剧院新年音乐会。“绿心”还将引入阿派朗创造力乐园北京旗舰园，用数字化的手段沉浸式呈现天文、地理、化学等知识，打造高科技亲子活动新地标。利用运河故道打造“绿心”自主项目“十二花神”以及“花神水市”，策划“绿心”首届花朝节活动，营造以花为场景的独特环境，推出花系文创产品。为了满足不同年龄人群的游乐需求，“绿心”还持续推动绿色空间与文化、旅游、科普、体育、休闲等城市功能的深度融合：在游乐项目方面，园区增加了乐沙园、考古乐园、森林奇趣餐厅、乐仕堡、绿洲营地等；在文化设施方面，引入了中国书店；在体育场馆方面，将原东亚铝业老厂房改造为绿心活力汇，现已成为城市副中心市民体育健身的热门场馆；在餐饮配套方面，几乎每个门区都引入了各具特色的品牌餐饮，颇受市民欢迎。布设有 1 个“5G+AI”自动售货机器人，沿设定的售卖路线自由行走售卖，为游客提供主动、便捷的售卖服务。园区内已搭建智慧园林平台，建立了游客管理、应急预警等系统，实现全园覆盖、全网共享、全时可用、全程可控，为民众提供良好的园内外环境。今后，还将围绕“绿心绽放”主题举办猜灯谜、青少年足球体验课、主题星空帐篷、亲子互动等主题活动。

（二）大运河沿线博物馆及遗址

1. 博物馆

目前北京大运河线路附近有 20 家博物馆，其中四星级以上的博物馆有唐人坊中国人偶博物馆、文旺阁木作博物馆、通州区博物馆、张家湾博物馆、北京广彩瓷博物馆、北京百年世界老电话博物馆、大潮博物馆、打工文化艺术博物馆、大运河翰林民俗博物馆、北京石刻艺术博物馆、中国大海艺术博物馆、豆各庄乡情博物馆、萧太后河博物馆等。表 8 为部分北京大运河沿线博物馆。

表 8　北京大运河沿线博物馆（部分）

名　称	地　址	性　质	门　票	开放时间
唐人坊中国人偶博物馆	通州区环湖路与小沿河路交叉路口往西约 150 米	非国有	成人票 58 元，优待票（老人/儿童/学生）29 元	周二至周日 9：30—16：30
文旺阁木作博物馆	通州区台湖镇东下营村南 147 号	非国有	49.9 元（单人）、169.9 元（一大一小）、119 元［门票 + DIY（单人儿童）］	周一至周日全天
通州区博物馆	通州区通州镇西大街 9 号	区　属	免费（周一闭馆）	9：00—17：00（16：30 停止入场）
张家湾博物馆	通州区太玉园中路 5 号	乡镇级	免　费	每周四（节假日除外）上午 9：00— 11：00、下午 2：00—4：00
打工文化艺术博物馆	朝阳区金盏乡皮村	非国有	免　费	9：00—17：00
大运河翰林民俗博物馆	通州区台湖镇	非国有	常年免费开放，需要团体预约	9：00—16：00
北京石刻艺术博物馆	海淀区西直门外白石桥五塔寺村 24 号	市　属	成人 20 元、学生持学生证 10 元	9：00—16：30（周一闭馆）

（1）唐人坊中国人偶博物馆。唐人坊中国人偶博物馆收集了各种绢人以

及中国传统服装，体现了北京的丝绸生产工艺。博物馆内收藏了超千件作品，设有多个非物质文化遗产研究室，可在此观摩大师们如何制作绢人。

除了线下经营，该博物馆还运营网店——唐人坊自营店。店铺中主要售卖中国家居摆件、京剧脸孙悟空、绢人娃娃新郎/新娘、工艺品绢人（如嫦娥等中国神话故事里的人物等风工艺品），在宣传中国传统手工艺的同时，传播了中国历史和中国的神话故事。绢人的售价普遍在100~300元，形成该馆除了门票收入以外的主要收入。该博物馆积极借助网络来增加自己的曝光度，增加自己的客流量。从游客的评价中可以看出，有不少人是通过丝路新观察的抖音宣传短片知道该博物馆的，并且许多是带孩子或与朋友到此参观、游玩。图5为该博物馆的绢人造型。

图5　非物质文化遗产——绢人

（2）文旺阁木作博物馆。该博物馆（见图6）是北京一家以木作为主题的博物馆。文旺阁木作博物馆以木作老物件为依托，研究、展示、弘扬中国传统木作文化、木作科普知识，让社会大众得以对木作文化及木作工艺有所认知和了解。从门票的选择方式可知，该馆的特色在于让游客参与多种游乐项目，如木牛流马、小板凳拆解、鲁班锁、木桥搭建等，可以很好地吸引小朋友，增加他们的体验感，使其能够在游戏体验中去学习。该馆官方网站所涵盖的内容较为全面，通过AR技术可以在网站上看到博物馆的内景、定期举办的各种活动等信息，让游客足不出户就可以了解该馆动态。

游客认为该馆木作授课内容丰富有趣：先介绍鲁班以引发孩子们的兴趣，然后逐步介绍木作工具、木作漆艺流程、木作交通工具、木作建筑、木作农具等，整个游玩过程十分生动。讲解完毕以后，会有手工制作的环节，这增加了小朋友的体验感。目前的缺点是地处偏远，交通不便。

游客建议该馆推出适宜不同年龄人群的特色木制品，并增加与博物馆相关的文创产品和文艺活动。

图 6　文旺阁木作博物馆内景

（3）通州区博物馆。通州区博物馆占地面积 1 914 平方米，建筑面积 939 平方米，展陈面积 266 平方米，容量 300 人。该馆始建于 1991 年春，由当时区老干部局占用的两进仿古四合院（万字会院）改建，并于 1992 年 1 月 1 日正式开馆。该博物馆属于公益免费参观，游客通过预约即可进入。其作为本地区的青少年教育基地，旨在对全区人民特别是青少年进行爱国主义教育，故特设社教部，配合展览开展丰富多彩的教育活动。主要的教育手段和方式：一是展览中以讲解员的解说作为主要教育手段，个别展览配以录音讲解（如全国禁毒展等）；二是结合展览开展有奖问答活动，如在举办“圆百年之梦、迎香港回归”展览中，为强化教育，参观后在学生中展开有奖问答；三是开展观后征文活动，如组织《知我通州、爱我通州、建我通州》征文比赛和

《中华民族传统美德》展览观后感征文比赛等；四是下乡巡回展出。包括“圆百年之梦，迎香港回归”图片展，“中华民族传统美德”展等。该馆通过各种方式已直接组织和间接宣传观众 200 万人次。馆内固定陈列为“古代通州”展，共展出本地区珍贵历史文物 114 件套，其中一级品 2 件，体现了通州自新石器时代、战国时代及西汉置县以来约 2 200 年的悠久历史。此外，该馆还先后展出了从大运河遗址中出土的元、明、清代大铁锚及有重要价值的墓志铭 50 余件，既起到了保护文物的作用，又生动开展了大运河悠久的历史主义教育和爱家乡教育。图 7 为该馆部分展品。

图 7　印章（左图）和密符扇（右图）等展品

游客认为，该馆适合游玩时间为 1~2 小时。博物馆规模较小，不建议专门游览；建议通过网络渠道结合周边的旅游景点联合出票，增加游客旅游线路的趣味性，并建议增加文创产品和打卡地点。

（4）张家湾博物馆。该博物馆目前每周四（节假日除外）向社会全体公众免费开放，其他时间团体可预约。自明清时期开始，张家湾就是京杭大运河北起点上重要的水陆交通枢纽和物流集散中心，有着“大运河第一码头”之称。经专家考证，建造北京城所用的大批石料、木材以及南方出产的商品货物大都是由大运河水路经张家湾皇木厂运往北京的，民间流传的“先有张家湾，后有北京城”的说法也由此而来。优越的地理位置、良好的人文环境，使张家湾在南北方政治、经济、文化的交流中发挥了巨大作用，同时也逐渐形成了独具特色的镇域文化氛围。文学名著《红楼梦》中描写的十里街、花枝巷等原型即出自张家湾，镇内出土的曹雪芹墓葬刻石更是引发了红学界关于一代文豪著书并长眠于此的热烈讨论。众多的名人轶事和历史典故，使张家湾这座千年古镇散发着迷人的传统文化气息。

张家湾博物馆是全国第一个镇级博物馆，该馆总面积近 2 000 平方米，共有两层展室空间。一层分为：“序厅”“梦回古镇”“运河史话”“运河明珠”

“史海风云”“红楼追梦”等六个区域。二层分为：“起航”“蓄势”“瞭望”“文创产业产品展室”“书律画韵”“道德讲堂”等六个区域。张家湾博物馆内的镇馆之宝，正是在通州张家湾发现的曹雪芹墓葬刻石。此外，展厅里还陈列着各种知名的红学著述、红楼画册、红楼故事字画，与之相伴的是运河里打捞上来的巨大铁锚、精美瓷片等。图 8 为该馆馆藏的展品——军粮密符扇。

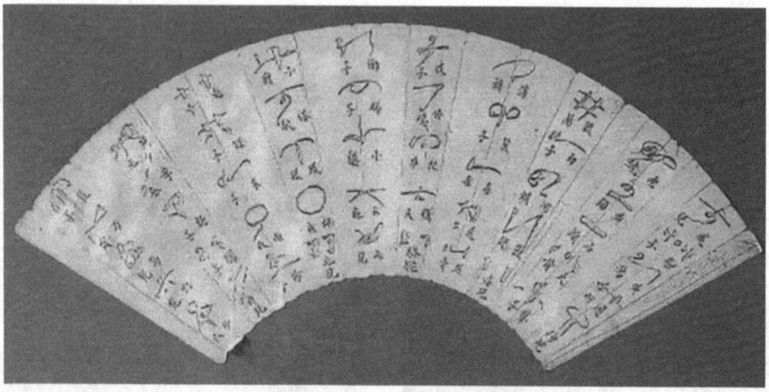

图 8　军粮密符扇

该馆引入智能科技展陈平台开发技术，通过液晶拼接屏，多通道数字沉浸式投影、叙事性光影浮雕墙、非触式虚拟翻书、虚拟人物对话、三维全数字古城虚拟漫游、史海风云内投光影系统、红学文化互动 LED 墙等及先进的声光电设施，使博物馆内容更加丰富，使参观者能“动耳聆听、动手体验、动眼观察、动脑思考”，全方位观展。

游客建议该馆积极推动线上宣传渠道，建设官网，建立公众号。

（5）打工文化艺术博物馆。该馆是由打工青年艺术团发起，于 2007 年在北京市朝阳区金盏乡皮村创办的一家民间非营利性公益性博物馆，目的是真实记录、保存反映打工生活的影像、物品，展现打工群体自己的文化和历史。该馆的展厅有 300 余平方米，共展出了 2 000 余件展品。博物馆分为打工群体历史变迁专题展、女工专题展厅、儿童专题展厅，以及劳工 NGO 团体专题展厅、工人居住状况专题展厅和工友影院、新工人剧场、工友图书馆等展厅。这里展出了打工者的照片、信件、工资单、欠条、工伤证明、生活用品、劳动工具等物品，有来自全国各地的暂住证、拥有 14 年历史的烤箱等。这间小小的博物馆以耐人寻味的方式带给参观者新的体认与经验，传播和营造打工群体的文化氛围，倡导社会公众增加对打工群体的关注、理解、尊重与支持。

（6）大运河翰林民俗博物馆。该馆位于北京市通州区台湖镇，藏品涵盖玉雕、木雕、石雕、漆雕、剪纸、景泰蓝工艺品、青铜器工艺品、陶瓷工艺品、工艺家具、文房四宝、邮票等。大运河翰林民俗博物馆占地面积 15 亩，建筑面积近 10 000 平方米，是北京市通州区首家民营博物馆，也是北京地区唯一的大运河民俗文化综合展示、研究、保护、开发、利用中心。该博物馆现有 26 个展厅，分别是玉器展厅、瓷器展厅、石器展厅、现代工艺品展厅、古代计量器展厅、陶器铁器展厅、景泰蓝工艺品展厅、青铜器工艺品展厅、书画展厅等。各展厅的藏品具有很高的历史价值、学术价值和艺术价值。

馆藏史诗性巨幅画作《京门九衢图》是一幅取材于康乾盛世老北京“内九外七皇城四”二十座城门文化的 182 米国画长卷；长卷《古运回望图》是一幅反映明代京杭大运河两岸民风民俗的 210 米国画长卷。两幅长卷讲述了老北京与古运河的文化典故、人文风貌，映现其中蕴含的历史文化、风土人情，具有较高的历史文化价值。

大运河翰林民俗博物馆以史实和史料为依据，采取图文与实物相结合的形式，形象展示绚烂多彩的运河文化，成为激发广大群众了解运河、热爱运河、热爱祖国的重要基地。该馆自成立以来，共举办专业研讨会、联谊会、大型展览百余次，免费开放接待游客十万余人次，为全国各地（包括港澳台地区）热爱大运河文化和民俗文化的专家学者、青少年提供了一个参观交流与研究的平台。

（7）北京石刻艺术博物馆。该馆毗邻动物园、紫竹院公园、国家图书馆和首都体育馆，是国家三级博物馆。馆舍位于明成祖永乐皇帝敕建的真觉寺（清代改称正觉寺，乾隆皇帝曾两次把这里选为为其母祝寿的场所之一）。该馆是一座以收藏、研究、展示北京地区石刻文物为主的专题性博物馆。博物馆中的陈列系统地展示了北京地区的石刻文化。截至 2018 年，北京石刻艺术博物馆馆藏石刻文物 2 600 余件，包括碑碣、墓志、造像、经幢、石雕、石质建筑构件等。石刻博物馆的露天陈列展出历代石刻文物计 500 多种，加上库藏的历代石刻，共计千余种。其中，有北京地区现存年代最早的石刻“汉故幽州书佐秦君之神道”柱、石阙构件、清代石享堂、纳兰性德夫人卢氏的墓志及《治晋斋》《敬得堂》等名家书法石刻；还有珍贵的北朝造像、唐明降历代墓志、金元石雕、清代石享学及法贴和名家书法刻石等。图 9 为该馆部分石刻文物。

游客认为，景区丰富的石刻文物能给他们带来真实感和体验感，但目前存在停车不便、道路狭窄等问题。后续应完善博物馆周边的交通设施，衔接公共交通。此外，建议结合文化内涵、石刻文艺，增加文创产品的种类和创意。

明司礼监太监高忠墓石刻

墓冢复原

玄宫宝座

图 9　北京石刻艺术博物馆部分馆藏

2. 文化遗址

表 9 为北京地区的部分大运河文化遗址。

表 9　大运河（北京段）部分文化遗址

名　称	地　址	门　票	开放时间
中仓仓墙遗址	通州区中仓路	免　费	全　天
东不压桥遗址	东城区地安门东大街	免　费	全　天
玉河故道遗址（东城段）	东城区东不压桥胡同 6 号院附近	免　费	全　天
通惠河玉河遗址	东城区东不压桥 49 号	免　费	全　天
广源闸遗址	海淀区紫竹院 1 号	免　费	全　天
郭守敬纪念馆	西城区德胜门西大街甲 60 号汇通祠	免　费	9：00—16：00（每周一闭馆）
宋庆龄同志故居	西城区后海北沿 46 号	20 元/人	4 月 1 日—10 月 31 日 9：00—17：30 11 月 1 日—3 月 30 日 9：00—16：00
白浮泉遗址公园	昌平区白浮泉路与南丰路交会处	免　费	全　天

（1）中仓仓墙遗址。大运中仓是古时为储放军用粮饷而建立的漕仓，其遗址位于通州区中仓路，东侧便可看到一处中仓仓墙遗址。明永乐年间为储放军用粮饷，朝廷于通州创建三座大型漕仓，总称“通仓”。因此仓居中，故称“中仓”。明正统元年（1436）定名为“大运中仓”，供应守卫北京与长城部队之粮饷。明隆庆三年（1569），遗址大运东仓并入此仓。清乾隆十八年（1753），大运南仓部分仓廒亦并入此仓，使此仓之大居京、通 11 仓群之二（首位是通州西仓）。在清代，通仓又为在北京的八旗官兵及王府贵族领取俸粮之所。此仓围砌城砖砖墙，周长 1 237 米。设收纳水上转运漕粮之南门、陆上转运漕粮之东门与支放漕粮之北门。清光绪二十六年（1900），八国联军入侵通州时驻于此。次年，北运河停漕，仓废，后为军阀部队占用。1935 年 12 月，日寇驻通特务机关设此。1949 年后，为解放军某部驻地，拆改已尽，仅余仓墙残段共约 150 米；仓场遗址内散存一些巨大古镜式柱础、石碾、台基条石等仓廒厅舍建筑构件，北墙外保存古槐一株、仓神庙碑身一块。2001 年中仓仓墙遗址被列为通州区文物保护单位。这段古老而残缺不全的中仓仓墙，是京杭大运河北端皇朝设置军仓的重要遗迹，表明通州在明清时期军事上、政治上极具战略地位。历史上，通仓在国防建设和百姓生活方面发挥了至关重要的作用，其仓墙遗址是通州漕运仓储文化的宝贵载体，具有很高的历史价值。图 10 为中仓仓墙遗址立碑处。

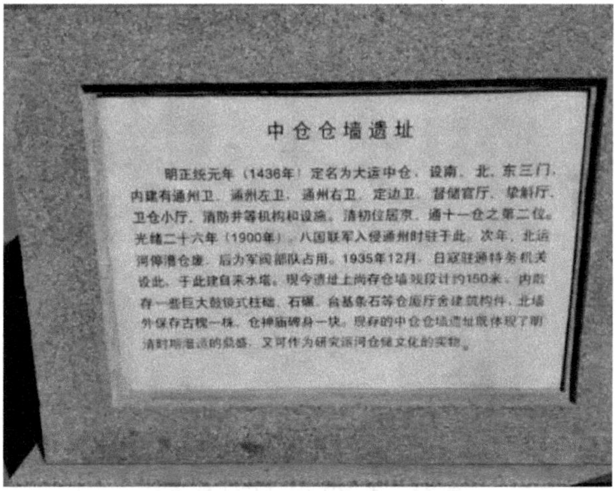

图 10　中仓仓墙遗址

（2）东不压桥遗址。在金代时，白莲潭（金代积水潭曾名白莲潭）的东南侧就设有水闸，用来节制水流以灌溉农田，这可能是古代什刹海最早的水闸。到元代开发积水潭时，为给通惠河提供漕运用水，朝廷在原金代白莲潭东闸处重新修建了一座水闸和一座桥，即后来的澄清上闸和万宁桥；同时，为节制水流，保证玉河航运船只的通行，又在澄清闸下游设置了两座新闸。这三座闸自上而下分别名为澄清上闸、澄清中闸和澄清下闸。

东不压桥是澄清中闸所在地，始建于元代以前，现为遗址状态。东不压桥整体呈西南、东北向，中间窄、两头宽，桥的侧面呈弧形。目前，桥两侧的引桥保存相对完整，清理出的桥面石以黄白色花岗岩与豆青石相间。

东不压桥也叫东步粮桥，最初为木桥，明代改建为单孔石拱桥。据说此地在元代曾是交易布匹和粮食的集市，所以叫步粮桥。明代中叶的《京师五城坊巷胡同集》中亦称其为步粮桥。《日下旧闻考》也记有："地安门东有东步粮桥。"东不压桥这个名字与另一座古桥西压桥有关。西压桥原本叫西步量桥，位于北海后门与什刹前海之间，因明朝扩建皇城时，皇城北墙压在桥上，所以叫西压桥。东不压桥和西压桥东西相对，又因为建在皇城墙外，与皇城墙有一小段距离，没有被城墙压上，所以叫东不压桥。桥北有胡同，也因此桥得名。有传说此桥也叫步量桥，因为桥身很窄，可以用步测量，故有此称。不过"步"和"不"同音、"量"和"粮"同音，也有可能这几个不同的桥名是因语音讹变而形成的。

西压桥于20世纪70年代扩建马路时被拆除。1998年修平安大街时，挖出了东不压桥的桥拱，后又埋于地下。如今，玉河故道已部分恢复，东不压桥也将旧貌换新颜。图11为东不压桥的澄清中闸。

图11　澄清中闸（东不压桥）

（3）玉河故道遗址（东城段）。北京有一条玉河，属于京杭大运河的一段——通惠河的城内河道，始建于元至元二十九年（1292），曾作为大运河千里漕运的最后一段在胡同中蜿蜒，也被人们称为"胡同里的运河"。东城区的玉河故道起于地安门外万宁桥澄清上闸东侧，沿途经帽儿胡同南侧、东不压桥胡同西侧、北河胡同，沿东黄城根一线至正义路南口，复沿崇文门东、西河沿一线，出东便门与朝阳区故道衔接，全长近 8 千米。图 12 为玉河故道遗址（东城段）。

图 12　玉河故道遗址（东城段）

（4）通惠河玉河遗址。重新亮相的玉河北段水道，是严格沿着古河道走向而重新修复的，自万宁桥起至东不压桥止，全长 480 米，平均宽 18 米、水深 1 米左右。河堤还重新修建了一处水榭、一处曲桥，两处船行栈道和四个挑台，使整个玉河风貌更加统一、完整，也为市民前来观景、休闲提供了方便。该遗址与玉河故道遗址相距不远，可一同游览。图 13 为通惠河玉河遗址。

图 13　通惠河玉河遗址

（5）广源闸遗址。广源闸位于北京市海淀区紫竹院地区五塔寺与万寿寺之间，南长河河道之上，始建于元至元二十六年（1289），由郭守敬主持修建，是南长河上的一座古代水闸。大运河（北京段）整体走向是西北高，东南低，因此由东南往西北走是逆流而上的，广源闸也正是为了调节水位，使自东南来的船只能够正常通行而设计的闸口。历史上，广源闸兼具调水、码头等功能，如果在闸上铺设木板便具有桥的功能，被誉为“长河第一闸”。图14为广源闸遗址。

图14　广源闸遗址

（6）郭守敬纪念馆。郭守敬纪念馆（见图15）位于什刹海西海北岸的汇通祠内，占地面积近800平方米，建筑面积400平方米。2007年8月至2008年8月，西城区政府对郭守敬纪念馆进行修缮，完善基础设施，并将原有的展览内容及形式进行调整更新。改造后的郭守敬纪念馆于2008年9月28日起免费对公众开放。主题定位为：纪念科学巨星，弘扬民族创新。纪念馆辟有四个展厅，分别以“生平大事”“元代积水潭”“大都治水”“测天制历”为主线介绍郭守敬的生平和科学研究实践活动。

图15　郭守敬纪念馆

（7）宋庆龄同志故居（以下简称“宋庆龄故居”）（见图 16）。该故居原是末代皇帝溥仪之父醇亲王载沣的王府花园。早在康熙年间初建明珠府第，乾隆年间易为和珅别院，后又先后改为成王府和醇亲王府。20 世纪 60 年代初，改建为宋庆龄在北京的住所。此后，宋庆龄在这里居住了 18 年，直至 1981 年 5 月 29 日逝世。

在 2017 年一场名为“暴走什刹海 走近宋庆龄”的特殊直播中，宋庆龄故居管理中心与一档网络直播节目合作，带领网友直播游故居。从庭院花园到宋庆龄生平展、原状陈列展等，有超过 15 万网友同步参观了宋庆龄故居，并在评论区与主播热情互动。在网络直播的时代，宋庆龄故居紧跟时代浪潮，以直观、生动的形式让更多观众走进其中。为了加强与游客的交流，宋庆龄故居管理中心开设了微信公众号，并由专职工作人员进行日常维护。该公众号除了为参观者提供展览活动信息和相关服务，还分享与孙中山、宋庆龄有关的研究成果和动态，以及由宋庆龄基金会举办的相关活动。

在该故居主楼咨询台、生平展咨询台上，都摆放着留言簿和笔，不少游客都会在此吐露心声。这些留言经工作人员精心挑选后，会整理发布在故居微信公众号上，经常引来诸多网友的转发和点赞。通过线上、线下的联动与共鸣，宋庆龄故居与游客形成了紧密互动关系，也令自身拥有了与时俱进的生命力。开放 35 年来，这里的游客接待量逐年上升，2017 年的参观量更是达到 20 万人次。

图 16　宋庆龄故居

（8）白浮泉遗址公园。白浮泉地处京杭大运河引水段的最北端，白浮泉遗址公园（见图 17）位于白浮泉路与南丰路交会处。元代时，为了引水入京、将元大都与通州通过水道连接起来，郭守敬曾踏遍京郊，最终将位于昌平、水量充沛的白浮泉水定为运河水源。如此一来，漕粮、南方货品可以不走陆路而通过水路直抵京城。作为解决元大都漕运通航修筑的引水工程，白浮泉遗址已被列为国家级重点文物保护单位。时至今日，京密引水渠的许多河段与白浮瓮山河的路线几乎完全一致。侯仁之先生曾说，与历史上之北京城息息相关者，首推白浮泉，由此可见白浮泉之历史地位的历史价值。到了明朝初期，明成祖朱棣选址昌平区天寿山修建皇陵，因担心引水工程破坏皇陵风水，便决定放弃从白浮泉引水。故此，白浮瓮山河逐渐淡出大众视野。尽管如此，经过数百年的传承，这里已经形成了独具特色的龙山庙会文化和祈雨习俗。

九龙池文物保护单位标志　　九龙池遗址

图 17　白浮泉遗址公园

（三）地域文化

1. 文化街区

西城区（8 个）：法源寺历史文化街区、西琉璃厂历史文化街区、东琉璃厂历史文化街区、阜成门内大街历史文化街区、南闹市口历史文化街区、西四北一条至八条历史文化街区、什刹海历史文化街区、皇城历史文化街区。

东城区（10 个）：大栅栏历史文化街区、鲜鱼口历史文化街区、东四南历史文化街区、东交民巷历史文化街区、北锣鼓巷历史文化街区、南锣鼓巷历史文化街区、国子监地区历史文化街区、张自忠路北历史文化街区、张自忠路南历史文化街区、新太仓历史文化街区。

上述文化街区情况详见表 10。

表 10　文化街区

位　置	文化街区	特　色	历史文化资源
西城区	法源寺历史文化街区	以宗教、商业和居住为主的街区，宗教建筑特色鲜明	法源寺、宣南文化特色的会馆建筑（如湖南会馆、浏阳会馆、绍兴会馆、粤东新馆）等
	西琉璃厂历史文化街区	街道步行化，建筑形式为晚清传统商业店堂风格，繁华的文化商业活动成为该地区富有特色的人文景观类型	—
	东琉璃厂历史文化街区	一条古老的文化街，也是北京城市发展史的重要缩影	具有历史文化价值的建筑或院落、传统民居建筑群和街巷
	阜成门内大街历史文化街区	文物古迹密集，临街商业发达	鲁迅博物馆（鲁迅故居）、妙应寺白塔、历代帝王庙、万松老人塔、广济寺、中国地质博物馆、元大都下水道遗存等
	南闹市口历史文化街区	—	清学部、李大钊故居、克勤郡王府等
	西四北一条至八条历史文化街区	是北京旧城内集中保留了许多较完整四合院地区之一，四合院和胡同是构成该历史文化街区风貌特色的主要元素	—
	什刹海历史文化街区	北京城内面积最大的历史文化街区，什刹海曾是商旅云集的京杭大运河的端点漕运码头，是大运河世界文化遗产的重要节点	北京郭守敬纪念馆、西海湿地公园、宋庆龄同志故居、鼓楼西大街、烟袋斜街、银锭桥、京杭运河积水潭港碑、火德真君庙（火神庙）、北京什刹海皮影文化酒店等
	皇城历史文化街区	北京旧城整体保护的重点区域	紫禁城、太庙、社稷坛、北海、中南海及 14 片第一批历史文化保护区（南、北长街，西华门大街，南、北池子，东华门大街，景山东、西、后、前街，地安门内大街，文津街，五四大街，陟山门街等）

续表

位　置	文化街区	特　色	历史文化资源
东城区	大栅栏历史文化街区	北京旧城中历史延续最长、遗物遗存最多、旧京风味最浓、范围最大的传统市井文化区	观音寺、五道庙，谭鑫培故居、梅兰芳祖居，梨园公会，杨梅竹斜街、铁树斜街等
	鲜鱼口历史文化街区	该街区是商贸文娱居住区，是老北京商业集散地，保存下来了独具特色的平民文化气息和市井文化氛围	西打磨厂街 213 号、西打磨厂街 155 号、长巷二条 12 号、中芦草园胡同 19 号、小席胡同 6 号等
	东四南历史文化街区	以典型、传统的四合院落为主的居住性成片街区，风貌与质量相当完好，是展示传统四合院的极佳场所	礼士胡同 129 号院，内务部街 11 号院，史家胡同 51、53、55 号四合院等文物保护单位
	东交民巷历史文化街区	建筑多为西式风格，街区风貌基本上保持了原有特色	东交民巷使馆建筑群等
	北锣鼓巷历史文化街区	—	钟楼、鼓楼等
	南锣鼓巷历史文化街区	目前北京旧城保存四合院最完整、最集中的地区，名人故居与历史遗存、遗址较多	万宁桥、东不压桥遗址、玉河故道遗址（东城段）、通惠河玉河遗址、春风书院、南新仓
	国子监地区历史文化街区	是北京旧城内重要寺庙建筑和重要文物最集中的街区	国子监、孔庙、国子监街、雍和宫、柏林寺等
	张自忠路北历史文化街区	—	和敬公主府、段祺瑞执政府旧址、孙中山逝世纪念地、欧阳予倩故居等
	张自忠路南历史文化街区	胡同格局完整	马辉堂花园等
	新太仓历史文化街区	胡同格局完整	梁启超旧居、当铺遗址区等

在这之中，大运河沿线的文化街区主要有什刹海历史文化街区、南锣鼓巷历史文化街区等。

（1）什刹海历史文化街区。什刹海历史文化街区位于北京旧城西北部，跨东、西城区，是北京城内面积最大的历史文化街区。什刹海曾是商旅云集的京杭大运河的端点漕运码头，拥有众多的历史文化古迹和传统四合院建筑。这里是大运河世界文化遗产的重要节点，也是紧邻北京历史中轴线，集传统生活居住、风景游览和文化体验于一体，展示老北京独特的文化韵味和传统人居特色的重要历史文化街区之一。

北京市文化和旅游局于 2021 年 11 月发布了 12 条北京大运河休闲旅游精品线路。其中涉及什刹海历史文化街区的路线如下：北京郭守敬纪念馆—西海湿地公园—宋庆龄同志故居—鼓楼西大街—烟袋斜街—银锭桥—京杭运河积水潭港碑—火德真君庙火神庙—北京什刹海皮影文化酒店。该街区有郭守敬纪念馆、宋庆龄同志故居等，可以结合名人文化实现文旅融合，推动大运河文旅事业的发展。此外，鼓楼西大街、烟袋斜街以及周围的胡同也具有深厚的历史积淀，足以体现老北京独特的文化底蕴。在京杭运河积水潭港碑可以读碑文，感受昔日漕运总码头的魅力。什刹海历史文化街区还汇聚了最富有京味儿的传统手工艺作坊，这里的手工艺制品包括面人、泥塑、布绒、脸谱、风筝、皮影、剪纸等，属于非物质文化遗产范畴。在前海西沿、北沿和后海南沿先后兴起了酒吧和茶吧，星罗棋布，已经形成了沿湖酒吧和茶艺一条街。

运营成功经验：①胡同游——游人可以坐在人力三轮车上边听师傅讲解边体会浓郁的老北京味道；②历史遗址游——恭王府、宋庆龄故居等；③水上游——划船、后海冰场；④休闲购物游——烟袋斜街。

什刹海历史文化街区在旅游资源的开发利用过程中，将古城风韵与现代文明和谐交融，将东方古典美与西方的优雅味道汇聚，将胡同的深沉与水体的灵动结合，形成了老北京文化与北京现代文明的大融合。与长城、故宫、十三陵等其他北京旅游胜地的静态旅游不同，什刹海的旅游氛围更富有活力，这里依然保存了老北京、老百姓的生活方式和生活环境，同时融入了新北京、新思想、新潮流以及西方的很多休闲文化元素，使此处的旅游业态更具有多元性、可读性。

（2）南锣鼓巷历史文化街区。南锣鼓巷历史文化街区是北京最古老的街区之一。该街区保持了传统的胡同结构和大量的传统四合院，是目前北京旧城保存四合院最完整、最集中的地区；其鱼骨式格局是元大都遗留至今的城市形态片段的活化石。另外，该地区内名人故居与历史遗存、遗址也较多。

推荐旅游路线为：万宁桥—东不压桥遗址—玉河故道遗址（东城段）—通惠河玉河遗址—春风书院—南新仓。该街区拥有很多与大运河相关的文化遗址，可以推动该区漕运文化的发展，让游客充分感受漕运历史，体会运河魅力。

运营成功经验：①北京风情、居民胡同是南锣鼓巷街区的初始标签，随着创意品牌、个性商品的入驻，这里塑造出了以北京风情为基础，以创意个性为亮点的南锣鼓巷街区品牌特色，今后可通过管委会举办节日活动、宣传片拍摄、纪念品制作等多种方式，不断塑造品牌形象，提升街区品质和品牌价值及认可度；②该街区艺术氛围浓厚，内部入驻有大批艺术机构，如中央戏剧学院、北京市美术家协会等，并且还有众多文化馆、文化市集，在大量文化资源聚集下形成了独特的艺术氛围。

2. 文化古城

表 11 为大运河（北京段）沿线的主要文化古城。

表 11　文化古城

位　置	名　称	特　色
密云区	古北水镇	“两步三座庙”古镇庙宇文化；中国长城上的关口之一——司马台长城
	不老屯镇	燕落村鸭梨观光采摘园、黄土坎村鸭梨园区、云峰山、中科院国家天文台密云观测站（射电望远镜集中地）
昌平区	南口镇	居庸关长城
房山区	琉璃河镇	琉璃河商周遗址
延庆区	永宁镇（永宁古城）	永宁豆腐、玉皇阁
门头沟区	斋堂镇	“东胡林人”遗址、大寒岭关城、灵水村龙王庙戏台等；红色旅游（宛平县抗战烈士纪念碑、平西抗日根据地等）
通州区	张家湾古镇	大运河和漕运古镇，该古镇历史上是大运河北端重要的水陆转运地。其中，张家湾码头遗址有“大运河第一码头”之称。萧太后运粮河为元代金口河故道，其最初用于漕粮转运、排洪等。通运桥遗址（“萧太后桥”）是运河、码头发展的产物，目前已成为通州大运河文化的重要载体

大运河沿线的古镇主要有张家湾古镇（见图 18）。张家湾位于通州区中部，大运河和漕运古镇是其金名片，其在历史上是大运河北端重要的水陆转运之地，民间因此流传“先有张家湾，后有北京城”。现存有张家湾城墙遗址。

图 18　张家湾古镇

张家湾古镇项目规划了“一带、两轴、三区”的空间结构。“一带”即依托玉带河、萧太后河、凉水河等历史文化漕运河道，形成大运河滨水文化带。“两轴”是依托长店街与张梁路，形成漕运文化展示轴和近现代文化展示轴两大历史文化展示轴线。“三区”则是依托自然河道水网，结合历史空间格局，形成古城遗址片区、张湾镇村片区、产居融合片区三个片区。张家湾曾是通州段大运河上重要的交通枢纽，具有深厚的大运河文化底蕴。因此，可通过充分发挥“漕运古镇、红学载体、京郊集镇”等文化资源优势并积极承接环球影城主题公园等，形成产业辐射带动作用，完善文化和旅游休闲功能布局，打造古今同辉、中外交融的北京休闲旅游典范。

3. 文化小镇

表 12 为北京部分特色文化小镇。

表 12　文化小镇

位　置	名　称	特　色
通州区	台湖生态演艺小镇	以“生态+艺术+演艺”为核心特色，以创意创作、展演交流为核心功能，以艺术推广、文化旅游为衍生功能
	西集生态休闲小城镇	西集镇被授予“首都森林公园”称号。其以“文化古河 · 甜美樱桃”为形象定位，打造樱桃品种研究示范基地、智慧樱桃生产研发中心、樱桃文化休闲度假田园等
	潞城生态智慧小城镇	潞城镇围绕行政办公功能建设智库集聚区，打造涵盖田园交往和智慧创新功能的生态智慧小城镇
	张家湾文化休闲小城镇	张家湾镇立足北部地区设计小镇、南部地区文化休闲小镇的发展定位，以“城市绿心”、创意设计特色小镇、张家湾古镇、环球影城等项目为依托，充分挖掘大运河文化，推动高端要素集聚，大力促进文创设计产业发展

续表

位置	名称	特色
通州区	漷县文化健康小城镇	漷县镇主打培育健康服务产业。通过整合优质医疗资源，充分利用文化生态休闲旅游业，打造健康服务产业。该镇还依托漷县村的历史底蕴，打造漷县古镇
	马驹桥科技服务小镇	镇内现有台湖高端总部基地、光机电一体化基地、通州物流基地等
	于家务科技农业小镇	该镇的重点任务是大力提升基础设施、生态环境和公共服务的建设水平，与天津武清、河北廊坊共建京津冀协同发展先行示范区
密云区	古北水镇（北方风情小镇）	开设司马小烧酒坊、永顺染坊、风筝馆等传统文化体验馆并设立体验区，带领游客了解酿酒、扎染、风筝、灯笼等传统项目的制作流程并参与制作，此外还举办无人机孔明灯秀、长城音乐水舞秀等活动
大兴区	欢乐西瓜小镇——庞各庄镇	该镇于1995年获得“中国西瓜之乡”的称号，“庞各庄西瓜”还获得了国家地理标志登记证书。该镇已经成功举办了西瓜节和全国甜瓜西瓜擂台赛，是大兴区的重要旅游品牌之一

在这之中，具有代表性的大运河沿线文化小镇主要有台湖生态演艺小镇、宋庄艺术小镇等。

（1）台湖生态演艺小镇。台湖生态演艺小镇北侧紧邻环球主题公园，西侧毗邻朝阳区，南侧与北京经济技术开发区相邻。突出“生态+艺术+演艺”的核心特色，以创意创作、展演交流为核心功能，以艺术推广、文化旅游为衍生功能，打造全时活力小镇。未来，台湖生态演艺小镇将在更大范围内实施规划衔接，以演艺文化功能为轴带，做好与环球主题公园、张家湾设计小镇、张家湾古镇等重要节点的规划衔接，形成点面结合、远近呼应的立体化空间规划体系，特别是要充分利用环球主题公园的辐射带动效应，做好、做足配套服务，错位发展特色产业。

推荐旅游路线为：台湖生态演艺小镇—北京文旺阁木作博物馆—张家湾博物馆—宋庄艺术小镇。

（2）宋庄艺术小镇。该小镇拥有中国规模最大、知名度最高的艺术家群落，并正初步规划形成“一轴三区”的国际化艺术区结构。其中，“南区”将整体打造成具有丰富艺术化生活场景的文化创意休闲区，形成环境优美、商业丰富、配套完善的村落型艺术街巷商业区。“中区”将打造成艺术产业综合区，其以小堡环岛为中心，以徐宋路为轴，打造大视觉中心，建设国际艺术中心、艺术酒店、专科学校以及商业和居住配套，吸引艺术品交易、知识产权、商务服务等产业链企业。“北区”将被打造成原创艺术体验区，开发高品质艺术论坛、艺术展览、艺术家寻访、艺术教学、文创研发制作等一系列空间，重点实现公共文化服务功能。

运营成功经验：①线上、线下艺术市集：以画廊、小型文创集合店为亮点，以北侧小广场为舞台，组织艺术品衍生市集，打造更亲民的当代艺术平台；②建立特色精品书店：充分利用小堡村艺术资源，通过与艺术家、创意机构合作，开设零售店铺与体验空间，并与品牌书店合作，打造集阅读、签售、讲座、论坛功能于一体的书店；③配套商业服务：遴选具有艺术氛围与生活品位的新商业品牌店，结合美食、潮牌、手作、茶饮、酒吧、原创饰品等文创品牌，开设艺术家联名店。

（四）地标建筑

表 13 为北京部分地标建筑。

表 13　地标建筑

位　置	名　称	特　色
通州区	燃灯塔及周边古建筑群	通州“燃灯塔及周边古建筑群”，是大运河沿线的标志性建筑。 主要游览线路：①北运河 2 号码头（330 分钟长线游）—通州燃灯塔及周边古建筑群—北京北投爱琴海购物公园；②城市绿心森林公园—大运河森林公园—北运河 2 号码头（60 分钟短线游）—通州燃灯塔及周边古建筑群—万达广场（通州店）
东城区	故　宫	坐落于北京中轴线的中心，是国家 5A 级旅游景区，其占地面积大约 72 万平方米，建筑面积约为 15 万平方米，入选世界文化遗产、全国重点文物保护单位。故宫是中国古代宫殿建筑的精华，在世界范围内享有盛誉。故宫讲究对称美，金銮殿龙椅的正下方就是北京城的中心。布置和功能上体现等级制度。正如《周礼·考工记》中“前朝后市，左祖右社”之言，故宫按照这个思想进行修建，仅不同形式的屋顶就超过十种
	天安门广场	天安门广场位于北京的中轴线上。天安门广场升旗仪式分为节日升旗仪式和平日升旗仪式，升旗前约 1 小时开放入口，降旗后开始清理和关闭入口（根据季节和实际客流情况，公安部门将进行临时调整）
	鼓　楼	鼓楼一带的知名景点包括北京郭守敬纪念馆、西海湿地公园、宋庆龄同志故居、鼓楼西大街、烟袋斜街、银锭桥、京杭运河积水潭港碑、火德真君庙火神庙、北京什刹海皮影文化酒店等

续表

位置	名称	特色
东城区	天坛	天坛是现今我国保存下来的最完整、最重要、规模最为宏大的一组古代王朝的祭祀建筑群，同时也是我国古代建筑史上最为珍贵的实物资料与历史遗产之一。它充分运用了各种建筑手法与建筑形式，充分体现了美学、力学、声学、几何学的原理，代表了中国古代建筑的最高成就
西城区	国家大剧院	国家大剧院外部为钢结构壳体，呈半椭球形，平面投影东西方向长轴长度为212.20米，南北方向短轴长度为143.64米，建筑物高度为46.29米，比人民大会堂略低（低3.32米），基础最深部分达到-32.5米，有10层楼高
	北海白塔	北海白塔始建于清初顺治八年，它矗立在琼岛顶峰，殿阁耸拥，绿荫环簇，由五部分组成，为砖木石混合结构
朝阳区	国家体育场（鸟巢/水立方）	国家体育场主体是由一系列钢桁架围绕碗状座席区编织而成的“鸟巢”外形，空间结构新颖，建筑和结构浑然一体，独特、美观，具有很强的震撼力和视觉冲击力，充分体现了自然和谐之美
	中央广播电视塔	中央广播电视塔是集广播电视发射和旅游观光、餐饮娱乐为一体的综合性建筑
	北京中信大厦（中国尊）	该大厦的特点：一是柱位少，间隔灵活并且实用，大小单位兼备，配套设备齐全；二是高级玻璃幕墙使视野更加广阔，往外望去，令人心旷神怡；三是配备先进的科技设施，包括光纤通信、卫星天线、中央空调、后备电源、1万条国际及港澳台地区长途自动直拨电话（IDD）和传真线路、34部进口日立高速电梯等，此外大厦地下设有两层停车场，车位达900个，配套设施十分齐备
海淀区	颐和园	颐和园沿途经典观光线路为：皇家御河游船码头—五塔寺（北京石刻艺术博物馆）—国家图书馆—紫竹院公园—万寿寺—大运河广源闸遗址—南长河公园—颐和园（北宫门光文化馆）

旅游路线：

（1）通州燃灯塔及周边古建筑群。

路线1：城市绿心森林公园—大运河森林公园—北运河2号码头（60分钟短线游）—通州燃灯塔及周边古建筑群—万达广场（通州店）。

跳线2：北运河2号码头（330分钟长线游）—通州燃灯塔及周边古建筑群—北京北投爱琴海购物公园。

路线 3：八里桥—中仓仓墙遗址—通州区博物馆—通州区图书馆。

路线 4：城市大道—北京环球度假区—诺金度假酒店/秋果酒店（北京通州环球万盛东地铁站店）—城市绿心森林公园。

（2）颐和园。

路线：皇家御河游船码头—五塔寺（北京石刻艺术博物馆）—国家图书馆—紫竹院公园—万寿寺—大运河广源闸遗址—南长河公园—颐和园（北宫门光文化馆）。

（3）钟鼓楼。

路线：北京郭守敬纪念馆—西海湿地公园—宋庆龄同志故居—鼓楼西大街—烟袋斜街—银锭桥—京杭运河积水潭港碑—火德真君庙（火神庙）—北京什刹海皮影文化酒店。

（五）公共文化

1. 文化设施

大运河周边基础设施建设已取得初步成果："一环线、五片区"精彩亮相，千荷泻露桥正式通行，七孔桥和大光楼周边向社会开放，燃灯塔及周边古建筑群风貌整体提升，北运河非遗传习所等一批文旅融合项目建成开放。

在"一环线、五片区中"，"一环线"指沿北运河河道滨水两岸全长 25 千米的环线；"五片区"主要包括五个主体（见表 14）。

表 14　五片区主要内容

五片区	主要内容
大光楼片区	突出验粮文化主题，并新建游船码头，推动七孔桥向公众开放
1 号码头片区	此处既有现代艺术雕塑，又增加生态环境景观，从而打造一个风格现代、时尚雅致的滨水休闲区
2 号码头片区	建设桅杆顺风旗元素滨水驿站，形成一个集运动、休闲、文创于一体的活力片区
漕运码头片区	引入新业态活化商业街区，打造漕运码头夜景氛围，点亮运河"夜经济"，聚起运河"烟火气"
柳荫码头片区	以古韵新景、生态休闲为定位，复现通州八景之一的"柳荫龙舟"，结合现代化元素塑造生态水岸

2. 北京城市副中心图书馆（在建）

该图书馆位于北京市六环通州区上码头路与滨河南路交叉口东南侧，馆内设置25万平方米的开敞式阅览环境。为保证采光，该馆外立面由276块玻璃幕墙围绕而成（如图19所示）。馆中，近3 000平方米的地下机械书库可存放650万册书籍，是世界范围藏书量最大、机械化智能化程度最先进的书库。自2019年末奠基动工之始，该图书馆就确定了“公共文化服务内容品质化、服务方式智能化”的服务宗旨和“亲民、特色、智慧”的功能设计理念。未来，该图书馆运营方——首都图书馆将通过展示、体验、互动等多种方式，将该馆建设成为集知识传播、城市智库、学习共享等功能于一体的文化综合体。

该图书馆内设置了24小时服务的新型阅读空间，小型研讨室，母婴室和儿童卫生间，体现了亲民的设计理念。此外，该馆建成后将成为国内第一家专门搜集、展现非遗文献的主题馆，运用数字技术可以将各项非遗图片、视频、舆图、拓片收纳库中。更重要的是，该图书馆构建起了一个具有全景生态、跨界交融、全要素知识服务的智慧图书馆典范，其在设计中加入了元宇宙、知识共振、数字孪生等技术的应用，通过一键预约、一键定位、一键借阅、一键导读等功能，为读者提供了多重感官的交互体验。

图19　北京城市副中心图书馆

3. 京杭大运河书院

京杭大运河书院坐落于大运河森林公园内运河岸边，是通州文化设施建设的标志性建筑（见图20）。京杭大运河书院集阅读、文创、培训、展览、讲座、品茗等功能于一体，全力打造“书香副中心”最美、最具特色、藏书最多的复合型书店及文化生活空间，吸引了许多机构和社会组织在此开展丰富多彩的读书和文化交流活动。

图 20　京杭大运河书院一角

4. 运河文化体验馆（运河文化书局）

运河文化体验馆（运河文化书局）位于通州段大运河文化带上，以中国传统文化为运营主线，是一家集运河文化体验、养生体验、阅读休闲等服务为一体的“文化传播综合体”。该馆坚持“运河文化为魂，休闲体验为根”，注重顾客体验，以运河文化体验为主基调，加以先进互动体验应用技术，让每一位莅临的顾客切身感受到大运河的人文自然之美、悠久人文历史和璀璨文化，认识大运河对城市建设乃至国家经济文化建设、交流的重要意义。馆内由阅读休闲、养生体验、运河文化体验三个板块组成，一层定位为“文化+社交”的聚合场；二层以中医传统养生体验为主题特色，关注顾客健康，引进拥有近四百年治疗传承历史的国家级非物质文化遗产——国葆堂“王氏脊椎疗法”，让顾客在感受运河文化的同时，身心也能得到放松；B1 层板块以运河文化影像、字画作品、文创产品进行展示展出，打造专属于运河文化交流学习的体验空间，同时结合 AR、VR 等技术，打造专属体验区域，生动形象地展现京杭大运河之美，让公众通过真实体验感受大运河的魅力，认识和了解大运河文化的深厚底蕴以及水乡之畔的时代故事。但是，该馆目前知名度尚低，周围公共交通也不方便。应通过内容加大宣传，吸引人们来游玩、打卡，感受运河文化。

（六）文化体验活动

1. 节庆活动

部分大运河相关节庆活动见表 15。

表 15　节庆活动

活动名称	时　间	地　点	内　容	主　题
中国大运河文化带建设开启北京、杭州“双城记”	2019年12月	北京、杭州	中国大运河文化带京杭对话活动着眼于加强运河起始点城市的沟通协作，致力于大运河文化带建设和运河文化保护传承。对话活动中签署了《北京市人民政府新闻办公室、浙江省人民政府新闻办公室、杭州市人民政府、中国新闻社关于大运河文化带京杭对话合作机制框架协议》，北京、杭州将轮流主办每年一届的中国大运河文化带京杭对话	双方就联手保护中国大运河、共同实现“保护好、传承好、利用好”目标达成共识
2022 北京（国际）运河文化节	2022年8月	通州区城市绿心森林公园	（1）朝阳区将主题论坛与展览有机融合，开展高碑店大运河文化系列活动； （2）东城区将举办大戏东望·2022 南锣鼓巷戏剧展演季，以“全城有戏”为主题，举办“戏剧在会馆”“戏剧在胡同”“戏剧在景区”“戏剧在校园”“戏剧在商圈”等活动； （3）昌平区将开展“运河源 白浮韵”昌平运河文化主题活动，以灯组造型和小型演出为主，辅以夜游赏景、非遗产品展销、网红打卡、民俗再现等内容，展现白浮泉悠久历史和北京段运河源头文化内涵	本次论坛以“游运河，行大运”为主题，致力于讲好运故事，传承弘扬中国运河文化，提升文化自觉、增强文化自信，推动北京（国际）运河文化节走向世界并成为展示中华文明的重要窗口

2. 研学旅游、社会大课堂、综合实践基地等

上述课外教育形式的特点分析详见表 16。

表 16 课外教育几种不同形式的特点分析

名 称	属 性	组织主体	活动要求	活动主题	备 注
研学（教育部门的相关文件对此进行了明确的定义）	把“研学旅行”纳入学校的教育教学计划，成为正式的校内课程	学生是主体，教师进行引导	研学是比较专业化的活动，要求在研学的过程之中建立主题性、个性化以及标准化的考察体系	（1）故宫、国家博物馆、科技馆、自然博物馆、天文馆、国家动物博物馆、地质博物馆、汽车博物馆等博物馆研学； （2）颐和园、圆明园、北海公园、天坛公园、恭王府、孔庙、什刹海等知名景点的研学活动； （3）城市漫步（citywalk）	弥补了书本教育的缺陷，拓宽了学生视野，学生们能够从中学习到学校和书本以外的知识，从而进一步提高学习兴趣；可以提高与他人交流的能力，如在进行学术讨论与研究的过程中如何把自己的观点表达清楚，如何进行交流和沟通，如何建立起自信心等。 方式灵活：可亲子、可单飞，有半天、有全天，还有精品小团，等等
游学（即学生到校外边游边学）	不具有教育部门或学校的官方性质和特征	学 校	边游边学，跨文化的体验；组织国内以及国际性的学生交流活动	读万卷书，行万里路：诸如孔子周游列国、司马迁游历、杜甫出游翰墨场、徐霞客游山水等，都是求知识、增阅历、开视野的代表	国外研学历史与做法：从亚里士多德到欧洲 17 世纪的“大游学”运动；日本的修学旅行已经有上百年的历史；在发达国家中，学校组织学生有计划的游学已经成为其教育活动中不可或缺的一部分
研学旅行（官方给出的名称）	纳入中小学教育教学计划	其理念与综合实践活动课程一脉相承	是推动素质教育的新举措和实施新课程改革的突破口；凸显实践育人的重要性	在 2016 年 11 月发布的《关于推进中小学生研学旅行的意见》中有详细的规定	研学旅行和综合实践活动的关联有三：一是综合实践活动是国家级课程，有固定的课时安排，

续表

名　称	属　性	组织主体	活动要求	活动主题	备　注
研学旅行（官方给出的名称）	纳入中小学教育教学计划	其理念与综合实践活动课程一脉相承	是推动素质教育的新举措和实施新课程改革的突破口；凸显实践育人的重要性	在2016年11月发布的《关于推进中小学生研学旅行的意见》中有详细的规定	研学旅行虽然已被纳入教学计划，但目前尚没有明确规定的独立课时； 二是研学旅行的范围比综合实践活动要广，从本乡县到省市到全国，乃至于国外的跨地域活动场所，都可成为研学基地营地； 三是研学旅行要与综合实践活动统筹考虑，促进研学旅行和学校课程的有机融合
社会大课堂	是一个具有北京特色的校外教育创新形式；有专项经费，但不是规定的必修课程	是学校教育的延伸，是校内教育和校外教育的有效衔接；是国家综合实践课程的地方初级版	有学校组织、家委会组织、社团组织等形式，旅行社作为第三方参与	2014年，北京市教委在社会大课堂的基础上，进一步启动了“四个一”活动；在课程开发上倡导多样化，有学校校本课程、网络课程、社区课程和资源单位课程等；时间安排上倡导灵活化，周内开展、周末开展、假期开展均可；在组织形式上具有立体化的特点	2008年，北京市启动了社会大课堂。发布了《北京市中小学生社会大课堂指南》，统筹了400多家博物馆、工厂、社区、农村、院校资源单位，作为学生素质实践教育的场所；目前，社会大课堂资源单位已发展到1 300余家；已开展活动包括组织中小学生在学习期间参加一次天安门广场升旗仪式，走进一次国家博物馆、首都博物馆、抗日战争纪念馆等；市教委印发《关于实施

续表

名　称	属　性	组织主体	活动要求	活动主题	备　注
社会大课堂	是一个具有北京特色的校外教育创新形式；有专项经费，但不是规定的必修课程	是学校教育的延伸，是校内教育和校外教育的有效衔接；是国家综合实践课程的地方初级版	有学校组织、家委会组织、社团组织等形式，旅行社作为第三方参与	2014年，北京市教委在社会大课堂的基础上，进一步启动了“四个一”活动；在课程开发上倡导多样化，有学校校本课程、网络课程、社区课程和资源单位课程等；时间安排上倡导灵活化，周内开展、周末开展、假期开展均可；在组织形式上具有立体化的特点	中小学生综合素质提升工程的意见》并以每年每名城区学生150元，郊区学生200元的标准，向学校拨付专项经费，体现政府保障
训练营（包括冬、春、夏、秋各季）	在寒暑假期间进行的学生校外教育	由校外机构组织；征得家长同意后开展	训练营强调吃喝好、玩高兴、行安全；其不是常规的校内教育，没有强制性和义务性	营地教育有不同的主题，如军事、拓展、英语、艺术、科技等，现在还有减肥营、男孩女孩塑造营等	这个形式来源于美国的营地教育；是市场化的校外教育形式；不是所有学生都参与，费用也相对较高；营地服务和课程质量的提升依靠社会市场化的推动
综合实践活动	是国家规定中小学生的必修课程；与学科课程并列设置	课程由地方统筹管理并指定；具体课程内容以学校开发为主；是基础教育课程体系重要的一部分	从小学一年级到高中三年级全面实施，是一个强制性实施、有规定课时的教学内容	体现综合性、实践性、活动性的课程特点；其课程目标是弥补单纯的课本学习；培养学生的综合素质	教育部于2017年9月发布的《中小学综合实践活动课程指导纲要》对此类课程的性质、目标、形式、管理作了详细的规定

（1）研学基地。目前研学基地已成为乡村旅游市场的热门形式，也是乡村振兴中的一个重要环节，需要借助其深挖本土在地文化，加快农文旅深度融合。现在研学基地主要有五种经营模式：

一是青少年素质教育模式，它融合了 IP 理念（一种新的媒体经营模式，其风格多样化，产业间、业态间的内容价值多样化），用于开展技能训练教育、生活素质教育、社会认知教育、体验教育、自然教育、艺术教育等。

二是科技研学模式，主要包括展馆类、科研类以及科技园区类等研学，在各种博物馆或科技园中进行探究式学习。其中，展馆类主要用以普及新知识；科研类需要以相关科技企业、科研单位的实验室或工厂为载体来开展；科技园区类则主要以动植物为主题来开展。

三是田园体验研学模式，主要是将生态农业与休闲观光相结合，让青少年亲身参与农业生产活动，在实践中学习，在轻松愉快的氛围中完成农业知识的科普教育。

四是红色文化研学模式，主要是将红色人文资源与绿色生态资源等相结合，开展爱国主义教育、青少年教育、国防教育、廉政建设教育、人文社会科学普及等基地研学。

五是民族文化研学模式，这是一种借助中华民族各类文化资源而开展的研学教育。

表 17 为研学基地活动的一个案例。

表 17　研学基地活动案例

名　称	举办时间	活动地点	活动内容	意　义
亲子家庭寻迹漕运运河游船研学营	2022 年 9 月 5 日	通　州	同学们在文旺阁木作博物馆专业人员的带领下制作木制漕船	此次活动旨在通过文化大师课、木作工坊、运河畔的自然课、森林中的艺术课等多个环节，使同学们在实践中了解北京漕运，体会运河文化内涵

（2）通州社会大课堂发展现状。截至 2022 年 11 月，通州社会大课堂共拥有 41 个基地（见表 18）。

表 18　通州区社会大课堂资源单位名单

序　号	资源单位	序　号	资源单位
1	通州区档案馆	22	北京良冠花卉有限公司
2	通州运河公园	23	北京运河安华教育科技有限公司
3	通州区图书馆	24	北京友邦德晟农业发展有限公司
4	北京韩美林艺术馆	25	幽兰山谷（北京）教育科技有限公司
5	北京金福艺农农业科技集团有限公司	26	北京洪亮书画艺术展览馆有限公司
6	大运河文化传承基地	27	北京彩虹时间教育科技中心
7	北京大戚收音机电影机博物馆	28	金果天地（北京）生态科技有限公司
8	北京国际都市农业科技园	29	北京福地金祥农业专业合作社
9	101 农场	30	北京京彩燕园苗圃
10	蓝湖中医药文化实践基地	31	华新绿源环保股份有限公司
11	北京唐人坊文化发展有限公司	32	京东植物工厂
12	北京花儿朵朵花仙子农业有限公司	33	北京百年世界老电话博物馆
13	北京文旺阁木作博物馆	34	食物食语农耕乐园
14	第五季富饶（北京）生态农业园有限公司	35	北京盛世润禾生态建设有限公司
15	北京吸引力园艺有限公司	36	北京绿心园林有限公司
16	神舟绿鹏农业科技有限公司	37	携手助力文化艺术有限公司
17	北京合古璟源文化有限责任公司	38	北京仇庄明德兴控股集团有限公司
18	北京丹墨园文化艺术发展有限公司	39	漷县集体林场
19	北京东韵丝绸文化艺术馆	40	运河印象农林科普教育基地
20	北京永乐国杰科技有限公司	41	宋庄红色展览馆
21	北京东方艺珍花丝镶嵌传承基地		

（3）劳动教育实践基地。如表 19 所示，通州新添了 7 个劳动教育实践基地，也可以成为相关文旅资源。

表 19　通州区第二批中小学劳动教育实践基地名单

序　号	名　称
1	北京合古璟源文化有限责任公司
2	第五季富饶（北京）生态农业园有限公司
3	北京永乐国杰科技有限公司
4	神舟绿鹏农业科技有限公司
5	京东植物工厂
6	金果天地（北京）生态科技有限公司
7	北京金福艺农农业科技集团有限公司

3. 文化体验馆

表20为部分北京地区的文化体验馆。

表20　文化体验馆

名　称	位　置	内　容
北京运河瓷画艺术馆	通州区大运河森林公园西门南侧	瓷板画艺术展厅、传统字画展厅、瓷画创作室、瓷器制作演示车间、烧制车间、窑炉（四座）及旅游休息场所
大运河文化体验馆（北京格申工艺美术品有限公司）	通州奥体公园主体建筑楼内	馆内分为上下两层。下层有商品展览区、休息区；二层承办各种活动、展览，并不定时举办艺术沙龙等联谊活动

4. 调查结果

通过以上数据可知，北京段大运河的节庆活动主要有2个，研学基地41个,社会大课堂41个，文化体验馆2个，数量较少，相关介绍资料较少。同时，目前的节庆活动和研学基地活动均为官方举办。

（七）文化产业

1. 文博展会

（1）展会概览（见表21）。

表21　展会概览

展会名称	地　址	举办形式	举办单位	创办历史
北京国际文化创意产业博览会	中国国际展览中心老馆（北京市朝阳区北三环东路静安庄）、首钢园区	展览展示、文艺演出、创意活动、推介交易和论坛峰会等	国家广播电视总局、文化和旅游部（原文化部）、国家新闻出版署、北京市人民政府	2006年创办，后作为服贸会分板块
北京·中国文物博览会	北京古玩城广场（主会场）、琉璃厂西街、潘家园旧货市场、嘉德艺术中心（王府井大街）	线上、线下融合。具体包括文物艺术品展览、两场研讨会、10场公益鉴定、惠民拍卖会等	北京市委宣传部指导、北京市文物局主办	2022年9月至12月

（2）展会亮点。便民利民、沉浸体验。展会拍卖环节运用小程序，方便民众，使其乐于参与活动；发布官方“北京指数”（北京文物艺术品交易指数是反映北京地区文物艺术品市场发展趋势及行业活跃度的综合指数体系），为人民群众经营、购藏、投资文物艺术品提供参考引导；选址合理、交通便捷，吸引人们积极参加。

形式内容多样。采用线上、线下融合的方式，多种方式展览展品；举办形式丰富，不局限于展览，还有相应的演出、论坛峰会等；广泛邀请国内外企业参与，丰富展会产品。

传播中华文化。展会主题鲜明，通过多种形式向广大公众、国际使团传播中华文化，提升中国软实力。

提升企业形象。积极邀请企业参与，为企业宣传产品提供广阔平台；聚集相关企业，为企业提供合作交流的机会，促进企业提升水平，开拓营业思维。

带动提高经济效益。吸引民众参展购物，促进资金流入；带动周边饮食、购物、创意消费；推动企业签约，提高企业效益。

2. 文化产业园、文创中心

（1）园区概览（见表22）。

表22　文化产业园

园区名称	园区地址	占地面积	旅游资源	开发方式
什刹海文化旅游区	北京市西城区前海西街	水域面积33.6万平方米	文物古迹旅游资源、民居民俗旅游资源、当代时尚文化资源等	胡同游、历史遗址游、水上游/冰上游、休闲购物游等
大山子文化艺术区（七九八工厂）	北京市朝阳区酒仙桥路2号	总面积60多万平方米，大致可分为6个片区	当代时尚文化资源等	网红打卡地拍照、休闲购物等
琉璃厂历史文化创意产业园区	园区位于西城区和平门外，范围：东至前门大街；西至东椿树胡同、四川营胡同；南至骡马市大街、珠市口西大街；北至前门西大街	总面积为1平方千米，一个中心区、两个标志性建筑、4个文化专业区和8条文化商业专卖街	文物古迹旅游资源、民俗旅游资源、当代时尚文化资源等	网红打卡地拍照、休闲购物、拍卖交易等

续表

园区名称	园区地址	占地面积	旅游资源	开发方式
新潞·运河文创园	北京市通州区潞苑南大街甲560号	占地50亩、总体量3.8万平方米	当代时尚文化资源等	美术馆观赏、网红打卡地拍照等
高碑店文化园	北京市朝阳区高碑店乡高碑店村，以该文化园为中心形成“产业聚集、各具特色”的发展格局	占地44.5万平方米	主打盛世龙源、古典家具街、民俗文化园三个项目；以“两馆”“两街”“四胡同”等古典家具一条街为核心的多元艺术，以“五馆”“三院”“两中心”为主的民俗艺术，以国粹苑、华声天桥为载体的民俗文化创作、展示中心；文化创意产业并存，构成了北京第一条国粹艺术大街	以科举、饮食、商贾文化及艺术会展等为特色。其中，盛世龙源项目主要包括六个区域：艺术会展区（桥艺术中心）、中国商业文化区（晋商博物馆）、中国饮食文化区（美食苑）、国粹艺术文化区（国粹苑）、中国茶文化艺术区（茶文化艺术中心）、中国传统演艺文化区（演艺苑）

（2）园区特色。合理运用地理位置及历史渊源，弘扬中国文化。各园区能够利用自身地理位置优势及历史资源，以不同方式开发各种与之相适应的旅游资源，契合游客需求；各园区积极探索各类主题活动，重视以文化为导向，传承各类物质文化遗产和非物质文化遗产。

形成稳定的盈利模式，与时俱进，不断开发、创新文旅产品。各园区主要通过园区门票、园区内游玩项目以及周边美食购物获得收益；积极举办传统节日，吸引游客参与活动，并在原有体验项目的基础上加以创新，给予游客新体验。

合理利用网络资源，形成园区名片。通过官方网站发布旅游推荐路线、风景图片、美食引导等并附以热线电话，方便群众了解；在大众点评等App上发布相关资讯，整合资源，方便游客游玩。

（八）沿线旅游线路清单

1. 主要旅游地

大运河（北京段）的通航分“两步走”。2019年10月3日，大运河通州城市段正式实现旅游通航，游客可在北关闸至甘棠闸 11.4 千米的河道内游船赏景。2021 年 6 月 26 日，从甘棠闸至市界 28.7 千米的河道实现旅游通航，两段航道正式连通，市民可以乘游船在 40 多千米的河道上"一坐到底"。目前，通州地区已确定三条游览线路，根据码头地理位置和航道周边情况，按照"一短、一长、一夜航"的模式，满足游客对运河城市段、运河两岸经典景观的水上休闲观光和全程体验需求。从 2021 年 6 月 28 日开始，市民可购票乘船。短航线时长 60 分钟，从 2 号码头出发，到漕运码头，中间不停靠，优惠票价 75 元。长航线时长 400 分钟，从 2 号码头出发，到和合驿码头，中间不停靠，游客可在船上参观新船闸等景观，优惠票价 180 元，提供餐食。同年 6 月 28 至 7 月 4 日启动夜航，时长 60 分钟。

2. 主要景点线路

大运河（北京段）沿线旅游的推荐路线如表 23 所示。

表 23　大运河（北京段）沿线旅游路线

线路一：北运河 2 号码头（330 分钟长线游）—通州燃灯塔及周边古建筑群—北京北投爱琴海购物公园
线路二：城市绿心森林公园—大运河森林公园—北运河 2 号码头（60 分钟短线游）—通州燃灯塔及周边古建筑群—万达广场（通州店）
线路三：八里桥—中仓仓墙遗址—通州区博物馆—通州区图书馆
线路四：万宁桥—东不压桥遗址—玉河故道遗址（东城段）—通惠河玉河遗址—春风书院—南新仓
线路五：将府公园—颐堤港—朝阳公园—亮马河夜游（蓝色港湾）
线路六：庆丰公园（通惠河）—SKP（北）/合生汇（南）—高碑店漕运历史文化游览区—八里桥音乐主题公园
线路七：北京郭守敬纪念馆—西海湿地公园—宋庆龄同志故居—鼓楼西大街—烟袋斜街—银锭桥—京杭运河积水潭港碑—火德真君庙（火神庙）—北京什刹海皮影文化酒店
线路八：皇家御河游船码头—五塔寺（北京石刻艺术博物馆）—国家图书馆—紫竹院公园—万寿寺—大运河广源闸遗址—南长河公园—颐和园（北宫门光文化馆）
线路九：顺义文化中心—顺鑫绿色度假村—七彩蝶园—潮白河森林公园（游船）
线路十：明十三陵景区—乐多港·奇幻乐园—白浮泉大运河源头遗址公园—昌平新城滨河森林公园—草莓博览园

其中，北运河 2 号码头可深度体验运河游船；通州燃灯塔及周边古建筑群是大运河的标志性建筑；八里桥横跨通惠运河；在中仓仓墙遗址可感受漕运繁荣往事；在万宁桥、东不压桥遗址、玉河故道遗址（东城段）、通惠河玉

河遗址可探寻元代大运河漕运起点；在庆丰公园中可重走京城漕运重要通道，观漕运码头庆丰闸；参观北京郭守敬纪念馆，可追忆通惠河修建的浩瀚工程；走进北京市最大的平原森林公园——潮白河森林公园，在北运河主要水源、北京城重要水源之一的潮白河上游船赏景；探寻京杭大运河的源头，在北起十三陵水库、南至京密引水渠的万亩滨河森林公园悠然散步，怡然自得。

另外，上述文旅目的地可与天津古文化街、被誉为北国小江南的天津杨柳青古镇、天津武清郊野公园北运河休闲驿站、三岔河口旅游区、南湖·绿博园景区以及河北沧州胜利公园、南湖公园、清风楼广场、沧州文庙大成殿等景点形成串联之势。

五、北京文旅发展现状

（一）大运河（北京段）三类主要旅游资源

自然旅游资源：白浮泉、玉泉、庆丰闸（漕运码头）、高碑店平津闸等。

人文旅游资源：燃灯塔及周边古建筑群景区、大运河森林公园、西海子公园、运河公园、通州区博物馆、北京（通州）大运河文化旅游景区（5A级，正在建设）等。

非物质文化旅游资源：通州运河船工号子、京剧、烤鸭技艺、北京皮影戏、北京兔儿爷（手工艺品、中秋吉祥物）、景泰蓝制作技艺（铜胎掐丝珐琅）。

上述资源各具特色，通过对这些资源的整合与利用，将不同文化类型或同种类型的不同资源相互融合，形成更高水平的文旅融合发展。

（二）文旅融合发展总体呈现四大特征

1. 空间融合与功能融合

将文化性场所和游乐性场所整合成一个活动区域，使之同时具有文化体验功能和娱乐、食宿等功能。例如，北京市以大运河历史文化资源为基础，开通北京大运河休闲主题游，含“八里桥—中仓仓墙遗址—通州区博物馆—通州区图书馆”、“台湖生态演艺小镇—北京文旺阁木作博物馆—张家湾博物馆—宋庄艺术小镇”、“北运河2号码头（330分钟长线游）—通州燃灯塔及周边古建筑群—北京北投爱琴海购物公园”等12条精品线路。

2. 文化活动与旅游融合

通过文化活动向游客传递大运河文化内涵，用优质的活动内容拉动游客数量增长。例如，利用水上公交推出的运河行船游，领略运河别样风情；由北京市文化和旅游局开展“魅力北京浙江周”活动，通过老舍茶馆、北京非遗、“北京礼物”、《京城大运河》京剧交响套曲等体验、演出活动，把有代表性的北京文化艺术、京味特色、北京城市生活鲜活地展示、推介给杭州市民，使人们更好地了解北京；在京杭大运河北京段、河北段联合举行京冀游船通航仪式，连通北京与河北，使两地资源联动起来，互通有无。

3. 文化品牌与景区融合

通过创立文化品牌，打造热门旅游地点或提高旅游地点的知名度。例如，北京通州张家湾公园三期工程是北京城市副中心环城游憩环上规模最大的公园，依托张家湾镇的历史资源，布置休憩的长廊、凉亭，展现运河烧酒的文化历史；2025 年打造大运河国家 5A 级景区，将大运河与环球主题公园连通。

4. 文创产品与景区文化融合

以文化创意产品为载体，将景区特色和文化内涵相融合。例如，中国音乐学院师生共同完成的“倾听京杭大运河延安的歌声”，以及包括《茉莉花》《采莲船》等在内的经典民歌，体现了大运河多元文化的交融；利用大运河文化打造系列衍生品，如“运河茶具系列”杯具（见图 21）、“古运回望系列”钥匙扣、“通州塔系列”蓝牙耳机保护套等。

图 21　“运河茶具系列”杯具

六、京外大运河文旅融合发展案例

（一）大运河沧州段“滨水生态+产业园+博物馆+杂技+非遗+数字数据库”平台

沧州段大运河城区开展生态修复和环境卫生整治工程，构建了滨水植物群落，打造了滨河生态景观。推进大运河沿线绿化工程，构建林水相依、绿廊相连、绿块相嵌的大运河绿色长廊。依托大运河沿线林业现有基础和特色资源，建立森林公园、家庭农场、采摘园、生态休闲园等。通过建立数据库和打造博物馆、档案馆、数字媒体平台等措施进行有效的资源展示和宣传。发掘沧州段大运河两岸的各类物质文化遗存（闸所、码头、古建筑、文物、墓葬、石刻等）搜集沧州地区的非物质文化遗产。其中，对于以武术、杂技等为龙头的非遗项目，民众认可度较高，社会传承机制较为健全，市场感知度和美誉度较高，能够鲜明代表沧州大运河文化，成为提升城市综合效应的绝佳元素，可谓文旅融合发展的优质资源。

大运河沧州段文化艺术资源十分丰富，经过长期的发展与沉淀形成了杂技文化、武术文化、名人文化、运河文化、诗经文化、千童文化等，保留了众多的历史文化遗迹，走出了很多文化名人，传承了杂技、武术等民间技艺。当地在对文化艺术资源的开发过程中，建立了大运河生态文化产业园、会展演艺产业园、中古红木文化产业园等，形成了极具特色的文化产业集群，文化产业生态系统初具规模，影响范围不断扩大，对当地文化艺术资源的开发产生了极为重要的影响，树立了良好的城市文化形象。

（二）衡水故城县的历史人物、英雄人物、红色人物引领以及大运河文化民风美食等发展模式

当地以运河为主轴，挖掘运河文化的丰富内涵，串联起区域文化，使运河文化推动全域旅游发展。

第一，以董仲舒、马中锡等历史文化名人为代表的“大儒运河”，依托西汉经学大师董仲舒在故城的讲学历史以及《中山狼传》作者马中锡等历史名人，倾力打造衡水董子故里文化旅游和儒学学术交流基地。

第二，以打响抗日第一枪的冯治安、抗日英雄节振国等为代表的“英雄运河”“红色运河”，以故城人中的英雄人物和革命人物为蓝本，建立爱国主义和红色教育胜地。

第三，凭借以龙凤贡面、旋饼等当地美食为代表的“美食运河”，扩大具有故城特色的旅游产品知名度，打造品牌。

第四，故城经由京杭大运河而与山东德州相连，因此故城人也兼具山东人诚信仗义的性格特征，可以此为典范树立具有故城特色的民风。总之，应深入挖掘故城的大运河文化历史积淀，树立大运河文化的典型代表，使大运河文化成为当地旅游尤其是全域旅游发展的独特内核。

通过“一带一路三城多点”布局，把这些像珍珠一样散落的文化节点串联起来，系统地展现故城独有的历史传承和人文风俗。“一带”即大运河百里文化景观带，以京杭大运河作为文化带主轴将区域文化串联起来；“一路”即沿河精品旅游线路，规划建设一条景观大道贯穿整个景区，作为生态和城市

景观融合的主线；“三城”即郑口古镇恢复，大运河沿线卫星城建设，故城老县城开发；“多点”即运河风情公园、康宏牧业小镇、以岭药业健康城、德国农业庄园、千亩森林公园、正大鳄鱼馆、翟庄影视基地等景观节点。通过上述布局，最终形成“以点带面、连线成片”的全域旅游发展业态，为故城经济社会发展注入新的活力。

（三）长三角大运河文化带+公园+产业+古镇+街区+演出+节会

长三角大运河文旅融合发展的特点包括以下几点。一是将大运河文化带和国家文化公园建设纳入城市文旅融合发展视野，着力彰显运河文化基因，使之成为城市旅游形象的重要构成要素。二是大运河文化建设与其他发展战略形成有机协同。各地结合自身发展实际，将大运河文化建设与文化产业发展战略和区域发展战略有机融合，追求更具影响力的战略协同效应。三是大运河文化的创造性转化与创新性表达能力显著增强。例如，一些城市在推进运河文化与旅游融合发展上，寻找契合点，探索增长点，串联或整合其他特色文化元素，在大运河古镇和历史街区开发、文化节会和演艺项目等方面形成亮点。

七、文旅融合发展评价体系研究

大运河文旅高质量发展是一个复杂的动态过程，旅游产业为文化产业的创新和增值提供了平台，文化产业则是旅游产业发展的资源和动力。本文以数据的可得性、可操作性为首要前提，遵循科学、系统的原则，结合大运河产业特色，从旅游产业与文化产业两方面构建文旅产业发展水平综合评价指标体系。

（一）构建文旅融合产业发展评价体系

1. 相关指标

想要评价文化产业和旅游产业的发展水平，应先构建评价指标体系，指标选择会对评价结果产生直接影响。在文化产业评价指标的选择方面，本文借鉴国家级5A级评定标准，构建了这一评价体系（见表24），包含文化融合产业发展基础、文旅融合主体管理活力、文旅融合产业发展潜力、文旅融合产业发展影响力、文旅融合模式创新力等，具体构成如下。

（1）文旅融合产业发展基础。基础设施条件是文化产业和旅游产业内部发展的必备条件，也是文旅融合产业发展的基础支撑性指标。

交通运输能力主要反映到达景区的各种形式及便捷程度，这是开展文旅融合的前提，也是文旅融合产业发展的基础条件。

（2）文旅融合主体管理活力。主体管理能力是文旅融合可持续发展的内在因素，要想持续性地经营，优秀的管理能力是必不可少的。

表24 指标构成

一级指标	二级指标	三级指标
文化融合产业发展基础	文旅基础设施	游览（门票、游客中心、引导标识、宣传资料、导游服务、引导公共休息设施和观景设施、公共信息的提醒符号、特殊人群服务项目等）
		卫生（环境卫生、废弃物管理、吸烟区管理、食品卫生、厕所等）
	交通运输能力	可进入性
		自备停车场
		内部交通
文旅融合主体管理活力	主体管理活力	管理能力
		商品化
		国际化
文旅融合产业发展潜力	文旅生态资源	森林覆盖
		自然保护面积
	文旅品质资源	传统老字号
	文旅资源整合技术服务	非遗文化
		创新能力
		科技性（数字化、智能化）
文旅融合产业发展影响力	文旅市场规模	旅游人数
		营收水平
	文旅市场影响力	IP 影响力
		知名度
		美誉度
		宣传能力
文旅融合模式创新力	文旅模式创新	文化性
		互动性
		沉浸式
		体验性

（3）文旅融合产业发展潜力

文旅生态资源指标反映了项目生态环境与旅游融合产业协调发展之间的正向关系。生态环境为文旅融合产业的创新提供了生态基础，也决定了文旅融合产业发展的方向。

文旅品质资源指标反映的是从众多文旅产业资源中提炼出的精品资源，为文旅融合产业发展提供品牌支持。

文旅资源整合技术服务指标反映的是将当下的计算机技术巧妙地与文旅融合相结合，从而大大提高经营效率，为文旅融合提供了技术支持。

（4）文旅融合产业发展影响力

文旅市场规模反映的是：到目前为止，按照已有的发展模式，文旅融合产业发展的现状，以及在市场上的占有率等。

文旅市场影响力反映的是：文旅融合产业依据自己特有的文化 IP、知名度等优势来打造并吸引访客的方式。

（5）文旅融合模式创新力

文旅模式创新力反映的是文旅产业依据现有的外部条件，进行符合产业定位的创新，从而加强文旅产业的吸引力。

2. 指标赋值方法

本细则共计 100 分，共分为 5 个大项，各大项分值为：文旅融合产业发展基础 47 分；文旅融合主体管理活力 9 分；文旅融合产业发展潜力 16 分；文旅融合产业发展影响力 16 分；文旅融合模式创新力 12 分。三级指标中的“游览”“卫生”共计 38 分，“可进入性”“自备停车场”“内部交通”“管理能力”“商品化”“国际化”“传统老字号”“非遗文化”“创新能力”“科技性”“IP 影响力”“知名度”“美誉度”“宣传能力”“文化性”“互动性”“沉浸式”“体验性”各项为 3 分，“森林覆盖率”“自然保护面积”“旅游人数”“营收水平”各项为 2 分。

（二）测评实证研究

1. 环球影城的评价体系

门票：门票购买渠道多样，除了官网提供售票，在大众点评、携程、美团等多个购票软件上都能购票；门票种类丰富，有一日票、亲子票等；门票退还手续完备，由于不可抗力如天气、疫情等原因无法开园的情况下，游客可以申请退票。

游客中心。主题公园外的游客中心位于入口附近，可以为游客提供门票购买、门票升级、行程规划、餐厅预订等服务。

引导标识。在公园内随处可见中英文双语的引导标识。

宣传资料。除了各大网址对环球影城的宣传，抖音等热门小视频 App 上也会不断推送网红打卡视频，随时随地进行宣传。

导游服务。园区的工作人员会给游客主动指路，当然那些个性化的导游服务则不是无偿的。

引导公共休息设施和观景设施。在高峰期（如各种节假日），园区的游客会达到峰值，每天有 3 万~4 万的人流量，因此在各个游乐项目附近，都会有长椅供游客休息。

公共信息的提醒符号。园区内，诸如厕所、餐厅、接水区等中英文公共信息指示牌随处可见。

特殊人群服务项目。残障人士可凭相关证件购买七五折的当日票，在入场前可领指定时间票，在参观游玩项目时可以免去排队；3 岁以下幼童免票，但需要监护人陪同；3 岁~11 岁的儿童和 65 岁及以上老年人可购买七五折的当日票。

环境卫生。园区内到处可见垃圾桶，但由于单日游客量较大，有些因游客外带食物而产生的残余垃圾没有及时处理。2021 年，人民咨询资讯网曾报道过“环球影城酒店被爆卫生堪忧”，主要体现在枕套、毛巾等贴身物品不换，被网友吐槽“高标准但没有严要求”。

废弃物管理。在 7 年前启动基础工程建设时，北京建工资源公司将北京环球影城地下的 270 万立方米“脏土”变废为宝，创造了中国首例杂填土及建筑垃圾资源化处置的典范，建筑垃圾资源化率高达 97%。在开园后的一年多以来，环球影城积极推行垃圾分类，处理园区内的垃圾。

食品卫生。在园区开业之前，相关的食品安全检测单位已对园区周边的餐厅进行抽样检查，以确保食物安全达到标准。

厕所。厕所的配套设施可谓一应俱全。其中，卫生纸分配器采用创新中心抽专利技术，有效减少了 40%的卫生纸浪费，加之使用者只接触所用纸张，减少了交叉接触感染风险，此外典雅的设计也彰显了人性化和专业化；在手部清洁方面，泡沫洗手液以及擦手纸的搭配使用令后勤员工得以保持日常手部卫生。

可进入性。园区自开园营业以来，游客可凭票进入。环球影城营业时间为 10：00—20：00，城市大道开放时间为 8：00—22：00，周末适当延长时间。

自备停车场。北京环球度假区停车楼共计 6 层，配备 6 540 个停车位，为目前北京市最大的单体停车楼。紧邻停车楼建有地面停车场，可提供 2 772 个停车位。除此之外，北京环球度假区还专门开辟了拥有 1 447 个停车位的备用停车场，以满足内部压力测试及试运行期间客流高峰期的停车需求。此外，为了方便电动车辆、残疾人车辆的停车需求，停车楼地下一层安装有 477 个充电桩，地上二层设有 192 个残疾人车位，其中残疾人车位可供残障人士免费使用。

内部交通。内部道路设置较为多样。在入园之前，游客会经过城市大道，城市大道两侧会有相应的纪念品商铺；入园以后，游客可以根据指示牌到达想要游玩的区域。

管理能力，与迪士尼乐园相比，环球影城的管理团队以中方为主导，美方协助。中方更了解中国市场，更方便和本土的中下游企业进行合作，更能灵活应变，此举也省去了不少的第三方管理费用。

商品化。与其他具有影响力的园区一样，环球影城推出了众多具有特色的纪念品。除此之外，还推出了特有的魔法棒、魔法袍，魔法棒可以在景区使用，使游客享受“魔法师”的体验。

国际化。园区的管理团队由中西两方人员组成的，其打造的主题园区（如在国际上家喻户晓的哈利波特、侏罗纪世界、变形金刚等），还吸引了很多国外游客。

森林覆盖率、自然面积保护率。北京环球影城占地 4 平方千米，在园区内将近 80%的是游乐设施，森林覆盖率较低。

中国元素。园区内的各个主题场馆都是在知名电影人物的 IP 基础上建立的（如功夫熊猫），但园区内中国内元素仍可以适量增加。

创新能力。园区会根据传统节日（如中秋节、春节、圣诞节、元旦等重大节日），推出相关系列限时活动，增加游客的体验效果。除此之外，在园区内的好莱坞景区，由传奇导演斯皮尔伯格与张艺谋合作主持的“灯光、摄影、开拍”，作为中国第一个在室内燃放真火表演的项目，是中国北京环球影城所特有的。

科技性。园区内多处采用高科技、“黑魔法”，如威震天、魔法棒、3D 过山车等。

游客人数。从 2021 年 9 月 20 日开园至其营业一周年，迎客 1 280 万人次，拉动了本地近千亿元的消费市场，每日平均接待人数至少 2. 7 万人。

营收水平。环球主题公园一期 2021 年 9 月开园以来，当年实现营业收入 16. 45 亿元，拉动了同地区的收入水平，但由于前期投入规模巨大，加之受疫情影响，当前营收水平不容乐观。

IP 影响力。园区内的侏罗纪公园、哈利 · 波特、变形金刚、功夫熊猫等都是在世界范围内拥有诸多粉丝的强大 IP。

知名度。环球影城的影响力毋庸置疑。目前世界上共有 5 个全球环球影城，分别是北京环球影城、好莱坞环球影城、奥兰多环球影城、日本环球影城、新加坡环球影城。

美誉度。通过各大网站上的网评可以发现，园区的新颖力与创新力颇受好评，但对园区内推出的特色食物则褒贬不一。

宣传能力。首先，园区自身借助了具有影响力的电影人物，将影院的忠实爱好者带入园区之中。其次，北京环球影城是亚洲第三座、全球第五座环球影城，是全球最大的环球影城，这一特殊地位吸引了很多游客的注意力，各大网红博主均自发参与游客体验测评，无形中加强了对北京环球影城的宣传。

文化性。北京环球影城企业文化是西方文化和中国传统文化的结合，把影院观众转化为游客，把影院变为乐园。将虚拟的电影场景和人物形象在主题公园中进行实体化展现，实现文化符号的流量在旅游场景中“变现”。

互动性、沉浸式体验。园区的 3D 过山车，使游客在整个乘坐过程中，不仅能体验传统过山车的种种刺激，而且能通过虚拟现实技术与变形金刚互动，或者是在园区内使用魔法棒，等等。

根据以上分析，得出以下分值（见表 25）。

表 25　北京环球影城测评分值

指标项目	分　值	得　分
游览（门票、游客中心、引导标识、宣传资料、导游服务、引导公共休息设施和观景设施、公共信息的提醒符号、特殊人群服务项目等）	23	23
卫生（环境卫生、废弃物管理、吸烟区管理、食品卫生、厕所等）	14	14
可进入性	3	3
自备停车场	3	3
内部交通	2	2
管理能力	3	3
商品化	3	3
国际化	3	3
森林覆盖	2	2
自然保护面积	2	2

续表

指标项目	分 值	得 分
传统老字号	3	3
非遗文化	3	1
创新能力	3	3
科技性	3	3
游客人数	3	3
营收水平	3	2
IP 影响力	3	3
知名度	3	3
美誉度	3	2
宣传能力	3	2
文化性	3	3
互动性	3	3
沉浸式	3	3
体验性	3	3
总 分	100	95

2. 大运河森林公园的评价体系

大运河通州森林公园位于北京市通州区通州新城北运河两侧，北起六环路潞阳桥、南至武窑桥，河道全长约 8.6 千米，左堤长 8 191 米，右堤长 3 639米，总建设面积 713 公顷（约 10 700 亩）。

其中，水面面积约 2 500 亩，绿化面积约 8 200 亩，为国家 AAAA 级旅游景区、世界文化遗产中国大运河（包含隋唐大运河、京杭大运河、浙东大运河、元朝大运河等）的一部分、第九批北京市文物保护单位，构建了“一河、两岸、六园、十八景”的景观样态。2014 年，大运河森林公园绿岛乐园建成开放。

2021 年 12 月 24 日，大运河森林公园被确定为北京首批市级党员教育培训现场教学点之一。

门票。运河森林公园门票免费，全天开放。景区服务方面，公园内可租车：带棚四轮两人自行车 60 元/小时，四人的 80 元/小时，电动车两人 100 元/

小时。

游客中心。二级游客中心目前正在提升改造之中。

引导标识。景区内有显著的地标性标识和相关介绍。

宣传资料。全国性宣传力度较小，区域性宣传力度也需要加强。

导游服务。导游服务有所欠缺。

引导公共休息设施和观景设施、公共信息的提醒符号、特殊人群服务项目等。公共设施、观景台、公共信息提醒符号随处可见，特殊人群服务项目则较少。

环境卫生、废弃物管理、吸烟区管理、食品卫生、厕所等。周围商铺较少，垃圾桶、公共卫生间的设置间隔存在问题，休息区的数量也应增加。

交通运输能力。乘 910 路、822 路、通 13 路、通 38 路在大运河森林公园南门站下车可到达，或乘通 9 路、通 21 路、通 22 路、通 26 路、通 41 路、938 路、810 路等在武兴路口站下车步行 500 米可到景区南门，乘 822 路、T116 路、通 58 路在大运河森林公园站下车即到影区西门。自驾车路线。沿八通线至京津公路（京塘公路），过张家湾工业园区（张家湾镇政府路口）前行至第一个路口（潞城方向）左转至宋梁路，继续行驶 1 000 米右手边即到京通快速路西马庄出口（三河方向）至通燕高速路宋梁路出口直行；再向东过东关大桥走通胡大街，至丁字路口右转上宋梁路，直行开过东方化工厂左手边即到。

主体管理活力。建议借鉴颐和园的精细化管理方式进行统筹管理，但就目前来看，公园在各方面都需要提高精细化程度。

森林覆盖率、自然保护面积。森林面积覆盖率较高。

传统老字号。公园里的雕塑唤醒了人们对大运河在历史长河中的回忆，体现了大运河不可磨灭的历史地位。

创新能力、科技性。通州区致力于打造智慧园林系统平台，在大运河森林公园建成展厅和管理平台。2019 年国庆期间，该森林公园开展了以“普天同庆·共筑中国梦”为主题的展览展示活动，通过丰富的图文和现代化多媒体展示手段，打造极具科技性、互动性、体验性的大型群众性展览展示平台。此外该森林公园内的游客小程序也已上线，实现了景点介绍、导览、投诉建议等基础功能。

旅游人数。2020 年，公园五一节游客超 3 万人次，但平日游客人数较少。

营收水平。公园门票免费，且缺乏营收项目。

文旅市场影响力（知名度、美誉度、宣传能力等）。游客对景区的评价较高，但是景区的知名度仍有待提高，对此可以增加宣传手段的多样性。

文化性。公园的文化宣传方式较为单一，应通过多样化的宣传方式增强文化宣传力度。

互动性、沉浸式体验。游客通过游览线路，对自然风光进行赏阅，通过游船来增加游玩的趣味性。

根据以上分析，得出以下分值（见表 26）。

表 26　大运河森林公园测评

指标项目	分　值	得　分
游览（门票、游客中心、引导标识、宣传资料、导游服务、引导公共休息设施和观景设施、公共信息的提醒符号、特殊人群服务项目等）	23	21
卫生（环境卫生、废弃物管理、吸烟区管理、食品卫生、厕所）	14	14
可进入性	3	3
自备停车场	3	3
内部交通	2	3
管理能力	3	2
商品化	3	2
国际化	3	2
森林覆盖率	2	2
自然保护面积	2	2
传统老字号	3	2
非遗文化	3	2
创新能力	3	2
科技性	3	2
旅游人数	3	2
营收水平	3	2
IP 影响力	3	2
知名度	3	2
美誉度	3	3
宣传能力	3	2
文化性	3	3
互动性	3	3
沉浸式	3	3
体验性	3	3
总　分	100	87

3. 燃灯塔及周边古建筑群的评价体系

通州区“燃灯塔及周边古建筑群”景区是国内较大的三教合一建筑群，占地面积约 12 000 平方米。“燃灯塔及周边古建筑群”分别指的是文庙、佑胜教寺、紫清宫及燃灯佛舍利塔。儒、佛、道三教在这里互为紧邻而又相互独立，这三座独立存在的庙宇，近距离呈“品”字形布局，和谐共存了 400 余年。今人将其概括为“三教庙”，成为北京“人文奥运”六大景区之一——通州运河文化景区的重要组成部分。

游览。导游服务比较完善，可向工作人员问路，也提供人工讲解服务。引导公共休息设施和观景设施：有休息的长亭，可以小憩；有比较完善的特殊人群服务设施，如专用的无障碍通道等。

卫生。环境干净整洁，设有一定数量的垃圾桶，食物符合国家标准。

交通运输能力。可进入性较强，景区最外侧的林荫式停车场可容纳 100 辆私家车，景区游览停车压力较小。

管理能力。历史文化核心展区有序进行，体现出园区在这方面管理能力较强。

商品化、国际化。相关的纪念品如文创产品较少，国际影响力较低。

森林覆盖率、自然保护面积。植被覆盖率较高，有很多花草树木。景区寺庙前空间以油松、白皮松、国槐、银杏等传统乡土树种为主，银杏林外又增加元宝枫、白蜡、金叶槐等彩叶树种。此外自然保护面积较大。

传统老字号。景区内设有传统老字号的商店，售卖老字号的产品，也可以现场感受、体验老字号产品的制作过程。

创新能力。为了更好地传播优秀的传统文化，景区的传播形式一直在创新，通过信息技术提升游客的互动体验，使游客在趣味体验中学习中华民族的传统文化。

科技性。为了更好地展示通州区历史文化，燃灯塔及其周边古建筑群中的“北运河非遗传习所”“状元文化展”“运河养生文化展”等多处运用人工智能技术，人屏互动，促进文化传播。

文旅市场影响力。作为国内唯一的三教合一建筑群，其影响宣传方式有待提高。由于疫情等因素的影响，该景区游客量较少，对此可结合当下比较热门的网上宣传方式，如抖音、微信小视频等来进行宣传，从而吸引更多的游客。

文旅融合创新力。互动性强，游客可全程参与到活动之中；沉浸式体验较好，参与者能够很快地被带入角色之中。

根据以上分析，得出以下分值（见表 27）。

表 27　燃灯塔及周边古建筑群测评

指标项目	分　值	得　分
游览（门票、游客中心、引导标识、宣传资料、导游服务、引导公共休息设施和观景设施、公共信息的提醒符号、特殊人群服务项目等）	23	22
卫生（环境卫生、废弃物管理、吸烟区管理、食品卫生、厕所等）	14	14
可进入性	3	3
自备停车场	3	3
内部交通	2	3
管理能力	3	3
商品化	3	2
国际化	3	2
森林覆盖	2	2
自然保护面积	2	2
传统老字号	3	3
非遗文化	3	3
创新能力	3	3
科技性	3	3
旅游人数	3	2
营收水平	3	2
IP 影响力	3	2
知名度	3	2
美誉度	3	3
宣传能力	3	2
文化性	3	3
互动性	3	3
沉浸式	3	3
体验性	3	3
总　分	100	93

八、面临问题及建议

大运河文旅资源地的现存主要问题，如表28所示。

表28　文旅资源地主要问题及建议汇总

一级类别	二级类别	名　称	存在问题	改进建议
博物馆及文化遗址	博物馆	文旺阁木作博物馆	地处偏远，交通不便	推出适合不同年龄人群的特色木制品，并增加文创产品和文艺活动
		通州区博物馆	规模较小	通过网络渠道结合周边的旅游景点联合出票，增加游客旅游线路的趣味性；增加文创产品、网红打卡地点等
		北京石刻艺术博物馆	停车不便、道路狭窄	首先，要完善博物馆周边的交通设施，衔接公共交通；其次，要结合文化内涵、石刻文艺、增加文创产品的种类和创意
		张家湾博物馆	宣传不够	积极推动线上宣传渠道，建设官网、建立公众号等
	文化遗址	广源闸遗址	遗址相关信息在互联网上较少	注重提高遗址的网络曝光度，扩大宣传范围，增设打卡地，提高趣味性
		中仓仓墙遗址		结合周围景点，设计多样化的旅游线路；借助网络加大宣传，或设置相应的网红打卡地，提高知名度
		东不压桥遗址		研发与各遗址相互衔接的旅游路线，并结合周边娱乐、餐饮、交通路线布局，提高游玩的休闲性、娱乐性、连贯性

续表

一级类别	二级类别	名　称	存在问题	改进建议
博物馆及文化遗址	文化遗址	白浮泉大运河源头遗址公园	有关信息在网络中较少，没有运用互联网工具进行宣传	以自然景观为主，后续可引入AR/VR等数字媒体技术，增加遗址的可玩性
		郭守敬纪念馆	宣传渠道较少，展馆空间小	与周边的西海湿地公园结合，推出旅游路线，增强文化宣传力度
		宋庆龄故居	故居直播得到不错的反响，但是缺少其他方式的数字化建设	定期推出网络直播形式的活动，增强宣传力度；每逢纪念日等特殊日子，可以在网上举办相关活动；推出相关文创产品
地域文化	文化街区	什刹海历史文化街区	地区基础设施较差，配套设施不完备；既缺乏明确的旅游定位，又缺乏相应的功能区设置；交通问题严峻，公共服务设施相对落后；环境问题凸显，污染治理力度较弱；旅游项目比较单一，缺乏对深度旅游项目的开发	强化政府主导作用，将保护与疏解提升相结合；明确旅游功能定位，将保护与活化利用相结合；加强基础设施建设，将整体氛围与地区特色相结合；狠抓生态建设，将改善与提升结合；制定相关旅游规划，将宣传与创新相结合
		南锣鼓巷历史文化街区	地处老城区，街区格局单一；功能极度不平衡	整合资源与人才，产业形态升级
	文化古城	张家湾古镇	高等级历史建筑留存不多，文化景观形象相对模糊；村镇基础设施薄弱，村镇环境有待集中整治；人才资源缺乏，历史文化传承薄弱；产业层次水平较低，产业环境有待提升	围绕张家湾特色文化，发挥毗邻北京城市副中心的区位优势；原真性建设张家湾遗址公园，做到“记住乡愁”；在原址基础上重建红学文化景观区，培育文化商务功能；打造萧太后运河文化景观带，活化利用文化遗产；高标准建设“国际交往”特色小镇，推进旅游高质量发展；结合历史建筑营造创意空间，建设创意旅游综合体

续表

一级类别	二级类别	名　称	存在问题	改进建议
地域文化	文化小镇	宋庄艺术小镇	人地矛盾；规划错位；商业资本冲击加剧	
	地标建筑	三大建筑	缺乏科技馆	建议兴建北京城市副中心科技馆
公共文化	文化设施	三级管理体系	示范区需要进一步完善升级	结合历史文献，发挥VR、AR技术，对遗产地历史三维场景虚拟建模，再现并复原古代京城漕运文化；可以依托一环线，以线串珠，以珠带面，扎实推进运河文化传承，打造环境配套的文旅融合
		北京城市副中心图书馆	（在建）加快建设	科学使用，提高利用率，加强引领作用
	运河文化体验馆		知名度低，周边公共交通不方便	加大宣传力度，吸引人们来此游玩、打卡，感受大运河文化
文化体验	节庆活动	—	北京段大运河的节庆活动共有2个，研学基地41个，文化体验馆2个，数量少，并且相关宣传资料少；节庆活动和研学基地活动都由相关官方举办，主体单一	通过互联网进行宣传，如可以请各个平台的流量大咖拍摄一些宣传片；增加研学基地和文化体验馆的数量；举办诸如开槽节等更多与大运河文化有关的活动
	研学实践基地			科学使用，提高使用效能
	文化体验馆			北京城市副中心图书馆（在建）
文化产业	文博展会	—	网址错杂，联系渠道不明；展会服务能力有限；政府主导，行政色彩过浓，缺乏差异化	建立统一官方网站或微博，注重展会的营销推广；全面提升服务水平，成立统一机构策划；明确展会主题，凸显地区优势

续表

一级类别	二级类别	名　称	存在问题	改进建议
文化产业	文化产业园、文创中心	—	商业化色彩过重；消费水平偏低，持续性经济效应弱；园区附近交通问题严峻，影响当地居民	守护文化，合理定位；深入挖掘园区主题，打造差异性；创新与宣传相融合，持续挖掘经济效益；进行交通管理，重视区域内居民的诉求
文旅景区	景区、景点	亮马河国际风情水岸	停车场少；沿线商圈过多依赖于网红效应；季节性限制；旺季河里常常挤满了野游人，收费后之前习惯在这里野游的市民产生不满情绪；未形成品牌名片；缺少文化味	挖掘河道沿线空间资源，利用好河道附近大型公共空间；提高餐厅本身的餐饮质量和服务态度，并可在小红书等流量较大的社交平台上进行宣传；营造河道+运动模式目；根据预期情况采取“旺季预约制”并适当收费，相关部门应制定合理的收费制度；抓住景区特色，发掘自身独有资源；在沿岸还原古时景象，也可通过游船传播运河文化，售卖美食、土特产、工艺品等
		通州燃灯塔及周边古建筑群	缺少宣传；存在临建问题，附属设施不够健全；“三庙”即“儒释道”三教合一的文化场所功能发挥得还不够充分	应加大宣传力度，提高消费者、企业、政府的认知度与认同度；注重完善健全“三庙一塔”地区附属设施的规划建设，解决现有在旅游、宗教、对外交流、文化传播等方面与北京城市副中心建设不相适应的问题；“三庙一塔”地区规划建设要立足大运河文化带建设的大背景下进行规划布局，要在推进大运河文化带建设中考虑定位，着眼中长期，高质量制定“三庙一塔”地区规划建设和保护利用方案

续表

一级类别	二级类别	名 称	存在问题	改进建议
文旅景区	主题公园	西海子公园	景区周边高楼大厦等现代建筑过多，影响总体环境的协调统一	打破条块分割、各管一摊的管理模式，社会单位、各政府部门应该拧成一股绳，应围绕共同利益来寻求平衡，使公园、建筑及其绿化得以无缝衔接
		大运河森林公园	公园周边配套较少，就餐以及购物不方便；园区规划设计不合理，基础设施建设不到位；园内动物种类单一且数量很少	对森林公园目前的基础设施建设情况进行统一检查；加强人才队伍建设，建立有效的用人机制；选拔优秀管理人才，对园内的游览制度进行明确规定，形成合理有效的管理监督机制
		城市绿心森林公园	公园目前的租赁自行车数量无法跟上需求；游客缺少工作人员的指引，周围缺少便民设施	后续应不断完善公园内部设施，更加亲民、便民

（一）文旅资源地存在的主要问题

除了表 28 汇总的问题以外，还存在以下一些重点问题。

1. 主要景区、景点存在问题及改进建议

（1）燃灯塔及周边古建筑群景区存在问题及解决方法。

第一，网上的相关信息很少，缺少宣传。

对此，应加大宣传力度，提高消费者、企业、政府的认知度与认同度。要提高消费者对文旅产品的认知度，一是搭建文旅融合知识普及平台，利用公共媒体资源，加快信息流的辐射传导；二是文旅产品的经营者要加大广告宣传投入，借助“互联网+”平台，让不同地域的消费者和受众了解文旅产品的独特性能与优良品质；三是借助监督管理部门的权威性以及当前商流、物流、信息流的方便快捷，提升文旅产品的社会公众形象，增强消费者对文旅产品的信任度。

应利用地推、宣传单、广告、主流媒体、新媒体、网红自媒体、融媒体等形式对文旅融合产品进行大力宣传，借助知名人士的影响力加强宣传力度；在使用公众号等网媒形式进行文旅产品的介绍和报道时，应采用通俗的语言、图文并茂，并配以视频；举办一些比赛，如与景区相关的创意摄影大赛、短视频大赛、吉祥物设计大赛等，让人们通过参与比赛的方式加深对文旅产品的了解；规划各式各样的网红打卡地；采用集赞后兑换相应文创产品或返现这一方式鼓励游客在社交 App 上分享游玩体验；邀请演员、“爱豆”等为文旅产品代言，将一些文创产品与偶像周边相结合；等等。

第二，存在临建问题，附属设施不够健全。

对此，应注重完善健全“三庙一塔”地区附属设施的规划建设，解决现有在旅游、宗教、对外交流、文化传播等方面与北京城市副中心的建设不相适应的问题。保护好“三庙一塔”地区标志性建筑，实现历史古迹与运河两岸景观的协调统一。要以“三庙一塔”为核心，注重在规划设计中将“三庙一塔”地区与周边环境融为一体，在改造提升中尽量保留燃灯塔、三教庙与大运河两岸的古迹风貌。建议不要再建过多过高的现代建筑，以免破坏总体环境，现代建筑对燃烧塔周边的干扰越小越好，对大运河周边的影响越小越好。

第三，“三庙”即“儒释道”三教合一的文化和场所功能作用的发挥还不够充分。

对此建议，“三庙一塔”地区的规划建设要站在大运河文化带建设的大背景下进行规划布局，要在推进大运河文化带建设中进行定位，着眼中长期，高质量制定“三庙一塔”地区规划建设和保护利用方案，规划要具有较强的可操作性，坚持问题导向，要从文化、旅游、休闲、为市民提供更丰富的公共文化产品等方面深入挖掘“三庙一塔”的丰富内涵，营造和谐、包容的文化氛围。具体来讲，可以打造诸如大运河文庙大典等品牌活动。

对于通州燃灯塔及周边古建筑群的建议，除前文已提出的加强保护、做好规划外，还应加大宣传力度，提高消费者、企业、政府的认知度与认同度。要提高消费者对文旅产品的认知度，一是搭建文旅融合知识普及平台，利用公共媒体资源，加快信息流的辐射传导；二是文旅产品的经营者要加大广告宣传投入，借助“互联网+”平台，使不同地域的消费者和受众了解文旅产品的独特性能与优良品质；三是借助监督管理部门的权威性以及当前商流、物流、信息流的方便快捷，提升文旅产品的在社会公众心中的形象，增强消费者对文旅产品的信任度与认同度。该景区与西安市大雁塔景区十分相似，因此可以学习、借鉴大雁塔景区的运营经验。大雁塔景区“爆火”的一部分原因是互联网的宣传带动效应，尤其是抖音平台发挥了很大的作用；此外，大雁塔通过灯光装饰，在其附近打造商圈，创办室外活动等吸引了众多游客。例如，建成了大悦城购物商城，在大雁塔广场打造音乐喷泉、举办灯光秀，“大唐不夜城”不定期举办小型室外演唱会，等等。

（2）大运河森林公园存在问题及解决办法。目前，公园周边配套较少，店铺也很少，就餐以及购物不方便。此外，园区规划设计不合理，基础设施建设不到位。基础设施建设滞后直接影响了游客的游览质量。在大运河森林公园中，垃圾桶、公共卫生间的设置间隔，休息区的数量等基础设施建设都存在一定程度的问题。在园区规划方面，运河两侧的观赏区和跑道都亟待完善休息区和座椅的设置，否则会制约大运河森林公园的发展。此外，因地势较低，河水容易漫进公园，水位上涨后，全园电路会受到影响，部分道路会被冲毁，易造成设施被损坏。大运河森林公园的生物种类单一且数量稀少，主要集中在运河中。由于运河水质较差，鱼类难以存活，虽然经过治理有所改善，但是运河水质仍不太适宜生物生存，这导致森林公园生物多样性不足。针对上述各类问题，应该对大运河森林公园目前的基础设施建设情况进行统一检查，有针对性地建设基础设施。例如，在垃圾桶、卫生间间隔不合适、数量少的地方应增加基础设施数量，合理规划间隔；要解决进入森林公园最后一公里的问题和完善公园内部的交通设施，如在公园内部可以增加公园内部的租车点，方便老人或者残疾人出行；更新游乐设施，优化排水系统，进一步完善安全设备；加强公园管理层人才队伍建设，完善管理体系。对此，应牢固树立“人力资源是第一资源”的发展理念，加强人才队伍建设，加强管理运作，借鉴成功经验，形成系统、有效的运行机制，建立有效的用人机制。同时，对园内的游览制度进行明确规定，并形成合理有效的惩罚机制[15]。

2. 地域文化问题及建议

（1）文化街区。

什刹海文保区。

第一，地区基础设施较差，配套设施不完备。这导致游客在什刹海文保区的消费水平不高以及逗留时间较短。什刹海文保区的人口密度较大，老城改造困难。其中，人口众多带来了容积率高、居住拥挤、配套设施跟不上等现实问题。

第二，什刹海文保区目前既缺乏明确的旅游定位，又缺乏相应的功能区设置，这导致什刹海文保区缺乏创新和活力，受困于过度消耗自然资源和文化资源的局面之中。

第三，交通问题严峻，公共服务设施相对落后。什刹海文保区域内胡同窄巷相对较多。目前，什刹海周边虽然有地铁线路和多条公交线路到达，但是距离景区尚有一定的距离，步行时间较长，而共享自行车在带来便利的同时也出现了乱停乱放现象。

第四，环境问题凸显，污染治理力度较弱。在什刹海核心区的公共区域内，路灯和垃圾箱的数量不够充足，这直接导致了某些地段采光不足，游人乱丢垃圾的现象也比较严重。

第五，什刹海的旅游项目还比较单一，缺乏对深度旅游项目的开发。游览观光形式主要还是以观光休闲为主。

综上，对什刹海文保区提出以下建议。

第一，强化政府主导作用，将保护与疏解提升相结合。这需要北京市人民政府、北京市西城区人民政府做好政策引领工作，结合北京市市情、西城区区情，做好北京市、西城区以及什刹海文保区的总体规划工作，并在该地区推进非首都功能疏解工作的整个过程中始终发挥政府的主导作用，对此应深入社区、居民和商户，挨家挨户做群众工作。聘请各领域专家，充分借助各方面力量，为决策提供咨询，制定科学系统的发展规划。将与历史文保区发展规划要求不适宜的产业和市场进行清理整治，从而达到去粗取精的目标。

第二，明确旅游功能定位，将保护与活化利用相结合。在现有旅游项目的基础之上，做好严格的保护工作，继续深入挖掘文物古迹的文化价值，继续开展多样化的非物质文化遗产相关旅游项目，继续开发更多的文化创意产品。

第三，加强基础设施建设，将整体氛围与地区特色相结合。根据胡同乱停车、停车难现象，可以借鉴东城区的做法，实施错时停车收费、居民自愿治理和管理等形式。同时，可以引进社会力量，如安排外包专业停车公司加入治理，根据实际情况制定不同的停车标准，进一步规范道路以及胡同乱停乱放的行为，有效降低停车压力，疏导交通通行。

第四，狠抓生态建设，将改善与提升相结合。可在什刹海文保区试推广垃圾分类工作，让更多的百姓主动参与其中，积极改善环境卫生，统一提升整体环境。同时，提升地区绿化覆盖率，打造绿色什刹海，针对存在的各种环境问题，可以尝试在有限的空间地区进行合理的设计规划，打造微小绿地。

第五，制定相关旅游规划，将宣传与创新相结合。在具体工作中，应当加大什刹海文保区的宣传力度，让更多的北京市民、外地居民乃至世界人民了解什刹海，喜爱什刹海。宣传工作可以采取多种形式：既可以采用事前宣传，如各种媒体的介绍；也可以采用事中宣传，如在景区内通过海报等形式进行宣传；还可以采用事后宣传，如精心开发多样化的文化创意产品，吸引游客将纪念品买回家，在追忆游览历程的过程中成为回头客，并主动将什刹海景区介绍给更多的潜在客户。每一个景点都要有专人负责宣传工作，及时将新的活动信息通过有效的方式，如报纸、电视以及官方网站、微信公众号等各种媒介传递给更多的潜在游客。在什刹海文保区开发各类旅游项目的过程中，应尝试根据民俗节日（如元宵节、中秋节等团圆的节日）开发一系列新旅游线路，从而彰显什刹海的丰富历史文化。同时，结合现代人的生活习惯，开展一系列参与性强、易于被广大群众接受的文化活动。例如，在什刹海的酒吧中可以加入与文化相关的内容，如说书、相声、京剧等，让游客在不与时代脱节的同时能体验丰富多彩的历史文化活动，感受历史的沉淀。

南锣鼓巷历史文化街区。

该历史文化街区现存的主要问题包括以下几个方面。

第一，街区格局单一。目前，南锣鼓巷的大部分商业店铺集中于主要街道，人流量过于集中，胡同内部则并未进行商业或文化开发，因此人迹罕至，没有发挥胡同的人群分流功能，造成主街与胡同发展的严重不平衡。同时，主街的开发已经达到了饱和状态，整体的商业街道格局过于单一，仅仅停留在“线”上，未能形成“面”。

第二，功能极度不平衡。首先，该街区是较为复杂的民居混杂街区，作为历史文化街区，其面积相对较小，无法持续发展商业或是文化产业，在一定程度上影响了街区的整体开发。其次，在该街区中，商业用地只占其中的一小部分，其余大部分为居民用地，十六条历史文化胡同处于待开发状态，尚未发挥其作用。此外，尽管商业用地不多，但是商业的过度开发，已造成了文化的缺失，使得该街区的整体功能极度不平衡。学者刘斌和杨钊指出，南锣鼓巷历史文化街区面临同质化、商业化等旅游发展相关问题。在南锣鼓巷的开发中，如何协调好文化发展与商业发展的关系，注重突出北京风格和胡同文化是今后要解决的主要问题。

第三，该街区的地理位置处于老城区。老城区的整体环境有一个共性问题，即基础公共设施和功能分区都存在较明显的缺陷。对于商业街区来说，除了其较高的商业能力和文化影响力，给游客最直观的印象就是街区的整体卫生环境和基础设施建设，如街区公共卫生间的数量和质量、卫生间内的卫生状况等，而这些问题在该街区都需要加以重视。目前，其整体的环卫措施以及保洁水平仍相对较低，致使街区的卫生品质下降，影响游客的体验效果，同时也影响了城市形象。

对南锣鼓巷历史文化街区建议如下。

第一，整合资源与人才。将当地分散的属地资源进行整合再利用，对于提升街区质量会有重大帮助。以南锣鼓巷为例，其将北京城内的老北京风情、北方园林文化、民间工艺文化、古代与现代建筑等文化资源进行了整合，再注入北京老字号品牌、北京特色食品、民俗工艺品店等可弘扬当地文化的产品，这将提升街区内部品质。创意是可持续发展的动力源，因此该街区需要注重创意人才的培养，避免人才流失。

第二，产业形态升级。该街区产业形态已逐渐完善，其中包含了多种类型，覆盖衣、食、住、行、游、购六大板块。其中创意产业中的手工店、服饰店、民宿及特色餐饮的占比已超过五成。但特色餐饮仅为辅助业态，而酒吧和咖啡厅在南锣鼓巷街区中占比十分高，故需要在此方面有所调整。例如，适当地减少酒吧及咖啡厅等场所，将此转化为民俗体验店、创意制作体验中心等新型创意业态，并尝试引入一些文化相关产业，如脱口秀剧场、先锋书店、茶楼等，不断地将产业进行优化及提升改造[11]。

（2）文化古城。

张家湾古镇。

该古镇现存的主要问题包括以下几方面。

第一，高等级历史建筑留存不多，文化景观形象相对模糊。村镇建筑大多于20世纪80年代之后建设，文物建筑相对较少，有保留价值的历史建筑不多。私搭乱建现象较严重，村庄整体建筑风貌杂乱。街道环境缺乏整治，绿化不足，影响古镇整体文化形象，古镇现在的整体氛围与其深厚的历史文化积淀不符。

第二，村镇基础设施薄弱，村镇环境有待集中整治。内部交通条件较差，主街交通易拥堵，停车设施不足，随意停车现象较多。市政基础设施滞后，旱厕、垃圾点、下水道等卫生状况差，架设电线凌乱。发展文化旅游产业所需的基础设施和服务亟待加强。

第三，人才资源缺乏，历史文化传承薄弱。外出务工人员较多，村内老年人居多，文化遗产传承较为薄弱，缺少历史文化传承氛围。人口素质和层次偏低，本地缺少古镇现代化传承发展的资金和智力资源，创新发展的内生动力不足。

第四，产业层次水平较低，产业环境有待营造。现有产业多处于中低端水平，且大多为腾退疏解产业。服务业类型少、层次低，多以小商铺为主，缺乏大型商业商务服务设施。文化产业规模小，产业基础薄弱，文化创意、文化旅游等产业发展环境有待进一步营造。

对张家湾古镇的建议如下。

第一，围绕张家湾特色文化，发挥其毗邻北京城市副中心的区位优势。

充分考虑北京消费市场需求，借鉴国内外成功经验模式，按照国家文化公园建设中对文化遗产保护和发展的要求，将遗址公园、创客空间、旅游度假、非遗活化等模式因地制宜、分类分片区地运用到张家湾城镇空间建设当中，积极培育文化旅游和文化创意产业。

第二，原真性建设张家湾遗址公园，做到“记住乡愁”。严格落实“保护优先、强化传承”方针，以张家湾古城遗址保护片区为核心，保护修复现有文化遗迹，建设遗址公园，形成大运河文化遗址原真性保护区，保护修复张家湾古城门和城墙遗址、通运桥等历史文化遗迹。推进遗址公园建设及绿地景观营造，注重遗址及周边地区建筑风貌的协调。

第三，在原址基础上重建红学文化景观区，培育文化商务功能。坚持“文化引领、彰显特色”，围绕独特的红楼梦历史文化，在原址基础上重建曹家染坊、曹家当铺、曹家盐店、花枝巷等重要历史文化遗迹，营造红楼梦的经典景观情景，塑造红学文化精品。适度开发包括国际文化会议、论坛、会展、艺术品拍卖在内的系列高端文化会展、文化商务旅游服务和产品，将张家湾打造成为红学文化的重要展示地和体验地。

第四，打造萧太后运河文化景观带，活化利用文化遗产。凸显运河文化主题，沿萧太后河串联古城墙遗址、通运桥、十字街、琉球国墓等历史景点，打造沿河特色文化街区和运河风光水上游览线路。建设运河文化演艺中心，积极吸纳当地居民参与，定期进行“开里运河号子”、高跷等特色文化表演，做大做强“通州运河龙灯节”“广福寺庙会”等传统民俗文化盛会，实现运河文化的创新发展，让传统文化“活”在当下。

第五，高标准建设“国际交往”特色小镇，推进旅游高质量发展。强化全球视野、时代眼光，统筹考虑人民生活和公众需求，结合张湾村棚户区改造，通过居民上楼等模式，实现张湾村的整体性更新改造与活化利用。保留十字街、馆驿胡同等街道肌理，修复张家湾清真寺、琉球国墓、驿站等具有“国际交往”内涵的代表性历史建筑。积极发展精品酒店、特色民宿、文化消费、时尚购物等高品质休闲度假产品，在城市副中心形成与北京国际交往中心定位相适应的国际化旅游产品体系。

同时，结合历史建筑营造创意空间，建设创意旅游综合体。大力实施创新发展战略，吸引国际创意大师、文创企业、艺术工匠等人才集聚于古镇古村，推动文化创意产业发展。结合历史建筑改造与再利用，“以点串线”设立红学文化创意街区、艺术家工作室、民俗手工设计坊等，设计地域文化相关的特色商品和旅游用品，开发古镇文化 IP，发展古镇影视文化产业，形成古镇文创项目集群，实现文化资源的创意转化，激活古镇发展新动力[12]。

宋庄艺术小镇。

该艺术小镇主要存在的问题有以下几个方面。

第一，人地矛盾，如集体土地的性质与宋庄集聚区大规模开发存在矛盾。以宋庄集聚区内的小堡村为例，村内可利用的建设用地（工业厂房、闲置地和村民宅基地等）逐渐被蚕食并转变为文化艺术产业用地，而非建设用地，耕地、郊野绿地及河边防护绿地等也正在转变为文化艺术产业用地。小堡村的开发空间已趋于饱和，大量的小产权房、日益增多的房屋租赁纠纷和随处可见的违章建设封条常常把宋庄集聚区推向舆论的风口浪尖。

第二，规划错位。传统规划视角对现有建设主体有所忽视。政府及有关部门制定和出台了多项规划，这些规划基于自上而下的视角，并未对宋庄集聚区自发集聚的特征以及艺术家、村民、开发商、宋庄集聚区管委会和村委会等建设主体给予充分考虑。同时，由于相关规划的目的和侧重点不同，宋庄镇（尤其是小堡村）的规划定位和开发存在诸多矛盾，这使得当地处于一个多元建设主体相互博弈、开发建设无序及政府引导无力的状态，制约了宋庄集聚区的进一步发展。

第三，商业资本冲击加剧。商业资本的注入和无序开发对艺术家生存环境的冲击。一方面，宋庄集聚区的崛起吸引了大量商业资本，商业办公建筑、居住小区等“模式化”项目的进驻，从而造成地价、租金大幅增长，加上生活成本激增，一些草根艺术家不得不选择离开，宋庄集聚区失去了最初的吸引力，这就需要管理机构制定相应的优惠政策并进行适当的规划管控。另一方面，2008 年后，宋庄集聚区开始加速发展，有限的土地资源在粗放式的开发中趋向饱和，土地权属不清，相关规划难以实施，目前亟待对现有土地资源进行集约利用及优化整合[13]。

对此，提出以下几方面相关建议。

第一，为避免过度商业化开发，应坚持规划引领，通过政府统筹、国企参与、转换主体、专业运营等方式，保留、提升区域原有的艺术功能，给艺术家提供更多有保障的房屋及设施，并将大部分不符合规范和质量较差的房屋腾退。创新宅基地经营权市场化流转模式，将宅基地使用权流转到镇级公司平台，并对宅基地进行统筹、管理、经营，避免村民与艺术家、经营者产生直接矛盾、冲突，同时控制房屋价格。

第二，补齐高能级产业服务。宋庄内的美术馆与画廊多数级别较低，且缺乏运输、消防、保险、安保等规范条件。对此，可以打造旗舰美术馆和艺术展馆群，解决场馆能级问题，强化、升级商贸会展功能，将其打造成为艺术产业的窗口，以进一步吸引艺术产业的集聚。

第三，推动协会机构运作，搭建服务桥梁。作为自由职业者，艺术家的生活和工作不是那么稳定，也缺乏有保障的公共服务（如社保缴纳、职称评定等）。对此，各大民间协会等相关机构可充当公共服务桥梁，在了解艺术家与艺术机构的利益诉求和实际需求的基础上，为其解决创作和生活中遇到的困难，充当艺术家、艺术机构与政府之间的沟通桥梁。

3. 文化产业

（1）文博展会的问题及建议。

现存主要问题。

第一，网址错杂，联系渠道不明。目前，文博展会没有综合性的官方网址或官方微博，每一届展会采用独立网址，没有历届整合性信息数据可参考；企业获取参展渠道不明，假冒网站混淆其中，企业有被骗的风险。

第二，展会服务能力有限。展会局限于北京地区，与其他区域缺乏联动，未形成专业、高效的整体规划；参展企业数量庞大，且含有国外组织，难以保证对其提供优质服务，进而影响参展效果。

第三，政府主导和行政色彩过浓，缺乏差异化。展会基本上由地方规划，向中央提出申请，得到文化主管部门批准后，由中央与地方政府共同举办。政府主导的国家级的文博会过多，导致差异化和品牌特征不明显，无法体现区域特色及优势。

几点建议。

第一，建立统一的官方网站或微博，加强展会的营销推广。开通官方网站、微博，及时公布举办展会的详细信息，如地址、参展联系电话、负责人员等，以便于参展单位间的联系；捋清历届展会数据及成果展示，为下次展会的举办提供示例，以吸引更多参展方；充分利用实体展场及网络资源，发挥社交媒体的扩散效应，可以邀请明星或借助“小红书”等移动社交平台，分享展会进程与特色，吸引更多群体参与。

第二，全面提升服务水平，成立统一机构进行策划。采集展会线上、线下的数据并分析，了解参展方及公众的需求及喜好，从而加深对文化创意产业发展状况的认识和了解，促进文化创意产业长远发展；成立统一机构，对每一届展会进行规划、执行，聘请专业团队对展会流程及服务进行策划，保证服务质量。

第三，明确展会主题，凸显地区优势。依据省份地理位置及文化内涵，深入挖掘本地品牌特色；加强与其他区域展会互动，丰富展区内容，相互促进、协同发展。

（2）文化产业园、文创中心的问题及建议。

现存主要问题。

第一，商业化色彩过重。文化园区内有各类非专业的艺术机构、传媒设计公司、商铺等，它们借文化、艺术、创业进行宣传经营，但实际缺乏与园区文化相符的内涵。

新园区同质化现象严重，文化体系不健全。多数新兴园区发展迅速，但定位不够明确，导致发展后劲不足；园区优惠政策趋同，入住门槛不高，导致园区入驻企业流动性大，难以形成核心竞争力，产业集聚效应不明显；园区全产业链条不健全，没有形成文化产品的生产及服务链条，文化创意产品和服务的比重较房地产为低。

第二，消费水平偏低，持续性经济效应较差。园区内仅门票、游玩项目、小物件等能够获得收益，游客消费水平大多集中在100~200元且园区内游客逗留时间短，不能为园区带来较高经济效益。

第三，园区附近交通问题严峻，影响当地居民。大多园区都存在因季候性出游导致的拥堵、机动车违规停车、胡同自行车乱停乱放、人力三轮车滞留拥堵等问题，有限的道路空间加剧了不同交通方式间的干扰问题，激化了区域旅游与当地居民生活间的矛盾。

相关建议。

第一，保护与大运河相关的各类文化遗产。大运河文化遗产是系列文化遗产，包括物质文化遗产和非物质文化遗产。仅以通州为例，大运河文化带中的物质文化遗产包括各类遗址，如码头遗址（土坝码头、石坝码头、商业码头、客船码头等）、古城遗址（明清通州古城、张家湾古城、漷县古城）、河道遗址（金至清大运河故道、萧太后运粮河故道、金闸河故道、元通惠河与坝河故道、金口新河故道等）、粮仓遗址（现存中仓仓墙残段）、闸坝遗址等，以及与漕运有关的桥梁、会馆、驿站等古建筑遗存。与大运河文化有关的非物质文化遗产也十分丰富，如全国独有的开漕节等节庆文化，还有独特的运河船工号子、运河龙灯、运河传说，以及历史上文人墨客留下的大量关于运河和通州的诗词，等等。对此要树立红线意识，在大运河（北京段）文化带的推进过程中，必须保护好各类文化遗产。

第二，涵养以运河水系为主的生态系统。通惠河及其上流和北运河上流的潮白河、温榆河都有很多支流汇入，形成了一个庞大的水系，也应该作为大运河（北京段）文化带的重要内容进行全面保护。这不仅是大运河（北京段）文化带保护的需要，而且是生态文明建设的需要，应进一步重视起来。

第三，恢复并完善大运河的交通功能。多来年，交通拥堵已经成为北京市一个主要的“大城市病”。如何缓解交通？不妨从历史经验中获得启示。目前，北京地区的大运河已经具备了缓解交通压力的功能基础，只不过现在对其在这方面作用的重视程度还不够。大运河两岸的大堤已经具备了通车（指轿车）的条件，对此还可以进一步完善，以便更好地与城市路网连接。还有部分河道两侧已经开辟了绿色骑行道，如运河通州城市段和温榆河（通州、朝阳段），也可以进一步完善。

第四，适度完善以文化休闲为主要内容的民生功能。在大运河城市段，要配备游乐、体育等设施，并可以考虑开展室外音乐会等文化活动。

第五，增强和发挥北京大运河文化带的辐射带动作用。深刻把握北京大运河文化带历史文化内涵的当代价值，在新的历史条件下探索重塑大运河文化带建设与北京城市经济发展的关系，在实现其历史功能的现实转换的同时增强大运河文化带建设对周边区域的文化辐射效应。例如，将北京大运河文化带建设置于京津冀协同发展、雄安新区规划等国家重大战略规划的背景下，借鉴历史经验，进一步完善区域联动机制，以大运河文化带建设为抓手，带动北京与周边区域在经济、文化、生态等多个方面开展更深入的沟通与协作。

第六，全面打造“北京大运河文化带”这一城市文化符号。进一步挖掘大运河文化带的历史文化内涵，突出大运河作为北京重要地理标志的品牌价值，充分利用数字传播手段，通过创建“北京大运河文化带公众号”、电子文化路牌等，在与公众互动过程中全面展示北京大运河文化带兼容并蓄而又独具古都风韵的多元文化积淀，推广大运河文化带建设的最新成果，进而全面打造“北京大运河文化带”这一城市文化符号。

第七，充分展示“北京大运河文化带”的独特魅力。线上、线下互动，虚拟与现实结合，通过与在建的运河博物馆资源共享，建立“网上运河博物馆”，利用数字虚拟技术再现历史文化场景及自然景观等，在虚实结合中全方位开发北京大运河文化资源，进一步展示“北京大运河文化带”的魅力，增进公众的文化意识。同时，可依托北京大运河文化带所具有的独特地理形势、生态条件和人文积淀，举办“运河文化之旅”活动，以大运河水系为串联，实地展示其沿岸有关历史文化遗迹，进而形成“北京大运河文化带”品牌特色，全方位带动运河沿岸区域旅游文化产业特色化发展。

另外，还应通过互联网加强宣传，如请各个平台流量大咖拍摄一些宣传片，同时增加研学基地和文化体验馆的数量，举办更多与运河文化有关的活动。

对文化产业园、文创中心建设的建议。

第一，守护文化、合理定位。各园区应明确发展定位，对园区内进行合理规划，寻找商业与文化的最佳结合点、主次分明；坚持园区的专业特色，明确园区主题，塑造品牌形象。

第二，深入挖掘园区主题，形成差异化效果。新兴园区应积极探索园区名片，锚定园区主题，以区别于其他园区，通过各类衍生品的开发，丰富园区主题形象；广泛利用互联网、App 等方式对园区进行宣传，吸引游客、留住游客，不局限于“网红打卡地”一种特色。

第三，创新与宣传相融合，挖掘持续经济效益。园区应当广泛运用新兴媒体，如微博、大众点评、小红书等对自身优势进行宣传，并邀请各类媒体人士参观园区，用直播、写推文等方式对园区进行推广；在原有活动基础上创新发展，丰富长期经营模式，形成相应产业链条，提高收益水平。

第四，进行交通管理，注重区域内居民诉求。如前所述，可实施错时停车收费、居民自愿治理和管理的形式，并引进社会力量，安排外包专业停车公司加入治理，根据实际情况制定不同的停车标准，进一步规范道路以及胡同停车行为，有效降低停车压力，疏导交通，从而促进区域内交通的有效良性循环。

（二）总体问题分析

综上所述，整体而言大运河文旅资源发展开发中存在以下一些比较普遍的问题。

1. 知名度低，品牌形象未形成

大运河旅游尚没有形成鲜明的品牌形象。缺乏具有广泛认可度的宣传口号，缺乏充分的市场营推广，也缺少文化企业参与市场化的运营。在主流的媒体及公众号平台上鲜少看到关于大运河的宣传短视频与文章；旅游景点对于大运河的宣传介绍也不到位，如出现大众“只知什刹海，不知大运河”的现象。此外，特色不够鲜明，未能形成独立品牌。大运河作为中国第七项世界文化遗产，却没有与之相匹配的北京的旅游品牌。在现有的旅游休闲产品中，大运河文化符号性不显著，且尚未形成自己的 IP，在文化旅游景观、景区的打造上存在趋同问题，产品特色不够突出，旅游吸引力不足。北京市总体呈现出“主城区强、副中心弱”“长城西山强、大运河弱”的旅游发展格局。

2. 旅游规划理念较传统，缺乏创新

首先，大运河（北京段）各资源地缺乏沟通，发展不均衡，涉及跨区管辖时又缺少整体协调性，大运河（北京段）景点众多，各自分隔，难以形成竞争合力，其文化旅游项目的发展仍处于初级阶段，缺乏总体的规划整合。其次，政策衔接不畅，容易产生冲突。不同规划之间缺少衔接，存在重复建设甚至相互冲突的建设，为旅游协调带来了困难。其文旅产业尚处于传统景区、景点单线、单点开发模式，缺少小众个性化体验式旅游，景区内缺少创意内容产品，缺乏配套设施，使游客难以深度体验。许多景区产品同质化现象突出，产品附加值低、盈利少。多是生态公园环境，景点看点和服务缺乏创新，亟待提升旅游产品文化内涵。大运河和特色小镇文化产业聚集区和高附加值的文化元素并不鲜明，也不成体系。行业规模较小，除环球影城外，尚缺乏大型重点文旅企业，且尚未利用好环球影城的溢出效应。普遍缺乏对整体产业链的有效构建，多数企业之间缺乏协作联动，各环节“各自为政”，相关的价值链、企业链、供需链和空间链尚未得到有效开拓。

3. 文旅交通配套建设不足，协同发展亟待优化

目前，从北京市区和大运河森林公园之间尚无地铁通达（设有公交车站）；其和宋庄艺术小镇、张家湾设计小镇之间也均无地铁站，且未专设公交站，最近车站需步行300米~900米才能到达。从附近河北、天津等地到达北京城市副中心各景点也都没有直达方式，公交须换乘2次以上（最多需要4次），且公交绕行路线长，其里程甚至是直线距离的2倍；乘车时间长，多在1.5个小时到3个小时。

4. 产品活化不足，产业融合不全

首先，开发项目单一，缺乏特色。目前已开发的主要为文物参观、两岸生态景观及公园型观光休闲产品，部分为与景区、街区相结合的城市休闲与古都观光产品，严重缺乏大运河文化主题和大运河水主题的观光、休闲、文化、体验、研学等旅游产品，以及龙头型5A景区等要素聚集的大项目。其次，产品不能与时俱进，尚未构建全产业链条，不能很好地利用非遗项目的优势，且在文旅融合过程中文化创意和高科技元素渗透较少。此外，景区智慧平台以及线上“云游”功能还不够完善；文旅产业全链条建设尚不健全，链条上游、中游、下游产业发展不充足，缺乏与其他市场、产业的互动与合作，尚未开发、利用好自身的“大运河资源”。

5. 各部门缺乏配合，市场融合不深

尽管文物部门很重视遗产保护，但其对市场需求和文旅融合发展的规划却缺乏考量；旅游管理部门重视旅游服务和市场化运行，但缺乏对大运河文化内涵的挖掘。由此可知，大运河缺乏空间上和文脉上的互通及设施和文化上的联系，产业实质内容与运河关联度仍有较大提升空间，其对运河沿线的产业带动性不足，文化旅游协同发展联动性也有待增强。当前以大运河为主题的部分文旅项目过于简单粗放，实质内容与大运河关联度低，在深度和广度上也均有不足。

6. 缺乏对文旅融合水平的评价理论和评价方法的研究

文旅融合已是一个明显的发展趋势，但是少有人研究如何评价文旅融合的水平，致使文旅融合发展的自发性、随意性较强，缺乏准确的衡量、评价标准。总之，对文旅融合的模式以及如何达到文旅融合的最佳成效等都有待进一步研究。

（三）高质量发展的建议

1. 落实大运河文旅高质量发展的顶层设计，建设主体多元化，创建方式多样化

（1）尽快成立通州大运河文旅项目促进机构。由文旅局牵头，协调各相关部门打通项目筹建的绿色通道，尽快促成5A景区规划的所有项目落地，尽早完成优质的旅游产品上规模和形成集聚效应，特别是通过千帆船坞等商业汇集地的建成，带动大运河沿线文旅纪念品、土特产的营销功能，拉动消费增长。

（2）借助新媒体发展东风，以去景区化、去中介化为特色。以“人的真实、物的真实、文化真实和服务的真实”为体验特质，讲好大运河的故事，探索全民参与创建通州全域旅游服务机制。具体而言，第一年，创建10个经典示范点，综合运用大众传播、群体传播、人际传播等多种方式打造极富通州大运河文化特色的拳头品牌，规范服务标准，建立评级评价办法，并逐步实现项目成功运营。第二年，孵化多样化文化专题体验点至100个，打造具有独特文化、专门地点、特殊人物、特色场景、情景展现以及体验互动散布全区的小微项目群落，形成通州大运河文化特色旅游差异化的体验场景，满足个性化旅游、深度体验游需求，实现1 000人以上参与的主题文旅场景化创意发展示范项目，编制特色旅游体验点政策文件，鼓励特色小微示范试点的发展。

（3）加快旅游交通配套设施多功能建设。聚焦京津冀协同联动，加强交通规划设计。为解决各主要景点不能直达问题，建议在景区正门100米内设置专有车站，公交车就近停靠。为解决各主要景点间互联不畅、绕行较多问题，建议设立通州区内的旅游公交专线，将各主要景点串联起来，实现直达运行。同时考虑到与周边市县的互通，可开通周边市县中心区至通州较近景点的直达公交专线，实现直达互通。这样一来，周边市县的居民可以通过直达公交专线到达离自己最近的通州内某个景点，再通过旅游专线，快速到达任意景点。加快通州与周边城市特别是北三县城市的轨道交通建设，并实现地铁与市域（郊）铁路的互联互通，解决周边市县居民快速通勤、旅行休闲出行的需求。通州区内在早晚高峰时期，也可以开设公交专用车道或建设快速公交线路，来实现主要目的地的快速直达。

2. 大运河游船应植入文化体验，实现差异化服务

（1）加强顶层设计，打造大运河游船游览线路文化主题，形成鲜明的文化服务特色。打造具有持久吸引力的精品旅游线路，健全大运河沿线旅游产品类型结构。打通大运河景区（如森林公园、运河公园、燃灯塔及周边古建筑群景区等）串联的道路，形成水路以小船和大游船，沿岸以电动大巴、骑行和徒步等形式的多样化旅游方式；将水上游船运营改成可在沿线景点间停靠，游玩后再改乘下一班船，继续前行的运营模式；实行坐船一票制，强化游船在景点间的通勤功能。秉承陆上和水上游线并重的思路，以水路为载体和主线，强化船上高端吃、行、游、购、娱等功能，以大运河文化体验为重要支撑和特色，通过水上多种体验与核心景点的打造，由节点码头来连接，加上外部交通指引牌的指引，将景区各个景点形成智能化统一管理，有组织地疏导游览线路，开展多样化体验服务，以更好满足广大游客，最终建成集游览、体验、休闲等多功能于一体的“串珠式”景观文化走廊。建设富华码头，并开通运河公园至富华码头的水上线路，将西海子二期与燃灯塔及周边古建筑群等景区围合统一管理，打造地标景点。

承载不同文化特征，利用北京大运河沿线不同景点和文化元素彰显不同线路的文化特征。不同游船线路应形成差异化和特色化服务。以大运河（北京段）的10条旅游线路为例，可为每条航线设计具有不同中国文化特色的专属主题。如“八里桥—中仓仓墙遗址—通州区博物馆—通州区图书馆”线路可设计“学古人吟诗”“粮仓文化”等主题，“北京郭守敬纪念馆—北京什刹海皮影文化酒店”线路以士大夫文化为核心，可设计“品京味美食、悟传统四合院、寻名人故居，逛烟袋斜街市井文化”等主题；颐和园景区游轮可以皇家文化为主题；燃灯塔及周边古建筑群以文庙儒教为核心；开发蓝色港湾船游，如以多国美食的船型商圈为特点的体验游；高碑店文创园可开发以红古家具和传统文创基地为特色的参观游；张家湾古镇以红楼文化为主题；等等。依托北京大运河多元文化背景，丰富沿线的景点，增设游船的停靠点，丰富游乐活动，根据航线的文化特色设计停靠点，游客可以随时下船，游览景点，购物消费，延长游览时长，将普通航船打造成为富有文化内涵的交通船，引流大运河各景区，带动不同文化特色区，让游客在每条航线上都有不一样的体验。

（2）增加游船植入文化之游乐项目收益，实现分级性沉浸式体验服务。加强船型外形的文化设计，增加沉浸式体验环境营造，强化交互性娱乐活动设计，实现游船功能多样化。一是增加与陆路和骑行慢行道类似的交通工具功能。二是结合线路地域文化增加游船上的文化体验项目，具体可将“穿汉服赏景”“听中国戏曲”“学中国书法”“品中国茶艺”等具有浓厚民族特色的中国优秀文化活动以及非遗活动项目引入船上，使游客身在其中，感受文化熏陶，留下深刻印象。三是设计与漕运相关的“剧本杀”游戏，加深游客体验。例如，“张家湾古镇”可选取《红楼梦》“黛玉乘船进京”片段为题材，让游客通过角色扮演的方式，结合游船的环境背景，在“剧本杀”游玩过程中获得真实感和融入感，了解中国红楼文化，形成集知识属性、沉浸式、强社交属性于一体的娱乐体验，创新游客游玩方式，拓展相关文创衍生产品，提质增效。

（3）加大景区设计开发、管理运营、文化演艺的专业人才的培养与招聘。上述船上体验游应配备具有历史文化功底的讲解员、活动组织者、志愿者，并提供专业的技术培训。文化传播品质与人才密切相关，生动的讲解，声情并茂的演艺可以再现大运河昔日的繁盛景象，提升整个游船体验的完整性。同时应优化流程并收集游客体验的意见反馈，不断完善文化服务，建立多元化的服务队伍。

（4）传承文化与提高游船经济效益并重。一是将游船分等级设计，满足不同游客的需要，不同等级船票对应相应服务，如最佳观景点、更舒适的空间休憩等，高级船票还可提供专属戏曲文艺演出服务。二是邀请京味特色小吃店或非遗手艺人定期驻扎，此举也可为其自身做宣传。例如，引入北京烤鸭、面人儿、糖画、京味小吃、皇宫糕点等的传人，游客可以通过特色美食和非遗手艺了解中国文化和习俗，从而拉动消费。三是将游船体验与广受欢迎的古装电视剧 IP 进行联合。例如，让游客身着《梦华录》中主演所着汉服、所画妆容拍照打卡留念，以吸引更多古装电影、古装电视剧爱好者前来参加；为游客介绍剧中的中国历史、运河文化，让游客更好地了解中国文化和运河文化。四是采用“直播卖货”等策略，通过直播等方式向消费者售卖游船的周边文创产品、游船优惠船票、项目套票等，拉动线上消费，并在直播过程中向观众普及中国文化知识，实现文化效益与经济效益并存。

（5）加大线上线下新媒体宣传推广。一方面，游船项目可根据节气、中国传统节日等定期举办文化分享会、各地美食交流会、联合艺术团表演合作等预热活动制造话题，提升游船体验的人气，吸引更多感兴趣的游客前来参与。另一方面，游船项目应广泛运用网络渠道，如创建游船公众号或小程序，撰写与游船活动相关的推文；通过抖音、快手等短视频软件推广游船体验活动，不断提高作品播放量，增加点赞量，引流游客，使游船项目更好地为游客服务。

3. 塑造特有的纪念品形象，全面打造“北京大运河文化带”文化商业符号

（1）挖掘大运河文化带的历史文化内涵。突出大运河作为北京重要地理标志的品牌价值，打造具有代表性的纪念品形象，推出符合传统文化的一系列纪念品，这样一方面可以借助纪念品宣传大运河的文化特征，另一方面可增加大运河项目的资金收入。充分利用数字传播手段，通过创建“北京大运河文化带公众号”、电子文化路牌等，在与公众互动的过程中全面展示北京大运河兼容并蓄而又独具古都风韵的多元文化积淀，推广大运河文化带建设的最新成果。在纪念品形象打造完成之后，还可以制作一系列以历史为依据的动画短片，以动画短片的形式进行趣味教学，让更多的青少年了解大运河的历史，进而全面打造“北京大运河文化带”之文化形象。

（2）采用线上、线下结合的形式进行宣传推广。一方面，运河周边景点可以根据节气、中国传统节日等定期举办文化分享会、各地美食交流会、联合艺术团表演合作等预热活动制造话题，提升人气，从而吸引更多感兴趣的游客前来参与。另一方面，应广泛运用网络渠道，如创建公众号或小程序，撰写与游船活动相关推文等进行介绍；通过抖音、快手等短视频软件推广游玩大运河线路的体验，聚焦大批量用户，使得大运河项目更为立体，提高作品的播放量、点赞量，也可以通过点赞数兑换纪念品从而调动游客的参与积极度。文物部门与旅游管理部门应加强在大运河空间和文脉上的互通。一方面，要设计以“大运河”为主题的日常活动项目，使游客即使在平日到访大运河时也能收获满满；另一方面，可根据中国的传统节日推出限时性的节日活动，以吸引更多的游客。

4. 将大运河文旅业产业链延伸发扬光大

（1）将大运河文旅产业与城市副中心星空经济产业相结合。以运河文旅景区、绿心公园、台湖演艺车间和稻小蟹艺术农场等自然公园、乡野别院，以及农村已有的露营设施、旅游资源为基础，筹建通州乡村星空研学、观星帐篷和房车营地等多类型的观星网点，完善住宿餐饮配套服务。建设大运河星空公园。将航天航空模型广布其中，建成与绿心公园中的大剧院、图书馆、博物馆这三大建筑齐名的航天航空地标型科普馆，作为通州本地学生重要的课外天文科普实践基地；聘请国家天文台专家担任顾问，配备高端天文望远镜，定期组织天文科普讲座，打造真宇宙与元宇宙融合的沉浸式体验，学生白天在此可以沉浸式学习，夜间可以观测星空。顺应星空旅游群体黏性强、基数大、消费能力强的特质，出台扶持星空产业的优惠政策，星空文化活动与文旅研学基地相结合，打造“赏运河、住小院、宿帐篷、乘河船”之“活态运河观星空”精品文旅体验游线路。策划大运河星光下的朗读、摄影、夜跑、徒步、培训、讲座，品酒会、音乐会、民宿观星等活动，创运河星空文旅 IP 品牌。举办星空摄影大赛及成果展览，通州聚集了天文科普教育、航天育种产业、星空文化研学、星空观测设备交易与星空会展产业及相关衍生产品开发产业，此举可吸引北京、全国乃至全世界的星空爱好者来参与活动并进行星空文化交流，彰显通州的国际交往影响力，助力乡村振兴和文旅高质量发展。

（2）利用高科技技术打造全产业链条，展示北京运河独特魅力。如前所述，应将线上线下互动、虚拟与现实结合起来，通过与在建的运河博物馆资源共享，建立“网上运河博物馆”等，利用数字虚拟技术再现历史文化场景及自然景观，在虚实结合中全方位开发北京大运河文化资源，进一步展示“北京大运河文化带”的魅力，增进广大公众的文化意识。同时，依托北京大运河文化带有的独特地理、生态条件和人文积淀，举办“运河文化之旅”活动，以大运河水系为串联，实地展示其沿岸相关历史文化遗迹，进而形成“北京大运河文化带”品牌特色，全方位带动大运河沿岸区域旅游文化产业的特色化发展。

5. 创建文旅融合水平评价体系

以数据的可得性、可操作性为首要前提，遵循科学、系统的原则，结合大运河产业特色，从旅游产业与文化产业两方面构建文旅产业发展水平综合评价指标体系。如前所述，对此笔者借鉴国家 5A 级评定标准构建了相应的评价体系，并对北京环球影城、燃灯塔及周边古建筑群景区、大运河森林公园等作出了文旅融合方面的评价，得分也比较准确地反映了其发展情况。

（参与本项目调研和报告撰写的还有郭春涛、霍红蕾、董小虎、杨雨昕、谭莹莹、张子燕、贺亦敏、朱晶晶、程雪莹）

参考文献

［1］杨静，张怡青．“运河文化带”建设下五杭水乡旅游开发策略［J］．现代商贸工业，2021，42（13）：13-14.

［2］孙静，王佳宁．大运河文化带文化产业发展的省际比较与提升路径［J］．财经问题研究，2020（7）：50-59.

［3］吴秋丽，李杰，吴志浩．后疫情时代河北大运河文旅融合创新路径探析［J］．今

古文创，2020（19）：52-53.

［4］钱建农．后疫情时代的文旅变局［J］．旅游学刊，2020，35（8）：3-5.

［5］王秀伟．大运河文化带文旅融合水平测度与发展态势分析［J］．深圳大学学报（人文社会科学版），2020，37（3）：60-69.

［6］朱季康．大运河文化带沿线城市非物质文化遗产保护与传承工作的现状、分析和提升策略［J］．地域文化研究，2020（4）：52-62，154.

［7］朱季康．在大运河文化带中实施文旅融合的价值与构想［J］．江南论坛，2020（7）：33-34.

［8］姜师立．论大运河文化带建设的意义、构想与路径［J］．中国名城，2017（10）：92-96.

［9］杨静．什刹海历史文化保护区旅游资源开发利用研究［D］．北京：北京邮电大学，2018.

［10］刘斌，杨钊．城市历史文化街区旅游化发展问题研究：基于北京南锣鼓巷的旅游者凝视视角［J］．干旱区资源与环境，2021，35（3）：190-195.

［11］陈亚孟，许晴，赵慧宁．城市更新下商业街改造提升研究：以北京南锣鼓巷历史街区为例［J］．居舍，2021（35）：16-18，21.

［12］郑憩．运河古镇文化遗产资源创新转化研究：以大运河北端起点张家湾镇为例［J］．中国经贸导刊（中），2020（11）：61-63.

［13］郝凌佳，钟悠，王承慧．弹性规划理念下的文化创意产业集聚区规划探讨：以中国宋庄文化创意产业集聚区为例［J］．规划师，2015，31（7）：73-79.

［14］助力北京国际消费中心城市建设，亮马河亮出水岸经济“成绩单”［EB/OL］．［2023-01-28］．https：//wap. bjd. com. cn/news/2022/09/28/10170913. shtml.

［15］李映红，刘笑冰，陈美玉，等．北京城市森林公园发展现状调查：以通州大运河森林公园为例［J］．安徽农学通报，2020，26（20）：79-82，177.

［16］杨家毅．浅析大运河（北京段）文化带的内涵［J］．北京联合大学学报（人文社会科学版），2017，15（4）：28-34.

［17］李蕾．“运河五脉”：北京大运河文化的精髓［EB/OL］．［2023-01-01］．https：//www. visitbeijing. com. cn/article/47QkHjlYFZB.

第二篇

北京大运河沿线产业发展

北京城市副中心金融集聚与产业升级研究

邹旭鑫

随着城市化的不断推进，北京作为首都已发展成为产业、人口高度集聚的超大城市，这给城市交通、医疗、教育、环境等方面带来了巨大的压力，也给城市治理带来了新的挑战。当前，国际上普遍采用建设卫星城等方式来缓解“大城市病”问题。北京城市副中心的建设也成为一条疏解北京超大城市风险、优化超大城市治理的有效途径。根据建设规划，北京城市副中心未来要建设成为全球财富管理中心和绿色金融国际中心的重要承载区，打造京津冀协同发展桥头堡，推进通州区与廊坊北三县地区协同发展。

本文聚焦分析北京城市副中心金融集聚对区域经济发展和产业结构升级的影响。首先，本文分析了北京城市副中心金融集聚的现状及存在的问题。通过横向比较可以发现，当前北京城市副中心的金融集聚程度相对偏低，特别是和北京市西城区相比，其金融业区位熵差异较大。通过纵向比较可以看出，在一系列政策支持和大量资金投入的利好条件下，近两年北京城市副中心的金融业集聚程度有了明显地提升。其次，本文以 2011 年到 2021 年通州区、北京市、河北省的数据作为研究样本进行实证分析，发现金融集聚程度的提高能够显著带动北京城市副中心及其周边地区经济增长，并能促进北京城市副中心地区的产业结构升级。由于当前北京城市副中心尚处于发展建设期，金融集聚程度还比较低，使得北京城市副中心金融集聚对北京市和河北省经济结构的影响尚不够显著。同时，本文还通过增添核心解释变量滞后期进行回归，发现北京城市副中心金融集聚程度对经济增长的带动作用具有一定的滞后性，需要长期建设才有显著效果。此外，本文还选取了伦敦、纽约、上海等国内外金融中心作为案例进行分析，并从培育竞争力较强的优势产业和大型企业、优化营商环境以及政策性金融支持等方面得出对北京城市副中心金融发展的启示。最后，根据前文的现状问题、实证结果分析和案例启示，本文提出了推动北京城市副中心金融业发展的对策建议。

一、引言

（一）研究背景与意义

1. 研究背景

2012年6月，在北京市召开的第十一次党代会上正式提出“进一步落实聚焦通州战略，打造功能完备的城市副中心”。2018年末，中共中央、国务院提出“坚持高质量发展、科学构建城市空间布局、有序承接中心城区功能疏解”。为了落实《北京城市总体规划（2016年—2035年）》、《北京城市副中心控制性详细规划（街区层面）（2016年—2035年）》和北京城市副中心“十四五”规划，强化北京城市副中心功能定位，承接非首都功能疏解，高水平建设全球财富管理中心和绿色金融国际中心的重要承载区，打造京津冀协同发展桥头堡，推进通州区与廊坊北三县地区协同发展，北京市通州区人民政府制定了六点措施：金融机构开办及展业支持，优质地方金融组织及专业服务机构发展支持，高层次金融人才服务支持，优质基金机构发展支持，多层次资本市场融资支持，金融企业年度经济贡献支持。

2020—2022年，相关政府机构也出台了一系列的政策文件推动北京城市副中心发展，具体政策文件内容如表1所示。

表1　2020—2022年有关北京城市副中心发展的政策文件

发布日期	文件名称	发文机构	文件主要内容
2022-09-22	《关于进一步促进北京城市副中心“专精特新”企业高质量发展的若干措施》	北京市通州区经济和信息化局	着力发展高精尖产业细分领域，持续增强产业链韧性，提升产业链水平，加快推动形成与北京城市副中心定位相匹配的高精尖产业格局
2022-09-20	《城市副中心先进制造业三年行动计划（2022—2024年）》	北京市通州区人民政府办公室	提升科技创新功能，抓住制造业数字化、智能化、服务化、绿色化、融合化发展机遇，培育发展新一代先进制造业，着力构建高精尖经济结构
2022-05-31	《北京城市副中心（通州区）“十四五”时期金融业发展规划》	北京市通州区人民政府	建设全球财富管理中心，建设绿色金融国际中心，建设金融科技创新中心，鼓励各类新兴金融发展

续表

发布日期	文件名称	发文机构	文件主要内容
2022-08-23	《北京城市副中心元宇宙创新发展行动计划（2022—2024年）》	北京市通州区人民政府	打造数字特征鲜明的城市科技创新高地，助力北京建设成为数字经济标杆城市
2022-02-16	《北京城市副中心（通州区）“十四五”时期智慧城市规划》	北京城市副中心管理委员会	布局北京城市副中心智慧城市基础设施，彰显城市副中心民生服务生态品质，打造城市副中心数字社会治理标杆，建成城市副中心数字经济示范高地，夯实城市副中心安全应急减灾体系
2022-01-28	《北京城市副中心推进数字经济标杆城市建设行动方案（2022—2024年）》	北京市通州区人民政府	激发数字产业创新活力，培育数字发展新动能，加快构建数字经济新标杆
2021-09-26	《关于推进北京城市副中心高质量发展的实施方案》	北京市委办公厅、北京市人民政府办公厅	推进北京城市副中心、通州区与北三县一体化高质量发展，探索逐步实现共同富裕的新路径，打造中心城区功能疏解和人口转移的重要承载地、京津冀协同发展的高质量样板和国家绿色发展示范区，成为现代化首都都市圈建设的重要支撑，与河北雄安新区形成北京新的两翼
2021-05-26	《北京城市副中心促进金融业发展若干措施》	北京市通州区人民政府、北京市地方金融监督管理局	强化北京城市副中心功能定位，承接非首都功能疏解，高水平建设全球财富管理中心和绿色金融国际中心的重要承载区，打造京津冀协同发展桥头堡，推进通州区与廊坊北三县地区协同发展
2021-03-01	《北京城市副中心（通州区）国民经济和社会发展第十四个五年规划和二〇三五年远景目标纲要》	北京城市副中心管理委员会	明确了北京城市副中心“十四五”时期和今后相当长一段时期经济社会发展的主要目标、重点任务和重大举措，是市场主体的行为导向，是政府履行职责的重要依据

续表

发布日期	文件名称	发文机构	文件主要内容
2020-04-15	《关于在城市副中心打造国际财富管理中心的工作方案》	北京市金融服务工作领导小组	明确赋予了北京城市副中心全球财富聚集地和具有国际影响力的财富管理中心的定位，并将在北京城市副中心试点新型金融牌照、法定数字货币、资管产品个税递延等27项财富管理前沿领域的改革任务

数据来源：北京市通州区人民政府官网、北京市人民政府官网。

一直以来，金融业对首都北京的经济贡献都处于极其重要的位置。早在2012年，金融业经济增加值对北京经济增长的贡献率已达到23.9%，成为北京市服务业中的第一大产业。之后，北京金融业保持强劲发展势头，在经济增长方面起到“龙头”作用。2021年，北京市金融业增加值达到2 872.5亿元，较十年前增长160.6%，年均增长9.4%；金融街从业人员达到23.69万人，相较十年前增长32.2%，其中三分之二为硕士研究生及以上学历，近20%为海外留学归国人员；金融业实现三级税收贡献3 609.84亿元，较十年前增长52.83%；驻区金融机构资产规模达到近130万亿元，较十年前增长一倍有余，占全国金融资产规模的近四成。金融街地区上市公司资产总额超过143万亿元，市值16.2万亿元。在全国A股市场上占据近8%的总市值，贡献了超过26%的净利润。金融业强大的“吸金”实力奠定了其在北京全市经济发展中的支柱地位，如今北京已形成以金融街为金融主中心区，CBD为金融副中心区，东二环为产业金融功能区，中关村西区为科技金融功能区的金融业分布格局，不仅聚集了专业的金融机构，而且由实体经济支持的金融活动也日趋丰富。

金融集聚意味着大量金融机构的聚集，这能够拓宽企业的融资渠道，为产业发展和结构升级提供充足的资金，并带动周边区域经济的平稳发展。除北京主城区以外，历史上京津冀这一区域的主要产业是以劳动密集型产业为主导的，但是随着经济的协同发展，不同区域的经济发展加快，而把握不同地域的发展侧重点和经济优势以优化改善产业结构已成为亟待解决的问题。同时，产业布局地更加科学和产业协同地更加高效是纾解非首都功能的重中之重，这有助于缓解北京的“大城市病”问题，使不同的区域彰显不同优势，以达到优势互补的效果，实现京津冀地区协同一致高质量发展的目标。因此，接下来要不断强化北京城市副中心功能定位，更好承接非首都功能疏解，将其建设为全球财富管理中心和绿色金融国际中心的重要承载区，打造京津冀协同发展桥头堡，推进通州区与廊坊北三县地区协同发展。

本文以推进北京城市副中心金融中心建设为政策背景。首先，对北京城市副中心金融集聚的现状和问题进行分析。其次，由于北京城市副中心的数据不易获取，本文以通州区数据为样本，通过实证分析，研究北京城市副中心金融集聚对区域经济发展及产业结构升级的影响，并结合国内外金融中心的案例进行研究得出启示。最后，本文提出推进建设北京城市副中心金融中心建设的政策建议。

2. 研究意义

（1）现实意义。本文通过对比分析和研究厘清了北京城市副中心金融集聚的发展现状和存在问题，及其对北京城市副中心及周边地区经济发展和产业结构升级的影响，为北京城市副中心金融业的发展提出建设性意见，从而对北京城市副中心的未来发展作出贡献。

（2）理论意义。对于金融集聚的研究受到越来越多的学者的关注，并积极探讨其对产业升级的影响。金融集聚程度是金融业发展水平的重要体现，也是衡量经济发展的一项重要指标。因此，本文以北京城市副中心为样本探讨二者之间的内在机制，丰富了金融集聚对产业结构升级影响研究的素材，在一定程度上弥补了现有研究的不足。

（二）研究现状

1. 文献综述

（1）金融集聚。国内学者对金融集聚的研究也是从金融中心的定位开始的。李正辉和蒋赞[1]基于省域数据实证研究得出结论，即政府的干预和提高金融的集聚程度相关性较弱，这说明提高金融的集聚水平主要应借助市场力量。谭朵朵[2]以金融机构的组成角度为研究切入点提出，金融集聚这一特殊产业集群的形成是以产业集聚形成和发展为基础的，是金融单位与其他公司或者机构、部门进行密切沟通交流的过程或结果。王丹[3]从动态与静态两个方面划分了金融集聚，其中动态的金融集聚是指波动并且不断变化的金融资源在不同时间段进行不同配置、整合的变化过程；静态的金融集聚是指不同要素的金融资源在资源充沛的条件下对金融资源进行协同配置后产生的结果。陈林心[4]提出，金融业主要是以产业集群的形式出现的，并且金融中心是金融集聚的产物，而金融集聚是金融发展的相对高阶状态，其随着不同金融产业的成长而发展，并形成金融中心这一最终形式，金融集聚是金融资源与地理空间资源相互协调、组合配置的时空演变过程。张同功和孙一君[5]从静态和动态两个角度解释了金融集聚：从静态来说，它是指大量的金融机构和资源要素在特定的地理区域集中，形成具有一定规模的产业群体；从动态来说，是指金融机构和资源不断向特定区域聚集，并在该地区不断发展壮大的过程。

（2）金融集聚测度。对金融集聚测度的研究，学者的探究结果较为全面。金融产业集聚水平常用的度量方法归纳起来可以分为两类。一是单一指标法，包括空间基尼系数、区位熵指数、赫芬达尔-赫希曼指数和行业集中度等。王澍雨[6]经过综合考量，从结果的稳健性以及测度的主要目标等条件出发，以区位熵指数、标准区位熵指数、EG 指数法、Jacquemin-Berry 熵值法和转移份额法作为衡量区域金融集聚水平的指标。二是综合指标法。综合指标法是通过构建金融集聚的综合指标评价体系来对金融集聚进行量化测度。吴茂国和陈影[7]选取了金融资源规模等五个指标，利用省级面板数据构建了综合指标体系来衡量我国金融产业的集聚情况。徐延利和林广维[8]利用熵值法，基于金融发展的规模、环境和效率三个角度选取指标并计算出各个城市群中城市的金融集聚水平。在此基础上，计算金融集聚水平时还有主成分分析法、模糊综合评价法等。

在关于金融集聚问题的实证研究中，大多数学者对金融集聚的传统度量方法是计算区位熵指数。区位熵被用于衡量某产业的区域集聚程度，也是测量产业布局规模效益与产业专业化水平的一种方法。徐晓光等、王淑英和屈莹莹以及王锋等[9-11]就是采用区位熵指数对金融集聚水平进行测度进行的研究的。在具体的金融业分行业集聚研究中，丁艺等、孙晶和李涵硕、邓向荣和刘文强[12-14]等学者分别采用银行业储蓄存款余额、A 股发行总股本和保费收入来计算银行业、证券业和保险业的区位熵指数。

（3）产业结构。对于产业结构内涵，苏建军[15]认为，产业结构升级不仅是产业结构变化，而且体现在就业结构的变化上，两者往往相互促进。杨骞和秦文晋[16]也认为，产业结构升级的内涵应该包括合理化程度和高度化水平两个方面。前者指是产业结构不断调整与协调发展的过程，后者则是表示产业结构水平由低层次渐次演进到高层次。

对于产业结构升级的影响因素，张阳和姜学民[17]利用我国 30 个省、自治区、直辖市的面板数据，探究人力资本是否会对产业结构调整产生影响，结果发现人力资本积累水平可以助力产业结构升级，人力资本分布结构则相反，会产生负向影响。韩永辉等[18]利用我国 20 年的省级面板数据，实证分析得出产业政策可以有效推动我国的产业结构合理化以及高级化，并提出政府应该合理制定产业政策，促进我国的产业结构调整升级。涂正革和陈立[19]在研究技术进步的方向对经济高质量发展的影响时发现，资本偏向型技术进步有利于推动产业结构向现代化和高生产率部门转移。赵健[20]以河南省季度数据为基础分析投资对产业结构升级的影响时发现，从长远来看，民间投资和政府投资都能推动产业结构优化，但是两者尚未形成有效的协同配合。

（4）产业结构升级的测度。基于学者们对产业结构升级内涵的不同理解，以及各国的产业结构升级发展程度差异，对产业结构水平的测度方法比较丰富。现在大部分学者认可的观点是，产业结构升级是实现产业结构高级化和合理化的一个动态过程。对产业结构升级的测量方法则不尽相同。主流的传统方式是用第三产业产值占 GDP 的比重来表示，也有学者通过构建指标评价体系来测度产业结构升级水平，但大部分学者倾向于使用单一指标来测度产业结构升级水平。张翠菊和张宗益[21]将第二产业和第三产业的产值之和占 GDP 的比重作为衡量指标。随着对产业结构升级测度研究的不断深入，不少学者将产业结构升级进一步细分为产业结构合理化和高级化。韩英和马立平[22]以生产要素的投入产出率为主要指标衡量产业质量的变化，进而以产业质量变化测度产业结构升级。夏业领和何刚[23]主要将产业结构升级分为合理化和高级化两个子系统，利用熵值法构建了复合系统指标体系来测度产业结构升级。黄天能和许进龙等[24]从升级方向、升级速率和升级水平三个方面综合描述产业结构的升级情况。本文采用第三产业占 GDP 的比重来衡量产业结构升级情况，比值越大表示产业结构越趋向改善和优化升级。

（5）金融集聚与产业结构。对于金融发展与产业结构升级之间关系，杨义武和方大春[25]基于长三角 16 市数据得出结论，即长三角地区金融集聚形成了发达的资本市场，同时他们研究了资本市场各子行业的集聚情况，认为银行业的集聚对该地区产业结构升级的促进作用尤为显著。赵婉妤和王立国[26]提出，资本市场的发展丰富了企业并购重组的渠道，市场的选择加快了优质企业的扩张和落后企业的淘汰，推动了产业结构升级。何剑和肖凯文以及龙云安等[27-28]均利用空间面板模型得出金融集聚会对产业升级产生明显空间溢出效应的结论。汪浩瀚和潘源[29]对我国京津冀、长三角等地区的不同城市群进行对比研究，发现不同城市的金融集聚对产业结构升级存在明显的门限效应，与该地区的发达程度和综合实力密切相关。郭彬和张笑[30]从耦合协调性的角度切入后发现，经济越发达的地区，其金融集聚与产业结构升级的耦合协调水平越高。王文静、候典冻[31]运用金融业区位熵测度金融集聚水平后发现，二者存在长期稳定的均衡关系。王一乔和赵鑫[32]构建了固定效应模型和中介效应模型，其研究发现技术创新在其中起到显著的部分中介效应。郭文伟和王文启[33]研究发现，金融集聚能够产生资源配置、规模经济、创新激励和风险管理等效应，这些效应通过相关的路径可以促进产业结构升级。

2. 研究评述

通过梳理相关文献，本文发现国内外学者普遍从宏观角度去研究其对经济发展产生的影响，而鲜有研究聚焦某一地区（尤其是北京城市副中心地区），随着城市副中心在北京经济发展以及京津冀一体化发展宏图当中的地位日渐攀升，其发展状况相较于其他地区来说，也具有重要且特殊的研究意义。因此，本文将分析、探讨北京城市副中心金融集聚对其及周边区域经济增长和产业结构升级的影响。

（三）研究内容与方法

1. 研究内容

本文的研究思路为：通过现实背景提出问题，进而收集资料、佐证问题，然后通过理论与实证分析问题，最终得出结论解决问题。因此，本文的章节安排如下。

第一部分是引言。对研究背景进行阐述，并探究本文的研究目的及意义，介绍研究思路和研究方法，同时搜集和整理国内外的相关文献，并在此基础上提出本文的创新和不足之处。

第二部分是概念界定及理论基础：首先分别界定了“金融集聚”“产业结构升级”等概念；其次介绍了“区域经济理论”“产业组织理论”等相关理论基础。

第三部分是北京城市副中心金融集聚发展的现状和问题分析。该部分从横向和纵向角度对比分析了北京城市副中心金融集聚发展的现状，然后提出了北京城市副中心在金融集聚发展中的问题。

第四部分是实证分析。以 2011 年到 2021 年通州区、北京市、河北省的数据作为研究样本进行实证分析，以从中发现金融集聚程度对北京城市副中心及其周边地区经济增长和产业结构升级的影响。

第五部分是案例分析。通过对伦敦、纽约国际金融中心和上海国际金融中心的案例分析，得出一系列对促进北京城市副中心金融业发展的具有借鉴意义的经验。

第六部分是结论与政策建议。此部分综合前面的研究给出了本文的主要结论，并提出了合理的政策建议。

2. 研究方法

（1）文献研究法。首先，通过梳理国内外相关专业文献和理论成果，对所研究领域的内容和方法有一个大致的了解；其次，对金融集聚和产业结构升级的内涵、测度方法、理论基础等内容进行了详细研究；最后，对研究结果进行评述。

（2）实证分析法。本文以 2011 年到 2021 年通州区、北京市、河北省的数据作为研究样本进行实证分析，首先对时间序列数据进行单整和协整检验，其次通过格兰杰检验分析北京城市副中心金融集聚与其及周边地区的经济增长和产业结构升级之间的因果关系，最后进行回归分析，检验影响关系和程度。

（3）案例研究法。本文选取了伦敦、纽约、上海等国内外知名金融中心作为案例进行分析，并从培育竞争力较强的优势产业和大型企业、优化营商环境以及政策性金融支持等方面得出对北京城市副中心金融发展的启示。

（四）创新点和不足之处

本文可能的创新点有以下几个方面。

第一，目前学者大多是以国家或省份地级市等视角对金融集聚进行研究的，研究范围相对宏观，而对北京城市副中心相关金融聚集的研究较少。因此，本文主要以北京城市副中心为研究对象，旨在对北京城市副中心乃至京津冀的经济发展和产业结构升级提供具有参考价值的建议。

第二，本文收集了 2010—2020 年的相关数据，用区位熵公式计算出北京城市副中心历年的金融业集聚程度，再通过格兰杰检验分析北京城市副中心金融集聚与其及周边地区经济增长和产业结构升级的因果关系，并进行回归分析，得出影响机制。

本文研究的不足之处有以下两点。

第一，影响金融集聚的因素有很多，除了本文所选择的控制变量外，还有许多其他的因素。但由于指标数据的可得性以及可计算性的考量，本文仅添加了五个具有代表性的控制变量指标，可能会因选择的指标数据广度不足而造成遗漏变量等问题。

第二，由于数据可获得性的限制，本文对金融集聚和产业结构升级的测度采用的是单一指标法，可能存在指标测度不够全面等问题。

二、概念界定及理论基础

（一）概念界定

1. 金融集聚理论

陆建行[34]认为，金融集聚是在产业集聚的基础上发展而来的，它是指一国或地区的金融中介机构、企业和监管部门等机构集中于特定的区域，并与其他国内大型企业、国际机构、跨国公司之间存在联系的特殊产业空间结构。

朱辉[35]认为，金融集聚是指金融产业的利益相关者在金融市场的不断完善中达到较高水平的现象。也就是说，金融集聚是一个循序渐进、不断发展的过程，各种类型的金融机构和大型企业等之间产生了紧密的联系，它们相互竞争，同时也相互合作。它们从最开始分散于不同的地区，到渐渐向特定区域集中并产生集聚效应，并最终产生扩散效应。在众多的经济活动中，金融活动的地位比较特殊，金融集聚的形成过程也比较复杂，它不仅仅是指金融机构在地域上的集聚，还和诸多其他产业的发展息息相关。同时，与各类金融机构合作密切的交叉型客户、金融法律法规、基础设施建设、地域特征等因素都会对金融集聚的形成产生一定的影响。因此，金融集聚是金融要素和外在条件之间相互协调和配置的过程。此外，从长期来看，金融集聚是静态的，随着金融机构和金融人才的不断靠拢、集中，地区金融规模渐渐扩大，当地金融业的发展对经济增长的贡献也越来越大，最终金融中心得以建立。

随着金融市场的逐步发展和完善，金融行业的竞争也变得更加激烈。张贵平[36]认为，单一的产品和服务模式已经满足不了众多客户的需求，大量的衍生金融工具如雨后春笋般出现。同时，金融机构的集聚还会带来新的知识和技术，金融产品的创新也将常态化。此外，金融产品从单一型逐渐转变为复合型，为了追求利润的最大化，金融机构会将同一金融产品包装成不同的业务，这种复合型特征的实现得益于金融产品的市场化和新技术的迅速发展，金融集聚的发展无疑又强化了金融产品的这一特征。

2. 产业结构升级

17世纪末，英国经济学家配第（Petty）研究分析了产业结构的演变及其动因，成为产业结构演变理论的开端。在其著作《政治算数》中，配第认为，三个产业之间的收入存在明显差异，并且根据现实数据得出，三个产业中商业的收入水平最高，其次是工业，最后是农业。杨胜男[37]提出，产业是社会分工现象，而产业结构能够体现劳动、资本等生产要素投入的方向以及利用效率，是衡量一个国家（地区）经济发展质量的重要标准，决定着其在国际社会的竞争力水平。对不同产业进行分类是产业结构划分的依据和基础，而这也是经济发展的自然结果。在经济管理研究中，对于产业划分的方法有很多种，对于我国而言，最主要的是三次产业分类法。

陈豪[38]认为，目前学者们对产业结构的概念界定比较统一，一般是指一个国家（地区）各个产业的搭配构成情况、比例关系以及产业部门相互之间的联系。产业结构是一个动态变化的过程，它会随着经济发展水平的改变而不断调整。

在社会发展过程中，各层次产业都会经历深刻的变革，变革的路径会顺着效率最高的方向演变。在这之中，主导部门的变革升级会对经济发展趋势的转变起到决定性的作用，这一过程就是产业结构升级。从微观层面来说，产业结构升级指的是企业通过技术的创新实现产品升级，达到提高产业链效率水平的目的。从中观层面来看，产业结构升级是指产业中的关键部门有了质的飞跃，达到一个新的水平。从宏观层面来看，自然资源的有效配置、社会需求的变化、劳动力供给的情况以及科技创新提供的技术支持等客观条件都是影响推动产业结构升级的内在因素。

产业结构升级与产业结构调整、产业结构优化等的内涵相同，均可以从合理化和高级化两方面来理解。陈燃[39]认为，产业结构合理化是指产业部门之间分工协作能力和关联水平的提高，生产要素配给适宜，满足社会的有效需求，实现资源的良性循环，它关系到产业之间的发展是否会产生抑制的问题。产业结构高级化是指产业结构不断向高层次演进，主要表现为产业结构由劳动密集型逐渐向要素密集型转移，产业发展重心逐渐从第一产业向第二、第三产业倾斜，产品形态由生产初级产品向中间产品和最终产品渐次递进，这是一个动态变化的过程。

（二）理论基础

1. 区域经济理论

区域金融的增长和区域内经济的发展有着密切的关联，二者相互制约、相互影响。区域经济学基本理论研究的主要范畴包括区域经济理论、生产力布局理论、生产力布局的经济调节机制、新地域的经济开发战略和经济规划等。区域经济学是20世纪50年代在宏观区位论的基础上发展起来的一门经济学科，是运用经济学的观点研究区域经济运行特征及其发展规律的应用型学科，亦称“空间经济学”。它既是一门相对独立存在、有其特殊研究领域的学科，又是一门正在发展的新兴学科。当然，因中外学者各自研究的着眼点不同，他们对区域经济学研究对象的界定也形成了许多不同观点，比较有影响的主要有以下四种：第一种观点是从人类经济活动的地理分布和空间组织来定义区域经济学，强调经济活动区位以及空间组织；第二种观点是对区域经济学研究内容的罗列；第三种观点是把区域经济学的研究对象界定为区际关系的研究；第四种观点是“从宏观角度研究国内不同区域经济发展及其相互关系的决策性科学”。金钦[40]提出，区域经济理论指的是经济活动在一定自然区域或行政区域中变化或运动的规律及其作用、机制的科学。它以经济学的角度为切入点，旨在研究一国（地区）内部不同区域之间的产业经济发展等现象，并从中总结产业结构分布的变化规律。

2. 产业集聚理论

产业集聚理论最早在马歇尔（Marshall）的著作《经济学原理》中提出，它主要是指彼此关联的主体集中在某一区域，形成产业集聚现象，并分享当地的技术和资源，最大化地利用溢出效应，从而达到优化生产要素分配的目的。19 世纪末出现了对产业集聚问题的研究，1890 年，马歇尔开始关注产业集聚这一经济现象，提出了“内部经济”和“外部经济”这两个重要的概念。江瑜[41]提出，产业集聚理论是指在一定地理范围内，当同质性产业开始不断汇聚并通过市场形成高密度集中状态时，就形成了产业集聚的现象。可见，金融产业作为产业整体的一部分，其集聚是一种特殊的产业集聚，金融集聚是产业集聚的产物，产业集聚的形成又为金融产业的发展提供了进一步发展的可能性。金融业的发展和实体经济息息相关，北京城市副中心应该利用自身区位优势发展特色产业，并结合本土的实体经济情况拓展相关金融业务，以达到发展特色金融的目的。

3. 新经济地理学理论

朱辉[35]提出，以马歇尔为代表的相关理论观点基本上建立在规模报酬不变和完全竞争市场的严格假定之上，这造成了集聚理论和经济增长理论长期分离的局面。随着新经济地理学的发展，它开始同规模报酬递增和不完全竞争市场的假设相结合，并逐渐将地理空间和区位因素引入主流研究分析框架中。江瑜[41]认为，新经济地理学产生后，对工业活动的聚集效应和分布情况进行了相应的分析。克鲁格曼（Krugman）提出，区域经济中存在三种效应，一是市场接近效应，即受到规模收益递增效应的影响，市场规模越大，规模经济优势就越多；二是生活成本效应，当生产厂家数目增多时，其交易费用就会降低；三是市场拥挤效应，即由于厂商密集而造成的竞争增加，这种情况下企业会倾向于去竞争相对较小的地区。三种效应构成了两种不同的作用：聚合作用和扩散作用。当某一地域的集聚能力超过了其分散能力时，区域内的集聚行为便会出现。

4. 产业组织理论

杨倩[42]认为，产业组织理论是在微观经济理论基础上发展起来的一种新型应用经济学理论，其通过对行业市场和组织状况的研究，分析企业组织行为对资源配置效率的影响。产业组织理论是对市场需求、组织结构、组织行为、主体间互动、利益联系等进行综合分析的理论基础。一般农业产业组织的主要部分包括农民、合作社、企业等。组织模式包括类似组织之间的横向合作、不同上下游组织之间的纵向协作、横向和纵向联盟等。

张奥阳[43]认为，根据各种产业组织模式对农民生产行为的影响，以及不同制度的协调安排，产业组织理论可以被划分为传统产业组织理论和新兴产业组织理论两个部分。传统产业组织理论始于20世纪30年代的美国，哈佛大学贝恩（Bain）创建的“结构—行为—绩效”（SCP）范式拉开了产业组织研究的序幕。到20世纪末期，随着大量分析工具和理论被引入到产业组织分析中，新产业组织理论得到建立并走向成熟。现阶段，所谓的产业结构指的是国民经济中各产业之间和产业内各部门之间的比例关系，以及产业和部门之间的技术变动和扩散的相互联系。也有学者将产业结构概括为各产业的构成以及各产业之间的联系和比例关系。在产业革命后，随着分工的进一步细分，生产部门数量增多，但因为不同部门受到影响的因素有差异，因此在一个区域中，不同时间段产业部门的构成会存在一定的差异。

三、北京城市副中心金融集聚现状及问题

（一）北京城市副中心金融集聚现状

1. 金融集聚程度相对偏低

通过2021年北京市各区和上海、深圳区位熵的横向对比（见图1）可以看出：北京市通州区的区位熵在横向对比中值最小，为1.22；北京市西城区的区位熵值最高，为6.79。原因是中央监管机构和众多金融机构集中分布在北京市西城区的金融街一带。多年来，金融街一直是中国与内地、中国与世界金融交易的风向标，是制定中央金融监管政策的始发地，并且因大量金融机构的设立而形成了总部金融经济。金融街贡献了北京市近40%的金融业增加值，创造了北京市70%的金融业税收贡献，是中国金融业最发达的地区之一。

近年来，西城区按照“政府授权+跨界共治+专业运作+市场机制”的架构模式，建成金融街合作发展理事会、金融街服务局、金融街服务中心有限公司和金融街论坛“四位一体”的服务支持体系。先后出台“金服十条”“金科十条”“金开十条”，给予金融企业、机构和人员精准、强力的支持。此外，西城区充分发挥了区域资源优势。目前，金融街资管机构体系、产品体系、金融生态体系和金融基础设施体系日益完善，汇聚了工银理财、中银理财、中邮理财等知名机构，不断建设资产管理的产业高地，并取得了历史性的成就，这些都对北京城市副中心金融集聚推动产业机构升级具有重要的借鉴意义。

北京城市副中心可以积极衔接其他区域的优势经济资源，以促进北京城

市副中心整体经济的发展，充分发挥金融集聚对区域创新的正向促进作用和空间溢出效应，从而加强地区金融资源配置与流动，提高金融业服务实体经济、服务创新产出、服务区域发展的效率。此外，在政策方面也可以大力鼓励和支持市中心的金融总部迁往城市副中心运河商务区进行聚集[44]。

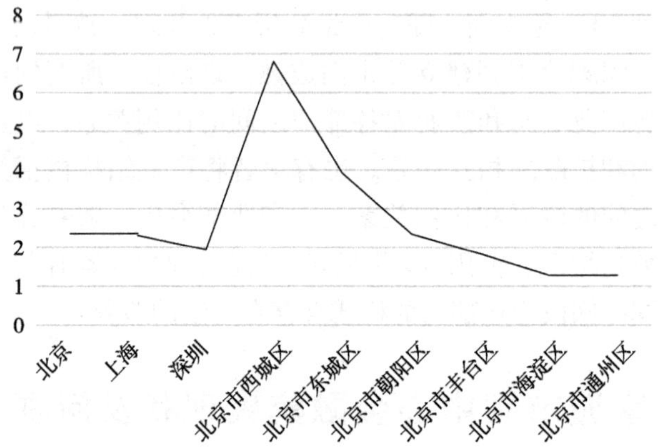

图 1　2021 年北京、上海和深圳区位熵横向对比

数据来源：中经网统计数据库。

2. 金融集聚程度总体呈上升趋势

通过对北京城市副中心历年金融业区位熵进行对比分析（见图 2）可以看出，北京城市副中心的区位熵在 2020—2021 年到达了近十年的历史峰值 1.31。通过对相关资料的查询和数据的分析可知，截至 2021 年，在北京城市副中心内注册及监管部门认可的金融企业已超过 300 家，并且近年来已聚集了一批行业顶尖的金融机构。

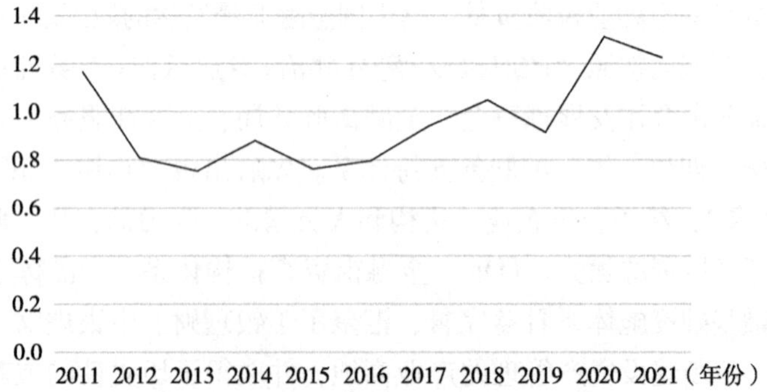

图 2　北京城市副中心历年金融业区位熵纵向对比

数据来源：中经网统计数据库。

3. 高端财富不断聚集

金融业发展正在由单点走向成片、由国内走向国际。据通州区金融办数据显示，2021 年上半年，北京城市副中心银行机构累计投放绿色信贷近 130 亿元，同比增长 13%。城市副中心金融业实现产业增加值 56.6 亿元，同比增长 17.5%，占 GDP 比重首次超过 10%。与去年同期相比，金融业税收实现翻倍增长，规模以上金融业资产总计 4 295.8 亿元，金融产业已经逐步成为支柱性产业。金融企业实现"三连升"。企业数量从 2019 年的 70 家增加到 2022 年的 226 家；纳税额 2020 年较 2019 年增长 1 倍，缴纳税收额从 2019 年不到 8% 的贡献率增长到了 2020 年的 13%，2021 年上半年增长至 34.7%，占北京市通州区金融业税收总额的 78%。作为定位未来高端产业发展聚集地的运河商务区建设速度加快，上半年核心启动区投资额增速达到 84.8%。上半年全区实现地区生产总值 534.8 亿元，同比增长 7.6%，其中第三产业成为推动全区经济增长的中坚力量。具体而言，第一产业同比增长 3.4%，第二产业同比增长 3.5%，第三产业同比增长 10.2%。

其中，运河商务区高端金融企业已经逐步形成集聚效应，成为北京城市副中心金融产业发展的重要载体。全国首家外商独资货币经纪公司，全市首家银行系金融科技公司、首家市属银行理财公司、首家绿色资产交易所、首家"绿色支行"在北京城市副中心落地，一系列优质项目正在进驻北京城市副中心。北京城市副中心致力于积极培育、发展壮大绿色经济，打造国际一流的绿色金融产业生态。

4. 重大金融合作持续推进

2021 年，全国首家外商独资货币经纪公司上田八木，全市首家市属银行理财子公司华夏理财、首家国有银行系金融科技公司农银金科等一批优质项目进驻北京城市副中心。同时，绿色金融市场持续扩充，高精尖要素加速集聚。通州区被生态环境部批准成为气候投融资试点地区，获得北京首个百亿规模的绿色基础设施投资基金，发放了全市首笔国家核证自愿减排量（CCER）质押贷款。北京绿交所与联想集团达成绿色低碳战略合作，北京绿金院与建行伦敦分行签署中英绿色低碳技术投融资合作备忘录。全区绿色信贷规模成交额突破 240 亿元大关，绿交所累计实现交易量超过 9 300 万吨。

5. 区域金融发展业界影响力日益提升

2020 全球财富管理论坛、《财经》年会 2021、第二届中国资管行业 ESG 投资高峰论坛、外资银行"北京行"考察等大型活动成功举办。精心组织和参与国际服务贸易交易会金融服务专题展、服贸会北京日、金融街论坛首都金融专场等活动，借北京重要国际交往平台提升城市副中心的金融业知名度。

率先在城市副中心举办北京市“两区”金融政策解读活动，及时发布副中心金融合作最新成果，在全年度保持不间断的金融发展宣传推广，区域金融发展氛围和业界影响力持续提升。

2020年，通州区研究出台了《关于在城市副中心打造国际财富管理中心实施方案》，以打造全球财富管理中心为目标，提出创新产业用地供应方式、优化楼宇销售及管控服务、吸引国际人才居住就业、优化公共服务资源配置、完善财税扶持政策、加强金融改革政策集成等适合财富管理机构落地发展的14项属地服务保障措施[45]。

（二）北京城市副中心金融集聚问题

1. 产业发展层级较低

作为京杭运河北端的起点，通州区历来重视文化产业的发展。通州区拥有北京市最大的文化产业规模，然而也存在增速慢、发展层级低等问题。多数文化周边产品仅局限于作品原创开发环节，尚未形成完整、高效的上下游互动的产业集群体系。文化产业的发展对北京城市副中心产业发展有着重大意义，通州区亟待全面推进文化驱动创新体系建设，充分利用文化产业的溢出效应，促进全社会文化资源的高效配置和充分利用。

2. 产业发展模式尚不成熟

北京城市副中心的建设不能急于求成，而是应成为在完成上一步计划基础上持续性推进的系统工程。因此，需要坚持以推进结构调整为主线，以战略的眼光科学统筹不同区域的资源和条件，充分发挥市场要素及资源分配的主体作用。随着京津冀区域的协同发展，北京非首都核心功能同京津冀区域经济的联系日渐紧密，北京城市副中心在不同项目引进方面所遇到的竞争程度会更激烈，同时它还面临自身传统产业加速减退、新产业发展还未成型等多重挑战。因此，北京城市副中心需要把握好产业结构的更替节奏和力度，根据自身发展现状制定科学的指导策略，对不符合未来发展方向的产业进行疏解和调整优化；同时，应注意吸纳发展科技含量高、环境污染小的企业。

3. 产业发展布局单一

截至2021年末，北京城市副中心的银行类金融机构数量为23家，其中银行的自营网点达到141个。证券机构由2010年的2家增长到2021年的18家，保险公司从3家已经增加到了2022年的73家，小额贷款公司已开业5家（截至2021年末）。可以看出，当前北京城市副中心的金融机构主要还是传统的银行业，因此依托银行的网点布局来建设北京城市副中心是比较合理的。目前，通州区已经逐步形成了一个相对完整的信贷产业链，“银政保”等传统形式也在此进行了一定程度的布局，但更多的新兴金融机构还没有进驻北京城市副中心，整体而言，布局相对单一且不完善。

4. 产业发展所需的高端人才匮乏

不确定性是金融的本质特征之一，在不稳定、复杂的环境中作出准确的判断决策是金融交易取得成功的关键因素，而决策的正确性又取决于金融从业人员过硬的综合专业素养。业务人员的业务能力直接影响着金融企业的发展和稳定。据统计，2021 年，北京金融领域从业人员约 53 万人，根据人民银行营业管理部的统计，在京中央金融监管部门和地方金融工作部门约有 1 200 人，银行系统约 21 万人，证券系统约 6 万人，保险系统约 26 万人，而通州区银行、保险系统人员数量分别占全北京市的 1.61%和 4.66%。因此，专业型人才的缺乏是目前北京城市副中心打造国际财富中心时的一大劣势。

四、北京城市副中心金融集聚影响的实证分析

（一）计量模型设定

基于研究目的，本文先考察了北京城市副中心金融集聚和通州、北京和河北的经济发展水平关系，计量模型的具体形式分别设定为：

$$Eco_{1t} = \alpha LE_t + \beta_1 Wor_{1t} + \beta_2 IFA_{1t} + \beta_3 HC_{1t} + \beta_4 Tra_{1t} + u_{1t} \quad (1)$$

$$Eco_{2t} = \alpha LE_t + \beta_1 Wor_{2t} + \beta_2 IFA_{2t} + \beta_3 HC_{2t} + \beta_4 Tra_{2t} + \beta_5 Gov_{2t} + u_{2t} \quad (2)$$

$$Eco_{3t} = \alpha LE_t + \beta_1 Wor_{3t} + \beta_2 IFA_{3t} + \beta_3 HC_{3t} + \beta_4 Tra_{3t} + \beta_5 Gov_{3t} + u_{3t} \quad (3)$$

其中，Eco_{it} 用来代表 i（$i = 1, 2, 3$）地区 t 时期的经济发展水平。本文使用 GDP 来衡量（GDP 增速），是模型（1）、模型（2）、模型（3）中的被解释变量。本文选取通州区、北京市和河北省三个地区，变量下标 1、2、3 分别代表通州区、北京市、河北省。LE 是北京城市副中心金融集聚的区位熵，用来反映北京城市副中心金融集聚程度，是核心解释变量。其余变量为控制变量，包括劳动从业人数（Wor）、固定资产投资（IFA）、人力资本程度（HC）、交通情况（Tra）、政府干预（Gov）。u_{it} 为随机扰动项。

$$ES_{1t} = \alpha LE_t + \beta_1 Wor_{1t} + \beta_2 IFA_{1t} + \beta_3 HC_{1t} + \beta_4 Tra_{1t} + u_{1t} \quad (4)$$

$$ES_{2t} = \alpha LE_t + \beta_1 Wor_{2t} + \beta_2 IFA_{2t} + \beta_3 HC_{2t} + \beta_4 Tra_{2t} + \beta_5 Gov_{2t} + u_{2t} \quad (5)$$

$$ES_{3t} = \alpha LE_t + \beta_1 Wor_{3t} + \beta_2 IFA_{3t} + \beta_3 HC_{3t} + \beta_4 Tra_{3t} + \beta_5 Gov_{3t} + u_{3t} \quad (6)$$

其中，ES_{it} 用来代表 i 地区 t 时期的产业结构状况，本文使用第三产业增加值占总增加值的比例来衡量，是模型（4）、模型（5）、模型（6）中的被解释变量，解释变量和控制变量与模型（1）、模型（2）、模型（3）中相同。

（二）变量选取

1. 被解释变量

本文的被解释变量有两个，分别为区域经济发展水平（Eco）和区域经济结构（ES），GDP 是衡量一个地区经济总产出的关键指标，它可以表示一个地区的经济发展到底达到什么水平，因此本文采用不同地区的 GDP 增速作为模型（1）、模型（2）、模型（3）中的被解释变量；在地区产业分布中，三个产业增加值之间的比例关系能够反映出该地区的经济结构，其中第三产业——服务业产出水平越高，往往意味着该地区经济发展水平越高，本文参考施卫东、高雅的做法，采用第三产业增加值与地区生产总值的比值作为模型（4）、模型（5）、模型（6）中的被解释变量。

2. 核心解释变量

限于数据可得性，本文采用通州地区金融业区位熵指标衡量北京城市副中心金融集聚程度，金融业的区位熵计算公式如下：

$$LE_j = \frac{AFI_j/GDP_j}{AFI_c/GDP_c}$$

其中，AFI_j 和 GDP_j 分别代表 j 地区的金融业增加值和 j 地区的 GDP，AFI_c 和 GDP_c 分别代表全国的金融业增加值和全国的 GDP。该指数越大，说明该地区的金融业发展水平越高，金融集聚程度也越高。

3. 控制变量

（1）劳动从业人数（*Wor*）。该变量以该地区全部劳动从业人数衡量，限于数据可得性，通州地区的该项指标采用非私营单位劳动从业人数表示。在劳动生产率一定的情况下，劳动从业人数越多，则总产出水平也越高。该指标对经济发展水平起直接促进作用。

（2）固定资产投资（*IFA*）。该变量以该地区年末全部固定投资总额衡量。固定资产投资越高，则总需求水平也越高，在总供给充足的情况下则总产出水平也越高，该指标与地区经济发展水平有较大的正相关性。

（3）人力资本程度（*HC*）。该变量以该地区普通高等院校在校生（本科+专科）人数衡量。一般来说，一个地区居民的受教育水平越高，则该地区的从业人员劳动力素质也越高。知识水平较高的情况下科技生产水平也会提高，该指标的提高对地区经济发展水平有着直接促进作用。

（4）交通情况（*Tra*）。该变量以该地区铁路里程数与公路里程数之和衡量。公路、铁路总里程数越大，反映出该地区的交通越发达，越有利于地区经济的发展，因此，该指标对地区发展水平起到促进作用。

（5）政府干预（*Gov*）。这一变量以地方公共财政支出占比本省市国内生产总值的比重作为衡量标准。政府财政支出的改变能够改变总需求，进而影响产出水平，该指标对地区经济发展水平有促进作用。在我国，政府的行为对经济的影响力较大。理论上讲，政府的干预行为对产业结构的影响具有不确定性，合理、科学的产业政策与适当的政府干预对产业结构升级能起到促进作用；相反，不当的产业政策和干预则可能会对本地区一些产业造成过度保护，从而限制市场竞争，不利于产业结构升级和长远发展。

表2为本文中的相关变量含义与说明。

（三）样本选择与数据来源

本文以通州区、北京市、河北省（2011—2021）作为研究样本。主要数据来自《北京市通州区统计年鉴》、《北京市通州区统计公报》、《北京市统计年鉴》、《北京市统计公报》、《河北统计年鉴》和《河北省统计公报》。

表2　变量含义与说明

变量名称	变量符号	测度方法
经济发展水平	*GDP*	用地区年度GDP增速衡量
经济结构	*ES*	用第二、三产业增加值占生产总值的比值衡量
金融集聚程度	*LE*	区位熵：$LE_j = \dfrac{AFI_j/GDP_j}{AFI_c/GDP_c}$
劳动从业人数	*Wor*	用地区总劳动人数（通州区使用的是非私营单位从业人数）衡量
固定资产投资	*IFA*	用地区年末全部固定资产投资额衡量
人力资本	*HC*	用地区高等院校在校生（本、专科）人数衡量
交通情况	*Tra*	用地区铁路和公路的总里程数衡量
政府干预	*Gov*	用地区年度政府支出占年度GDP的比值衡量

以上变量对应通州区（北京城市副中心）、北京市和河北省的指标描述性统计结果，如表3、表4和表5所示。

表 3　2011—2021 年通州区各变量指标的描述性统计

变　量	均　值	标准差	最小值	最大值	样本数
LE	0. 964	0. 196	0. 753	1. 312	11
Tongzhou GDP	0. 102	0. 072	-0. 001	0. 241	11
Tongzhou ES	0. 973	0. 013	0. 957	0. 989	11
Wor	220 000	13 057. 216	194 798	232 806	11
IFA	8 010 000	2 230 000	4 158 218	10 544 523	11
HC	7 528. 273	713. 393	6 399	8 860	11
Tra	471. 727	164. 796	220	628	11

表 4　2011—2021 年北京市各变量指标的描述性统计

变　量	均　值	标准差	最小值	最大值	样本数
Beijing GDP	0. 067	0. 020	0. 012	0. 085	11
Beijing ES	0. 964	0. 196	0. 753	1. 312	11
Wor	1 198. 773	71. 996	1 069. 7	1 288. 6	11
IFA	4. 636	6. 269	-9. 9	10 544 523	11
HC	587 000	5 528. 008	578 633	8 860	11
Tra	23 115. 818	397. 141	22 414	23 588	11
Gov	5 799. 888	1 605. 569	3 245. 23	7 471. 43	11

表 5　2011—2021 年河北省各变量指标的描述性统计

变　量	均　值	标准差	最小值	最大值	观测值个数
Hebei GDP	0. 077	0. 023	0. 039	0. 116	11
Hebei ES	0. 964	0. 196	0. 753	1. 312	11
Wor	3 892. 545	197. 418	3 671	4 203	11
IFA	10. 736	7. 424	2. 9	10 544 523	11
HC	1 300 000	177 000	1 153 900	8 860	11
Tra	188 000	16 055. 893	159 000	628	11
Gov	6 267. 014	1 984. 714	3 537. 39	9 022. 79	11

（四）实证结果及分析

1. 单整检验

本文采用 ADF 单位根来检验时间序列的平稳性，通过 stata15 软件得到回归分析的各个变量的 ADF 单位根的值如表 6 所示。

表 6　各变量的 ADF 值

地　区	通州区	北京市	河北省
GDP	-4.419	-3.065	-2.780
ES	-0.208	-1.677	-3.063
LE	-1.668	-1.668	-1.668
Wor	0.785	-1.834	-0.469
IFA	-1.672	-2.009	-2.726
HC	-2.252	-1.810	1.044
Tra	-1.438	-2.009	-2.087
Gov	—	-1.804	-0.468
dGDP	-4.955	-6.384	-3.272
dES	-2.637	-0.193	-3.000
dLE	-4.446	-4.446	-4.446
dWor	-2.766	-4.018	-2.448
dIFA	-3.217	-3.248	-2.139
dHC	-2.569	-1.459	-1.443
dTra	-2.411	-3.684	-2.286
dGov	—	-1.645	-2.522

注：1%的临界值为-3.750，5%的临界值为-3.000，10%的临界值为 -2.630（下同）。

平稳性检验是将 ADF 检验结果与临界值进行对比，本文以 10%作为临界值。如果 ADF 检验结果大于 10%，就表示时间序列不平稳；相反，如果 ADF 检验结果小于 10%，那么时间序列就是平稳状态。如表 5 所示，通州区、北京市、河北省的经济增速的 ADF 值分别小于-3.750、-3.000、-2.630，表明通州区、北京市、河北省的经济增速分别在 1%、5%、10%的水平上通过了平稳性检验；而通州区、北京市、河北省的经济结构的 ADF 值分别为-0.208、-1.677、-3.063，表明只有河北省的经济结构数据是平稳的。对于解释变量，除河北省的固定资产投资的 ADF 值为-2.726 并通过了平稳性检验之外，其余数据均不平稳。因此，本文将原数据进行一阶差分。一阶差分后，通州区的 GDP 增速、经济结构水平、金融集聚程度、劳动从业人数、固定资产投资的 ADF 值均通过了平稳性检验，北京市的 GDP 增速、金融集聚程度、劳动从业人数、固定资产投资、交通情况的 ADF 值通过了平稳性检验，河北省 GDP 增速、经济结构水平和金融集聚程度也通过了平稳性检验。

2. 协整检验

如果所有被检验的时间序列都服从同样阶数的单整，那么便可以用它们组合之后的结果做协整检验，以判断模型中各个内部变量之间是否存在着协整关系。本文采用恩格尔-格兰杰（Engle-Granger）两步法来检验时间序列是否平稳，即先用一变量对另一变量进行回归并得到残差系列，再对残差进行平稳性检验。将残差进行 ADF 检验得到的结果如表 7 所示。

表 7　协整检验结果

模　型	残差 ADF 值
(1)	-2.631
(2)	-3.995
(3)	-2.682
(4)	-2.722
(5)	-3.691
(6)	-2.691

从表 7 模型残差项 ADF 检验结果来看，模型（1）至模型（6）的检测结果分别在 10%、1%、10%、10%、5%、10%水平上通过了协整检验。

3. 格兰杰（Granger）检验

如果变量之间显示出存在协整关系，那么就可以进行 Granger 因果关系检验，即检验其中一个变量是否会致使另外一个变量发生变化或者说这两个变量之间是否存在因果关系。在建模过程中，会有一些备选解释变量，选择不同的变量组合会得到不同的模型，而信息准则就是刻画这些模型相对于“真实模型”的信息损失。AIC、BIC 信息准则分别表示赤池信息量、贝叶斯信息量，因此可以通过 AIC、BIC 指标来确定 Granger 检验的模型最佳滞后阶数，AIC、BIC 越小，滞后阶数越佳。考虑到数据的有限性，本文仅对比滞后 1 阶和滞后 2 阶两种情况，如表 8 所示。Granger 因果关系检验的结果如表 9 所示。

表 8　模型滞后阶数的 AIC、BIC 值

模　型	滞后阶数	AIC	BIC	观测值
(1)	1	-11.49	-10.90	9
	2	-11.70	-11.30	8

续表

模　型	滞后阶数	AIC	BIC	观测值
（2）	1	-43.41	-42.81	9
	2	-40.77	-40.37	8
（3）	1	-42.13	-41.54	9
	2	-44.80	-44.41	8
（4）	1	-74.94	-74.35	9
	2	-75.16	-74.76	8
（5）	1	-133.51	-112.92	9
	2	-99.27	-98.88	8
（6）	1	-60.70	-60.11	9
	2	-53.72	-53.32	8

表 9　Granger 检验结果

原假设	F 统计量	χ^2 统计量	P	滞后阶数
d*LE* 不是 d*Tongzhou_GDP* 的 Granger 原因	4.90	7.36	0.068 7	2
d*Tongzhou_GDP* 不是 d*LE* 的 Granger 原因	0.59	0.88	0.470 0	2
d*LE* 不是 d*Beijing_GDP* 的 Granger 原因	2.20	11.70	0.002 8	1
d*Beijing_GDP* 不是 d*LE* 的 Granger 原因	0.27	1.45	0.484 1	1
d*LE* 不是 d*Heibei_GDP* 的 Granger 原因	0.99	5.28	0.071 5	2
d*Heibei_GDP* 不是 d*LE* 的 Granger 原因	0.48	2.55	0.279 3	2
d*LE* 不是 d*Tongzhou_ES* 的 Granger 原因	6.50	34.65	0.081 2	2
d*Tongzhou_ES* 不是 d*LE* 的 Granger 原因	3.33	17.78	0.172 9	2
d*LE* 不是 d*Beijing_ES* 的 Granger 原因	0.01	0.02	0.910 8	1
d*Beijing_ES* 不是 d*LE* 的 Granger 原因	0.25	0.37	0.636 7	1
d*LE* 不是 d*Hebei_ES* 的 Granger 原因	3.17	4.76	0.029 2	1
d*Hebei_ES* 不是 d*LE* 的 Granger 原因	0.83	1.24	0.265 0	1

通过 Granger 检验可以发现：北京城市副中心金融集聚程度（*LE*）与周边地区经济发展及经济结构之间存在长期均衡关系。在 1 期滞后情况下，北京城市副中心金融集聚（*LE*）是北京市经济增长（*GDP*）和河北省经济结构（*ES*）的 Granger 原因；在 2 期滞后的情况下，北京城市副中心金融集聚（*LE*）是北京城市副中心经济增长（*GDP*）、北京城市副中心经济结构（*ES*）、

河北省经济增长（*GDP*）的 Granger 原因。这表明，北京城市副中心金融集聚能够影响副中心以及周边地区的经济增长，并影响北京城市副中心以及河北地区的产业结构升级。其中，北京城市副中心金融集聚不是北京市经济结构的 Granger 原因，这可能是由于目前北京城市副中心的金融集聚程度还不够高，加之北京市的金融发达地区如西城区、朝阳区等金融集聚程度较大，使得当前北京城市副中心金融集聚程度对整个北京市第三产业的影响程度较弱。

4. 回归分析

模型（1）、模型（2）、模型（3）、模型（4）、模型（6）中的数据均通过了平稳性检验和 Granger 因果检验，因此，对以上 5 个模型分别进行 OLS 回归分析，dLE、dLE1 和 dLE2 分别表示当期、滞后一期和滞后二期的城市副中心金融业集聚程度的增长，回归结果如表 10 所示。

表 10　模型回归结果

模型	（1）	（2）	（3）	（4）	（6）
因变量	d*Tongzhou_GDP*	d*Beijing_GDP*	d*Hebei_GDP*	d*Tongzhou_ES*	d*Hebei_ES*
d*LE*	−0.262** （−7.60）	0.477 （2.92）	0.041 （5.65）	0.081** （4.94）	−0.011 （−3.34）
d*LE*1	0.235** （7.43）	0.190* （2.98）	0.097** （12.77）	0.063* （4.20）	−0.012 （−3.42）
d*LE*2	0.421*** （14.52）	—	0.082* （8.93）	0.046* （3.29）	—
Controls	控制	控制	控制	控制	控制
常数项	−0.088	−0.130	0.046	0.962	0.015

注：*、**、*** 分别表示在 10%、5%、1%的置信水平上显著，括号内为 t 值。

从表 10 的回归结果可以看出，模型（1）、模型（2）、模型（3）、模型（4）中核心解释变量滞后期分别在 5%、1%、5%、5%水平上通过显著性检验，即北京城市副中心金融集聚能够显著促进未来北京城市副中心、整个北京市及河北省的经济增长，并能够带动北京城市副中心产业结构升级，而当期只对北京城市副中心自身影响显著。此外，北京城市副中心金融集聚对河北省经济结构的回归结果不显著，这说明虽然北京城市副中心金融集聚程度的提高能够带动河北省的经济增长，但是由于北京城市副中心金融集聚程度仍较低，因此其对河北省产业机构升级的影响不够明显。

从表 10 的回归系数结果可以进一步看出：模型（1）中的核心解释变量——北京城市副中心金融集聚滞后二期比滞后一期的系数要大，即滞后期数越多对经济增速的影响越大，说明金融集聚程度越高对未来经济增速的影响作用越强；模型（2）中的核心解释变量——北京城市副中心金融集聚滞后一期的回归系数为 0.190，说明在其他变量不变时，北京城市副中心金融集聚程度每提高 1，对北京市经济增长（GDP 增速）的促进为 0.19，而当期并不显著。模型（3）中的核心解释变量——北京城市副中心金融集聚滞后二期的回归系数为 0.082，说明当其他变量不变时，北京城市副中心金融集聚程度每提高 1，对河北省经济增长（GDP 增速）的促进为 0.082，而当期并不显著；模型（4）中的核心解释变量——北京城市副中心金融集聚当期的回归系数大于滞后期的系数，说明当其他变量不变时，当年的北京城市副中心金融集聚程度越高，对北京城市副中心产业结构升级的促进作用越明显。

五、国内外金融中心的案例分析及启示

（一）伦敦国际金融中心

伦敦是世界上最有影响力的国际金融中心之一。目前，伦敦拥有全球数量最多的外国银行、最大的国际保险市场等，伦敦金融衍生品市场也已经成为全球最大的场外金融衍生交易市场。伦敦同业拆借利率（LIBOR）是全球参照的市场利率基准，这也说明伦敦在国际金融市场上的重要地位。

伦敦之所以能成为国际金融中心，同英国的经济规模和国力息息相关。英国雄厚的经济实力以及伦敦与世界各地经济的紧密联系，使得伦敦的银行业、证券业和保险业快速发展，世界各大银行陆续在伦敦设立分支机构，伦敦主要银行的分支机构也遍布世界各地，通过世界各地银行之间的联系，使得伦敦成为世界经济的重要支付中心，并形成了规模庞大的货币市场。

伦敦作为国际金融中心的前景曾一度遭遇怀疑，然而，伦敦最终稳固了其重要的国际地位，与纽约一同成为国际金融中心的双子星。伦敦金融业能够发展到如今的高度主要原因如下。

第一，英国具有相当强的应对挑战的能力，并且能够准确地把握时机进行转型。在第二次世界大战中，英国损失惨重，在这一历史阶段，伦敦暂时告别了世界经济中心的地位。然而，在此时，美国政府开始对美元采取各种各样的限制，英国抓住了这个契机，以此开拓了欧洲的美元市场，吸引了大量有意开展国际业务银行的入驻，并凭借这一契机逐步恢复了其在国际金融

领域的领军地位。此外，英国正积极打造人民币离岸金融中心，这是因为人民币国际化进程的加快。这也能很好地体现出英国善于抓住历史的发展契机。

第二，伦敦拥有过硬的硬件设施。其中，伦敦的国际交通体系十分发达，并且拥有伦敦港，它是英国最大的海港，也是重要的国际航运中枢；此外，伦敦和其他五个国际机场形成了对外的航空运输网。伦敦源源不断地吸引着全球的顶尖金融人才，位于伦敦的牛津大学等世界一流大学也为伦敦金融业的发展提供了大量的优秀人才储备，这些金融人才在不同的企业间的流动，为伦敦的金融业创新注入了不竭的活力。

（二）纽约国际金融中心

美国财富管理中心的发展模式是大国模式，主要以在岸金融业务为主。纽约不仅是美国的财富管理中心之一，而且是全球的金融中心之一，除纽约外，旧金山、波士顿、洛杉矶、迈阿密以及芝加哥等也都是各具特色的金融中心。在第 32 期全球金融中心指数报告（GFCI 32）中，旧金山在北美中心的排名仅次于纽约。

GFCI 32 显示，在 2022 年排在全球前 10 的金融中心中，纽约稳居第一。在美国，纽约作为全球领先的金融中心，其优势具有不可复制性。除去纽约港本身得天独厚的地理区位、具有丰富创新型金融人才资源外，其还通过布雷顿森林体系确立了美元在世界货币中的统治地位，加之美国在全球经济中的领先地位，纽约因此一跃成为重要的国际金融中心。纽约国际金融中心有着高度发达的财富管理业务，是一个全方位的财富管理中心，有着非常强大的国际金融资源配置能力。长期以来，各类金融机构和金融资产交易平台云集纽约。纽约货币市场的交易量居世界主要货币市场之首，纽约外汇市场也是除美元以外所有货币的第二大交易市场。此外，完善的金融法律法规和监管体系也为纽约国际金融中心的建立提供了制度保障。2008 年国际金融危机之后，《多德-弗兰克法案》（*Dodd-Frank Act*）对美国金融监管体系进行了重大调整，加强了对华尔街的监管。并且，为适应新监管规则的要求，花旗银行、摩根大通、高盛等大型金融机构纷纷剥离非核心业务或提高资本金水平，从根本上重塑了商业模式。最重要的是，人才优势是纽约国际金融中心的制胜法宝。长期以来，纽约一直是全球法律、会计、管理咨询和技术领域高级金融专业人士的最大聚集地之一。此外，纽约是全球重要的股票交易中心，拥有证券交易品类最全面、最专业的纽约证券交易所以及专门服务科技互联网企业的新型交易所——纳斯达克。

（三）上海国际金融中心

中国金融业在2001年后，相继推出合格境外机构投资者（QFII）和合格境内机构投资者（QDII）制度，上海国际金融中心建设逐渐成为发展的重点。2009年4月，国务院首次从国家层面对上海国际金融中心的建设进行了全面的部署。2020年，上海国际金融中心基本已成为与我国经济实力和人民币国际地位相适应的国际金融中心。根据英国Z/Yen集团发布的全球金融中心指数，在第31期全球金融中心指数中，上海排名第4名，前三强为纽约、伦敦和中国香港；在新华社发布的国际金融中心发展指数中，上海居于全球最具影响力金融中心第3位，紧随纽约、伦敦之后。

上海国际金融中心之所以能取得如今的国际地位，其原因可以总结为以下几点。

第一，国家政策的支持。建设上海国际金融中心是国家交给上海的重大任务。1992年，党的十四大明确提出“要尽快把上海建成国际经济、金融、贸易中心之一”。2009年，国务院明确提出“到2020年，基本建成与我国经济实力以及人民币国际地位相适应的国际金融中心，基本建成具有全球航运资源配置能力的国际航运中心”。正是在国家战略的总体布局下，上海进阶建设国际金融中心，加之上海提出的“五个中心”战略目标之间彼此赋能，共同将上海的经济实力推进至全球领先地位。现如今上海又被定位为“长三角区域一体化发展”和“长江经济带”的龙头，这为上海国际金融中心进一步发展提供了更大的建设动力。

第二，完善的硬件设施。上海已成为公认的全球金融市场门类最完备的城市和全球金融基础设施最完善的城市之一。截至2021年末，上海证券交易所股票市值位居全球第三位，上海黄金交易所场内现货黄金交易量位居全球榜首。从金融业发展情况来看，上海金融产业的增加值由2009年的1 804亿元增加到2021年的7 973.3亿元；上海金融市场成交额由2009年的251万亿元增加到2021年的2 511.1万亿元；上海金融机构总数由2009年末的约800家增加到2021年末的1 701家；上海金融业的从业人员由2009年的22万人增加到2020年的47万人。

第三，对外开放程度高。上海国际金融中心国际化程度明显提升，截至2021年末，上海拥有各类持牌金融机构近1 700家，外资金融机构占比超过30%；在全球排名前20位的国际资管机构中，已有17家在上海设立主体。2022年以来，先后有汉领资本、建银国际、鼎晖投资、集富亚洲（二期）等4家机构申请参与合格境内有限合伙人（QFLP）试点，贝莱德基金、安中投资两家机构申请参与 QDLP 试点，目前 6 家资管机构试点资质均已获批。

第四，配套设施完整。从发展环境来看，上海国际金融中心配套服务体系不断健全。随着大数据普惠金融应用 2.0 的上线，上海的法治、信用、人才环境更加完善，会所、律所、评级等金融专业服务机构加快在沪集聚，金融从业人员数量不断增加。陆家嘴金融城、外滩金融集聚带等金融集聚区建设成效明显。“陆家嘴论坛”成为国际金融对话交流的重要平台。

（四）对北京城市副中心金融发展的启示

通过对上述国际金融中心进行案例分析，可以得出以下几点启示。

第一，政府应制定各项政策支持各类人才集聚，以进一步推动高精尖企业群群集。此外还应积极修订相关人才引进政策，通过税收与激励措施以及鼓励创新的制度来扶持金融业发展，吸引世界各地拔尖人才，不断为金融城注入新鲜血液，给予其强大的创新能力。因此，北京城市副中心也要注重金融专业人才的引进，如积极学习借鉴伦敦金融城人才引进政策，以及不断培养优秀财富管理人才，优化营商环境，形成人才聚集的“磁场”。

第二，北京城市副中心应积极提高自身经济实力，以精准抓住时代机遇，加快转型脚步。以上海国际金融中心和伦敦国际金融中心为例，它们都精准地抓住了发展的机会，由此实现了经济上的腾飞，创建了历史性的拐点。因此，北京城市副中心不仅需要引进人才，而且需要加强硬件条件，完善金融设施，牢牢紧抓时代赋予的机遇。

第三，同前述国际金融中心相比，北京城市副中心高端产业项目相对缺乏，缺少竞争力较强的优势产业和大型企业，聚集效应尚不明显，与北京对城市副中心功能定位的标准还有差距，此外第三产业的发展基础还比较薄弱。对此，通州区应该调整产业结构，提升第三产业的比重，大力发展第三产业，同时加强对北京城市副中心金融产业发展的支持力度。

第四，进一步发挥政策对北京城市副中心发展的支持。金融业对北京城市副中心建设的推动主要依靠市场，但也需要利用政府的力量对市场加以利用与引导。因此，政策性金融支持可以弥补市场机制的不足，可以提高商业性金融的参与力度。借鉴上海国际金融中心和伦敦国际金融中心的经验、做法，北京应积极争取城市副中心产业发展建设的配套政策，逐步建立起全方位的保障体系。

六、结论与政策建议

（一）主要结论

首先，从北京城市副中心金融业近两年的金融业区位熵数值可知，其金融业区位熵指数在逐年递增，北京城市副中心形成了一定的金融产业布局，金融机构的数量和质量都有了一定的提升，金融产业已经在北京城市副中心形成了一定的金融集聚现象。同时，北京城市副中心的金融产业集聚效应具有随政策时间延续而逐步优化、创新的特点。

其次，通过北京城市副中心金融业区位熵数值和北京各区以及上海、深圳金融业区位熵数值的对比，尤其是将其同北京市西城区的金融业区位熵数值对比后发现，差距仍然较大。究其原因，主要还是北京城市副中心的配套设施不够完善，政策支持还没有完全到位，还未完全发挥金融集聚对区域经济发展的正向促进作用和空间溢出效应，使得地区金融资源配置与流动效率不足。

最后，本文基于 2011—2021 年通州区（北京城市副中心）、北京市、河北省的时间序列数据，研究了北京城市副中心金融集聚对区域经济增长和经济结构的影响，通过平稳性检验、协整检验和 Granger 因果检验，构建 OLS 回归模型。结果显示，北京城市副中心金融集聚与北京城市副中心经济增长、北京市经济增长、河北省经济增长、北京城市副中心经济结构之间存在显著正相关关系，这表明北京城市副中心金融集聚程度的提高能够显著带动副中心周边地区经济增长，并能使北京城市副中心地区第三产业占比提高，从而促进产业升级。不过，由于当前北京城市副中心尚处于发展建设时期，金融集聚程度比较低，使得北京城市副中心金融集聚对北京市和河北省经济结构的影响尚不够显著。此外，本文还通过增添核心解释变量滞后期进行回归，发现随着滞后时间的延长，金融集聚程度的提高对北京城市副中心经济增长的促进作用日益明显，这表明北京城市副中心金融集聚程度对经济增长的带动作用具有一定的滞后性，需要长期建设方有显著效果。

（二）政策建议

1. 充分发挥金融集聚效应，稳步提升区域创新能力

北京的金融发展在全国位于前列，金融集聚已经非常显著，并且还会对周边地区的经济发展产生辐射带动效应。对于北京城市副中心来说，应充分发挥各经济较为发达区域的资源优势，积极衔接其他区域的优势经济资源，以促进北京城市副中心整体经济的发展，充分发挥金融集聚对区域创新的正向促进作用和空间溢出效应，从而提高金融业服务实体经济、服务创新产出、服务区域发展的效率。此外还可以从河北、天津等区域金融中心入手，分层分级构建金融发展的联动区块，加强城市之间的金融合作和互动，使金融集聚的溢出效应更全面地覆盖北京城市副中心。

2. 加快金融体系建设，维护金融市场稳定

健全北京城市副中心金融体系，消除体制性障碍，降低资源要素的流通成本，促使金融市场健康发展并有序推进互联互通，更好发挥金融力量，支持经济增长。对于完善金融体系建设，本文认为可以从以下几个方面入手：一是建立健全金融风险，防范预警体系。防范化解金融风险是金融工作的根本性任务，要严厉查处、打击不合规或不合法的金融活动，建立宏观审慎的资本流动管理体系，防范金融风险，维护市场稳定，促进金融业健康发展。二是促进政府统一监管与行业协会自律相结合的监管方式。加强金融监管机构与市场的有效合作关系，建立沟通协调机制，互通信息与需求，减少因多个监管体系和监管主体而造成的低效监管，提高北京城市副中心金融行业监管措施的有效性。另外，金融机构行业内部应建立公平、透明的准则，以提高行业自觉性，确保金融市场规范运行。统一监管和行业自律有助于营造良好的环境，有效保障金融市场稳健运行，消除不稳定性因素，促进区域经济健康发展。

3. 培育多层次金融人才，发挥支撑引领作用

金融集聚形成过程中最突出的特点就是能够吸引大量金融人才、金融机构等金融资源汇集，为产业结构调整提供财力、物力、劳动力以及技术支持。将金融人才培养成高质量发展后备军，对促进金融行业稳定发展和区域经济增长有重要作用。加强金融人才队伍建设，一方面，要积极推进教育合作发展。北京城市副中心内大学数量虽然较多，但是知名研究型大学相对稀缺，且发展较为分散和独立，因此，需要加强不同高校之间的合作，吸引全国各地金融人才参与北京城市副中心的建设。同时要加强金融专业学科建设，大力支持协同共建优势学科和研究中心，积极促进同国际著名高校和特色学院联合办学，不断培养多层次领军型、能及时处理新兴产业发展以及运行变化的创新型金融人才，持续不断地输送新鲜血液，助力北京城市金融发展。另一方面，应加快建设人才高地，打造更优质的引进人才软环境，建设人才合作示范区，完善和落实更为积极、行之有效的人才引进政策和激励制度；建立健全人才双向流动机制，为有识之士跨体制、跨行业流动开启方便之门，更大范围吸引国际顶尖人才和国内高端人才进入北京城市副中心工作。

4. 推进地方金融改革，支持传统产业转型升级

应持续深化金融体制改革，改善金融结构和丰富金融产品，构建完善的多元化金融市场体系。实施高质量人才引进政策，提高金融创新能力，创新开发金融产品和金融业务；建设良好的金融法治环境，保障金融市场的公平、合法竞争；加强金融体系监督管理力度，政府、社会、行业应共同发力，形成多方位监管体系，确保金融市场高效率运作。金融集聚推动产业结构升级的效果明显，完善金融体系将为产业结构升级提供更加优质、高效的金融服务和支持。

此外，还应着力推动各产业间的深度融合。重视传统产业结构调整，加大关键技术研发力度，发展先进技术，支持传统行业转型升级，培育新技术、新业态和新模式。加强信息技术产业，促进互联网、人工智能和大数据等产业之间的融合，推动服务业与农业、制造业的深度融合，促进传统产业向高端化、智能化、数字化发展，催生新兴产业和新生力量，构建大批战略性新兴产业增长引擎。

5. 大力发展绿色金融，推动金融领域创新实践

2022 年，北京围绕 10 个方面推动绿色金融发展，其中有 7 项工作涉及北京城市副中心，充分体现了北京城市副中心在首都绿色金融事业中的重要地位。为此，应努力打造国家绿色金融改革创新示范区，引进和培育绿色金融机构，推动一批绿色金融示范项目落地，推动设立国家级绿色交易所，建立碳交易中心。支持金融机构探索开展自愿减排交易、绿色资产跨境转让等绿色金融改革创新试点。同时，积极支持绿金院、绿交所、路孚特等机构参与国家金融管理部门绿色金融相关标准的制定工作，加快推动绿色项目库、绿色票据、气候环境信息披露以及环境、社会和治理（ESG）指数等的研究，逐步提高北京城市副中心在全球绿色金融领域的影响力和权威性。

（参与本项目调研和报告撰写的还有刘雨菁、张东伍）

参考文献

［1］李正辉，蒋赞．基于省域面板数据模型的金融集聚影响因素研究［J］．财经理论与实践，2012（4）：12-16.

［2］谭朵朵．金融集聚的演化机理与效应研究［D］．长沙：湖南大学，2012.

［3］王丹．金融集聚对区域收入差距的空间效应研究［D］．北京：北京交通大

学，2016.

［4］陈林心．金融集聚、经济增长与区域生态效率的实证分析［D］．南昌：南昌大学，2017.

［5］张同功，孙一君．金融集聚与区域经济增长：基于副省级城市的比较研究［J］．宏观经济研究，2018（1）：82-93，120.

［6］王澍雨．中国金融产业集聚的测度及其效应研究［D］．大连：东北财经大学，2018.

［7］吴茂国，陈影．金融集聚对我国区域经济增长的空间溢出效应研究［J］．上海金融，2018（11）：72-81，86.

［8］徐延利，林广维．基于熵值法的三大城市群之间金融集聚测度横向比较研究［J］．中国软科学，2021（S1）：333-338.

［9］徐晓光，许文，郑尊信．金融集聚对经济转型的溢出效应分析：以深圳为例［J］．经济学动态，2015（11）：90-97.

［10］王淑英，屈莹莹．国家中心城市的金融集聚对经济效率的影响研究［J］．工业技术经济，2017，36（8）：3-10.

［11］王锋，李紧想，张芳，等．金融集聚能否促进绿色经济发展?：基于中国 30 个省份的实证分析［J］．金融论坛，2017，22（9）：39-47.

［12］丁艺，李靖霞，李林. 金融集聚与区域经济增长：基于省际数据的实证分析［J］．保险研究，2010（2）：20-30.

［13］孙晶，李涵硕．金融集聚与产业结构升级：来自 2003—2007 年省际经济数据的实证分析［J］．经济学家，2012（3）：80-86.

［14］邓向荣，刘文强．金融集聚对产业结构升级作用的实证分析［J］．南京社会科学，2013，312（10）：5-12，20.

［15］苏建军，徐璋勇．金融发展、产业结构升级与经济增长：理论与经验研究［J］．工业技术经济，2014，33（2）：139-149.

［16］杨骞，秦文晋．中国产业结构优化升级的空间非均衡及收敛性研究［J］．数量经济技术经济研究，2018，35（11）：58-76.

［17］张阳，姜学民．人力资本对产业结构优化升级的影响：基于空间面板数据模型的研究［J］．财经问题研究，2016（2）：106-113.

［18］韩永辉，黄亮雄，王贤彬．产业政策推动地方产业结构升级了吗?：基于发展型地方政府的理论解释与实证检验［J］．经济研究，2017，52（8）：33-48.

［19］涂正革，陈立．技术进步的方向与经济高质量发展：基于全要素生产率和产业结构升级的视角［J］．中国地质大学学报（社会科学版），2019，19（3）：119-135.

［20］赵健．投资与产业结构升级：基于民间投资与政府投资的差异性、协调性视角［J］．经济问题探索，2019，439（2）：141-145.

［21］张翠菊，张宗益．中国省域产业结构升级影响因素的空间计量分析［J］．统计研究，2015，32（10）：32-37.

［22］韩英，马立平．京津冀产业结构转型升级的效果测度［J］．首都经济贸易大学学报，2020，22（2）：45-55.

［23］夏业领，何刚．中国科技创新：产业升级协同度综合测度［J］．科技管理研究，2018，38（8）：27-33.

［24］黄天能，许进龙，谢凌凌．资源枯竭城市产业结构转型升级水平测度及其影响因素：基于24座地级市的面板数据［J］．自然资源学报，2021，36（8）：2065-2080.

［25］杨义武，方大春．金融集聚与产业结构变迁：来自长三角16个城市的经验研究［J］．金融经济学研究，2013，28（6）：55-65.

［26］赵婉妤，王立国．中国产业结构转型升级与金融支持政策：基于美国和德国的经验借鉴［J］．财经问题研究，2016（3）：35-41

［27］何剑，肖凯文．金融集聚对中国产业结构优化升级溢出作用的空间计量分析［J］．金融与经济，2017（1）：18-24.

［28］龙云安，张健，冯果．区域发展视角下金融深化、金融集聚与产业结构升级研究：以成渝城市群为例［J］．金融理论与实践，2019（11）：46-53.

［29］汪浩瀚，潘源．金融发展对产业升级影响的非线性效应：基于京津冀和长三角地区城市群的比较分析［J］．经济地理，2018，38（9）：59-66.

［30］郭彬，张笑．金融集聚与产业结构升级耦合协调性研究［J］．管理现代化，2018，38（5）：31-34.

［31］王文静，侯典冻．金融集聚对产业结构升级影响的实证分析［J］．统计与决策，2019，35（19）：158-162.

［32］王一乔，赵鑫．金融集聚、技术创新与产业结构升级：基于中介效应模型的实证研究［J］．经济问题，2020（5）：55-62.

［33］郭文伟，王文启．金融集聚、区域房价如何影响产业结构升级：双轮驱动还是双向抑制？［J］．首都经济贸易大学学报，2021，23（1）：24-37.

［34］陆建行．广西金融集聚对经济增长的影响研究［D］．重庆：重庆工商大学，2022.

［35］朱辉．金融集聚对区域经济增长的影响效应研究［D］．上海：上海社会科学院，2019.

［36］张贵平．金融集聚对区域经济增长的效应分析［D］．福州：福建师范大学，2018.

［37］杨胜男．粤港澳大湾区金融集聚对产业结构升级的影响研究［D］．南宁：广西大学，2022.

［38］陈豪．金融集聚对产业结构升级的影响研究［D］．蚌埠：安徽财经大学，2022.

［39］陈燃．我国对外开放水平对产业结构升级的影响［D］．沈阳：辽宁大学，2021.

［40］金钦．金融支持北京城市副中心产业发展问题研究［D］．北京：首都经济贸易大学，2015.

［41］江瑜．自贸试验区金融集聚效应研究［D］．北京：商务部国际贸易经济合作研

究院，2022.

［42］杨倩．毕节市蔬菜产业组织模式研究［D］. 贵阳：贵州大学，2022.

［43］张奥阳．银行竞争对产业结构和银行风险影响的研究［D］. 成都：西南财经大学，2021.

［44］北京市西城区人民政府：构建“四位一体”金融街服务支持体系 深化金融街国家金融管理中心功能建设［EB/OL］.［2022－11－25］. https：//www. bjxch. gov. cn/xcdt/xxxq/pnidpv924643. html.

［45］北京市通州区人民政府：城市副中心全力打造全球财富管理中心！240 家金融企业入驻运河商务区［EB/OL］.［2021-01-08］. http：//open. bjtzh. gov. cn/kftzh/c110061/open_policy_3. shtml.

［46］张奥阳．银行竞争对产业结构和银行风险影响的研究［D］. 成都；西南财经大学，2021.

［47］朱辉．金融集聚对区域经济增长的影响效应研究［D］. 上海：上海社会科学院，2019.

［48］杨倩．毕节市蔬菜产业组织模式研究［D］. 贵阳：贵州大学，2022.

［49］刘功润．上海金融中心进阶发展的优势因素与路径选择［J］. 上海商学院学报，2022，23（6）：80-89.

［50］北京市西城区人民政府：构建“四位一体”金融街服务支持体系 深化金融街国家金融管理中心功能建设［EB/OL］.［2022－11－25］. https：//www. bjxch. gov. cn/xcdt/xxxq/pnidpv924643. html。

［51］引自北京市通州区人民政府网站发布的内容［EB/OL］.［2022-01-17］http：//open. bjtzh. gov. cn/kftzh/c110061/open_policy_3. shtml.

［52］邓阳．金融产业集聚与经济增长关系研究：以北京市为例［J］. 西部金融，2015（6）：78-82.

［53］曾献东，谢科进．金融集聚对区域经济的带动效应分析［J］. 金融发展研究，2011（7）：31-37.

大运河商贸流通数字化研究

——聚焦通州区和北三县协同发展

刘玉奇

推动北京市通州区与河北省三河、大厂、香河三县市（即北三县）商贸流通业协同发展是落实京津冀协同发展战略的重要举措，关系重大，意义非凡。当前，商贸流通业与数字经济融合趋势明显，线下门店也在快速推进数字化转型。未来一段时期，随着5G、云计算、大数据、人工智能、区块链等技术的广泛应用，必将推动门店、商圈、供应链的全面升级。

通州区重视商贸业发展，呈现出新型集聚区初具规模、特色品牌门店加快布局、线上零售加快转型等特点，但也存在规模总量不足、高端零售不多、品牌集聚不强、数字化发展不快等问题。北三县商贸流通业发展极不平衡，一方面香河家具全国知名，三河燕郊异军突起；另一方面大多数零售业规模小、沿街布局、辐射面窄，呈现出规模商圈不足、品质商业不强、数字门店不多、潜力亟待挖掘等特点。

本研究借鉴发达地区商贸业流通业数字化发展经验，提出了推动通州区和北三县商贸流通业发展的建议。同时强调，要结合通州区与北三县协同发展规划所确定的城市空间格局，推进北京城市副中心商贸业快速崛起，加快燕郊组团商业中心建设，推动三河其他地区、香河组团特色商贸业等的发展。

引言

2020年3月17日，国家发改委发布了《北京市通州区与河北省三河、大厂、香河三县市协同发展规划》（以下简称“通北协同规划”）。该规划指出，通州区与北三县（指廊坊市所属的三河市、香河县和大厂回族自治县）共处京冀交界地区，地缘相邻、人缘相亲、生态相融、文化相近，具有良好的协同发展基础。深入推进通州区与北三县协同发展，有利于疏解北京非首都功能，推进北京城市副中心建设，探索京津冀协同发展的新机制，探索新型城镇化发展路径，具有十分重要的意义。

商贸流通业发展关系城市居民的生活品质，关系老百姓的幸福感和获得感。加快商贸流通业发展是落实习近平总书记有关指示精神、促进北京城市副中心高质量发展的重要举措。当前，商贸流通业与数字经济融合趋势明显，线下零售门店快速数字化转型。未来一段时期，随着5G、云计算、大数据、人工智能、区块链等技术的广泛应用，门店、商圈、供应链都会全面升级，将涌现出一系列新的消费模式、新的零售业态、新的供应链组织。

本研究旨在顺应商贸流通数字化发展新趋势，探索通州区与北三县产业协同的新模式和新机制，为深入推动通州区与北三县协同发展作出贡献。

一、通北地区商贸流通业发展新要求

（一）非首都功能疏解优化商贸流通空间布局

2015年4月30日召开的中共中央政治局会议审议通过《京津冀协同发展规划纲要》。该纲要指出，推动京津冀协同发展是一个重大国家战略，核心是有序疏解北京非首都功能，要在京津冀交通一体化、生态环境保护、产业升级转移等重点领域率先取得突破。其中，区域性物流基地、区域性专业市场成为首批疏解对象。

在《北京城市总体规划（2016年—2035年）》更设专章强调非首都功能疏解和京津冀协同发展。该规划指出，要疏解腾退区域性商品交易市场、疏解大型医疗机构、调整优化传统商业区，强调持续开展“疏解整治促提升”专项行动——疏解一般性制造企业，疏解区域性专业市场，疏解部分公共服务功能。

“十三五”期间，北京市也深入推进了区域性专业市场和物流基地的疏解工作。根据北京市商务委员会（后调整为北京市商务局）的相关报告，2015—2017年底，累计疏解提升市场1 032个、物流中心106个。尤其是以动物园地区、雅宝路地区、大红门地区为代表的重点区域。其中，动物园地区的12个批发市场、大红门地区的45个批发市场以及天意、万通、永外城市场等全部完成疏解提升。2018年，北京市再次完成疏解提升批发市场和物流中心204个。详见表1。

表1 疏解腾退情况

年份	清退、拆除市场		重点区域进展	物流中心		其他
	数量	面积（万平方米）		数量	规模（万平方米）	
2015	80个	—	持续推进中	—	66	升级改造70个

续表

年　份	清退、拆除市场		重点区域进展	物流中心		其　他
	数　量	面积（万平方米）		数　量	规模（万平方米）	
2016	117个	160	动物园地区12个批发市场累计完成疏解7个，雅宝路地区15个批发市场累计完成疏解6个，大红门地区45个批发市场累计完成疏解33个	32个	34	—
2017	241个	—	动物园地区12家、大红门地区45家市场以及天意、万通、永外城市场等全部完成疏解提升	55个	—	总建筑面积438万平方米
2018	—	—	—	—	—	总计204个

资料来源：2016年、2017年、2018年和2019年《闫立刚在全市商务工作会议上的报告》。

区域性物流基地、区域性专业市场的疏解调整优化了商贸流通业的空间格局，也为周边地区的产业承接和产业升级带来了机遇。

（二）数字经济发展赋能商贸流通转型升级

自2005年国务院发布《关于加快电子商务发展的若干意见》以来，电子商务迅猛增长。近年尤其是2016年以来，数字产业化和产业数字化进程加速，电子商务与线下商贸流通融合发展趋势明显，推动了商贸流通业的转型升级，商贸流通也成为率先实现产业数字化的代表。

北京是全国数字经济的龙头，致力于打造中国数字经济的样板、全球数字经济的标杆。北京的商贸流通业数字化进程也处于全国领先地位。2022年，北京市工业与信息化局、北京市商务局联合发布《关于印发北京市数字消费能级提升工作方案的通知》，旨在充分发挥北京数字经济领先优势，强化数字技术赋能消费创新引领作用，提升数字消费供给水平，助力传统消费数字化转型。其中，商贸流通数字化转型是核心。

前述消费升级工作方案提出了推动直播电商产业集聚升级、推进跨境直播电商创新发展、构建直播电商专业人才体系、提升数字内容服务供给能力、深化新兴数字技术赋能效应等五大重点任务，强调到2025年，推动信息内容消费实现收入超过5 000亿元，直播电商成交额翻一番，力争培育

10个具有国际影响力的直播电商平台或直播电商企业，推出30个线上、线下融合的直播示范场景等工作目标。

对于门店的数字化转型升级，该工作方案强调，“鼓励企业不断创新直播运营模式，丰富虚拟主播的应用场景，提高制播效率和智能化水平，进一步扩大线上销售规模”“鼓励直播平台、直播服务机构与特色餐饮街、北京首店以及大型商业综合体加强合作，打造沉浸式、互动性的数字消费体验”。对于商圈的数字化，该方案提出要“实施商圈数字改造升级工程”。一是加强对重点商场、超市等公共区域提供免费WiFi上网的政策引导力度；二是推动数字新技术与重点商圈数字化改造深度融合；三是将数字化改造成效纳入全市商圈分级分类标准。

随着直播电商、数字内容、AR/VR技术等在商贸流通领域的广泛应用，必将大幅度提升商贸流通的数字化和智能化水平。

（三）高质量发展要求激发商贸流通创新活力

2017年，党的十九大报告提出“我国经济已由高速增长阶段转向高质量发展阶段”，强调“必须坚持质量第一、效益优先”“推动经济发展质量变革、效率变革、动力变革，提高全要素生产率”“着力构建市场机制有效、微观主体有活力、宏观调控有度的经济体制，不断增强我国经济创新力和竞争力”，这为商贸流通高质量发展指明了方向。

北京市及通州区高度重视推动高质量发展。在《北京城市副中心（通州区）国民经济和社会发展第十四个五年规划和二〇三五年远景目标纲要》（以下简称“副中心‘十四五’规划和纲要”）中设立“构筑高质量发展新高地”专篇，强调城市副中心作为北京重要一翼“要坚持创新引领，坚定不移推进改革、扩大开放，以‘两区’建设、优化营商环境为主要抓手，打造主导功能突出、开放发展优势凸显、营商环境一流、高端人才集聚、城乡共同繁荣的北京发展新高地”。

副中心“十四五”规划和纲要对商贸流通业的高质量发展提出了明确要求，强调“推动生活性服务业向高品质和多样化升级”，这既是商贸流通业数字化转型的必然方向，也顺应了城乡居民消费的升级需要。当然，该规划和纲要也专门指出创新发展城市科技的重要性，强调“以科技新场景推动融合创新能力提升”，商贸流通业是关系民生改善和产生提升的重点领域，也是城市科技的重要应用场景，高质量发展要求必将激发商贸流通业的场景创新活力。

（四）职住平衡新要求赋予通北商贸流通发展机遇

通北协同规划作为统筹通州区与北三县的国家级纲领性文件，对通州区与北三县发展中的空间格局、城乡风貌、生态环境、交通网络、经济体系、城乡服务、市政设施、防灾减灾等进行了系统规划。

该规划指出，要构建“一中心、一绿洲、四组团、四片区、多廊道、多节点”的空间结构，打造生态化、组团式、紧凑型的空间格局。“一中心”就是北京城市副中心，“四组团”是指燕郊、三河、香河、亦庄新城（通州部分）四个城市功能集中建设的重点区域。“多节点”即多个特色小城镇（新市镇）和生态节点。这里的“一绿洲”“四片区”“多廊道”均为生态功能布局。

在功能组团发展中，该规划强调“建设定位明确、特色鲜明、职住平衡的发展组团”。这一策略显然与规划整体所强调的“留白增绿”“减量提质”“高效利用城乡建设用地”一脉相承。从组团发展策略看，一方面明确了各组团的不同产业定位，如“燕郊组团重点发展科技创新、商务服务、健康养老等功能”；另一方面也强调了组团内的职住平衡，指出要“促进职住均衡发展，推进就业与居住空间的匹配与融合”，强调“合理控制特色小城镇的居住空间规模，强化特色产业功能，避免房地产化”。商贸流通作为城市生活的基础，关系城乡居民的幸福感。各组团、特色小镇的发展为商贸流通生活服务的进驻准备了条件。

另外，从各组团的关系看，该规划明确了燕郊组团的特殊地位。强调“优化提升城市品质，与北京城市副中心形成更加紧密的功能协作关系”，这是其他组团所不具有的。从产业发展看，该规划既突出了通州区与北三县之间的协同，也强调了传统产业的转型升级。对于北三县而言，要“引导食品加工、家具制造、建材、商贸物流等传统优势行业企业与京津科研院所、高校和大型企业开展合作，提高产业竞争力”，要加快传统产业技改升级、兼并重组。其中，香河家具作为具有全国影响力的产业组团，同样面临转型升级压力。

二、通北地区商贸流通业发展现状

（一）通州区商贸流通业发展分析

1. 通州区商贸流通业发展现状

（1）增速明显快于全市平均水平。2016—2019年，社会消费品零售总额从478.8亿元增加到590.7亿元，年均增速7.88%，高于全市2.62个百分点；2020年因疫情减少到529.3亿元，同比下降10.4%，2021年恢复增长到

563.6亿元。这是北京城市副中心加快建设、市政办公迁入和商业设施投入使用的共同作用成果。

（2）新型集聚区初具规模。被赋予总部经济、财富管理、高端消费等重要职能的运河商务区逐步建成，路孚特金融科技信息服务（中国）集团、北京银行城市副中心分行以及三峡集团等央企二三级总部等有序入住，带动周边京杭商圈、北苑商圈提档升级。特色小镇产业集聚迅速，为加快商业布局奠定重要基础。表2为运河商务区大型商业设施基本情况。

表2　运河商务区大型商业设施基本情况

设施名称	定　位	商业面积（万平方米）
爱琴海购物公园	涵盖超市、餐饮、零售、潮玩、教育、休闲运动以及娱乐体验等	8.30
远洋乐堤港	集影院、健身中心、生鲜超市、潮流剧场等多种业态于一体	10.33
新光大融城	荟萃一切有关生活、自然、心灵、健康的美妙体验，打造注重传递生活美学的定位方向	11.00
珠江合生汇	集商业、办公、酒店、住宅于一体的大型城市综合体	11.45
运河壹号	打造由高端商业、办公、公寓及附属设施构成的城市综合体	25.07
富力广场	涵盖休闲娱乐、品质餐饮、高端数码、流行时尚、亲子天地、生活服务等一站式服务	13.63

数据来源：本课题组整理。

（3）特色品牌门店加快布局。计划年内开业的“运河之眼”远洋乐堤港商业面积达10万平方米，入驻的260余家商铺中有46家是通州首店[1]，是继通州万达广场（面积为22万平方米，内有155家通州首店）之后的再次大规模布局，将进一步弥补高端商业综合体、一线品牌、知名店铺不足的状况，逐步提升全区消费品牌的知名度和商圈的影响力。

（4）线上零售加快数字化转型步伐。网络销售成为拉动北京城市副中心（通州区）社会消费品零售额增长的重要力量。2016—2019年，北京城市副中心（通州区）限额以上批发和零售业商品网络销售额年均增速达59.83%，远高于限额以上批发和零售业商品销售总额14.8%的年均增速；前者占后者的比重由12.95%增加到32.93%。从大型商业网点看，以通州万达广场、领展购物广场、苏宁易购百货等为代表的大型商业综合体顺应数字化发展趋势，快速对接线上平台，赢得消费者赞誉。从大众点评网数据看，上述三家综合体均获得4.8分的评分，并在品牌数量、停车便利性方面得到消费者的广泛认可。详见表3。

表3　消费者对部分大型网点的评价　　单位：个

点评数	万　达		领　展		苏　宁		世贸天阶	
	2 662		2 421		1 885		8 904	
品牌多	135	（21.6%）	136	（25.5%）	126	（28.4%）	363	（28.6%）
交通便利	126	（20.2%）	149	（27.9%）	83	（18.7%）	155	（12.2%）
停车方便	85	（13.6%）	100	（18.7%）	49	（11.1%）	104	（8.2%）
高大上	37	（5.9%）	15	（2.8%）	33	（7.4%）	153	（12.1%）
打折多	20	（3.2%）	23	（4.3%）	19	（4.3%）	42	（3.3%）
超市大	20	（3.2%）	5	（0.9%）	15	（3.4%）	4	（0.3%）
店　大	103	（16.5%）	38	（7.1%）	70	（15.8%）	238	（18.8%）
大品牌	76	（12.2%）	44	（8.2%）	34	（7.7%）	25	（2.0%）
衣服多	9	（1.4%）	12	（2.2%）	6	（1.4%）	165	（13.0%）
档次低	14	（2.2%）	12	（2.2%）	8	（1.8%）	—	（0.0%）
档次高	—	—	—	—	—	—	19	（1.5%）

数据来源：笔者根据大众点评网的数据整理而成。

（5）品质生活服务网点快速拓展。据通州区商务局资料显示，“十三五”时期全区新建或规范提升各类生活性服务业网点527个。尤其是以眉州东坡、紫光园、庆丰包子等为代表的品牌连锁餐饮企业加快布局通州，打造了华业东方玫瑰生活性服务业示范街区、李老新村社区商业综合体等示范性社区商业服务中心，提升了全区生活服务品质。截至2020年底，城市社区基本便民商业网点功能覆盖率由69.2%提升至99.23%。

2. 通州区商贸流通业存在的问题

当然，与北京城市副中心建设以及通州与北三县协同发展所提出的国际一流的和谐宜居之都示范区、新型城镇化示范区和京津冀区域协同发展示范区的战略定位相比，通州区商贸流通业发展仍存在如下问题。

（1）商业规模总量不足。根据《北京市商业服务业设施空间布局规划》，截至2018年通州区的商业规模约为284万平方米，人均商业面积约为1.47平方米，低于全市2平方米的平均水平。更为重要的是，作为中心城区功能和人口疏解的重要承载地，通州区到2035年常住人口控制在200万~205万。

截至 2021 年末，通州区常住人口为 184.3 万人。未来 15 年，通州区仍有 15 万~20 万的常住人口增加，按全市平均水平计算，仍有 120 万平方米的商业增量空间。

（2）高端零售存在短板。从全区零售业业态和形态看，便民类零售网点分布较为广泛，而高端零售网点、具有广泛影响力的商圈不足。以大众点评网数据为例，评分 4.9 分的综合商场（以大众点评分类）只有环球城市大道，评分 4.8 分的综合商场只有通州万达广场店、领展购物广场、苏宁易购百货这三家。从各商圈影响力看，除了环球城市大道的环球影城、万达广场所在北苑商圈，以及未来的运河商务区商圈，其他商圈大都以服务周边居民为主。

（3）品牌集聚有待加强。从全市高端综合商圈的消费者认同看，国际一、二线品牌、国内一线品牌是引领卖场品质的关键。以世贸天阶为例，在消费者认同中，28.6%的消费者认为其“品牌多”，13.0%的消费者认可其“大品牌”，18.8%的消费者认为各品牌店“大”，正是基于品牌的集合效应才呈现出“高大上”（12.1%）和“档次高”（1.5%）的特点。与之相对，对于通州万达广场店、领展购物广场、苏宁易购百货三家门店，平均下来仍有超过 2.0%的消费者认为其“档次低”。

（4）数字化转型有待加快。当前零售业数字化转型进展快速，零售门店展示、体验、交易、履约线上线下一体化趋势不可逆转，直播带货、内容营销广泛深入。北京市经信局和商务局联合公布的《北京市数字消费能级提升工作方案》提出，要“充分发挥北京数字经济领先优势，强化数字技术赋能消费创新引领作用，提升数字消费供给水平，助力传统消费数字化转型”，具体而言，就是要促进电商、直播、在线文娱等数字消费新模式规范持续健康发展。

（二）北三县商贸流通业发展分析

1. 北三县商贸流通业发展现状

（1）区县差别大，燕郊异军突起。从商业网点布局看，燕郊集中了北三县绝大多数的大型零售网点。从已梳理的 1 万平方米以上的商业网点布局看，三河市的 12 家大型网点中有 10 家分布在燕郊，总面积超过 50 万平方米。相比之下，三河市中心只有 2 家大型网点，香河只有 3 家，大厂只有 1 家。燕郊的城市商业发展远远超过北三县其他地区。详见表 4。

表 4　三河市大型商业网点基本情况

	营业面积（万平方米）	业　态	点评评分	点评数（个）
燕郊镇：				
永旺梦乐城	7.3	商业综合体	4.8	932
方舟综合广场		批发市场	4.3	65
明润广场	5.5	百货店	4.0	98
星罗城购物中心	5.1	购物中心	4.6	191
润阳广场	—	超市	3.5	4
弘阳广场	—	购物中心	4.3	228
天洋广场	12.0	购物中心	4.5	227
鑫乐汇购物广场	12.0	购物中心	4.1	71
新世纪百货	3.2	百货店	4.8	786
沃尔玛购物广场（燕郊店）	1.0	超　市	4.5	179
三河市中心：				
富达购物广场	3.4	百货店	4.1	59
三河华联购物中心（泃阳西大街店）		超　市	3.6	15

数据来源：笔者根据大众点评网等网络数据整理而成。

更为重要的是，从线上的影响看，燕郊的大型商业网点已经得到消费者的普遍认可。大众点评网的数据显示，燕郊的永旺梦乐城、新世纪百货均得到了4.8分的高分，且点评人数分别达到932人次和786人次。这两处网点可以与通州万达广场、领展购物中心和苏宁易购百货相媲美。与之形成对照的是，三河市中心的富达购物广场、香河华联香百超市仅得到4.1分的评分，而这已经是最好的评价水平了。

从发展潜力看，燕郊大规模的流动人口、轨道交通网点布局孕育了巨大的商业潜力。具体看，虽然北三县均与北京接壤，但其中三河（尤其是燕郊）有约20万的流动人口，而香河、大厂的流动人口数量则很少，如香河的流动人口不足7万，而大厂只有1万多流动人口。以年轻客群为主的“北漂”将会随着工作、置业、晋升的演变而爆发出巨大的购买力。更为重要的是，在规划的北京轨道交通22号线的规划中，在燕郊设置了四个站点（燕郊站、神威大街站、潮白大街站、高楼站），轨道交通的建设势必大幅度拉近与通州区、朝阳区等各区的距离，为人口进一步向燕郊及三河其他乡镇集聚创造条件。表5为北三县的基本情况。

表5　北三县基本情况

	三　河	香　河	大　厂
面积（平方千米）	643	458	176.29
户籍人口（人）	768 800	383 620	160 146
常住人口（人）[2]	960 798	451 453	172 368
一般公共财政预算收入（亿元）	61.99	54.70	34.70
地区生产总值（亿元）	595.2	234.9	174.2
其中：			
二产增加值（亿元）	166.0	57.7	32.3
三产增加值（亿元）	409.9	156.6	136.9
社会消费品零售总额（亿元）	232.1	117.6	31.1
其中：			
城镇消费零售额（亿元）	211.4	86.3	23.4
农村消费零售额（亿元）	20.7	31.4	7.6

数据来源：《大厂回族自治县2021年国民经济和社会发展统计公报》、《香河县2020年国民经济和社会发展统计公报》和《三河市2021年国民经济和社会发展统计公报》。

（2）香河家具城具有全国影响力。香河家具城是一个基于本土的木工技艺和家具材料市场，发端于20世纪末，至2006年已经形成金钥匙、鑫亿隆、汇美等39座展厅，面积达120万平方米，成为全国第二、北方最大的家具集散地；到2007年实现交易额100亿元，跻身河北省亿元以上批发市场第5名。借助京津冀房地产市场的高速发展，至2011年该家具市场交易额实现240亿元。此后，受电子商务和数字经济发展影响，市场成交额增长逐步放缓。传统线下家具制造企业、家具市场面临数字化转型。至2018年，香河家具城市场交易额约280亿元，在全省亿元以上商品交易市场中排名第7位（见表6）。

表6　香河家具城成交额及在全国排名

	2007年	2011年	2018年
香河县家具城成交额（亿元）	100	240	280
全省批发市场排名	5	4	7

数据来源：河北统计年鉴（2008、2012和2019）。

（3）大型网点少，沿街布局多。除燕郊之外的其他地区大型商业网点数量少。根据大众点评网数据，其综合商场只有6家，且还有两家分布在三河市市中心，香河有三家，大厂只有一家。这些大型商业网点的评分都不高，区别于燕郊新世纪百货、永旺梦乐城得到4.8分的高评分，这六家卖场的最高评分仅为4.1分。大厂的唯一大型卖场——荣华商城只有3.4分（见表7）。

表7　北三县大型商业设施评分

所在城市/区域	门　店	业　态	点评评分	点评数（个）
三河市中心	富达购物广场	百货店	4.1	59
	三河华联购物中心（泃阳西大街店）	超　市	3.6	15
香河县	香河华联香百超市	超　市	4.1	52
	凯荟广场	商业综合体	3.8	84
	安平购物中心	购物中心	3.7	22
大厂县	荣华商城	百货店	3.4	2

数据来源：笔者根据大众点评网的数据整理而成。

当然，这些独立的大型商业网点也构成了县域商圈的核心。例如，香河的凯荟广场商圈、安平购物中心商圈都是以商业设施为中心的。实际上，在燕郊的商业发展中，诸如永旺梦乐城、弘阳广场、润阳广场等也是以独立的大型网点为中心的。

从中小商业网点的布局看，以沿街布局为主。城市小微商业企业的自发分布具有集聚特点，大多沿某条主干道或某一大型商业设施、公共场所布局。例如，大厂的核心商圈主要沿幸福路、永安路以及大厂人民医院对面布局。三河市中心则主要沿泃阳西大街、香河人民医院、人民广场周边等布局。与之相对，燕郊镇则围绕22号线的神威大街站即鑫乐汇购物广场形成了商圈，布局了新世纪百货、沃尔玛购物广场等大型商业设施。此外，围绕北京社会管理职业学院、防灾科技学院、华北科技学院三所高校也形成了学院商圈。这种以大型商业替代沿街小微商业的变革标志着商圈的升级。

（4）商圈辐射面窄，服务范围以周边居民为主。总体看，北三县商圈仍以大型商业设施的孤立分布、小微商业企业的沿街布局为主，除燕郊个别商圈、香河家具城之外，大多数商圈辐射仅限于周边居民。当然，香河家具城作为北方最大、全国第二的家具广场具有广泛的影响力和辐射力，如燕郊的鑫乐汇购物广场等商圈已经初具区域辐射力。

2. 北三县商贸流通业存在的问题

如前所述，与通州区与北三县协同发展等所提出的国际一流的和谐宜居之都示范区、新型城镇化示范区和京津冀区域协同发展示范区的战略定位相比，北三县的商贸流通业发展仍存在如下问题。

（1）品质化的商业不强。从已进驻的商业品质看，除个别门店赢得较好的评价，大多数商业仍以中低水平的生活服务为主，进驻的国际一线、二线以及国内一线品牌不多。

（2）规模化的商圈不足。前述分析已经表明，现有商圈主要分布在燕郊镇，在三河市中心、大厂、香河等地进行规模化集中布局的大型商圈少，难以满足协同发展规划的目标定位。

（3）数字化的门店不多。北三县的商贸流通业入网上线有待推进，除了燕郊地区的部分商贸门店得到较多关注，其他地区的店铺关注度低，数字化进程迟缓。

（4）商贸潜力有待挖掘。香河家具城作为传统商贸业集聚的典型代表，展示了集聚经济的巨大活力。但在数字时代到来之际，其有待进一步对接互联网思维，进一步挖掘市场潜力。

三、商贸流通业数字化发展经验

随着信息技术、互联网、移动技术的蓬勃发展，涌现出了更多新的零售业态。自2016年云栖大会以来，新零售成为数字化时代零售的代名词。学术界对新零售的界定尚未达成共识，但大都认为零售领域的创新实践多与互联网背景及其驱动的大数据应用紧密相关，传统商贸业面临转型升级压力。

近年来，商贸流通业的数字化转型是研究热点，聚焦在全渠道[3]、去中间化[4]、场景化[5]、新零售[6]等话题。自新零售概念提出以来，学者们开始结合新零售研究数字化转型问题。有学者认为，随着线上和线下差异的缩小，新零售必将导向线上和线下融合发展的全渠道，软硬件的持续创新和应用必将激发零售业寻找更有效的新场景，大数据的广泛和深入应用必将实现零售的新效率[7]，推动“人、货、场”重构的新零售是商贸流通数字化转型的必然趋势。

还有学者结合新零售相关理论并结合案例开展商贸流通企业的数字化转型研究。例如，杨坚争等[8]将新零售视为一种商业模式，基于与传统零售业的对比分析，强调传统零售企业必须重视向“新零售”模式转型的必要性和迫切性，尽快制定战略和方针，设计一条符合企业自身实际的发展道路。李晓雪等[9]强调了零售业数字化转型的内在机理并指出，“零售业数字化转型的内在机理是数字化技术驱动的以消费需求为核心的生产供给体系和流通供给体系的变革”，突出了转型问题的系统性、数据化和组织变革。王强和刘玉奇[10]分析了数据生产要素的重要作用以及供应链整体变革的重要性。熊天任和胡宇辰[11]认为，传统商贸企业数字化转型需要具备情报、流通、销售三大能力和信息化基础设施、物联网传感技术两个条件，通过达成这五点要素更高效助力传统商贸企业数字化转型，打好构建企业生态系统的基础。汪旭辉[12]则强调了传统电子商务转型升级的必要性。

当然，实践远比理论精彩。新媒体、新场景、新技术应用千变万化，具体如下。

（一）新媒体应用引领全渠道发展

随着网络经济的快速发展，出现了数字化的论坛、社群、社交媒体、短视频、内容等。随着各类新媒体带货能力的增强，商贸业的全渠道时代来临。具有代表性的带货渠道有软文广告、内容电商、短视频传播、直播带货、分享“种草”等[13]。

1. 软文广告

软文广告随着自媒体发展而日益流行，其利润空间大，且不伤害用户体验，创意够好的话还可以为品牌加分。一些具有很强代表性软文广告，其对外宣称的价格数十万元/条，而且通常要排队几个月。不过，接到软文广告的前提是粉丝要足够多，定位足够精准，更重要的是要有创意，能够不着痕迹地把软文广告植入文章中。图 1 为软文广告示例。

2. 内容电商

“逻辑思维”和“一条”都是内容电商的代表（见图 2）。“逻辑思维”最早使用“有赞”微商城的标准商城模板，逐步发展为大客户定制版商城。“一条”聚焦小资客群，拍摄高质量的短视频，供用户传播分享；并在积累了一定的客群后，开始为用户选品。现已成为线上、线下融合的知名电商平台。当然，内容电商模式下发布的商品数量受到很大限制，而“爆品”的出现又是可遇不可求的，选品是其关键的能力。从商贸业的发展来看，内容电商也成为一条重要的传播途径。一座城、一家店、一种商品也许会成为粉丝追捧的对象。

图1　软文广告示例

图2　内容电商示例

3. 短视频传播

短视频具有音乐短剧、多段混剪、发起挑战、美颜滤镜等功能。抖音、快手等平台不仅仅满足了年轻人的娱乐需求，同时也给二、三线城市、偏远地区的人们带来了一个展示的平台，提供了一种消遣娱乐的方式。

短视频的快速崛起源自西安永兴坊的“摔碗酒”。2018 年春节期间，一位网友在抖音平台发布了一条 15 秒西安旅行的视频，并发起一项名为“西安”的挑战。用户的无心之举，引起了接下来长达一年的蝴蝶效应，参与用户达到 17. 8 万人，西安一举跃入网红城市，成为当下年轻人旅游首选。永兴坊也因为“摔碗酒”成为“网红景点”。

这一条短视频也带动了西安旅游业的爆发式增长。2018 年 1—6 月，西安市接待海内外游客 11 471. 75 万人次，同比增长 45. 36%，旅游业总收入达 1 147. 58亿元，同比增长 56. 32%。当年 4 月 19 日，西安市旅游发展委员会与抖音短视频联合推出“四个一计划”，即通过文化城市主推、定制城市主题挑战、达人深度体验、定制城市短片等对西安进行全方位的包装推广。

西安市旅发委通过抖音平台，建立优先加蓝 V 认证、专人运营指导、全方位流量扶持等快速通道，助力文化城市建设，打造具有全球化视野的新名片。图 3 为有关推广西安的抖音短视频。

图 3 “推广西安”之抖音短视频

4. 直播带货

近年来，直播发展迅速。直播通过网红而发展壮大，并进一步塑造了系列职业网红。网红的收入不仅包括粉丝打赏、公司提成、奖金，而且有一大部分来源于广告商的广告植入，广告商通过主播扩大产品影响力。移动直播的兴起，广受90后等年轻人欢迎，尤其是以自由职业者、学生为代表的“有闲阶级”已成为移动直播主力。

直播通过“+发布会”、“+产品体验”、“+互动活动”、“+解密”、“+广告植入”等多种方式帮助推广宣传。“发布会+直播”现已成为各大品牌抢夺人气、霸占流量、制造热点的营销法宝，广泛覆盖从现场到终端的全体观众。最早的直播可以追溯到2016年。同年的vivo X7发布会现场聚集了来自“没牌”“一直播”“映客”三大平台的四大知名主播现场发布，2小时内吸引了160万用户观看，获赞超过250万。“直播+产品体验”也是一种普适性极高的宣传手段。例如，NONOLADY新品卫生巾上市之际，在微播网易平台上预约了三位新人网红进行了连续3天的接力直播，其互动体验带来超过10万人次的高关注量。

“直播+广告植入”也是极好的推广手段。微信美妆大号“小魔女TV”通过直播与粉丝分享防晒秘籍，无缝植入屈臣氏脱毛膏、面膜、防晒霜、去油脂、保湿补水等系列防晒产品。2小时直播全程霸屏热门，吸引了超过10万名年轻女性观看，被标记144万余次喜欢。此外，“直播+大佬访谈”“直播+产品售卖”等形式都可以帮助市场推广。图4为“直播+”广告宣传示例。

图4 “直播+”的广告宣传

5. 分享“种草”

如果说数字时代的传播可以呈几何级数增长，那么，分享就是传播的发起者。“小红书”等兴趣分享社区，通过文字、图片、视频笔记的分享，在记录个体的正能量和美好生活的同时，与匹配对象分享愉悦、分享兴趣、分享购物信息及其使用体验，进而成为年轻用户生活方式的“种草”空间。

“小红书”的社区分享内容广泛，涉及衣、食、住、游、购、娱等，用户可以编辑趣味化的语言、唯美的图片以及搞笑的视频进行整体的宣传。当然，生活方式的构建不限于宣传，小红书还设立了独立的社区电商平台——“小红书”商城。分享“种草”也成为数字化传播的重要途径。图 5 为“小红书”分享示例。

图 5　“小红书”分享示例

（二）业态场景创新推动门店变革

电子商务的发展及其积累的海量大数据推动了商贸流通业的业态创新，出现了盒马鲜生、名创优品等新型业态。

1. 精致选品类

名创优品（MINISO）于 2013 年由中国青年企业家叶国富和日本设计师三宅顺也共同创办。名创优品定位“时尚休闲生活优品消费”领域的倡导者，奉行“简洁、自然、富质感”的生活哲学，致力于打造创意、优质、低价的快时尚消费生态体系。

名创优品践行“实用、简单、低价”的特点，主要销售生活百货、创意家居、健康美容、饰品、文体礼品、精品包饰、数码配件、食品等数十个品类，其定位为能够让消费者在短时间内反复购买的快速消费日用品。聚焦18~35 岁的“小资”、白领等主流消费群体。目前，名创优品已与美国、加拿大、俄罗斯、新加坡、阿联酋、韩国、马来西亚等 40 多个国家和地区达成店铺推广的战略合作。

作为一种创新业态，名创优品既不同于原有的专业店，也不同于专卖店，呈现出以下几方面先导性设计的买手店特点。

第一，站在消费者视角上，基于简约主义的理念重新设计产品，追求商品功能、商品成本和商品外部性的实用、简洁和美观。

第二，作为消费先导，前瞻性地引领生产，从全球筛选供应商，采取“以量制价、买断供应”，确保产品的优质、低价，形成买手引领的供应链体系。

第三，选址在繁华地区，以匹配其优良设计、优质产品，店铺大都开设在各大购物中心、繁华步行街和大型购物中心等高客流且环境良好的地方。

2. 消费新场景

盒马鲜生是阿里开设的第一家新零售店铺。盒马鲜生强调以消费者为中心，重构人、货、场概念，为消费者提供了“鲜、活”产品的新消费场景。截至2022年11月，其已经在28个城市开设326家门店，广泛覆盖北上广深以及西安、成都、贵阳等城市（见表8）。

表8　盒马鲜生的门店分布　　单位：家

城　市	门店数	城　市	门店数	城　市	门店数	城　市	门店数
上　海	73	杭　州	20	广　州	13	南　京	23
北　京	40	成　都	21	西　安	16	济　南	2
深　圳	24	苏　州	7	武　汉	23	宁　波	5
贵　阳	5	昆　山	2	南　通	3	重　庆	10
长　沙	8	青　岛	7	无　锡	2	佛　山	2
海　口	2	大　连	4	三　亚	1	昆　明	7
沈　阳	2	郑　州	2	合　肥	1	南　昌	1

数据来源：盒马鲜生网站。

盒马鲜生着力创设了“鲜、活”产品的新消费场景。通过产地直供、全程温控确保了产品新鲜度；基于数据驱动精选产品品类，确保了选择的丰富度；通过堂食现做、鲜活配送等确保了灵活度。总之，盒马鲜生是对生鲜市场、餐饮网点、生鲜便利店基于线上线下一体、移动互联、智能物联网、自动化技术及设备的优化整合。

为保证产品的新鲜度、品类的丰富度、店铺的灵活度，盒马鲜生采取产地直供取消中间环节，从商品到店至配送到家的全程物流体系智能、完整，用户下单10分钟之内分拣打包，20分钟实现3千米以内配送，店仓一体。

3. 订制直销型

正是由于前文所述全媒体渠道的广泛应用，商贸流通逐步呈现新的特点。已经与消费者建立广泛联系的厂商可以面向消费者直接销售。电商模式

（D2C）已成为当前重要的流通新模式。近年来崛起的订制家具新秀——良禽佳木就是其中的重要代表。

北京良禽佳木家居有限公司成立于2013年，由索菲亚家居股份有限公司与IDG资本联合投资，现已成为中国最大的实木订制服务商。良禽佳木自成立起即践行互联网思维，坚持为用户量身设计，不浪费每寸空间，广泛利用各类互联网平台推广、订制全主材产品。其已开通的空间除了淘宝店，在微信公众号、抖音、小红书、知乎、豆瓣等平台也均已开设账号（见图6）。以其在今日头条平台的"木匠小强"账号来看，现有20万粉丝，其发布的内容已获得196万个点赞。

在生产端，良禽佳木加快生产工厂建设，七年里共建设完成了六间工厂，现正着手建设服务数字智能时代的3.0工厂，其宣称"木匠创工业、自建工厂、量尺设计、工厂到家、不浪费一寸空间，做环保又时尚的原木定制家具，与您一起成就梦想的家"。

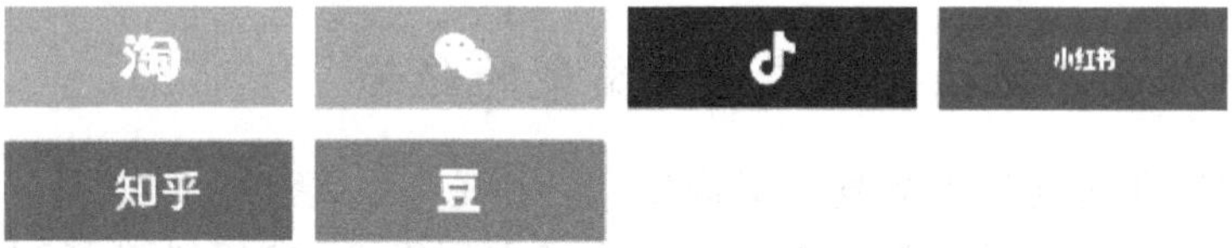

图6 良禽佳木的网络空间分布

（三）数据技术应用改善流通效率

从流通全过程看，数据技术的广泛应用逐步引导研发更加聚焦特定客群、供需适配性更强、营销更具针对性，流通全过程效率更高[14]。

1. 精准研发

消费数据的深入挖掘有助于企业把握消费群体的特点，并为之开发更具特色的产品。小米作为数字原生企业，充分理解消费者尤其是粉丝的重要性。其不仅创造了一系列的粉丝活动，提高了粉丝的参与感，而且要求工程师每天倾听消费者的心声。同样的情况在塔牌黄酒的设计中也有相应的体现，例如，其在2018年推出的干型、半干型黄酒对微酸、微甜、微苦原味的改造，加入枸杞、龙眼进行口感柔和化的改造并改用小包装，其江浙风的折扇和典雅精致的杯垫设计等，都是对消费者的响应。此外，诸如宝洁推出的香氛味洗发水、玛氏开发的辣味巧克力等也都是精准研发的代表。

2. 精准匹配

商贸流通领域数据中心、数据中台的建设发展以及人工智能、5G等技术的广泛应用为供给侧和需求侧精准、智能匹配提供了典范。以盒马鲜生为代表的新消费场景为深入了解消费需求以及帮消费者精准选品提供了经验，其不同品类的各种组合也形成了盒马 mini、盒马 X 等不同业态。此外，一条、名创优品等也是精准选品的典范。

3. 精准营销

由于大数据技术的应用以及基于数据银行的数据交换，厂商可以更加深入地了解并基于浏览者的注册信息、搜索行为、购买行为、浏览习惯等进行捕捉、挖掘和分类，进而根据数据信息推出对应的营销内容、方式及途径，以达到积极营销、精准营销的效果。以良禽佳木为例，它基于同今日头条的数据交互，可以更加深入地了解自身 20 万粉丝的搜索、浏览等行为，并推出更具针对性的营销内容。

四、加快通北地区商贸流通业数字化发展的建议

（一）通北地区商贸流通业集聚的趋势

根据通北协同发展规划，拟构建“一中心、一绿洲、四组团、四片区、多廊道、多节点”的空间结构，形成“城市副中心-发展组团-特色小城镇（新市镇）-美丽乡村”四级联动城乡体系。

展望未来，随着各级投资的快速落位，北京城市副中心将快速崛起，燕郊组团地位更加突出，三河香河组团结合原有产业特色也将得到进一步发展。

1. 北京城市副中心快速崛起

根据通北协同发展规划，北京城市副中心是区域发展的功能中枢，统领区域城镇空间布局与设施系统建设。北京城市副中心聚焦行政办公、商务服务、文化旅游三大主导功能，未来将积极吸纳、集聚高端要素和创新资源，着力构建高精尖产业结构。

从商贸流通业发展趋势看，从《北京城市副中心控制性详细规划（街区层面）（2016 年—2035 年）》、《北京城市副中心（通州区）国民经济与社会发展第十四个五年规划和二〇三五远景目标纲要》可知，商贸流通已成为生活性服务体系的重要组成部分，上述规划和纲要提出“构建复合完善、优质便捷的生活性服务业体系”，强调“重点完善社区生活服务”，“鼓励建设蔬菜零售、便利店、家政等多种社区生活规范服务功能于一体的商业服务综合体”，“鼓励运用现代科技手段推动生活性服务业发展，支持发展无人便利店等零售新模式”，同时进一步提出“推动生活性服务业向高品质和多样化升

级，打造运河消费带和夜间经济活力街区”“加快建设三级商业服务体系和社区商业中心”“形成一批现代化便民新商圈”。

在《北京城市副中心（通州区）“十四五”时期服务业扩大开放和商务服务业发展规划》中，提出“构建三级商业网点体系，建设北京东部特色商业中心”，明确指出“建设运河商务区和环球主题公园区域级商业中心……副中心站交通枢纽、北苑商圈、九棵树商圈地区级商业中心”等。

2. 燕郊组团地位突出

根据通北协同规划，燕郊组团“重点发展科技创新、商务服务、健康养老等功能，补齐公共服务短板，优化提升城市品质，与北京城市副中心形成更加紧密的功能协作关系”。作为城市功能集中建设重点区域的重要组团，燕郊被赋予与北京城市副中心“更加紧密的功能协作关系”，同时突出强调公共服务和城市品质。

商贸流通服务作为城市居民生活的重要保障，体现了城市居民生活品质的高低。燕郊组团具备良好的商贸流通基础和可期的发展前景。《三河市国民经济与社会发展第十四个五年规划和二〇三五远景规划纲要》提出要“壮大现代商贸”，并强调“发展商贸流通新业态”“大力发展电子商务”，到2025年，“培育发展1~2家大型流通骨干企业、1~2家大型专业市场，改善和完善3~4家集贸市场，培育一批农村电子商务专业村，基本实现农村电商服务网点全覆盖”。

3. 三香组团特色发展

根据通北协同发展规划，三河组团和香河组团（三香组团）同样作为城市功能集中建设的重要区域，在协同发展中扮演重要角色。其中，三河组团重点发展科技创新和商务服务功能，香河组团重点发展健康养老、智慧物流、科技创新等功能。

结合三河、香河的区位和产业发展基础，这里的三河组团显然将燕郊排除在外，而是以三河市中心为主，按照北京轨道交通22号线的站点安排，齐心庄站与三河市中心城区的直线距离约11千米，马坊站与三河市中心城区的直线距离约10千米，三河市中心城区的发展重心将形成“市中心–齐心庄–平谷马坊”等边三角形结构。

香河县积极推动家居产业转型升级。《香河县国民经济与社会发展第十四个五年规划和二〇三五远景目标纲要》提出要“做强做大家居产业”，并强调加大“前期研发设计和后期营销服务”，支持建设“数字化车间”，加大“整装定制环节研发”，推进“互联网+”，推动家具城“二次创业”，打造家居商贸新都会。

（二）促进通北地区商贸流通数字化发展的建议

1. 认清形势，加快组织

要高度重视数字化转型的不可逆性。但在一定程度上通过应用数字化工具来提高运行效率，改善与消费者关系已经势在必行。要清晰地认识到商贸流通业全渠道发展的重要方向，尤其是各论坛社群、内容营销、短视频、直播等营销手段的使用。

通北地区商贸流通业存在发展级差。运河商务区、北苑商圈等，或已具备一定影响力，或潜力可见，燕郊部分商圈已有初步辐射力，香河家具城已着手推进数字化转型。但其数字化水平整体不高，数字化发展尚待统筹，并亟待进一步明确转型升级的方法论和路线图。

2. 积极谋划，统筹设计

针对当前数字化转型的复杂性特点，各地要立足产业发展特点，开展有针对性的设计，统筹推进商贸流通业数字化转型。尤其是要厘清卖场数字化、营销数字化、产品数字化、设计数字化、供应链数字化等之间的不同，围绕各地产业链发展特点统筹推进。

要重点推进燕郊组团大型零售网点的数字化升级，着力增强网点与消费客群的互动，健全履约服务，推动零售门店数字化升级。对此，应重点研究香河家具产业链的数字化转型，围绕设计、营销、卖场、供应链等各环节统筹推进，分步实施。

3. 分类施测，树立标杆

要聚焦服务市场主体，围绕如何推进各类市场主体的数字化转型升级，提供方法论、工具箱和案例集，为企业实施数字化转型升级树立标杆。

就通北地区而言，以万达广场、沃尔玛购物广场为代表的大型连锁商业机构，大都遵循集团数字化转型的进程，具有一定的数字化转型经验。当前重点是要在挖掘本地数字化转型经验基础上，积极借鉴国内外领先企业的数字化实践，分类施策，帮助各类市场主体明确转型标杆，厘清转型升级方向和路线。

4. 突出重点，把握规律

要推动企业立足自身条件，顺应各产业链数字化转型升级的特点，科学选择数字化突破的重点。

大型零售卖场要立足自身的场景化改造趋势，推动合作品牌企业开展数字化运行，要逐步优化卖场与品牌的合作关系，拓展共享数据范围，提高数据指导实践的有效性。

此外，香河县要围绕家居产业的数字化转型，积极借鉴家居卖场（如居然之家）的数字化经验、家居营销数字化（如良禽佳木）经验、生产制造数字化经验，帮助企业瞄准转型重点，厘清转型路线。

5. 尊重主体，激发活力

要以各类市场主体为中心，着力激发企业转型升级的内生动力。要把企业发展动力、政府引导方向、数字化升级趋势结合起来，尊重企业转型升级的自主性，帮助企业厘清思路、科学对标，推动企业数字化发展。

6. 配套资金，引导转型

建议成立数字化转型升级引导基金，有效引导和帮助企业尽快实现数字化转型。支持和吸引数字技术、数字化产品、数据银行相关龙头企业参与引导基金。要积极支持转型升级方法论、工具箱和案例库的研究、推荐工作。

附录一：通州区商圈基本情况

通州商圈的发展可以 2012 年为界分为两个阶段。2012 年之前，通州商业主要集中在新华路和新华街交会处，以老银地大厦（现京杭广场）为中心。表 9 为通州区各商圈基本情况。

2012 年 7 月 10—11 日，中共北京市委十一届七次全会正式提出，下一步北京市将聚焦通州，打造功能完备的城市副中心。自此，以通州万达为代表的大型商业中心陆续开盘运营，以六号线通州段为代表的交通线路也开始运营，通州的商业和商圈发展开始书写崭新的篇章。此后，中共北京市委十一届八次全会公布：北京市各市属行政事业单位将在 2017 年整体或部分迁入北京通州行政副中心。

党的十八大以来，疏解非首都功能快速推进，城市副中心加快建设，伴随大型商业网点的布局和职住平衡的改善，通州商圈将进入优化调整期[15]。

表 9　通州区各商圈情况

名　称	规　模	特　点	大型商业综合体
京杭商圈	沿新华大街东西向和新华路南北向展开，东西向 1.5 千米，南北向 800 米	其作为通州区传统的重要商圈，一直以来就是整个通州区最繁华的商圈所在，是集贸易、金融、旅馆、餐饮、娱乐为一体的多功能商业区	莱悦购物中心、船洋国际、天天人民购物中心等

续表

名　称	规　模	特　点	大型商业综合体
运河商圈	规划面积为20.38平方千米，将成为疏解北京中心城商务功能、提升消费功能、积聚文化功能的重要空间载体	2022年上半年累计完成新增入驻企业1 846家，注册资本金达270亿元。爱琴海购物公园已开业。其他一系列大型商业综合体尚未开业。未来将成为重要的集商务、金融、总部经济、高端消费于一体的商圈	爱琴海购物公园、远洋乐堤港、新光大融城、珠江合生汇、运河壹号、富力广场等
通州北苑商圈	沿新华大街和北苑南路两条重要交通线展开，东西延伸800米，南北延伸500米	这是目前最重要也是最繁华的商圈，北苑商圈无论是商家数量还是业态结构都是通州地区最多、最先进的	万达广场（通州）、国泰百货（通州）、华联天时名苑购物中心等
新华联商圈	沿通朝大街和翠屏西路东西、南北向展开。东西800米左右。南北700米左右	这是通州成立较早的商圈，随着八通线的开通和果园地铁站的运营，更推动了商圈进一步发展。商圈内居民区较多，有着丰富的消费者资源	苏荷时代、物美超市等
九棵树商圈	该商圈范围为九棵树东街、通马路、怡乐北街三条街围起的三角地带及其沿线	为集商务、贸易、金融为一体的重要商圈，辐射周围小区较多，客户群体大	领展购物广场、阳光新生活广场等
云景东路商圈	沿九棵树东路南北展开，北至地铁八通线，南至地铁万盛站，全长2.3千米	以传统的商业业态为主，有大量传统的餐饮、零售类商家，主要服务周边居民	蓝岛大厦、贵友百货、环影12街区等
音乐学院商圈	以音乐学院为中心，沿云景东大街，西至九棵树东路，东至云景里南区	是一处较小的商圈，主要服务对象是音乐研修学院的学生群体和周围居民，整个商圈体现出便民化、餐饮化的特点	无
临河里商圈	西至九棵树东街，东至临河里路，北至梨园南街，南至砖厂北路的区域	主要的业态为美容、养生、便利店等，呈现出明显的便民型商圈的特点	无

续表

名　称	规　模	特　点	大型商业综合体
土桥商圈	沿九棵树东街东南西北向，西北至砖厂北街，东南至通州长途汽车站	主要服务于通勤人员和周边居民，商圈发展迟缓	无
环球城市大道商圈	在北京环球度假区内	因其品牌调性和巨大IP、庞大粉丝数量，环球影城内纪念商品、餐饮价格较高，人均游玩消费较高	环球城市大道
物资学院商圈	沿物资学院南北展开，北至物资学院南门，南至通燕高速，南北延伸800米左右	以高校学生为主要服务群体，其中餐饮类商家占绝对主体，养生类、便利店等商家也较多	华联购物广场
北关商圈	沿北关大道，北至通燕高速，南至通惠河	其依托地铁通州北关站而发展，毗邻京杭商圈和运河商务区商圈。未来，其将与京杭、运河商务区及附近的月亮河等商圈协同发展	无
月亮河商圈	以月亮河度假村为中心	这是服务于月亮河度假村的一个小型商圈，其主要服务对象是附近度假、居住的人群	无
龙旺庄商圈	沿潞河东路南至通燕高速，北至京榆旧线，沿京榆旧线东西方向	以便民服务为主，主要服务该区域的龙旺庄小区、王家场小区等	无
小堡商圈	以小堡地区为中心	在面积不到四平方千米的区域内，有数千个艺术家工作室，35家大中型美术馆。零售餐饮生活服务的主要面向群体为当地居民、工作室人员及游客	无

数据来源：本课题组整理。

附录二：居然之家的数字化转型案例

居然之家成立于 1999 年。从位于北京市北四环的第一家门店起，截至 2021 年 12 月 31 日其已在国内开设了 421 个家居卖场，包括 95 家直营卖场和 326 家加盟卖场，商场面积超过 2 100 万平方米，覆盖 6. 5 亿人群。

（一）三个阶段

居然之家的数字化转型经历了从早期的网上商店（居然在线），到 2016 年的“居然设计家”，再到 2018 年以后以同城站为核心的数字化运营体系的改变。居然之家的总裁王宁在混搭大学的分享中详细阐述了这三个阶段。

1. 居然在线

2012—2013 年，互联网高歌猛进，快速冲击着各行各业，一时间家居行业出现了齐家网、爱蜂潮和土巴兔等互联网企业。对此，居然之家开设了“居然在线”做线上销售，目标是把线下产品搬到线上。由于线上、线下的竞食效应、价格歧视以及品牌商与经销商的利益难以达成共识等问题，此次转型并不成功。

2. 居然设计家

2015 年左右，滴滴模式进入居然之家的视野。有别于线上、线下无法融通的问题，滴滴模式闭环运行，B 端的车主和 C 段的消费者在评价机制的作用下形成反馈。基于这一经验，居然之家于 2016 年在收购 Autodesk 公司旗下家居设计软件 Home style 的基础上，推出居然设计家，意在构建自己的设计师平台。

基于此，居然之家后续又打造了六大平台：设计云平台、家具材料采购平台、商品销售平台、施工管理平台、物流配送平台和到家服务平台。

居然设计家也曾改名为“躺平设计家”和“每平每屋设计家”。

3. 同城站平台

2018 年，居然之家与阿里巴巴合作开启新零售时代。

首先，打造本地化的线上增量平台：同城站。此举的背后的商业理念是，家居行业的很多服务需要本地化支持，因此，虽然居然之家的消费者分布在全国 200 多个城市，但是某一个城市的消费者并不一定需要看到其他城市的内容。同城站的构建就像在养一个孩子，越“养”流量就会越大；当然，流量越大需要进一步投入的成本也可能越多。

其次，建立全域流量运营平台。具体表现为拓宽公域流量的渠道，除了阿里系，居然之家还积极拥抱诸如字节系的今日头条以及抖音、微信、快手、“小红书”等其他各类公域流量平台，旨在构建全域流量平台，提升线上获客能力。

最后，成立数字化研究中心。向整个家具行业开放服务平台，赋能整合行业。例如，推动设计云平台、家居材料采购平台、商品销售平台等的进一步开放。

（二）三个步骤

总结居然之家的业务数字化转型分三步走。

第一步，一切数据化，对业务和流程制定相关标准并信息化，最后实现数字化。

第二步，开始连接一切，不仅要让居然之家内部的环节连接起来，而且要让平台和生态链上的设计师、施工队、经销商、品牌工厂、物流服务商等合作伙伴连接起来，最终将居然之家体系之外生态链上的合作伙伴连接起来。

第三步，开放赋能，建立一个共生协同的商业平台。平台能做大的原因是别人需要你，尤其是当在平台上的生态伙伴过得越来越好的时候，平台也一定会越来越好。

表10为居然之家的数字化建设情况。

表10 居然之家数字化建设情况

	2019年	2020年	2021年
直营卖场（家）	92	90	95
加盟卖场（家）	263	292	326
数字化转型方向	卖场的数字化	全链路交易数字化，搭建云设计平台、云材料采购平台、云施工管理平台，实现从设计到材料、从施工到售后的家装全链路数字化管理	开发家居零售产业服务平台“洞窝”。为家居卖场、工厂、经销商和导购员提供从基础设施到场景应用的全域解决方案
	“居然之家”同城站	这是居然之家数字化转型的核心	关注爆款商品的打造与运营带动流量增长
	设计家平台	以3D化设计工具的研发为核心，为家居设计师和家居企业提供免费专业工具和渲染服务，推动家居设计全流程数字化 累计全球注册设计师达到1 000万人，商品模型数量达到100万件，户型图库达到280万个	为设计师和家装公司提供从设计、施工图、报价预算到施工管理的SaaS服务；拥有全球注册设计师达到1 000万人，商品模型库688万件，案例库达766万件；

续表

	2019年	2020年	2021年
数字化转型方向	—	—	智能家装服务平台：开展从设计、主材到施工自动算量的一体化链路建设，推进家装设计和施工的标准化、规范化
	—	装修基材辅料采购平台：智能家居及家居用品销售平台——尚屋智慧家	居然智慧家：营销、代理，与京东合作 App，打通智能家居数据流；提供沉浸式智能生活体验和美学生活展示
	—	后家装服务平台：为顾客提供后家装的设备保养、维修更新等到家服务	—
	—	物流服务平台：数字化智慧物流平台；以智能仓储物流园为载体，为家装全链路提供家居大件一站式仓储、定制加工、配送安装服务	智慧物流服务平台：智能合单、智能配载、线路优化、业务信息自动化流转等
业绩进展	110 家智慧门店、公司销售额 97.6 亿元	同城站覆盖 130 城，引导成交 84.5 亿元	公司销售额 1 040.3 亿元，实现营业收入 130.71 亿元

数据来源：居然之家上市公司年报，笔者有删减。

（三）三个成效

从成效上看，首先是公司的销售额达 1 040.3 亿元，实现营业收入 130.71 亿元，实现归属于上市公司股东的净利润 23.25 亿元，分别同比上升 44.88%和 71.36%。

其次是数据资产的沉淀。其中，“每平每屋设计家”拥有国内设计师 110 余万人，境外用户超 890 万人，国内商品模型库 468 万件，海外商品模型库 220 万件，案例库达 766 万件。

最后是社会化的赋能。截至 2021 年底，居然之家已吸引了 27 家非居然卖场和 4 000 家以上非居然商家进驻并实现商业化。

附录三：良禽佳木的案例

北京良禽佳木家居有限公司成立于2013年，由索菲亚与IDG资本联合投资，已成为中国最大的实木订制服务商。现已在北京、广州、上海、西安设立四个展厅，在北京、南京、郑州、苏州、成都设立五个工作室，在天津、南通有两个生产工厂。

公司宣称“木匠创业、自建工厂、量尺设计、工厂到家、不浪费一寸空间，做环保又时尚的原木定制家具，与您一起成就梦想的家”。

（一）和用户持续互动

良禽佳木自成立起即践行互联网思维，坚持为用户量尺设计，不浪费每寸空间，广泛利用各类互联网平台推广、订制全主材产品。其已开通的空间除了淘宝店之外，在微信公众号（良禽佳木）、抖音（木匠小强）、“小红书”（良禽佳木、木匠小强、良禽制造）、知乎（木匠小强）、豆瓣（木匠小强）等平台均已开设账号。以其今日头条平台的“木匠小强”账号为例，现有20万粉丝，其发布的内容已获得196万个点赞。

其中，微信公众号有180篇原创内容，每篇阅读量几乎都在万人以上。其公众号内容不是简单的知识拼凑，而是有极强的代入感。其构成往往有户型图、短视频、设计图、安装后的实景图（效果图）以及穿插其中的功能性解说和业主感受。应该说，其公众号内容有很强的“种草”意图，其45秒左右的短视频也是对其核心功能的解说，但其唯美的效果和开放性的互动（可评论、点赞、转发）使消费者对此并不反感。

例如，有业主留言：“当时选择良禽佳木，除了原木更安全环保，也因为其他家解决方案无法做到安全、工艺和颜值兼顾。”在知乎、豆瓣等社区，良禽佳木并不讳言公司发展中存在的问题，如有人质疑其实木是骗局，有人吐槽下单前后客服的态度变化，有人指出家居安装中的问题以及家居有问题时公司是否会负责到底，等等。甚至连“木匠小强”也会受邀回帖，只不过回帖也是自嘲“邀请我来回答，肯定会报喜不报忧，帖子变成广告帖”。

从企业快速发展的实践看，各媒体的运营以及与消费者的持续互动的确为企业赢得了大量的客群，这一做法改变了消费者在线感知家居场景的效果。

（二）为用户订制家居

现实中，中高端消费客群存在很大的订制需求，而这在过去是难以得到满足的。反观现在，互联网的发展已为私人订制乃至未来的 AI 订制创造了条件。

当然，AI 订制的实现要基于全链路的数字化。家居的生产过程同样面临复杂的数字化过程。以良禽佳木为例，良禽佳木七年间共建设完成了六间工厂，现已建设服务数字智能时代的 3.0 工厂。

（三）帮用户安装家居

正如“木匠小强”在知乎上说的，“从量尺、设计、签订合同、选料、下料、拼接、生产、组装、打磨、调试、送货、安装，链条很长，但是我们都已经完全打通，提供相对标准的服务”。通过前述居然之家的案例可知，其设计家平台已布局了施工管理平台、物流配送平台和到家服务平台等，以解决销售之后的问题。

（参与本项目调研和报告撰写的还有刘崇献、张晓芸、郭江旭、信梓晴、张钲煦）

参考文献

[1] 预计年内开业，入驻 46 家“首店”，城市副中心再添大型购物中心［EB/OL］.［2023-03-15］. https://finance.sina.com.cn/jjxw/2022-10-08/doc-imqqsmrp1841437.shtml? finpagefr=p_115.

[2] 参见：河北统计年鉴（2021）。

[3] 迎接中国多渠道零售革命的风暴，李飞，北京工商大学学报（社会科学版），2012（5）：1-9.

[4] 吕玉明，吕庆华．信息技术影响下营销渠道结构的演化［J］．中国流通经济，2013（1）：106-110.

[5] 吴声．场景革命：重构人与商业的连接［M］．北京：机械工业出版社，2015.

[6] 2016 云栖大会马云演讲［EB/OL］．［2023-02-17］. https://www.bilibili.com/video/BVIJ54y1B7A5/.

[7] 王强，王超，刘玉奇．数字化能力和价值创造能力视角下零售数字化转型机制：基于新零售的多案例研究［J］．研究与发展管理，2020（12）：50-65.

[8] 杨坚争，齐鹏程，王婷婷．“新零售”背景下我国传统零售企业转型升级研究［J］．当代经济管理，2018（9）：24-31.

[9] 李晓雪，路红艳，林梦．零售业数字化转型机理研究［J］．中国流通经济，2020（4）：32-40.

［10］王强，刘玉奇．新零售引领的数字化转型与全产业链升级研究：基于多案例的数字化实践［J］．商业经济研究，2019（18）：5-8.

［11］熊天任，胡宇辰．新零售背景下传统商贸企业数字化转型路径探讨［J］．企业经济，2022（3）：47-56.

［12］汪旭辉．新时代的“新零售”：数字经济浪潮下的电商转型升级趋势［J］．北京工商大学学报（社会科学版），2020（9）：38-45.

［13］参见：课题组：沈阳市沈河区商贸业转型升级规划（2018—2023）。

［14］参见：中国商业经济学会学术委员会，阿里研究院．曙光：数据生产要素照亮新零售时代（2019）。

［15］参见：课题组：通州区商圈调研报告（2018）。

通州区与北三县合作共建产业园区及其引导机制研究

刘崇献

首先，本文梳理了北京城市副中心（通州区）和北三县的产业协同发展现状，并指出两地产业合作的主要障碍。其次，本文分析了北京城市副中心构建京津冀协同发展桥头堡的产业发展路径，并借鉴国际大都市经济辐射的相关理论和实践，强调北京城市副中心产业配置和空间布局要有辐射和服务周边的思想意识和具体平台，重视培育产业腹地和服务对象，与北三县培育产业链相联系，并指出合作共建产业园区是推动通州区和北三县协同发展的突破口和重要抓手。再次，本文分析了通州区与北三县合作共建产业园区的关键要素，从通州区和北三县各自产业定位和互补性出发，通过对比借鉴长三角和珠三角地区跨行政区共建产业园区的模式和经验，分析了通州区和北三县合作共建产业园区的政策环境、产业选择和空间分布、共建模式、制约因素等关键要素。在此基础上，本文探讨了通州区和北三县合作共建产业园区的引导机制及其建议：①做好高层规划引导和政策配套，推动更高层次的协同发展；②发挥各自比较优势，引导生产要素市场化分工合作；③明确合作园区或转移企业的税收分成和利益共享机制；④鼓励组建跨区域园区平台或企业集团，一体化运营；⑤设立财政性引导资金或税收优惠政策定向引导；⑥在绩效考核上设立跨区域合作评价指标；⑦鼓励高校科研机构和企业总部开展跨区域产学研合作；⑧优化产业空间布局，消除共建产业园区运营的各种瓶颈。最后，本文对此项研究做了简要的总结和展望。

绪论

京津冀协同发展和北京城市副中心建设都是经中央决策批准的国家级发展战略。其中，北京城市副中心被确定为京津冀协同发展的桥头堡，肩负着疏解北京非首都功能，引领京津冀协同发展的历史使命和时代重任。在我国南北方经济发展存在失衡的背景下，通过推动京津冀协同发展来引领带动我国北方经济发展，在当前具有特殊的紧迫性和必要性。

京津冀协同发展的三大重点领域是交通、生态和产业。经过多年协同发展实践，在北京非首都核心功能疏解政策的基础上，各级政府出台了众多促进京津冀三地协同发展的政策法规，在交通基础设施联通和生态协同发展方面取得了重大的进展，交通便利性、城市宜居程度大幅度提升，交通拥堵和雾霾等“大城市病”得到了很大程度缓解。然而，在京津冀产业协同发展这一重点领域仍进展比较缓慢，三地的产业链联系、产业分工合作、生产要素优化组合、产学研合作并没有显著增强。其中，河北和天津近些年在全国的经济总量排序大幅度下降，似乎也在一定程度上反映了京津冀协同发展尚未达到预期的理想效果。

通州区作为北京城市副中心的主要承载地，在多层次高端规划的指导下，经过近几年高强度投资和建设，其生态环境建设、交通基础设施建设、商务和行政办公楼宇建设等都取得了长足进步，宜居城市和智慧城市雏形初现。通州区是通过腾空原有产业后重新加载新产业的形式开展建设的，根据北京城市副中心总体规划，其应重点发展行政办公、高端商务和文化旅游这三大功能，但考虑到城市发展的后劲和潜力，通州区在中央要求的三大功能之上追加了科技创新功能。目前，北京城市副中心和通州区都已充分认识到产业发展的重要性，正在大力开展招商引资工作。

北三县（即三河市、大厂县和香河县）作为河北省的“飞地”，地处北京和天津中间，既有“大树底下好乘凉”的优势，也受“大树底下不长草”的困扰。北三县拥有燕郊国家级开发区和香河家具城等重点产业集聚区，经济实力位居河北省各区县前列，房地产发展一度也非常繁荣。但随着京津冀房地产联合调控和生态环境协同发展的要求，北三县的房地产市场一落千丈，房价几近“腰斩”，加之众多产业发展受到限制或被动迁出，其经济增长、就业和财政收入受到较大影响。

通州区在加载和搭建北京城市副中心高精尖产业体系的过程中，如何有意识地促进京津冀协同发展，尤其是促进通州区和北三县“四个协同”发展，形成合理的产业链分工体系，打造京津冀协同发展的桥头堡，在当前具有重要的理论和现实意义。国家发改委于 2020 年发布了《北京市通州区与河北省三河、大厂、香河三县市协同发展规划》（以下简称《规划》），将通州区和北三县的协同发展确立为京津冀协同发展的示范区，这对促进两地协同发展具有重要的指导意义。

在通州区和北三县产业协同发展中，如何合理地通过机制设计和政策引导，通过合作共建产业园区，促进两地互补要素优化配置、搭建产业合作链条、形成紧密联系的产业集群，使北三县成为北京城市副中心高精尖产业发展的产业腹地和支撑基地，同时使北京城市副中心成为北三县产业发展的高端要素配给中心、产品和服务创新设计的引领者以及产品走向全国乃至全球的展示窗口，是一项非常重要的前瞻性工程，非常值得深入研究。

一、北京城市副中心（通州区）和北三县的产业协同发展现状

在京津冀协同发展进程中，通州区作为北京城市副中心所在地，其产业的协同发展具有双重意义：一方面，承接北京非首都职能的转移；另一方面，发挥京津冀协同发展桥头堡的作用，在自身产业发展的同时兼顾与天津、河北等地区的产业联动。从地域上看，通州区紧邻北三县，在互联互通和产业协作上具有天然优势。北三县在原有产业发展的基础上，以燕郊高新区、大厂高新区、香河家具城等产业园区为主要载体，积极承接北京疏解产业[1]。如何将北三县的地域优势和产业基础与北京城市副中心的产业建设相结合、推进首都经济圈的建设、打造京津冀协同发展的新高地是值得深入探究的重要问题。

（一）北京城市副中心的产业定位、发展现状及展望

北京城市副中心选址通州区，通州区肩负着实现京津冀协同发展的重要任务，但产业发展一直是通州区的短板。为支撑起北京城市副中心的职能定位，疏解北京非首都核心功能，通州区已迁出了一大批落后产业，取而代之的是以行政办公、商务服务、文化旅游、科技创新为主导的产业。2020 年，通州区生产总值为 1 103.0 亿元，与 2019 年相比增长了 3.4%，三大产业增加值及其占比如表 1 所示。通州区的产业结构（即第一产业与第二产业、第三产业之比）由 2019 年 1.0∶39.7∶59.1 演变为 2020 年 1.0∶37.0∶61.6，第三产业占比逐渐增大。北京市级行政机关迁入、北京非首都功能疏解、环球影城项目建设等为通州服务业的发展带来契机，构建以服务业为主导的高精尖产业结构是副中心产业发展的新方向。

表 1　2020 年通州区地区生产总值　　单位：亿元

项　目	2020 年	2019 年	比上年增长
地区生产总值	1 103.0	1 059.3	3.4%
第一产业	13.0	12.6	2.3%
第二产业	410.5	421.0	-3.1%
第三产业	679.5	625.7	7.8%

数据来源：《北京市通州区统计局 2020 年国民经济和社会发展统计公报》。

2020年通州区政府报告指出，通州产业集群建设速度加快，特色产业已初具雏形。在行政办公方面，北京城市副中心行政办公区的建设是疏解北京非首都功能的重要举措。行政办公区一期建设于2018年启用，二期办公区主体结构正在建设中。四大政府机构包括北京市委、市人大、市政府、市政协及30多个相关部门，约1万人搬迁至副中心。即将到来的政府办公区二期将实现第二批市政府机构的搬迁，缓解首都职能压力，促进更多人口的迁移。

在商业服务方面，金融业的规模和税收收入快速增长。北京城市副中心的发展和“两区”建设的推进，为通州区金融行业的快速发展增添了动力。具体表现为依托运河商务区，聚焦金融与总部经济，承接中心城区的商务功能，推动金融领域的创新实践。首先，通州区金融产业实现了提质发展，绿色金融示范区的建设在稳步推进。其次，总部经济能级提升明显，北投集团、首旅集团、中核矿业科技集团以及部分国家级、市级国企等一批大型总部承接落地落户运河商务区。基于绿色金融发展的趋势，总部经济能级提升，旅游业发展带动企业投资。在政府科技创新政策支持下，通州区整体金融行业发展迅速，大运河畔正在形成良性循环发展的产业生态环境。

在文化旅游方面，备受瞩目的北京环球影城已于2021年正式运营。中美合资建设的北京环球影城在历经多年的策划与协调下落地开园，一方面是基于北京城市副中心功能建设以及两区发展的趋势，另一方面北方城市也确实需要这样的大型游乐设施。北京环球影城作为文化旅游的重点建设项目，吸引了一大批优质文旅企业入驻。与此同时，环球影城周边的综合管廊、交通体系，包括水热电等民生工程在内的基础设施建设也实现了升级和完善。以建设环球影城和宋庄文化园为主线，以“旅游+文创+科技”的发展趋势带动本地区的整体产业优化升级。下一步应利用好环球影城的溢出效应，以大运河5A级景区作为重要承接点，实施“公益性+市场化”运营模式，串联环球影城及通州周边旅游景点，研发旅游产品和精品旅游路线。

科技创新支撑加强，一批科创企业落户张家湾设计小镇。北京城市副中心在服务首都科技创新中心建设上大有作为，通州区政府大力支持科技创新，努力吸引和承接一批成长型科技创新企业。智慧城市的建设也离不开科技创新，应顺应建设国家绿色发展示范区以及碳中和的目标要求，着力发展绿色能源、绿色金融，应用三维地图服务系统和智慧城市管理指挥平台等构建新型智慧城市。

未来，北京城市副中心要重点培育高精尖产业，这样才能推进高质量发展。从功能定位出发，顺应数字产业化、绿色金融发展趋势，创新发展服务业，提高产业发展质量，积极发展城市科技。借鉴国内外优质旅游设施的建设经验，加快建设全球主题度假区和大运河文化带等文化旅游景区，推动旅游文创企业融合发展。依托运河商务带，构建新型国际商务服务中心，成为全球资产管理中心和国家绿色金融改革创新示范区。

（二）北三县产业发展现状及展望

就北三县产业发展现状而言，廊坊市对北三县作出了“232”模式的产业定位。所谓“232”，即 2 个创新型融合产业，3 个战略性新兴产业，2 个支撑性产业。其中，2 个创新型融合产业分别是高端服务产业和文化旅游产业，3 个战略性新兴产业分别是高端装备制造业、新一代信息技术行业和节能环保行业，2 个支撑性行业分别为生物健康行业和都市农业。

廊坊市根据以上三地的优势分别为其确立了重点发展的方向。其中，三河市重点建设高端服务产业和创新型产业，大厂县致力于建成创新兼具体验型产业高地，香河县则努力探索智能型跨界融合产业的发展规律。近年来，北三县同北京市进行了多次项目推介洽谈会，达成合作项目并签订相关事项共 85 项。另外，已有华北韵达电商基地的 31 个相关项目投入建设，中冶总部基地的 15 个相关项目投入建设。

北三县具有良好的工业发展基础。2020 年，北三县拥有规模以上工业企业 273 家，占廊坊市的 22. 9%，实现营业收入 713. 8 亿元。北三县起主导作用的产业特点十分鲜明。例如，三河市初步形成了高新技术产业集群和农业产业集群，其中高新技术产业的代表主要是电子信息、新能源、新材料，而现代化农业产业集群包括特色种植、食品加工等。大厂县主要有三大主导产业，分别是现代化服务业、文创产业和观光旅游业。香河县围绕家具特色产业，改造传统落后产业，培育战略性新兴产业。

未来北三县的发展，不可避免会受到北京城市副中心的影响，对北三县而言，北京城市副中心建设带来的更多的是机遇，需要北三县积极主动地和通州区进行产业、生态、基础设施等各类城市功能的协调对接，积极承接北京城市副中心的辐射带动。未来北三县应积极调整产业定位、优化营商环境、建设宜居环境、做强自身实力，同时要积极和通州区加强协同。为此，建议通州区和北三县从以下几个维度采取措施，强化协同发展。

首先，要重视产业链跨区域分布，根据资源禀赋和经济基础的差异加强产业分工协作水平。针对专注于制造业智能化、汽车网络连接系统智能化、工业互联网和节能环保等领域的企业，鼓励其在北三县延链补链，增设子公司、分公司，推进研发成果、配套项目在北三县落地并打造若干具有全国影响力的高精尖产业集群。其次，重视科技创新引领产业发展的作用，鼓励北三县充分利用北京企业的先进科技，推动自身产业数字化转型升级。再次，重视社会组织对园区发展的推动作用，利用社会组织连接政府与各个企业，进而帮助通州区和北三县的产业进一步实现差异化发展并增强互补性，促进两地资源要素合理流动，实现创新驱动经济增长。应重视优化北三县营商环境，积极调查、掌握已入驻北三县企业在异地布局过程中有关营商环境、要素保障、生活配套等方面的困难，协助其及时解决相关问题，提供相关帮助。最后，重视政策的统一规划，在组织协调方面，北京有关方面应加强与廊坊相关政府部门的有效对接，编织区域协同保障网。

（三）通州区和北三县的交通等设施联通现状

为实现通州区与北三县的交通一体化，中央重点推进了道路交通建设，缓解交通压力，方便两地出行，从而推动两地的产业协同发展。

通州区与北三县之间已经建成了 5 座跨潮白河大桥以及包含 3 条高速、7 条区域主干道在内的跨界道路，同时还有新规划的四条跨界道路（大厂厂通路、通宝路、通房路和潞苑北大街）。除此以外，地铁六号线、M101 线计划延伸到北三县，平谷线三河段也计划开工。

过去，北三县地区的进京道路有限，尤其是在道路高峰期间，很容易造成进京道路拥堵。这种情况下，一方面难以发挥北三县卫星城的人口转移作用，另一方面产业之间的互通与协作也受到了较大制约。推动京津冀一体化，实现通州区与北三县的协同发展，必须先实现道路交通的联通。厂通桥对于提升大厂潮白新城的交通价值意义非常重大，厂通桥开通后，大厂潮白新城就建立起了进京路网，便利的交通和优越的地理环境将吸引大量北京外环工作人群到北三县定居，疏散北京人流以缓解其“大城市病”。此外，厂通桥和厂通路的修通建成将极大缓解燕郊、大厂进京拥堵的状况，这不仅是通州区与大厂县的重要联系通道，也是通州区与北三县交通一体化中的重要跨界道路联络线。通州区与北三县的主要交通设施见表 2，主要交通建设项目见表 3。

表 2　通州区与北三县的主要交通设施

交通类型	名　称
跨界大桥	燕潮大桥、京秦高速大桥、京榆旧线大桥、通燕高速大桥、火车轨道大桥等
高　速	京秦高速、京哈高速、首都地区环线高速等

续表

交通类型	名　称
主干路线	武兴路—友谊大桥—侯谭线、徐尹路—燕郊北外环、国道通武公路G230—双安路、国道京抚公路G102、国道唐通公路G509、国道京滨公路G103、京榆旧线等
跨界道路	大厂厂通路、通宝路、通房路和潞苑北大街等
地　铁	平谷线、M101线、地铁六号线等

数据来源：笔者根据北京晚报、河北新闻网相关新闻整理。

表3　主要建设项目

项目名称	项目地点	建设内容
轨道交通22号线	朝阳区、通州区、平谷区、三河市	全长约81千米，地下段52千米。西边以CBD区域为起点，东至平谷新城，共设置21座车站
京唐城际铁路	北京城市副中心站至通州燕郊	全长约148.7千米，其中北京段线路约9千米。从北京城市副中心交通枢纽站到燕郊预计10分钟，到大厂预计14分钟，到香河预计22分钟
厂通路	通州、大厂	全长约7千米，厂通路以通州区通怀路与绿心路交叉路口为西起点，东至市界接廊坊市大厂县
通宝路	香　河	全长约21千米，西起密涿高速公路，东至冀津界渠口镇入潮河
安石路	香　河	全长约3.62千米，以运河大道和新开大街交叉口为东起点，西至冀京界与通州区拟建新石小路

数据来源：笔者根据北京日报客户端相关新闻整理。

推进骨干路网的联通势必能助推通州区与北三县产业协同发展实现新突破。应通过加快建设重点联通工程，构建区域快速公交，优化检查站设置，方便群众快速通行。此外还应重点完善区域智能化交通管理指挥平台，构建城际轨道和公交运营补贴分担机制。同时应推动北京城市副中心与北三县在教育资源、养老资源及配套设施、大型文体设施等方面的共建共享，促进北三县与通州区在交通、医疗卫生、社会福利等方面的一体化。

（四）通州区和北三县的产业合作现状及主要障碍

1. 产业合作现状

京津冀地区是我国劳动力和各类资源、资本最集中的区域，拥有相当雄厚的工业基础和生产实力，但该地区始终存在资源分布不平衡以及发展不平衡等问题。北三县地区的产业层次不够分明，相关产业链不够完善，故而人均和地均的产出都不够高。除此之外，北三县与通州区的产业互动严重不足，这种不足既体现在产业之间也体现在产业内部。此种情况，导致该地区产业的整体发展难以形成梯次和合理承接模式，故而产业间同质化竞争愈演愈烈的不良情况难以改善，高端科技创新型人才难以被吸引过来，进而造成整体产业向创新型方向转变比较困难[2]。

北京城市副中心的建设日益完善大大缓解了北京地区非首都功能的压力。与此同时，河北廊坊方面也部署了符合北三县产业定位之相关职能疏解的重大项目工作，以实现产业升级转型，推进创新驱动发展。除此之外，北三县对周边区域的互补作用也要体现在生活服务、社会保障以及休闲养老和康复等问题的协同上。

2. 主要障碍

首先，京津冀的交界地区发展水平参差不齐。其中，通州区和北三县因缺乏顶层设计，从而使得该地区的协同发展尚未达到预期目的。此外，各地过分追求国民生产总值而没有认识到真正意义上的核心关系问题以及指导和保障作用的重要性，如整体规划与局部行动的关系、经济发展与社会稳定的关系、长期理想与短期目标的关系等。开展北京城市副中心建设以来，资本和生产资料的涌入使得通州当地的资源和环境一时间无法适应和调节，从而影响了北三县可持续发展战略的部署和实施，而这也成为通州区向国际化一流宜居地区迈进的道路上的重大障碍。

其次，通州区和北三县的区域一体化程度低，尤其是经济方面。其原因是这四个市区（或县区）的商品市场和要素市场并没有统一，各类资源流通不畅，不同市场的同种产品差价较大。其中，高端的资源和技术主要向北京市的朝阳区和通州区涌入，高素质的劳动力也为了追求溢价而大都选择北京地区。此外，通州区和北三县因为没有统一的市场而出现了产业结构差异显著的情况。例如，通州区的服务贸易比重不断上升，而香河和大厂地区的产业还处于初级阶段，很难创造出更多岗位缓解就业压力[2]。

最后，产业整体发展水平较低。长期以来，通州区和北三县总体上经济发展水平都不高，第三产业发展相对薄弱，第二产业科技创新能力较弱，房地产成为主导产业，同时缺乏高层次就业，有城无业现象较为突出。此外，通州区和北三县产业结构类似，没有形成优势互补格局，产业互动不足，存在同质化竞争，阻碍了两地产业链合作和转型升级。如燕郊、大厂和通州都在发展类似的影视演艺相关的产业。另外，通州被确立为北京城市副中心所在地的时间还不长，相关功能性产业仍在聚集发展中，尚未形成强有力的辐射源，区域辐射带动作用尚未充分显现[3]。

二、通过北京城市副中心建设构建京津冀协同发展桥头堡的产业发展路径分析

（一）国际大都市副中心发展及其辐射带动的关键要素分析

1. 交通与通信技术的发展

自2000年起，北京市进入了城市中心扩容期。北京市的繁荣发展区域迅速从三环扩张到了四环和五环，为了解决因人口增多而造成的主中心区域的住房问题，发展区域又扩展到了六环。2018年，七环正式通车，其连接了多个地区，推动了京津冀一体化发展。通州区作为北京城市副中心所在地，当地政府十分重视该区域的交通管理。有关政策提出，在接下来的几年通州区在铁路方面将设计5条轨道交汇。便利的交通条件降低了人们的出行成本，也提高了人们出行的积极性，高度发达的通信技术减少了人们交流的时间成本，也在很大程度上削弱了地理位置因素对副中心产业发展带来的消极影响，促使企业家积极选择北京城市副中心作为扩大企业发展的优质地区。总之，便利的交通与通信技术对北京城市副中心的发展和辐射带动具有很大的促进作用。

2. 人口规模的扩大

随着中国经济的快速发展，城市化进程也不断加快。1978年以来，农村人口过快增加，城乡收入差距大、农村发展不平衡等问题亟待解决，而城市的就业岗位不断增加，吸引了大量的农村剩余劳动力，增加了城市化需求。为了使城市有能力容纳更多的人口，城市的产业结构、产业规模和产业布局都需要有所调整，人口的大量输入使得劳动力在产业内和产业间重新分工，产业资产配置也随之得到调整[4]。针对一个国际大都市的副中心来说，人口规模扩大带来的产业各方面调整的结果表现为各行各业的企业实现优胜劣汰，优质的企业促进了北京城市副中心经济的增长，带动了通州区的整体发展。

3. 要素的重新组合与集聚

科技的发展与进步，使城市具有提供较多就业机会的能力，刺激了大量劳动力向城市输入，城市主城区的承载力无疑受到了挑战。人口的过度增长给城市的发展带来了诸多不利影响，如交通堵塞、房价上涨、环境喧闹等问题，使得人民的生活质量大幅降低。为了追求更高的生活质量、选择更低价的住处，一部分人会选择房价较低、生活压力相对较小的城市边缘地区。同时，房价、地租的上涨也使不少企业考虑在城市的边缘地区建立办公场所，逐渐使得边缘地区的商业、人口和经济发展起来，从而形成一个城市新的财富信息聚集区，即城市副中心。

4. 市级行政单位的转移

行政单位具有带头示范作用，其向北京城市副中心的转移会对正在观望的企业产生积极的引导作用，使得企业家更愿意选择北京城市副中心作为发展产业的主要地点。同时，行政单位的转移能够有效推动相关基础性配套设施的建设，而完备的基础设施和高水平的公共服务是北京城市副中心良好发展的基础，可极大带动其经济发展，并使其生活服务性设施更加完备，从而吸引更多居民迁往北京城市副中心区域工作与居住。

（二）北京城市副中心自身产业配置的结构、顺序和空间布局分析

1. 产业配置的结构

从国内外大都市产业演变来看，各城市的产业结构都经历了一个不断高级化、不断优化演变的过程，主要经历了人口集聚、商业集聚、工业化、服务业化、信息化和数字化的趋势。北京城市副中心的产业配置具有很强的规划主导性：以行政手段先腾空原有产业，再按规划配置发展高精尖产业。这种发展路径能够较快地实现副中心产业的高级化、服务业化，有利于实现城市空间结构的优化，更好实现城市宜居化、信息化和智能化。

计划主导的产业配置虽然有优点，但也有明显的缺陷，由于计划制定者不可能充分掌握所有信息，不可能准确预测未来的各种变化，因此制定的计划和发展蓝图很难做到在空间上最优、在顺序上最优、在规模上最优，而是有可能会出现各种失衡。例如，可能会出现设施超前建设而人口和产业尚未有效形成集聚等问题，从而导致设施供求失衡、人口和城市规模失衡、人才需求和人才供给结构失衡、职住失衡、生态小时和经济效益社会效益失衡、计划手段和市场手段的失衡等，并有可能造成各种浪费和沉没成本。

从一定程度上来看，一个城市的承载力必然会影响该城市的发展前景，

而通州区作为北京城市副中心所在地，也会受到人口和土地资源等因素的限制。表4为2020年通州区与北京主要区县的指标对比情况。

表4　2020年通州区与北京主要区县的指标对比情况

行政区	常住人口（万人）	人口密度（人/平方千米）	GDP（亿元）	增速（%）
通州区	167.5	1 848	1 103.0	3.4
顺义区	122.8	1 204	1 873.7	-5.9
大兴区	188.8	1 822	932.8	2.0
昌平区	216.6	1 612	1 147.5	4.6

数据来源：北京市统计年鉴（2020年）。

如表4所示，截至2020年，通州区常住人口为167.5万人，人口密度的增大会在教育服务、交通环境和医疗设施等方面给通州区的发展带来消极影响。此外由表4可知，通州区在产业规模和产业结构上发展速度落后于昌平区，其GDP指数也低于顺义区和昌平区。综合通州区的人口承载力因素，其有限的空间资源必须配合高质量的产业集群和商业结构的发展[5]。

2. 产业配置的顺序

由前文可知，一个城市的副中心是一个城市商业、金融服务业、休闲旅游业等都很发达的地区，这会促使人口、财富以及信息向该区域高度集中，也就意味着城市对人口以及城镇化的管理将面临更大的挑战，因此北京城市副中心的建设需要更高水平的社会保障和社会公共服务管理与之配合。在城市信息资源配置方面，通州区建立了地理信息系统和GPS卫星定位系统。从城市政策机遇来看，目前通州区实施的城乡网格化社会服务管理工作，正处在通州区创新管理工作的政策推动期[6]。

从北京市的发展程度来看，其第三产业已有极高的发展水平。在整体发展水平上，通州区的发展方向必须配合北京市主中心的产业发展趋势。因此，近年来通州区在医疗卫生、生物科技、金融服务等第三产业方面发展迅速，同时，通州区也发展了三大主导产业和四大新兴产业。只有规划出极富现代化特色的产业模式、产业规模和产业格局，才能形成与北京城市副中心发展相匹配的产业支撑能力，从而起到提高通州区整体经济发展指标的作用。

产业发展有其内在规律，需要相关产业相互支撑，形成健康的产业生态，一个城市才会百业兴旺。通州区在重点发展国家指定的支柱产业和功能的同时，应适度发展其他支撑性产业。高精尖的产业往往是服务业，服务业需要有足够数量的服务对象才能生存，因此要允许其他符合环保等方面要求的产业存在和发展，否则往往会因产业太单调而无法发展成为国际一流城区。

3. 产业配置的空间布局

北京城市副中心应遵循产业发展与城市建设融合创新发展的理念，不能一味开发房地产，这是因为一旦产业出现空心化就会导致居民无法在其中找到合适的就业机会。同时也不应忽视休闲娱乐等消费场所的建设，否则居民将无法体验高质量的生活水平。以上这些都是影响内部循环的关键因素。北京城市副中心的产业发展应努力创新，发展符合其副中心功能定位的金融服务业、高端商务、文艺创作、休闲旅游以及生物医疗等产业，并优化产业结构，形成推动产业发展的动力。

2021 年初，北京城市副中心积极推进“两区”金融领域改革任务，一批全国、全市首创项目及创新政策集中亮相，金融业高质量发展的政务环境、商务环境、金融服务创新环境不断优化，全球财富管理中心、绿色金融国际中心、金融科技创新中心建设重要承载区稳步推进。2021 年 3 月，北京城市副中心“两区”一站式服务中心建成启用，成为推动企业项目落地、加强人才保障、兑现服务政策等的一个全方位支撑、全生命周期、全链条服务的一站式综合服务平台。2021 年 5 月，通州区政府与北京市地方金融监督管理局联合印发了《北京城市副中心促进金融业发展若干措施》，提出对符合要求的金融机构给予经济和政策方面的扶持。

综观国内外情况可知，积极转变产业发展方式能够优化产业结构，即加快农业、制造业与服务业的融合；同时也要加快培育新型融合产业来进一步带动通州区的经济增长，使得新型融合产业不断向高端化产业方向迈进。因此，北京城市副中心未来一段时间的产业发展应以通州区现代化国际新城区为核心，以京哈高速产业带、京沪高速产业带以及北运河水岸经济带为枢纽，在合理利用整体空间资源的基础上进一步优化该区域的产业空间布局[7]。这一空间产业结构是以优化产业空间布局为途径，从而达到城市带动乡村发展目的的战略布局。通州区国际新城区以及重点产业的建设充分带动了农村地区经济的发展，改善了人民的生活水平，提高了人们的生活质量，进一步促进了城镇化建设，形成了城乡经济一体化的发展格局。

（三）北京城市副中心的主导产业不是“圈养”的产业——必须有服务对象

目前，北京城市副中心的优势产业正呈现出加速聚集的态势。其产业结构定位为高端商业、科技创新产业和文化融合产业等第三产业。作为现代市场经济条件下的关键产业——第三产业，其发展会带动北京城市副中心的发展及至整体城市经济的增长，而交通道路系统的发达，公用事业、银行、保险、邮电、餐饮、娱乐、宾馆酒店、人文景观等商业与服务设施的完善，是商务经济成型的重要条件。

可以预见，近几年北京城市副中心在经济发展上将是一个开放的、无边界的发展体。因此，其主导产业必将不是“圈养”的产业。由前文可知，北京城市副中心是以第三产业作为主导产业进行发展的，不论是高端商务产业、金融业等生产性服务业还是文艺创作、会展等文化创意融合产业，或是医疗康体等生活性服务业，都必须有一定的服务对象，才能得到进一步的发展。

因此，通州区未来应依托科技创新、文化旅游、高端商务等城市功能，积极在本地区及北三县培育高端制造、智能制造、现代信息技术、现代都市农业、城市基础保障产业等实业，为各类生产性服务业培育服务对象，形成各类产业协调、协同发展格局。未来，北京城市副中心的产业将进一步实现多样化，以形成相互支撑的产业体系和产业生态。

（四）北京城市副中心必须有辐射和服务周边的意识和平台

在京津冀地区共同发展这一主题背景下，通州区与北三县区的合作程度需要继续深入推进。《北京城市副中心控制性详细规划（街区层面）（2016—2035）》（以下简称《副中心控规》）指出，应当重点促进两地在道路运输、产业融合、功能划分、公共设备、绿色生态、资源分配、风貌规划、基础设施等方面进行多层次的合作发展，应当将京津冀发展成为合作模范地区当作今后的目标，致力于建设区域发展的新航向[7]。城市副中心作为北京的重要一翼，必须要有服务和辐射周边的意识，加大自身发展力度，带动周边发展起来。如今，北京城市副中心与北三县这一区域的深化合作仍处于探索时期，需要充分、正确认识区域协调发展与区域发展水平的关系，深入推进地域合作深化[8]。

1. 核心与外围的共生关系

一方面，北三县未来的发展离不开北京城市副中心。总的来说，北三县在人口服务水平、交通速度、产业发展水平、环境管理能力等方面比较落后，尚不能够满足未来高质量发展的需要。目前，需要将通州区的城市服务业融入城市、文化、旅游、工商行政、科技创新活动，有针对性地进行产业结构调整，提升生态环境管理的协同效应和公共服务能力。另一方面，北京城市副中心的蓬勃发展也离不开北三县。为了提升北三县的竞争力和综合承载力，应重点发展北三县与通州区的协调，形成更大的空间规模，补充北京城市副中心公共服务所需的资源，这样可以有效减轻北京城市副中心的资源和运营负担，从而降低“大城市病”的发生率。

2. 整体推进和重点突破的统筹关系

在促进地区发展的过程中，普遍支持与重大突破是需要妥善解决的一对关系，在普遍支持的基础上，还要学会认清主要矛盾，区分次要矛盾，尽最大力量实现局部与大局的统一，创新与渐进相结合，治理过程中要治标更要治本，完成大局的统一与重点细节的突破。推进北三县与北京城市副中心协同发展的问题涉及很多方面，如功能协作、公共服务、生态系统、产业分工、社会治理、交通管控、基础设备等多层级的协调合作与统一深化，如果不能做到普遍支持，那么真正实现统筹合作、共谋发展这一目标便会很困难。同时，整体推动并不是同步发展，因为资源是有限的，在相同时间段内不易实现两地区的同步发展。此外，在社会、金融与生态环境状态都处于不同水平的情况下，对两地有利的发展因素也会表现出很大的不同。因此，在整体推进的同时必须着眼于短板补强，并结合两个地区的实际情况大力推进两地协调发展。

3. 产城融合发展

产城融合发展有效地推动了北京城市副中心的发展，二者是一个相互协同、共同推进的过程。北京城市副中心相对而言聚集了更多的人口和要素资源，进而形成了产业集聚区，并通过“前向联系”和“后向联系”与各产业之间形成连接，从而促进北京市副中心的经济发展[9]。经济的发展使得城市基础设施更加完备，能够提高居民的生活质量，这在很大程度上进一步刺激要素流向该区域，从而促进了北京城市副中心产业的集群化，体现了产业与城市副中心二者之间的良性互动关系。

4. 政府和市场的边界关系

为了有效地促进通州和北三县的协同发展，市场和政府的良好配合是很有必要的。根据古典经济学理论，最有效的资源要素配置方式是市场。在推动市场主体积极进行创新活动、生产经营活动以及充分发挥价格机制的调节作用上，市场扮演着重要的角色[10]。但是，市场也不是十全十美的，如公地悲剧、缺乏社会保障、缺乏市场监管等问题的存在。因此，必须处理好政府和市场的关系，建立完善的体制机制，从而既能提高市场运作效率又能提高政府办事效率。对于市场能够解决的问题，政府不必干预，而是应着力转化职能，加强行政监管。对于市场无法解决的问题，政府则应加强协调发展的战略管理，如社会保障和公共供给等，积极弥补、协调发展中的不足。

（五）北京城市副中心和北三县应有产业链和价值链上的梯次分工

自从2014年京津冀协同发展战略提出以来，通州区和北三县就展现出了迅猛的发展势头。仅一年左右，该区域协同指数便达到我国高层次位置。这四个地域的差异经历了由低到震动增加，再到2016年时的瓶颈状态（发展放缓），接下来从2017年至今，四地域协同发展指标基本处于一致水平，合作共同发展势头愈发良好[11]。

1. 创新合作发展

有关政府机关务必加强领导和由顶向下计划，制备有力的方案、条文、计划，推动北京城市副中心与北三县成为京津冀多地区合作发展模范区，消除阻碍地域创新联动的因素；制定完善北京城市副中心和北三县合作发展的宏观计划，稳妥安排合作创新的研究产业园区。此外，还应依托京津冀数量众多的高等院校、完备的科研机构教育资源，构建多方位的科学技术人员孵化计划，创新不同地域人才交流政策。

2. 产业合作发展

上述四个地域务必树立“长处共享、合作进步”的思想，消除“一亩三分地”的封闭思维，在有机综合四个地域的原生产业模式、产业优势、环境承载力度等的基础上完成方案制定，促进资源的妥善交流，塑造出良好的交流交融环境。应借助北京城市副中心的高精尖产业结构，使北三县老牌工业产业得到提升。同时，北三县产业发展也要适应本地需要，更有效地承担北京城市副中心的转移，尽快承接非首都功能。

3. 交通合作发展

建立完善交通协作管辖方案，设立可以协作处理北京城市副中心和北三县行政管理职能机构的管理方案；增加交通运输方面的预算开支，完善、完备交通设备的资金来源渠道；建设层次分明、作用清晰的交通运输网；建成轨道交通运输网多层级结构，主动融合“轨道上的京津冀”，加快完成四地域跨市郊铁路的实现，努力打造半小时城际路，实现多层次的出行期待，倡导低碳出行。

4. 公共服务合作发展

职能部门务必加大公共服务的预算，完备基础设施，增强北京城市副中心和北三县在区域协作上的认同感。务必保证资源共用，合理分配，以完成四地在社会保障、教育方案、医疗保障等多方面的“相同标准”，在北京城市副中心和北三县范围内推出完善的公共服务计划，实现各地的方案对接。

5. 生态合作发展

严控污染不达标工业，多层次看待城市绿化的重要作用，增加造林绿化开展力度，合理制定城市绿化方案，共同实现“环境优秀的潮白河生态绿化区”这一目标。对于空气污染和水域污染等重点生态恶化现象，务必落实生态管辖责任到单位的政策，务必严格看待水资源管辖，将工程建设中产生的废弃品最大限度纵向使用起来，以杜绝水土流失现象造成的严重结果；城市垃圾、城市污水等的处理，务必完全执行垃圾的多层级分类，借助高科技手段完成水资源的利用，提高再生水使用效率。

6. 市场合作发展

北三县务必依靠自身的地利优势，加快引流众多高新技术产业，促进进出口经济。完成所制定的北京城市副中心和北三县的“四地域统一”计划，消除因行政区域不同对市场经济的分化影响，及时出台更大面积的行政统筹计划，增强商品在多地交通开支的均衡统一化并考虑相应的市场竞争机制，推动经济、科技、政策等多方面在区域市场中的合理安排，在排解非首都作用的基础上进一步降低该四地区在经济发展过程中的巨大不同。

（六）合作共建产业园区是构建京津冀协同发展桥头堡的重要抓手

合作共建产业园区作为重要抓手，在构建京津冀协同发展桥头堡的过程中起着重要的作用，主要表现在以下三个方面。

第一，疏解北京非首都功能是实施京津冀协同发展战略的核心内容和关键环节，而合作共建产业园区能够疏解北京非首都功能，发挥其承接北京非首都功能的重要基地的作用。

第二，京津冀协同发展作为一项国家重点发展项目，工程量巨大、发展难度较高，在建设的过程中可能遇到较多的障碍，而合作共建产业园区作为改革创新的重要“试验田”，能够在改革创新的过程中为京津冀协同发展提供经验借鉴。

第三，合作共建产业园区能够为形成完整且有效的产业链搭建平台，发挥推动建立现代产业集群的强力“黏合剂”的作用，推动京津冀产业集群的发展。

在合作共建产业园区的过程中迸发了很多机会，应当要抓住这些机会，充分发挥特色产业园区的支撑作用，促进区域经济可持续发展。进一步完善京津冀产业空间规划，促进京津冀产业转型升级，提升园区质量[12]。

三、通州区与北三县合作共建产业园区的关键要素分析

（一）通州区和北三县的各自产业定位和互补性分析

目前，京津冀一体化发展战略不断完善。当前，北京的首要任务是解决非首都功能疏解问题和构建高精尖 产业结构，因此北京的发展范围亟待向外延伸。通州区与北三县地理条件优越、经济发达、交通便利，与北京主城区的空间距离适宜，因此通州区与北三县的协同发展能疏解北京中心城区多余的要素以及缓解北京“大城市病”的问题[13]，除此之外，还能诱发一些“卧城”的快速发展。2003 年，通州区被北京市政府提名为重要新城；2015 年，通州区被正式确定为北京城市副中心。尽管通州区是北京最早确立的城市副中心，但尚未彻底改变其工业、产业落后，有城无业的状态。北京市主城区强大的“虹吸效应”产生了区际发展中显著的“马太效应”[14]，这使通州区的综合发展水平很难得到真正提高，从而无法使高端资源集群得到充分发展。根据这一现状，国家制定了通州区与北三县的协同发展机制，目的是使通州区在未来成为世界一流宜居之地，使通州区与北三县成为京津冀协同发展示范区。

通州作为北京城市副中心所在地，其城市发展定位应该与中央的步伐保持一致，承担行政办公、高端商务、文化旅游与科技创新四大功能，成为连接京津冀的桥梁和纽带。所以通州区产业定位主要是从疏解非首都功能方面考虑，构建以高端制造、电子信息、现代物流、文化创意、科技、金融、企业总部等为代表的高端服务业态。

京津冀协同发展战略实施 7 年以来，北京与河北跨区域统一规划已逐渐成为常态。例如，河北国家自贸区、大兴机场临空经济区以及通州区与北三县的统一规划等。目前，北三县迎来了与北京协同发展的三大战略机遇叠加。长期以来，北三县凭借其优越的地理位置，逐步形成了以房地产经济为主导的要素驱动、投资驱动的传统产业发展模式，而这也导致了新经济、新产业的培育滞后，产业结构发展不平衡，因此迫切需要改变这种产业局势。2021 年5 月，北京市与北三县举办了项目推介洽谈会，39 个合作项目顺利落户北三县，预投资总额约 247 亿元，其中包括产业建设、基础设施以及公共服务等领域。可见，北三县已在积极承接从北京转移出来的“摆不下、离不开、走不远”的产业，帮助疏解北京非首都功能。

通州区与北三县在产业协作方面分工明确，互补互惠。首先，通州区与北三县继续发展各自的特色产业。通州区与北三县均有自己的特色产业，对于各自发展起着关键作用。通州区有丰富的旅游资源，如运河漕运文化、大运河森林公园以及已经正式开园的北京环球影城主题公园等。从北三县来看，三河有农业，大厂有食品加工业，香河有汽车配件和家具制造业。其次，合理调整一些密集型产业。通州区作为承接疏解北京非首都功能的区域之一，主要承担制造业的疏解。随着2022年重工业和一般制造业的不断迁出，未来的工作重点会放在高端制造与新兴制造业方面。2020年，北京市一般制造业疏解工作已基本完成，过去五年，北京批发零售等传统服务业比重大幅下降。从《河北省京冀交界地区新增产业的禁止和限制目录》可知，高端制造、信息产业、物流、金融、科技服务、节能环保等领域都被给予了大力支持。最后，应将通州区与北三县的协同产业链进行重点分工。通州区负责设计创新最先进技术与科技以及高端制造产业，北三县则重点优化产业孵化中间环节、生产环节以及为通州区相关服务提供支持的产业，进而最大限度实现通州区与北三县之间的产业协同化，建立一个创新驱动、分工明确、多层次、高效协作的现代产业体系。

（二）通州区和北三县合作共建产业园区的政策环境分析

1. 开放便利的市场环境

首先，持续放宽市场准入门槛。通州区与北三县全面建立并执行“互联网+教育”“互联网+养老”“互联网+交通”“互联网+社区”的新业态准入标准。按照“非禁即入，公平进入”的原则，确保新经济、新基建领域产业的落地。深入清查隐形壁垒，分类清理市场准入和准出、要素使用、市场监管，以及产权保护等领域中阻碍统一市场和公平竞争的规则和做法。

其次，加强与国际市场的对接。促进通州区产业“走出去”，全面支持外资企业入驻产业园区，落实外资企业依法减税、免税等各项扶持政策。这项措施可以让国内开阔国际市场，扩大经营范围。鼓励企业进行并购投资、证券投资等境外投资。通州区与北三县加快推进高端科技、前沿技术等项目的对接进程。建立重点项目评估和总体实施的共同审议机制，制定重大项目总体管理措施，确保推动重大项目的开展。

最后，多渠道降低企业综合成本。为通州区与北三县产业园区企业构建全链条金融支持体系，切实降低企业融资成本，支持高精尖产业发展。全面落实各项税费减免政策措施，支持两地大力开展金融改革试点项目，鼓励金融机构完善全套金融服务，支持各金融机构向诚信纳税的企业发放无抵押信用贷款，以鼓励此类诚信纳税企业可持续发展。

2. 产业园区建立的公共服务保障机制

制定通州区与北三县医疗与养老相结合的发展模式，全面提高北京、天津、河北三地的健康养老能力。针对此发展模式，政府已制定了一系列的激励措施，目的是将北京的优质健康养老资源扩散到通州区与北三县地区。对此，可以通过医疗、养老等机构之间的合作和各相关分支机构的设立，确保该举措的顺利推进。同时，还应加强、完善通州区与北三县的产业园区资源共享、医疗互助等机制。

通过合作办校、设立分校等方式，将北京市优质教育资源向两地转移，促进不同地区教师之间的交流，同时推动通州区与北三县的教师流动，强化市场运行机制，尽早实现两地教育资源整合与共享的目标。

通州区与北三县根据统一的政策制定统一的评定标准，实行统一的宏观管控，并在国家政策的扶持下打造通州区与北三县高质量联动的城市规划体系。此举可以聚焦新兴产业，推动产业升级，吸引高端人才，加快人才集聚，共建高端产业园区，从而将该产业园区打造成为京津冀协同发展的产业新高地。

（三）通州区和北三县合作共建产业园区的产业选择和空间分布

1. 产业园区产业选择

21世纪以来，中国经济持续快速发展。但资源毕竟是有限的，若要实现经济健康发展、城乡统筹发展和资源优化配置的目标，就要将稀缺的资源放在主导产业的发展上。鉴于一个地区的发展总会依托某些主导产业，所以应该准确确定地区的主导产业，因为不合理、不适合的主导产业会在一定程度上损害经济发展，破坏一个地区的总体发展进程。

“两区”建设是北京市构建新发展格局的关键一步，更是北京市“十四五”开局之年的重头戏。通州区在“两区”建设中具有显著优势，拥有巨大的产业机遇，这有利于通州区实现产业升级，打造更多的城市特色品牌，大力培育高科技产业、高端装备制造业等产业。

在产业园区协调机制的建立方面，通州区与北三县依据国家政策和产业定位制定了一系列具体的相关产业发展政策，并逐步将其纵深推进至北三县，引导北三县与通州区共同创新产业、高效合理利用资源、人才等关键要素，优化首都功能。目前，通州区与北三县差异化禁限目录已制定，以引导不同的产业类别在该地区之间的合理布局。应严禁高耗能、高污染企业进驻通州区与北三县，建立产业园区协同风险管控机制，共建产业联盟，完善奖惩机制和信用风险管理机制。

2. 产业空间布局

通州区与北三县将打造两条特色产业带，使得产业有效聚集发展。其中，第一条特区产业带为京哈特色产业带，其主导产业为节能、环保、高端科技、大数据信息技术等产业；第二条特区产业带为京沈特色产业带，其主导产业为大数据信息技术、高科技装备制造等产业。

通州区与北三县的建设发展有着得天独厚的机遇，可以说是天时地利人和。首先，北京城市副中心“一核两翼”的规划是习近平总书记亲自谋划、部署、推动的国家大事、千年大计，是千载难逢的历史机遇。其次，还有地利的优势，运河商务区大约相当于三个陆家嘴的体量。如此庞大的高品质产业承载空间，加之出自北方唯一的五河交汇的最大水城，其未来有希望对标伦敦的金丝雀码头——也是一个大国首都的副中心，也是以金融总部经济为定位的码头。最后，还有人和的优势。近年来，大体量迁往北京城市副中心的各种各样的高精尖总部经济的金融科技、绿色金融的企业最关心的问题就是人才进京落户的指标问题。通过第七次人口普查，通州区近十年的人口增速是北京市各区中最快的。在未来的“十四五”期间，至少还有 20 万~30 万的人口增量，这也是通州区拥有的巨大人力优势。

（四）通州区和北三县合作共建产业园区的重点领域和模式

1. 通州区与北三县合作共建产业园区的重点领域

通州区和北三县合作共建产业园区要充分考虑各自的产业定位和产业基础。根据北京城市副中心建设总体规划，通州区重点发展行政办公、文化旅游、高端商务和科技创新等城市功能，三河市重点打造高端服务与产业创新高地，大厂县重点建设创意与体验型产业高地，香河县重点建设跨界融合智能产业高地。

综合考虑通州区和北三县现有产业基础和规划的重点发展产业，可以发现通州区和北三县可以开展合作的产业领域不限于第二产业，实际上第三产业将是两地未来产业园区合作的重点领域。预计通州区和北三县共建产业园区的重点领域包括以下方面。

（1）科技创新产业。未来通州将以亦庄新城通州组团、国家网络安全产业园以及新引进的总部企业研发部门为引领，向北三县燕郊组团、香河组团拓展延伸高端装备制造产业、新一代信息技术产业、节能环保产业，形成研发、营销在通州，试制、生产、物流在北三县的梯次布局。

（2）文化旅游业。以北京环球影城主题公园、台湖生态演艺小镇、路县古城、张家湾古镇、北京城市副中心绿心公园等为引领，面向北三县一体化设计文旅精品线路和产品，串联通州区和北三县的优质文旅资源。

（3）都市健康、养老产业。按照规划，北三县中的大厂县将成为大尺度的绿洲，大厂和香河重点发展健康养老产业，通州区和北三县应积极联合布局医疗、养老、培训设施，打造未来北京市及其城市副中心高层次人才休闲养老的后花园。

（4）高端服务业。将以北京自贸区组成部分的运河商务区和张家湾设计小镇为引领，向北三县延伸高端服务业产业链，推动中试孵化环节和配套服务环节落地北三县，促进人才、资金、技术和信息要素和相关产业在北三县的集聚，提升北三县服务本地以及北京城市副中心乃至北京市的能力。

（5）城市物流、快递产业。北三县和通州区是联通北京市和天津港进出口物资的必经通道，北京市及其城市副中心离不开城市物流、快递等民生服务保障产业，未来以通州马驹桥陆运口岸为重要节点，联通首都和大兴两大国际机场，在通州南部地区和北三县统筹建设物流快递保障基地。

（6）都市农业。通州区和北三县在控制房地产业和一般制造业发展的同时，应重视农田保护和生态绿化。上述都有不少可供发展都市农业的土地，未来以通州国际种业科技园区为引领，在通州区和北三县适度发展现代观光农业、林果采摘园、品牌性专业农产品（如西集樱桃等）小镇，葡萄园或菠菜田也是绿化的形式之一。不一定都要植树种草，搞成前期投资和后期养护成本很高的各类公园的形式。

2. 通州区与北三县合作共建产业园区的模式选择

通州和北三县产业园区众多，不同产业共建园区的模式也会不同。下列共建园区形式可能更适合通州区和北三县。

（1）产业招商模式。产业招商模式往往是产业欠发达地区从产业集群成熟的特定地区引进企业或企业产业链的部分环节。传统的产业招商模式往往是欠发达地区政府或园区单方面的努力，以优惠政策、区位优势吸引企业为主，如已经连续举办三年的“北京·河北廊坊北三县项目推介洽谈会”基本上就属于这种模式，这种项目推介会不仅有承接地的优惠吸引，而且有转出地的推动和鼓励，两方面共同努力的效果会更好。目前，北三县园区普遍使用产业招商模式吸引北京企业进驻。产业招商模式相对成熟，实施难度较小，因此被广泛使用。

（2）双方园区合作共建产业园区。双方园区合作共建产业园，一般采用股份合作制设立共建园。合作共建产业园区可以发挥各自的特长和优势，形成有效分工和紧密的产业链联系。例如，通州和大厂都发展了影视相关的产业，双方都有各自的影视产业园区。其中，通州影视产业园区位于东郎通州电影创意产业园，大厂文化创意产业集群位于大厂潮白河经济开发区。双方的影视产业既有竞争之处，也有产业链上互补之处。双方如果通过股份制建设产业园区，开展协作分工，可以有效减少因竞争带来的坏处，享有合作带来的益处，有利于双方园区今后更好地发展。

（3）股份合作和产业招商混合模式共建产业园区。股份合作和产业招商混合模式是指跨区域共建的双方通过成立合资股份公司共同建设区中园，收益按股份分配，同时又可以采用招商的模式全权委托给第三方，对特定区域或特定产业开展招商。在这种模式中，一方面股份合作制明确了利益分配，有效减少了利益冲突；另一方面可以在现有的基础上更加专业地进行招商引资，有助于产业园区朝着更加良好、和谐的方向发展。

除此之外，诸如开发区之间缔结友好园区等模式可能会在合作共建初期被采用，异地生产统一经营模式、高校与地方合作共建产业园区模式也很有可能在未来被采用。

总之，共建产业园区并没有固定的模式，要具体情况具体分析，要根据当地自身的情况找到适合产业特点和发展状况的模式进行合作共建。在建设产业园区的过程中，一方面要坚持政府主导，国家颁布的各种政策为产业园区的建立提供了坚实的后盾，要充分利用政府政策、资源的优势，积极合作共建产业园区；另一方面要发挥市场的作用，加强政府投资与市场投资的紧密程度，积极融资，加大招商引资的力度，为产业园区的共建提供强有力且持续的发展动力。

（五）通州区和北三县合作共建产业园区的制约因素分析

通州区和北三县共建产业园区目前存在着一些障碍和制约因素，只有正确地认识这些问题，才能在之后的发展过程中更好地解决这些问题，才能使通州区和北三县的协调发展取得更大的进步，具体制约因素如下。

1. 两地产业发展层次低，产业链分工模糊

由前文所述可知，上述地区几乎都以第三产业的发展为主，但仍处于工业化阶段，加之通州区与北三县目前已发展了很多相似产业，故而产业链分工较模糊，这或将对之后的产业合作共建产生较大的影响。

2. 职住不平衡问题突出

职住不平衡指的是一个地区的劳动者数量和就业岗位数量不平衡的现象。通州区与北三县在地理位置上距离较近，且北三县与通州的房租价格相比较低，一部分在通州工作的人会选择在北三县等地方租房，由此造成了职住不平衡的情况。再加上北三县缺乏一定的就业吸引力，职住不平衡的现象就会造成北三县的劳动力更愿意在北京工作，为北京创造更多的经济效益，这会对北三县的经济发展会造成一定的影响，也会对通州区与北三县合作共建产业园造成一定的阻碍。

3. 通州区目前缺乏可发挥产业链组织引领作用的优势企业或产业集群

长期以来，两地产业发展层次低，且发展程度相当，没有形成梯次分工格局，对相关资源存在同质化竞争。目前，北京城市副中心建设采取的是“标杆法”，即基本腾空原有相对低端产业，重新规划配置“高精尖”产业体系，通过树立标杆吸引高端人才、产业、要素集聚。因此在该副中心建设前期，通州区和北三县的产业联系可能进一步被削弱，通州区短期内将以资源聚集为主，缺乏有能力向北三县延伸产业链的大型产业集群，北三县园区招商时也没有将通州区企业作为重点招商对象。但从北京城市副中心的发展战略和地域合作便利性来看，在未来其产业集聚的过程中，应重视通州区和北三县产业梯次配置和产业链培育。

4. 利益分配机制不完善，驱动力不强

通州区和北三县虽然地理上相接，但却分属两个省级行政区，再加上潮白河的阻隔和进京检查等现实因素，两地之间的行政边界效应明显。京津冀协同发展和北京城市副中心建设都是国家重要的发展战略，中央和各地政府也出台了很多扶持政策来推动京津冀协同发展战略的实施。尽管在多方的努力下，协同发展机制取得了一定的效果，但是在多方参与共建的情况下，各方政府往往会以自身的利益为出发点，注重自身的利益而忽视整体的利益，对优质资源进行争夺，在合作建设的过程中容易因为产权利益的不明确而产生合作问题。

通州区和北三县合作共建产业园区的模式尚不明确：是以官方管委会主导，还是以商业园区主导？是以联合新建园区为主，还是以两地园区协作共建为主？此外，园区及相关硬件设施的投资、管理权限、入驻企业的税收分成、园区 GDP 的归属、转移企业的补贴分担等问题也都还不太明确，相关机制还不完善，这些都会阻碍产业园区的发展，进而影响合作共建产业园区的积极性及其运营绩效。

5. 疏解引导政策难以真正贯彻，影响企业转移积极性

据调研，连续 3 年“北京 · 河北廊坊北三县项目推介洽谈会”签署的合作协议金额超过了 800 亿元，但相当多的项目都没有很好地落地或产生预期的经济社会效益。企业的选址和迁移最重要的权衡是成本和收益，此外还会受到转出地和转入地政府相关政策的影响。

从企业层面看，北京市的企业普遍不愿转移出去，能拖就拖。企业迁移到北三县的相关园区，可能会面临严重的市场萎缩、人才流失、物流成本增加、营商环境恶化等不确定因素。只有在原所在地实施强制性退出政策，两地政府给予的政策优惠足够大，或者转入地更接近大多数员工居住地或原材料供应地，以及允许只转移生产制造部分环节等情况下，企业才有一定的转移积极性。

从政府层面看，为了落实北京非首都核心功能疏解，转出地和转入地政府都对相关转移企业许诺了税收优惠、资金补贴、土地或贷款优惠等，但随着宏观经济形势变化，转出地政府财政收入下滑，对某些重点企业的迁出持谨慎保留态度，而转入地政府也往往由于财政能力有限，不能或不愿足额兑现协议中承诺的优惠或补贴，导致一些企业疏解停滞或中止。例如，北京稻香村集团向廊坊市转移疏解时就面临类似情况。

未来通州区和北三县在推进合作共建产业园区时，应尊重企业意愿和市场规律，不宜大规模开展“拉郎配”式的行政撮合和强制转移。疏解迁移企业是为了使其更好发展，发挥区域经济协同带动作用，而不是把它们往破产的路上赶。企业转出也并不意味着当地产业就能自然升级，赶走“鸭子”未必就能招来“凤凰”。转入地与转出地需要更多地从改善营商环境、发挥本地比较优势去引进或培育产业。

6. 土地资源的限制

随着经济的快速发展，北京地区对于土地的使用面积逐渐扩大，开发土地的速度也逐渐加快，周边地区的土地也纳入了开发范围。北三县紧邻通州区，近年来受到北京相关政策的影响，北三县的房地产业发展速度加快，当地的建设用地飞速扩张，土地资源日趋减少。2020 年 3 月，国家发改委发布《规划》，规划统筹通州区和北三县两地，优化空间布局，加强了生态建设与修复，原则上不再增加建设用地。

因此，通州区和北三县共建产业园区的选址不仅要结合通州、三河、大厂、香河当地现有产业的发展状况，而且要结合协同发展政策的要求等多方面的因素。这种情况下，共建产业园在选址和规模大小上会受到一定的局限，这在一定程度上也会限制通州与北三县共建产业园的发展。

（六）长三角和珠三角地区跨行政区共建产业园区的模式和经验

在经济全球化和区域经济一体化的发展背景下，跨区域共建产业园区成为促进经济一体化发展的重要途径。

长三角地区于2003年开始了对跨区域共建产业园区的探索，江苏省的江阴、靖江两市合作共建了“江阴-靖江工业园区”，成为长三角地区开展跨区域共建产业园区的开端。在多年来不断的探索发展下，此类共建范围从省内合作发展到了省外合作，合作的范围和程度也得到了不断扩大和加深，逐渐形成了长三角城市群。长三角产业园区属于发达地区控股的园区共建模式，成功突破了制约产业转移的社会资本约束[15]。

2008年，在全球金融危机的影响下，广东推出了“双转移”政策，在这个政策的指导下，粤东西北地区建立了大批产业园区，其中产业转移园区大部分由珠三角发达方与粤东西北欠发达方合作建设。产业园区的建立实现了双赢，因此可以借鉴长三角和珠三角的经验来促进通州区和北三县的合作。

1. 建立统一的区域协调组织机构

通州区和北三县隶属不同的行政区域，在产业协同发展的过程中可能会发生各式各样的协调问题。借鉴珠江三角区的经验，通州区和北三县应充分发挥两地政府的引导作用，建立一个统一的协调组织机构，实行信息公开，加大信息共享的力度，加强公共事务的协作和管理，完善建设中的公共服务，打破行政区域的限制，规避因为组织不力和资源分配不均而带来的冲突，同时也要在发展的过程中避免政府对上述地区合作共建产业园区的过分干预。

2. 坚持以市场为导向

尽管政府出台了众多的政策和措施，为园区共建提供了诸多帮助，但是市场化仍是园区发展的内生动力，长三角地区跨区域共建产业园区就是以产业的内在需求和节奏为主导的。因此，通州区和北三县合作共建园区的时候应在政府引导的基础上坚持以市场为主导，充分发挥市场的决定性作用，促进要素资源在两地范围内的自由流动。建立以市场需求为导向的共建机制，才能更长久地促进共建产业园区的发展。

3. 借助优势招商引资，加大社会资本的引进

在共建产业园区的前期，政府投资是产业园区得以顺利开展建设的关键资金来源。随着园区的发展规模不断扩大，政府的投资在园区建设中发挥的作用越来越小，只有招商引资，引进社会资本，产业园区才能有更光明的发展前景。在长三角的发展过程中，招商引资一直是产业园区最重要的工作之一，也是长三角园区建设取得成效的一个重要举措。例如，锡丰工业园在无锡设立了招商办事处，吸引了大批投资者去考察，为锡丰工业园引进了大量资本。因此，通州区和北三县合作共建的产业园区要完善招商引资的制度，加大招商引资的力度，创新招商引资的模式，从而保障园区的持续健康发展。

通过合作共建产业园区，长三角地区和珠三角地区的经济发展质量进一步提高，增强了区域产业竞争优势。尽管此类发展模式也存在一些不足之处，但是跨行政区共建园区的思路还是非常值得借鉴的。通州区和北三县合作共建产业园区应积极吸取其他地方的经验，有序、高效地开展建设园区的工作。

四、通州区和北三县合作共建产业园区的引导机制研究

（一）做好高层规划引导和政策配套，推动更高层次的协同发展

如前所述，国家发改委2020年发布的《规划》是指导通州区与北三县规划建设的基本依据。目前，通州区和北三县都处于承接北京市中心城区产业疏解的地位，在产业发展过程中，应处理好以下问题。

1. 差别化招商，避免同质化竞争

在引进或承接优质企业资源的过程中，两地的园区和政府不可避免地会产生竞争，这就需要两地的产业发展规划有明确、差别化的招商范围和重点。根据《规划》，要积极推动北京"摆不下、离不开、走不远"的产业向通州区与北三县疏解转移，通州区应重点围绕前沿技术研发环节、科技创新与服务的高端环节进行布局，北三县地区应重点在中试孵化环节、制造环节和配套服务环节实现与通州区的产业协同。通俗地理解，北京市中心城区、通州区和北三县在产业分工上要形成类似于"头-腰-腿"的格局，相互之间在产业链布局和发展重点上要有差别，同时在产业链上又要相互协作。

2. 积极建立产业链联系和协作关系

通州区和北三县的园区企业在发展过程中应重视共建产业链，一体化设计产业链，通州区园区和企业要为北三县园区和企业提供研发、技术、信息、人才、营销展示等方面的支持，北三县园区和企业则应积极为通州区园区和企业的研发成果转化提供试制、加工和制造基地、仓储基地、配套服务基地等，形成相互支撑的"头-腰-腿"的产业分工体系，类似于"总部+基地"或"前店后厂"格局。

3. 培育差别化的产业结构，推进适度错位发展

目前通州区和北三县实行"四统一"发展模式，并不意味着通州区发展

什么北三县也必须发展什么，也不意味着通州区不发展什么产业北三县就一定不能发展什么产业。在通州区不作为重点产业发展的产业方面，北三县在符合环保和能耗要求前提下，也可以积极发展。北三县不需要在什么产业上都作为通州区或北京市的“腿”或“脚”，北三县也有推动产业高级化的权利。例如，北三县可在省级以上产业园区发展高端制造业，推进家具产业的研发，开发高附加值系列家具产业，发展特色都市农业等。

4. 两地政府应该“管好自己的手”，做到不缺位、不越位

为了推动北京市非首都功能有序向通州区和北三县疏解，需要高层次的规划引导，明确产业流向和区域布局，同时为了促进转移，转出地和转入地政府需要制定相关扶持政策，为疏解企业减轻外部不确定性，确保疏解企业能落地生根，发展壮大。在推动产业疏解过程中，上述地区的政府都应该“管好自己的手”，做到不缺位、不越位，防止出现因为缺乏协调系统而导致的“个体理性与集体非理性恶性共生”的现象[16]。

（二）发挥各自比较优势，引导生产要素市场化分工合作

根据《规划》，相比北三县，未来通州区主要扮演的是一个“大脑”的角色，北三县则更多地扮演的是“身体”的角色，由此实现通州区和北三县之间产业的协同发展，统筹规划发展，从而实现北京城市副中心高质量发展的要求。

通州区和北三县有一些共同的发展优势。例如，都具有便利的交通优势，距离港口和机场较近；都有较多的人口，劳动力资源相对丰富；土地资源储备较富余；都属于大运河文化带（具有较为丰厚的历史文化积淀）；都具有一定的特色优势产业和产业园区；等等。通州区和北三县在合作共建产业园区过程中应发挥各自比较优势，鼓励引导生产要素市场化分工合作，形成合力，追求共赢。

通州区和北三县需要发挥各自比较优势，强化各主体在不同创新环节中的分工合作。未来，通州区将会聚集较多的高水平高校、科研机构、金融机构、企业总部和高新技术企业，在人才、资金、技术、信息、管理等生产要素方面具有优势，会在价值链“微笑曲线”的两端，即投融资、研发、营销、国际化等方面形成定向支持，通州区也应积极引导本区域的金融机构、人才服务机构、科研机构、交易机构、教育医疗机构向北三县延伸服务网络。北三县相对而言拥有较为丰富的土地和劳动力资源，拥有区位和交通优势，可以积极对接北京市及通州区的各类市场主体，重点发展中试孵化环节、制造环节和配套服务环节的业务。

北京城市副中心应重视发挥经济引领和产业辐射功能，为此要重视打造区域乃至全国性生产要素交易和配置平台，建议把北京城市副中心作为中国服务贸易交易会的主会场，设立全国性的北京证券交易所、碳排放权（碳期货）交易所、知识产权交易所、大数据交易所、企业产权交易所、不动产拍卖中心、高级人才交流中心，举办文化贸易博览会、跨境电商展销会等，并优先服务北三县和京津冀企业。

（三）明确合作园区或转移企业的税收分成和利益共享机制

影响通州区和北三县深化合作共建产业园区的一个关键问题是税收分成与利益共享。由于产业园区是由通州区和北三县合作共建的，那就涉及多方利益主体，从制度经济学的角度来说，该产业园区会形成“政府-政府”“政府-企业”两种核心主体关系，而这两种关系的核心在于利益共享机制。例如，对于输出地（通州区）而言，如果其因将自己的一部分产业转移到北三县发展而导致税收分成大幅度减少，那输出地政府就可能不太愿意进行产业转移。因此，必须采取解决措施来构建良性的利益共享机制。

首先，对跨区域进行经济合作的政府实行“量身定做”的绩效考核制度，促使两地政府签署详细的合作协议。为了促使相对发达地区政府积极向相对落后地区转移产业，可以将产业园区所创造税收的地方留成部分按一定比例让渡给产业输出地政府。其次，在一定时期内将转移企业的营销管理部门留在产业输出地（通州区），共建园区只承接加工制造部门。这样的话，生产加工环节的增值税在共建园区缴纳，其他税收部分在通州区缴纳，可以减轻产业转移初期通州区的税收流失问题，缓解因此造成的财政收入压力。再次，在同等条件下，优先把园区服务业委托给通州区负责[17]。这样做不仅可以消除通州区因产业转移而产生的“产业空洞化”现象，而且可以协助通州区快速发展第三产业，搭建高精尖产业体系，重点发展行政办公、高端商务、文化旅游和科技创新四大功能产业。最后，针对单向流动的基本公共服务项目，如北三县向通州区供暖供电项目等，就需要建立相应的利益补偿机制，从而激励两地的可持续合作发展、互利共赢[18]。

（四）鼓励组建跨区域园区平台或企业集团，一体化运营

产业园区是落实区域合作发展战略的重要载体，是承接产业转移的主平台。通州区和北三县可以京津冀协同发展战略为大背景，及时抓住两地发展中遇到的机遇，充分利用经济技术开发区等产业园区的经济效用，推动区域经济持续向好，这样做不仅可以优化京津冀产业空间布局，而且可以反哺带

动京、津两地产业转型升级和园区质量提升[12]。

长期以来，通州区和北三县之间在政府层面和企业层面的产业协作水平较低，市场化配置资源的障碍较多。为了克服市场分割的问题，把相关成本内部化，通州区和北三县可以在规划和政策协同基础上，组建跨区域的园区平台或集团企业，使其经营范围覆盖通州区和北三县，把两地作为统一市场来经营，一体化运作，这将有效提高两地的产业链、供应链协作水平。

通过资产重组和股权联合，在明确 GDP、税收和利润分成基础上，通州区和北三县可以联合组建产业园区，或者由两地已有园区进行功能整合，实行不同职能、环节的分工，使园区或园区内企业在最大限度上可以根据成本和市场布局需要开展两地运营，一体化核算成本和效益。例如，可以成立覆盖通州区和北三县产业园区的副中心产业园区管委会，进行统一的园区基础设施规划投资，优化园区和产业空间布局，统筹产业疏解和承接政策。相应地，可成立以通州区和北三县为整体服务对象的公共服务平台，实现政务服务和公共服务的互认和一体化管理，如两地工商管理、税务管理一体化，同时成立副中心公交集团、旅游集团、绿化集团、燃气集团、供水或供电公司等，推动两地医疗和教育机构深度合作，推进公共服务均衡化发展。

（五）设立财政性引导资金或税收优惠政策定向引导

推动通州区与北三县产业进一步协同发展，离不开政府财政部门在财政资金与税收政策方面的支持。

首先，在财政性引导资金方面，应加大对通州区与北三县合作共建产业园区的转移支付补助力度，单独设立通州区与北三县合作共建产业园区专项转移支付补助。整合划拨给两地共建产业园区的财政专项资金，按照“存量调整、增量倾斜”的原则，把性质、用途相似的资金整合起来，以重点产业和项目为平台，统一规划、统筹安排，通过捆绑打包等方式将专项资金的增量部分集中起来，切实用于解决通州区和北三县合作共建产业园区过程中的关键环节和重大问题。要转变财政支持经济发展的方式，调整资金的投向，综合运用财政资金有偿使用、注入资本金、贴息、补助、以奖代补和政府采购等多种方式，打造若干重点公共服务平台，并尽快制定相关配套规章制度，加强监督管理，确保资金安全，确保发挥产业发展专项资金的最大效益[19]。同时，借鉴国外横向转移支付制度，在共建产业园区的过程中开展通州区向北三县的横向转移支付，逐步缩小两地财力差距，实现两地财力适度均衡，为公共服务一体化弥补落差。在企业经营用房、上市（挂牌）、研发投入、贷款贴息、落户奖励等方面应给予相应的补贴，从而降低企业生产经营的成本，给企业发展创造更大的空间。

其次，在税收优惠政策方面，可以按照通州区与北三县合作共建产业园区的产业布局要求，制定一个详细的产业布局指导目录，明确共建产业园区内的税收减免产业目录范围，通过产业布局目录与各项财税优惠政策配合，形成与产业政策互动的引导机制，促使产业园区在重点产业、重点行业、重点产品上实行错位竞争，实现优势互补，促进产业协调发展。建立产业优惠为主、区域优惠为辅的税收优惠体系，增强产业发展的导向性作用，引导资金向优势重点产业聚集，形成特色鲜明、竞争力强的产业结构。另外，还要建立和完善奖励机制，一是设立纳税大户政府奖励资金，对于连续几年纳税额超过一定数额的产业园区内的企业，按其纳税额的大小给予其一定比例的奖励；二是设立环境保护奖励，对于节能减排、环保考核达到要求的园区企业给予奖励或一定的税收减免，从而引导企业走“节约资源、保护环境”的发展道路。

在产业疏解和承接问题上，相关资金补贴或优惠政策只能是过渡性、辅助性的引导措施，应尊重企业的市场化选择及利润导向，否则可能会加重各级政府的财政负担，并且干扰企业的正常发展。

（六）在绩效考核上设立跨区域合作评价指标

绩效考核是一根重要的“指挥棒”，通州区和北三县的合作共建产业园区是一个巨大的系统工程，要确保“一张蓝图绘到底”，就需要在绩效考核上设立跨区域合作评价指标。

合作共建产业园区是推动京津冀协同发展的重要举措，需要通州区和北三县根据上位规划的要求，明确合作共建产业园区的近期、中期和长期目标，再根据现实基础和各种约束条件进一步把这些目标明确为一系列有时间节点、可量化考核的指标，形成不同层次的指标体系，并开展严格的绩效考评，确保工作落到实处。

通州区和北三县合作共建产业园区的考核指标体系约束主体既包括政府相关部门、产业园区管委会，也包括相关企业。涉及政府层面的指标体系应包括两地协同规划推进进展、开展产业链合作的投资企业数量、产业合作相关的行政服务效率、支持园区发展的道路、水电暖、物流、通信、网络等基础设施保障和服务水平、产业疏解与承接的鼓励和扶持政策落实情况，为两地企业开展产业链合作提供的洽谈、展示平台建设等。涉及园区管委会的指标主要包括落户园区的企业数量、企业规模、园区配套政策和服务水平、企业业务与园区定位匹配度、园区企业软硬件条件、入驻企业的经营业绩及其稳定性等。涉及企业层面的绩效指标包括企业业务领域和经营环节与所在地产业定位的匹配度、在通州区和北三县跨区域布局产业链的程度、产业链协作程度和经营绩效等。

指标体系是年度考核的依据，考核结果作为政府部门、产业园区和相关企业的业绩评价，与相关的奖励、补贴、扶持政策挂钩，以形成相关激励和监督机制。

（七）鼓励高校、科研机构和企业总部开展跨区域产学研合作

科技创新是北京城市副中心重点培育的重要产业和功能之一，科技创新及其成果的转化是通州区和北三县共建产业园区的重要使命和业务领域。高校、科研机构、企业总部是科技创新的重要主体，因而鼓励高校、科研机构、企业总部开展跨区域产学研合作是共建产业园区的重要途径和内容。

通州区已有和将有的高校包括中国人民大学东校区、清华大学金融学院、北京物资学院、北京工业大学通州分校等，此外还有国家网络安全产业园、国际种业产业园和多所三甲级医院，以及众多金融机构和高新技术企业总部和研发机构，科技创新资源正加速聚集。为支持和服务高校、科研机构、企业总部的科技创新、产品研发和管理创新活动，通州区和北三县应积极支持、引导和服务这些机构的产学研合作。

通州区和北三县的一体化发展迫切需要两地开展相关产学研合作。首先，应鼓励各级地方政府共同合作交流，努力完善协同创新模式，加强各地区间资源要素流动，调动区域间创新主体参与协同创新的积极性。其次，要充分发挥区域协同创新的外溢效应，扩大创新成果扩散的范围，提高成果使用率，增强创新型企业竞争力。最后，应促进创新企业间的良性竞争，催生新的商业模式，推动企业创新效率提升。

政府还应关注各创新主体间的差异性。例如，高校、企业和科研机构在文化底蕴、价值取向和资源构成等方面均存在较大差异，这种差异性导致了各主体间相互认识的不足。此外，政府在推动产学研合作的过程中，还要特别重视对本地创新资源的调度与配置。企业在面对新型技术需求时，可以主动向政府寻求帮助；政府则应及时了解本地各类主体的技术供给和需求，充分发挥其引导与资助职能，加快建设创新成果转化平台并完善知识产权管理机制，在更大的创新空间和区域内形成常态化合作。

（八）优化产业空间布局，消除共建产业园区运营的各种瓶颈

京津冀地区各城市的产业局部往往是向市区聚集，片状分布，缺乏带状

分布的产业聚集带，也就难以形成跨行政区的产业辐射通道，难以取得规模经济效益，这是北京市对周边经济辐射能力弱的重要原因。

为更好地打破行政区域壁垒，通州区和北三县应联手打造带状经济走廊。以京哈、京沈两条区域交通廊道为主轴，配套建设立体化的、相互支撑的人流、物流综合通道，有序引导产业集聚发展和产业链培育，联合打造京东两条特色产业带，有效串联北京东部区域发展。

未来通州区和北三县共建产业园区要围绕这两条特色产业带，优化空间布局，培育同类产业聚集区。同时要重视相应的软硬件配套设施建设，消除共建产业园区运营的各种瓶颈。

首先，要打造立体化的公共交通体系，人流和物流通道要协同推进，沿着这两条高速公路两次配套，修建地铁、高铁、骨干货运公路，提高产业通道的交通条件水平、信息化水平、物流处理能力、公共服务配套设施水平等，从而提升公共服务水平。应重视解决职住平衡问题，适度发展产业园区配套的居住设施，配套必要的教育和医疗资源，培育带状产业聚集区和区域经济发展轴。

其次，应确保政策供给，消除政策瓶颈，优化营商环境。这需要两地政府审时度势调整相关政策，持续优化产业园区的扶持政策，使园区以“创新驱动发展”为根基，不断强化顶层设计与资源整合，推行“制定政策、创造环境、加强监管、控制风险”的政策扶持总体思路，通过创新扶持政策，形成“起步有资源、成长有保障、运作有监管”的园区动态扶持政策体系[20]，从而发挥政策应有的效果并实现既定的目标。同时应积极优化营商环境，提高行政办公效率，改善企业融资和人力资源供给状况，提供便利的生产要素交流平台，降低企业运营成本，提升园区企业竞争力。

五、总结与展望

本文强调从京津冀协同发展的大背景下研究、分析通州区和北三县合作共建产业园区的必要性、可行性、路径、模式及其引导机制。这保证了本文所涉及的研究顺应国家重大战略推进方向，确保了研究的正确方向和整体协同性。

本文从北京城市副中心战略定位出发，强调北京城市副中心产业配置要重视发挥京津冀协同发展桥头堡的功能；强调北京城市副中心应通过市场力量发挥辐射带动作用，重视市场规律和市场力量的作用。

本文强调通州区和北三县要切实建立产业链协作关系，相互找准能为对方服务和希望从对方那里获得支持的切入点和合作模式，充分发挥各自的比较优势，以建立互补共赢的产业链联系。

本文建议从政策协同、硬件联通、组织创新、利益共享、要素自由流动、资金引导、创新考核指标、促进产学研合作等角度加强引导，建立稳定的机制和制度，使共建产业园区成为两地协同发展的抓手和平台。

未来，随着北京城市副中心产业聚集和城市功能的完善，对北三县的辐射带动作用必将进一步增强。及早、有计划地介入、引导两地产业定位、产业分工、空间布局和产业链协作，将大大强化两地的协同发展水平，促进通州区和北三县更早实现高质量发展。因此，本文提出的合作共建产业园区的方案和对策建议具有重要的现实意义。

（参与本项目调研和报告撰写的还有刘玉奇、冯乔治、朱世艳、李欣月、张娜洋）

参考文献

［1］刘纪艳，陈元良，胡志松．关于推进北京高精尖产业与北三县协同布局的对策建议［J］．中国工程咨询 2021（6）：6.

［2］李国平，宋昌耀．京津冀交界地区跨区管控研究：以通州、武清、廊坊“北三县”为例［J］．区域经济评论，2017（1）.

［3］王凤娟．廊坊北三县与通州协同发展示范区建设对策［J］．国际公关，2020（5）：12-13.

［4］苗春阳．二、三线城市副中心区营造写字楼集群成功条件研究［D］．重庆：重庆大学，2006.

［5］林学达．通州：首都副中心的内涵、定位与建设格局［J］．城乡建设，2012（11）：27-29，4.

［6］金耀飞．城市副中心全力打造全球财富管理中心［N］．北京城市副中心报，2021-07-29（1）.

［7］《北京城市副中心控制性详细规划（街区层面）》草案编制完成［J］．城市规划通讯，2018（13）：5-6.

［8］张武晴．推动直辖市跨省交界区域协同发展的战略思考：以北京城市副中心与廊坊北三县协同发展为例［J］．决策咨询，2019（5）：47-52.

［9］潘福达．副中心亮出首都文旅新名片［N］．北京日报，2021-08-31（5）.

［10］张文，张宏斌．新古典经济学与新兴古典经济学比较研究［J］．合肥工业大学学报（社会科学版），2002（5）：55-58.

［11］郑永珍，简鹏，苏一洋，等．北京行政副中心与“北三县”协同发展研究：基

于京津冀协同发展视角［J］. 现代商贸工业，2020，41（3）：20-22.

［12］崔志新 . 京津冀产业园区发展现状及高质量发展对策［J］. 城市，2020（9）：3-15.

［13］高艳红，陈秋颖，景红娜 . 通州区与北三县协同发展对策思考［J］. 经济与社会发展研究，2021（2）：14.

［14］王昊，朱里莹，周璞，等 . 副中心建设背景下通州产业发展机制分析与政策启示［J］. 城市发展研究，2016（11）：92-99.

［15］杨玲丽，万陆 . 园区共建：社会资本约束下的长三角产业转移研究［J］. 经济体制改革，2012（6）：61-65.

［16］冯云廷 . 飞地经济模式及其互利共赢机制研究［J］. 财经问题研究，2013（7）：94-102.

［17］程宏志 . 皖江示范区园区合作共建思路与对策［J］. 安徽广播电视大学学报，2012（1）：43-46.

［18］管华宇 . 通州区和北三县一体化发展财税政策研究［J］. 农村经济与科技，2019，30（12）：149-150.

［19］刘家凯，等 . 广西北部湾经济区财税协调政策研究［J］. 经济研究参考，2009（29）：29-54.

［20］王备军，柳林，史占中，等 . 我国工业园区发展的政策瓶颈及优化对策研究［J］. 科学发展，2014（11）：18-21.

第三篇

大运河文化带经济带建设

文旅产业融合视角下北京大运河文化带建设路径研究*

孙 静

习近平新时代中国特色社会主义思想中蕴含着丰富的文化产业发展理念，大运河沿线八省市文旅产业发展迅速并呈现差异化的发展模式。北京应立足“全国文化中心”等四个中心的定位，深入挖掘北京大运河的文化历史价值，整体谋划大运河市域内及京津冀沿线文化产业布局；集聚文旅资源要素，创新文旅产业融合模式；提升区域文旅消费品质，形成以大运河文化为主题的京津冀文化产业链；策应国家文化公园建设，构建利于文旅产业发展的制度体系。

一、北京市文旅产业发展的政策环境

2019 年 2 月，中共中央办公厅、国务院办公厅印发了《大运河文化保护传承利用规划纲要》，明确了大运河文化带建设的方向、目标和任务，指出要通过大运河文化带建设促进文旅产业的深度融合以及相关产业的高质量发展。规划建设北京城市副中心（以下简称城市副中心），与河北雄安新区形成北京新的两翼，这是以习近平同志为核心的党中央作出的重大决策部署，是千年大计、国家大事。

（一）北京市文化与旅游产业发展的政策梳理

推进文化旅游深度融合是首都高质量发展的战略选择，文化和旅游融合是高质量发展的重要着力点。旅游不仅要融入文化产业，提升旅游创意水平和文化内涵，而且要融入文化事业，以旅游的市场化运作反哺文化事业。文化则要融入旅游“吃、住、行、游、购、娱”各环节，促进其内涵和创意提升。

1. 全国文化中心定位下的北京市文旅政策

北京确立为全国文化中心之后，文旅促进政策频出，如《关于新时代繁荣兴

* 本文为北京市教育委员会科研计划一般项目“文旅产业融合视角下北京大运河文化带建设路径研究”（SM202010037009）研究成果。

盛首都文化的意见》《北京市推进全国文化中心建设中长期规划（2019年—2035年）》等，本项目梳理了近三年来北京市文化与旅游的相关政策（见表1）。

表1　近五年（2018—2022）北京市文旅政策汇总

序　号	政策主题	政策内容提要	发布时间	政策颁布主体
1	《北京市扩大文化和旅游新消费奖励办法》	为加大文旅消费供给侧改革力度，丰富文旅产品供给，实现文化和旅游的高质量发展，发布该奖励办法。奖励内容包括：支持开发弘扬中华优秀传统文化的旅游消费新产品，支持科技赋能旅游消费新场景，支持发展“旅游+”“+旅游”等产业融合新业态，支持推出“北京礼物”新商品	2022-09-30	北京市文化和旅游局
2	《北京市文化和旅游局关于提高暂退旅游服务质量保证金比例　进一步支持旅行社恢复发展的通知》	为进一步支持受新冠疫情持续影响的旅行社积极应对当前经营困难，恢复发展，履行社会责任，北京市政府相关部门进一步扩大保证金暂退范围，提高暂退比例，延长暂退期限	2022-04-12	北京市文化和旅游局
3	《北京市文化和旅游局关于继续暂退部分旅游服务质量保证金　进一步支持旅行社恢复发展的通知》	为贯彻落实中央对受新冠疫情持续影响行业企业加大扶持力度的决策部署，做好“六稳”工作、落实“六保”任务，北京市扩大旅游服务质量保证金暂退范围，延长补足期限，并对措施具体的实施办法作出了规定	2021-11-12	北京市文化和旅游局
4	《北京市文化旅游体验基地认定及管理办法（试行）》	该办法对北京市文化旅游体验基地的概念进行了界定，明确了基地的认定条件和相关管理和扶持政策。该办法的实施旨在加快北京文旅体验基地项目落地	2020-11-12	北京市文化和旅游局
5	《北京市入境旅游奖励与扶持资金管理办法》	为促进入境旅游市场健康发展，增进国际交流，优化旅游消费结构，助力北京提升全国文化中心和国际交往中心地位，发布了该办法。该办法规定，在北京行政区域内注册的经营入境旅游业务的旅行社可按规定申报年度入境旅游奖励与扶持资金。该办法还对具体的实施细则作了进一步的说明	2020-06-17	北京市文化和旅游局

续表

序　号	政策主题	政策内容提要	发布时间	政策颁布主体
6	《中共北京市委关于新时代繁荣兴盛首都文化的意见》	该意见针对当前时代背景下繁荣兴盛首都文化提出了几点方向性要求：高举中国特色社会主义伟大旗帜，建设社会主义意识形态思想高地；传承源远流长的古都文化，彰显中华优秀传统文化的时代价值；弘扬丰富厚重的红色文化，培育全市人民爱党爱国爱社会主义的深厚情怀；发掘特色鲜明的京味文化，塑造和谐宜居的城市人文品格；繁荣蓬勃兴起的创新文化，培育首都文化发展的核心动能；丰富高品质文化供给，增强人民群众文化获得感幸福感；推动中华文化走出去，建设展示大国文化自信的首要窗口；加强党对首都文化建设的全面领导；等等。该意见还针对上述要求在具体措施等方面作了进一步的阐述	2020-04-10	中共北京市委
7	《关于应对新冠肺炎疫情影响　促进旅游业健康发展的若干措施》	为应对新冠疫情对旅游市场带来的不利影响，北京市政府及相关部门出台一系列政策措施，减轻旅游企业经营压力，优化政府自身服务流程，提倡相关企业开展员工培训提高自身服务水平，鼓励景区推出在线旅游产品和电子文创产品	2020-03-13	北京市文化和旅游局
8	《关于应对新冠肺炎疫情影响　促进文化企业健康发展的若干措施》	针对新冠疫情对文化传媒市场带来的不利影响，政府相关部门出台相关补贴政策，为企业提供纾困资金，帮助企业推广文化内容作品	2020-02-25	北京市文化改革和发展领导小组办公室
9	《京郊精品酒店建设试点工作推进方案》	为加快推进京郊精品酒店建设试点工作，进一步提升北京市的旅游服务接待水平，完善首都服务功能，制定了这一项目建设中需要遵循的具体方案	2019-12-26	北京市文化和旅游局

续表

序　号	政策主题	政策内容提要	发布时间	政策颁布主体
10	《关于促进乡村民宿发展的指导意见》	为促进和落实乡村振兴战略，该意见阐述了政策的指导思想、基本原则、发展目标、设立条件、审批流程和保障措施等	2019-12-26	北京市文化和旅游局
11	《北京市服务业扩大开放综合试点　文化旅游领域开放改革三年行动计划》	为促进文化旅游发展，深化文化旅游业改革，政府部门计划进一步开放审批许可，进一步完善扶持政策，进一步支持重点项目，进一步创新市场监管	2019-08-27	北京市文化和旅游局
12	《2019 年北京市文化和旅游促消费措施十二条》	该“十二条”提出了促进文化市场消费的具体措施：扩大文化演艺消费规模，激活影视消费市场潜力，提升文化娱乐消费品质，强化文旅活动消费引领，提升旅游服务消费水平	2019-05-06	北京市文化和旅游局

资料来源：笔者摘自北京市文化和旅游局、北京市文化改革和发展领导小组办公室等官方网站。

2. 高质量视域下城市副中心（通州区）的文旅政策

2021 年 8 月，为深入贯彻落实党中央、国务院决策部署，进一步支持城市副中心高质量发展，国务院发布《关于支持北京城市副中心高质量发展的意见》（以下简称《意见》）。《意见》指出，要“加快文化体育旅游发展”“发展文化消费新业态新模式”等，为通州区文旅产业发展提供了良好的政策环境。

3. 疫情下北京文旅扶持政策及其效果

疫情暴发后，北京市紧急出台《关于应对新型冠状病毒感染的肺炎疫情影响　促进中小微企业持续健发展的若干措施》（京政办发〔2020〕7 号）、《进一步支持中小微企业应对疫情影响保持平稳发展若干措施》（京政办发〔2020〕15 号）等系列扶持政策，帮助企业渡过难关。市委宣传部会同市发展改革委、市科委、市财政局、市人力社保局、市文化和旅游局 16 个部门及各区有关单位，及时制定出台了《关于应对新冠肺炎疫情影响　促进文化企业健康发展的若干措施》（京文领办发〔2020〕1 号），即“北京文化 28 条”[1]，有效应对新冠肺炎疫情冲击，同时，围绕网络视听、文艺演出、广播电视、旅游等领域出台 10 多个专项政策，通过政策“组合拳”，逐步构建起适应疫情防控常态化的文化经济政策体系。各区也纷纷出台扶持政策，如东城区出台了《东城区关于给予疫情防控期间减免中小微企业房租的文化创意产业园区资金补贴的实施办法》，海淀区发布了《海淀区支持文化企业应对新冠肺炎疫情影响的若干措施》，顺义区印发了《顺义区关于应对新冠肺炎疫情影响促进文化企业健康发展的若干措施》，不同层面帮扶政策的出台与实施有效地解决了疫情中文化企业的燃眉之急。全力以赴做好企业服务。例如，进一步完善文化领域政务服务工作机制，多措并举保障企业平稳发展。协调金融机构不抽贷、不断贷、不压贷。通过"投贷奖"等政策支持 889 家文化企业共计 4.15 亿元，通过"房租通"政策为 2 377 家文化企业减免房租 1.33 亿元。提前启动电影专项资金项目申报工作，并调集 2 000 万元用于 232 家影院的疫情专项补贴。各区不断完善服务机制，提高服务效率，采取务实措施，全力推动文化企业有序复工复产。例如，朝阳区鼓励文化产业园区在疫情防控期间为驻园中小微企业减免租金，全区 73 家文化产业园区共为 1 967 家企业减免房租 1.62 亿元[2]，为疫情时期内容生产与文化消费保驾护航。

北京市聚焦难点与痛点，扶持生产创作，修复消费生态，加强补贴力度。一方面，北京宣传文化引导基金项目申报工作提前启动，并增加特殊补贴申报，对《夺冠》《紧急救援》《姜子牙》《唐人街探案 3》等 4 部春节期间未能如期上映的京产影片给予一次性宣发补贴，对受疫情影响暂停的重点项目《冰雪长津湖》给予创作制作特殊补贴。另一方面，针对文化消费市场的新形势、新变化，引导市民文化消费行为，推动文化消费复苏。第八届北京惠民文化消费季加强对受疫情影响较大行业领域的复苏支持，突出对新业态、新模式、新平台的引领扶持，以"云享文化京彩生活"为主题，共计开展近 370 项 11 277 场次各类文化消费活动，吸引 23.89 亿人次线上、线下参与，直接消费金额超 79.3 亿元[2]。发放"京影券""书香券"等专用文惠券，有针对性地帮扶影院、实体书店等加快复苏。优化文化消费品牌榜单设置，设立"十大文化消费地标""十大文化艺术活动""十大网络视听精品""十大文化创意产品""十大文化消费创意 IP"等五大主题榜单，并围绕抗疫防疫主题设置"年度特别贡献"榜单，最终评选出"北京坊"等 55 个具有鲜明年度特色和首都文化消费特色的品牌。

（二）北京市大运河文旅产业发展的政策梳理与目标定位

在北京这座城市的形成过程中，大运河（北京段）作为水利运输工程，为北京的城市建设、水系的梳理承载了重要职能。2014 年 6 月，大运河被列入《世界遗产名录》。2019 年 12 月，北京正式发布《北京市大运河文化保护传承利用实施规划》。该规划从 2025 年、2035 年和 2050 年三个阶段，对大运河文化保护传承利用的中长期目标进行了安排，涉及文物、生态、旅游、景观、协同等多个方面。同时发布的还有《北京市大运河文化保护传承利用五年行动计划（2018年—2022年）》等文件，按照“四个中心”城市战略定位，确定了全国文化中心建设“一核一城三带两区”的总体框架。作为“三带”之一的大运河文化带，是北京推动公共文化服务体系示范区和文化产业发展引领区建设的重要抓手，将促进形成历史文脉和生态环境交融的整体空间结构，凸显北京历史文化整体价值。通州区则通过不断完善大运河通州段景区环境，创新体制机制，调动社会各方积极性，将申创国家5A级旅游景区的各项工作不断引入深化。

为贯彻落实习近平总书记重要指示精神和中共中央办公厅、国务院办公厅印发的《大运河文化保护传承利用规划纲要》，2020年9月，文化和旅游部、国家发展改革委会同有关部门编制《大运河文化和旅游融合发展规划》。该规划是落实《大运河文化保护传承利用规划纲要》的一个重要专项规划，也是文化和旅游部组建以来出台的第一个关于文化和旅游融合发展的政策文件，对于推进“十四五”文化事业、文化产业和旅游业创新发展具有重要引领作用。

二、沿线省市大运河文旅产业融合现状

（一）大运河文旅产业融合的必要性与可行性

从学理层面上看，融合发展是基于文化和旅游两者发展规律而形成的内生需求。初始阶段是现象层面之文化和旅游的相互渗透，融合程度的加深则是产业融合成效显现的过程，这既是产业发展的规律，也是产业创新的选择。文旅深度融合的标志是文旅真正成为一个完整的系统，在产业融合各个要素上都有具体体现。因此，深度融合在技术融合、产品融合、业务和组织融合、产业和市场融合、全要素融合上呈现纵深推进的过程。两者融合程度的不断加深，使得文旅发展质态持续优化，契合了高质量发展理念的要求。

从实践层面上看，文旅深度融合是以供给侧结构性改革来实现高质量发展的。分析旅游市场的演化过程可以发现，当前旅游产品在类型和数量上的供给问题已基本解决，但低水平、同质化几乎是行业发展的共性问题。文旅融合的成效与人民对美好文旅生活的需要还存在很大的差距，文化作为“最好的旅游资源”和旅游作为“最广阔的文化市场”尚未实现高度统一。有效满足或者引领高品质文旅消费需求，增强人民群众的获得感和幸福感，践行

高质量发展理念是文旅融合之根本的价值遵循。

（二）大运河沿线省市文旅融合现状

北京在大运河文化带文化遗产的保护基础上，通过“全线发展、重点突破，融合发展、文化塑魂，创新发展、水城一体，协调发展、区段联动”的发展战略，打造以大运河文化休闲体验为核心，融都市旅游、时尚休闲、生态观光、文化研学等为一体，面向世界的“大运河之源·中国大运河文化核心体验游憩带”。

以“核心驱动，轴线衔接、全线共融”的思路，依托大运河文化和运河生态景观资源，以打造北京旅游新吸引力核极的目标为引领，以文化体验大项目为重点突破，空间上以大运河通州区段为重点，高起点、高标准、高水平，从大运河生态景观和文化景观提升打造、大运河文化体验项目建设、水上与滨水休闲产品开发、“旅游+文化”产业融合等五个方面全面统筹谋划大运河文化带旅游发展。以大运河水（系）为主轴，按照主城区段细化提升，副（中心）城区段重点突破，其他区段文化与生态景观同步重塑，辐射串联沿线古镇街区、景区公园、田园乡村，形成大运河文化标志特征鲜明和大运河文化灵魂一脉相承的运河旅游产品体系，实现大运河文化带旅游突破性发展。

1. 市场发展现状

大运河文化带建设要实现文化和旅游共生发展，文化产业和旅游产业是共生核心，当前京杭大运河沿线文旅市场发展状况良好，规模可观。大运河沿线城市具有较大的文化产业和旅游产业发展规模，具有较高的发展质量和雄厚的产业基础，能够实现文化和旅游产业融合发展。2019 年，京杭大运河沿线 6 省市旅游总收入超过 7 万亿元，旅游人数也超过了 55 亿人次[4]。在大众旅游阶段，居民对文化旅游消费需求的增加，势必会扩大大运河文化和旅游市场。

2019 年，北京市文化产业增加值达到 3 075. 1 亿元，地区生产总值 35 371. 3亿元，文化产业增加值占地区生产总值的 8. 7%。博物馆参观人数为 2 530. 8 万人次，城镇居民人均文化娱乐消费支出 4 738 元。2018 年，文化产业企事业单位达到 4 831 个，公共图书馆和博物馆达到 207 个，旅游总收入达到 6 624 亿元。天津、徐州、杭州等地的城镇居民人均娱乐消费支出也达到 3 500 元[3]，这表明相关地区的居民非常重视文化生活，具体见表 2、图 1、图 2、图 3。

表 2　2019 年京杭大运河沿线主要城市文化和旅游情况

沿线城市	北　京	天　津	德　州	聊　城	济　宁	泰　安	枣　庄	徐　州
城镇居民人均文化消费娱乐支出（元）	4 738	3 598	1 717	1 900	2 505	2 586	2 253	4 311
公共图书馆、博物馆（个）	207	101	27	25	61	48	26	29
旅游总收入（亿元）	6 624	3 914	227	213	873	906	228	854
国内旅游人数（万人次）	31 833	22 651	3 393	2 479	8 012	8 223	2 479	6 356
A 级景区数量（个）	244	97	57	49	126	74	57	64
沿线城市	宿　迁	淮　安	扬　州	无　锡	苏　州	湖　州	嘉　兴	杭　州
城镇居民人均文化消费娱乐支出（元）	3 273	2 733	1 701	2 922	2 474	1 353	1 175	4 149
公共图书馆、博物馆（个）	10	9	24	70	57	12	6	87
旅游总收入（亿元）	336	470	1 010	2 062	2 601	306	1 141	4 004
国内旅游人数（万人次）	2 168	3 658	7 739	10 236	12 848	1 919	11 971	20 700
A 级景区数量（个）	47	35	44	30	40	6	53	103

数据来源：《北京市统计年鉴 2021》《天津市统计年鉴 2021》《河北省统计年鉴 2021》《江苏省统计年鉴 2021》《浙江省统计年鉴 2021》《中国大运河发展报告（2021）》等。

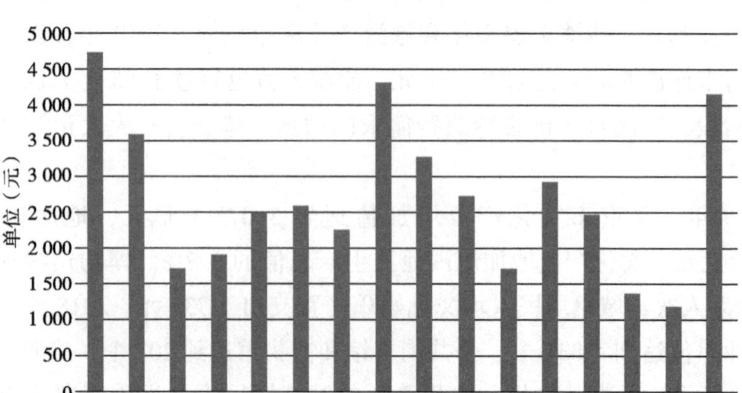

图 1　2019 年大运河沿线主要城市城镇居民人均文化消费娱乐支出

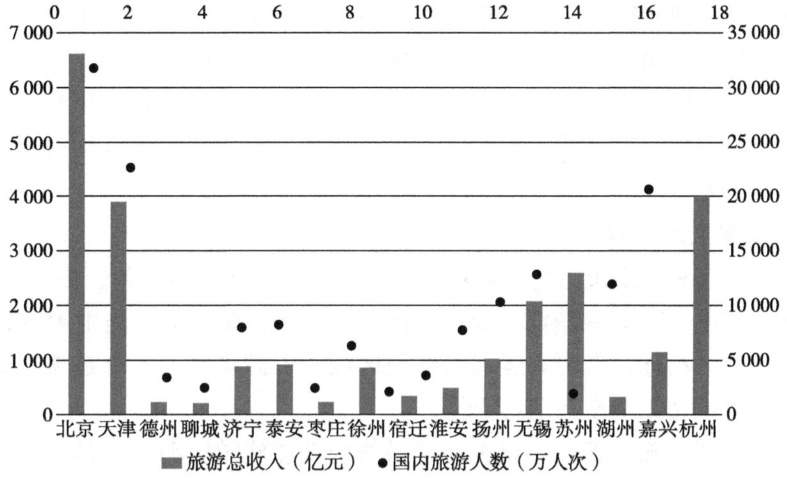

图 2　2019 年大运河沿线主要城市国内旅游人数与旅游总收入

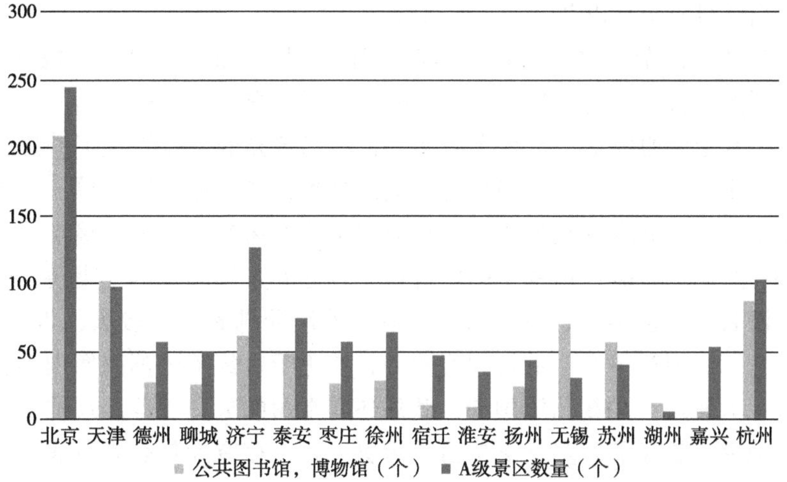

图 3　2019 年大运河沿线主要城市公共图书馆、A 级景区等资源统计

京杭大运河沿线的旅游资源丰富。截至 2019 年，A 级景区的数量已达到 1 126 个，京杭大运河沿线城市中居于前三位的分别是：北京 244 个、济宁 126 个、杭州 103 个。此外，沿线城市中 A 级景区数量 50 个以上的城市有 9 个[4]。

在未受到疫情影响下的 2019 年，国内旅游人数中，北京超过 3 亿人次，天津和杭州均超过了 2 亿人次，三个城市的旅游总收入也非常可观，分别达到 6 624 亿元、3 914 亿元和 4 004 亿元[4]（见表 2）。由此可见，2019 年，京杭大运河沿线重要城市的文化和旅游发展状况较好，但是城市之间的差距较大，北京、天津两市和京杭大运河南段城市的城镇居民人均文化消费、娱乐支出水平较高，而山东段各城市整体水平较低，这与城市的经济发展水平有密切的关系。同时山东省的A级景区数量虽多，但旅游总收入和国内旅游人数却不是很理想，这可能与旅游开发水平、城市所处的区位以及宣传力度等有密切的关系。

2. 主要文旅资源

以杭州市和北京市为南北端点的京杭大运河，穿过浙、苏、鲁、津、冀、京等6个省市，贯穿钱塘江、长江、淮河、黄河、海河等，是中国古代沟通南北的交通大动脉。京杭大运河沿线地区旅游资源丰富，不论是物质文化遗产还是非物质文化遗产都别具特色。

（1）自然旅游资源。京杭大运河沿线的自然旅游资源主要是水景，依托美丽的水景形成了景色优美的风景名胜区，如国家5A级旅游景区扬州瘦西湖、江苏太湖、杭州西湖、常州天目湖等。京杭大运河沿线还有众多的泉景，如北京白浮泉、玉泉以及镇江中冷泉等。

（2）人文旅游资源。京杭大运河沿线的文化景观风采各异，主要有行船、漕运、桥梁、古寺、故居和庙会。历史上运河的交通离不开舟船，尤其是江南一带，水上交通发达，各种大小不一、功能各异的舟船组成了一幅独特的画卷，也留下了大量与行船和漕运有关的遗址，如造船厂旧址等。有水就有桥，京杭大运河沿线有众多的桥，其中有京杭大运河到杭州的终点标志——拱宸桥，造就了塘栖古镇繁华的广济桥，号称苏州第一桥的宝带桥，以及三里桥、清名桥、东不压桥等。京杭大运河沿岸受佛教影响较大，古寺众多，有被称为“运河第一香”的杭州香积寺、堪称千古绝唱的苏州寒山寺、被誉为南方“大雁塔”的扬州镇国寺，此外还有常州的天宁寺等。京杭大运河沿岸人杰地灵，孕育了许多有影响力的历史人物，存有大量名人故居，如章太炎故居、林徽因故居、茅盾和朱自清故居等。

（3）非物质文化旅游资源。京杭大运河有着丰富的非物质文化遗产，其中仅江苏段被列入联合国教科文组织人类非物质文化遗产代表作名录的项目就有9项，分别为昆曲、古琴艺术、中国剪纸、中国雕版印刷技艺、中国传统木结构营造技艺、南京云锦织造技艺、中国传统桑蚕丝织技艺（缂丝和宋锦）、端午节民俗、京剧等。此外，还有天津的杨柳青年画、聊城的东昌府木版年画等。

3. 市场支撑体系

目前，促进京杭大运河文化带文化和旅游融合发展的多方联动机制正在建立。

（1）京杭大运河文旅融合发展的硬件设施良好。京杭大运河沿线城市对外联系方便，水上交通和陆上交通便利。目前，京杭大运河在江苏和浙江的两段通航状况良好，在北京市通州区的河段也已经正式通航，能够很好地依托运河发展旅游经济。

（2）支持京杭大运河文旅融合的政策陆续实施。大运河文化保护传承利用工作省部际联席会议制度的建立和《大运河文化和旅游融合发展规划》的发布，表明中央开始从国家层面为旅游和文化的融合工作提供政策依据和支持。目前，大部分省市已经开始编制大运河文旅融合专项规划，一些省市已经完成相关编制工作。

（3）京杭大运河沿线各城市积极进行协同合作。沿线各省市主动创新完善路径机制，积极发挥自己的比较优势，充分发挥大运河文旅产业投资联盟等相关社会组织的作用，协同发展，合作共赢。

（4）通过多种方式加大资金投入。各省均投入大量物力、财力，为相关产业提供多样性、专业化及强有力的金融保障。其中，江苏省拿出 200 亿元设立大运河文化旅游发展基金，常州大运河文化旅游发展基金规模为 10 亿元，扬州为运河禅修小镇投资 50 亿元[5]。山东省为聊城运河样板段工程投入 2.9 亿元，为聊城大运河假日世界项目投入 128 亿元，为济宁运河书香小镇项目投入 100 亿元，为运河天文馆项目投入 12 亿元[6]。安徽宿州泗县运河小镇项目由省财政补贴 200 万元，淮北运河文化带建设计划获得投资 200 亿元[7]。浙江省为嘉兴运河文化省级度假区项目投入 105 亿元，杭州运河带保护开发三年行动规划计划投资 35 亿元[8]。河北省为沧州大运河生态修复与环境整治工程展示区投入 1 970 万元[9]。天津为西青南运河项目投资 200 亿元[10]。

三、北京市大运河文旅产业融合发展现状

2020 年既是全面建成小康社会、决战决胜脱贫攻坚的收官之年，也是新冠肺炎疫情引发产业变革的特殊之年。“十三五”期间，北京文化产业发展质量更高，企业实力更强，发展动力更足，文化空间更美，人民文化获得感更强，为“十四五”期间产业进一步发展奠定了坚实基础。2020 年，突如其来的新冠疫情给文化产业发展带来了巨大冲击，面对严峻复杂的形势与任务、前所未有的危机与考验，北京充分发挥全国文化中心引领作用，在危机中育新机、于变局中开新局，开创了复苏与创新并进的首都文化产业发展新局面，彰显了北京作为全国文化中心的使命担当、坚强韧性与巨大潜能。

《2021 年北京市文化产业白皮书》中的数据显示，2020 年，全市规模以上文化产业法人单位 5 557 家，同比增长 5.8%，其中，规模以上文化企业

5 119家，同比增长 6%；规模以上文化产业收入合计 15 420. 8 亿元，同比增长 13. 9%；规模以上文化产业资产总计 24 947. 4 亿元，同比增长 23. 5%。

（一）新冠疫情冲击引发文旅产业深刻变革

1. 文化及旅游企业生存面临严峻考验

受疫情影响，从 2020 年开始，影院、演出场所、实体书店、旅游景区等以线下集聚为主要特征的文化业态受到重创。

（1）文化企业持续亏损。2020 年 2 月北京市国有文化资产管理中心调查显示，在 1 256 家受访的北京文化企业中，84. 7%的企业表示生产经营状况受到了较大影响，41. 6%的企业预估日均损失超 10 万元，10. 5%的企业日均预估损失在 100 万元以上。这一数据在 2021 年有了一定程度的缓解。但也正因为疫情的冲击，促使广大文旅企业快速思考，转变文化内容供给方式[2]。

（2）景区方面略有回转。2021 年，北京市重点监测的 260 家景区（以下数据不包括环球影城）共接待游客 2. 16 亿人次，同比增长 34%。实现营业收入 160. 2 亿元，同比增长 15. 1%。

（3）住宿业延续亏损。2021 年，北京市 1 163 家重点住宿业单位资产合计 1 341. 1 亿元，同比减少 2. 7%。实现营业收入 323. 9 亿元，同比增长 32%。利润亏损 64. 6 亿元，延续 2020 年的亏损态势，与 2020 年相比亏损额增加 9. 2 亿元。

（4）旅行社面临形势严峻。截至 2021 年底，北京市共有旅行社 3 156 家，对其中的 1 239 家重点企业调查显示，旅行社资产总计为 426. 6 亿元，同比增长 14. 9%。实现营业收入 226. 5 亿元，同比增长 23. 3%。利润亏损 14. 7 亿元，较 2020 年减亏 11. 5 亿元[11]。

企业积极求变，应对疫情考验。疫情之下，依赖线下生产和消费的传统文化企业开始积极尝试线上业务，探索新的发展模式。北京市演出有限责任公司原定于春节开展的线下演出全部取消，改为每日一期线上展演。北京京剧院推出“京戏云剧场”，首场演出以公益场形式在快手、抖音等 9 个平台线上直播，播放量共计 96 万人次。中国出版集团、北京出版集团、北京发行集团等出版发行单位以及新华书店、中国书店、中信书店、言几又书店等几十家北京特色书店、最美书店参与“2020 北京书市 · 北京书店之夜”，共开启近 100 场线上直播，对图书和文创产品进行内容分享和宣传推介。首创郎园、懋隆文化产业创意园等园区鼓励企业化危为机，通过“云拍卖”“云课堂”“云赛事”以及直播带货等方式加快复工复产步伐，在困境中培育新业态，打开新局面。各文化行业协会主动作为，为企业纾难解困。首都广播电视节目制作业协会、北京市广播影视协会、北京网络视听节目服务协会、北京文化产业商会等调研企业困难，开展防疫宣传、公益捐助等工作。北京旅游行业协会呼吁退还旅行社质量保证金，并免除2万余名导游2020年的会费，建立“导游爱心互助金”。银行、行业协会等多方力量积极支援，为疫情防控期间的文化企业提供了有力帮助。抗疫主题文艺作品鼓舞人心。网络视听、网络游戏、数字阅读等线上文化产品供给明显增加，互联网文化企业营收逆势增长。以完美世界为例，其2020年总收入达102.25亿元，同比增长27.2%；知乎总收入达13.52亿元，同比增长101.7%。传统文化机构积极开辟线上业务，“云展览”“云旅游”“云演出”等新型文化产品和服务层出不穷。例如，中国国家博物馆推出“证古泽今——甲骨文文化展”等8场线上直播讲解，北京市文化和旅游局推出“逛京城、游京郊——线上云游北京活动”，新编现代京剧《许云峰》举行“云首演”，文化内容供给方式逐渐趋于多元化、多样化。

2. 居民文化消费习惯与消费方式明显变迁

受严格的疫情防控措施影响，线下文化消费面临巨大冲击，文化消费场景加速向线上迁移。2020年，全市居民人均教育、文化和娱乐支出2 766元，同比下降35.8%。全年演出观众人数185.1万人次，同比下降82.2%；票房收入约2.8亿元，同比下降83.9%。全年接待旅游总人数1.84亿人次，同比下降42.9%；旅游总收入2 914亿元，同比下降53.2%。与此同时，各类互联网文化消费需求旺盛，线上消费习惯加速向全民普及。短视频平台快手日活跃用户数量突破3亿，抖音突破6亿[2]。

3. 国际文化贸易格局与交流方式发生显著变化

全球政治经济格局风云变幻，加上新冠疫情蔓延，全球贸易格局发生较大变化。一方面，文化产品外销受阻，出口规模收窄。2020年，北京市文化产品进出口总额37亿美元，同比增长6.9%，其中，文化产品出口7.68亿美元，同比减少15.6%。TikTok等一些出海的文化企业也面临更大阻力和挑战。另一方面，文化娱乐服务需求增长，出口增速较快。2020年，北京市个人、文化和娱乐服务进出口额达23.7亿美元，同比下降5.8%；但其中出口额达6.8亿美元，同比增长24.7%[2]。此外，疫情之下，国际文化交流活动向“云端”迁移，第十届北京国际电影节、第二十三届北京国际音乐节、第十八届北京国际图书节、2020北京国际设计周等活动采取线上、线下双轨并行的方式举办，文化交流方式、交流场景更加多元、灵活。

（二）疫情常态化下文旅产业复苏与创新并进发展

2020年以来，北京市文旅产业整体保持增长。面对疫情严峻考验，北京市及时推出各类扶持措施，有力促进文化产业复苏发展。

1. 文化产业先抑后扬止跌增长

从2020年发展情况看，年初受突如其来的疫情冲击，北京市文化产业受到重创，收入同比降幅较大，随后逐渐稳步恢复，降幅不断收窄，实现止降为增，产业复苏发展态势愈加明显。2021年，北京市规模以上文化产业收入合计17 564亿元，增长17.5%。文化旅游部门所属机构总收入（扣除基建拨款）为68.1亿元，同比增长11.3%，其中财政拨款（不含基建拨款）44亿元，减少5.1%，财政拨款占到了总收入的75.7%。人均文化事业费达到200.8元，与2019年相比，人均费用减少10.7元[11]（见表3）。

表3　2018—2021年北京文化旅游经费投入及人均情况

年　份	总收入（亿元）	其中：文化旅游事业费	人均文化旅游事业费（元）
2018	49.1	34.8	161.8
2019	76.8	47.5	220.4
2020	61.1	46.3	211.5
2021	68.1	44.0	200.8

资料来源：北京市文化和旅游局《2021年北京市文化和旅游业统计报告》。

2021年，北京市旅游人数2.55亿人次，较上年增长38.8%，恢复至2019年的79.2%，恢复程度好于全国水平25.2个百分点；旅游收入4 166.2亿元，较上年增长43%，恢复至2019年的66.9%，恢复程度好于全国水平15.9个百分点；人均消费1 633.0元，较上年增长3.0%，恢复至2019年的84.5%，高于全国水平733.7元[11]。

2. 文化企业整体实力不断增强

“十三五”期末，北京上市文化企业占全国三成，新三板挂牌文化企业占全国的三分之一，文化领域独角兽企业占全国一半左右，入选“全国文化企业30强”及提名企业名单、国家文化出口重点企业数量和国家文化科技融合示范基地数量均居全国首位。2020年，规模以上“文化+互联网”企业实现营业收入8 952.1亿元，占全市规模以上文化企业营业收入的比重为59.9%[2]。据《北京日报》2021年1月14日报道，完美世界、光线传媒、保利文化三家企业入选第十二届“全国文化企业30强”，歌华传媒集团、北京演艺集团、四达时代、掌阅科技四家企业入选第十二届“全国文化企业30强提名”。可见，北京市文化企业整体规模与经营实力不断增强。

3. 新业态新模式拉动产业发展

在科技创新和变革的推动下，顺应多元化、个性化消费需求的新业态与新模式蓬勃兴起，在疫情时期保持强劲增长，成为产业发展的核心拉动力量。2020 年，全市规模以上文化企业中文化新业态特征较为明显的 16 个行业小类实现营业收入 9 160.1 亿元，占全市规模以上文化企业营业收入的比重为 61.3%[11]。此外，互联网新业态的文化产品和服务出口加速增长，全年北京游戏出口总产值为 419.29 亿元，与 2019 年相比增长 30%。

4. 上市文化企业数量创新高

2020 年，全年共计新增上市文化企业 14 家，首发融资规模为 372.67 亿元，分别同比增长 55.6%、667.7%，创下近 20 年来北京市新增上市文化企业数量的新高峰。文化产业私募股权融资涉及资金 91.11 亿元，案例数量 107 起，融资规模位于全国首位，其中互联网信息服务领域融资额占比最高，达 32.3 亿元[2]。

（三）北京大运河文旅融合现状

近年来，北京市加大对大运河文化的保护、传承、利用，推动大运河国家文化公园建设保护工作取得了积极成效。未来几年，北京将重点推进大运河的保护传承、研究发掘、环境配套、文旅融合、数字再现，延续壮美大运河的千年神韵。

1. 政策举措为大运河文化带建设保驾护航

文化和旅游部、国家发展和改革委员会联合印发的《大运河文化和旅游融合发展规划》中明确提出“双效统”的基本要求，即以大运河文化保护为基础，重建大运河文化的时代风貌和文化生态，实现社会效益和经济效益的统一，推进文化和旅游的全方位、多领域、深层次的融合。具体实施方案中确定了 12 项文旅融合的重点工程和项目，涉及大运河文化艺术、文化遗产、文旅产业、文旅融合精品线路和相关品牌、旅游公共服务以及国家文化公园建设等 6 个方面。这 12 个项目和工程又被分别归入基础性和市场性两类，以实现政府和社会资本的融合。具体体现为以下几点。

（1）历史原貌展示。为实现大运河（北京段）的科学监测、有效保护、可持续性利用和历史原貌展示，最大限度保障运河遗产的真实性、完整性和延续性提供了指导思路。

（2）现状保护实施。为文物及周边现状改善提供可实施方案，在遗址方面为各种遗址的保护和再利用提供支持。

（3）未来规划。提出构建“一河、两道、三区”的大运河文化带发展格局，从 2025 年、2035 年、2050 年三个阶段对大运河文化保护传承利用的中长期目标进行了安排。《大运河文化带旅游资源普查报告》《大运河文化带旅游规划及实施方案》中提出了坚持规划衔接原则、因地制宜原则、文化主题原则、突出特色原则和整体协调原则。空间上“两头新建、中间提升”，功能结构上“文化体验主体、生态休闲支撑”。按照“龙头带动、全线联动、文化为脉、统筹发展”的思路，以大运河标志性龙头景区和大项目为引领，以通州区段为重点突破，以水系和文脉为带动辐射发展沿线各类文化旅游、都市休闲、乡村田园等旅游项目，形成大运河文化带“一道、一带、三引擎、四支撑”的“1134”旅游项目体系，即一条水道（游船）：通惠河（部分）、北运河、潮白河（部分）；一条休憩带：步道+绿道（骑行）；三类引擎项目：5A级大运河景区、大运河文化园、大运河文化旅游小镇；四类支撑项目：运河景区、运河博物馆、运河文化公园、运河旅游小镇与乡村。

2. 大运河文旅融合水平不断提升

2020年9月—2021年9月，随着相关政府组织架构和管理职能的不断完善及文旅产业的快速发展，北京大运河文旅融合呈现由表及里、不断深入的发展趋势，文旅融合发展已成为年度大运河文化带建设的重点任务之一。在总体规划指导下，北京大运河沿线核心区与拓展区分别开展了不同性质的文旅实践。主要包括通过大运河文化IP的开发和运营，持续推动大运河文化资源向文化生产力转化，进而构建文化产品和文化服务体系，促使大运河沿线文化在多维度、多尺度“活起来”；多角度进行大运河文创产品的开发、文化服务功能升级、文化品牌价值提升，开展大运河文旅融合项目推介，打造文旅先行试验区。

（四）北京大运河文旅融合过程中存在的问题

目前，京杭大运河沿线旅游资源和文化创意资源较为丰富，两者也开始融合发展，但仍然存在一些问题。

1. 点多面散，整体规划不强

大运河的线性、活态特点，给大运河旅游规划带来了一定的困难。北京大运河旅游景点分属通州、朝阳、东城、西城、海淀、昌平等地区，受文旅、文物、水利等不同行业部门的管辖，这给大运河旅游规划带来了一些困难。就大运河文化保护传承与利用问题，各方利益相关者也很难达成普遍一致，具体体现在各个景点间的横向沟通不足，不同规划间的衔接也并不顺畅。在旅游开发活动中，无论是规划还是运营都缺少整体协调意识。

作为京杭大运河北端终点的北京，在大运河文旅融合整体规划的落实上力度尚显不够，景点带动能力不强，不能很好地带动沿线地区文旅融合发展，整体效益发挥不够理想。文旅融合方式也过于简单，不能以文塑旅、以旅彰文，实现深层次融合。目前，通州区到天津市的北运河段已实现通航，但除了水上游船活动，尚未实现沿线陆上的旅游资源共享以及竞争合力；文旅融合资源丰富，但是具有较强影响力的文旅融合项目数量较少。

2. 各自为政，市场融合不深

京杭大运河是活态运河，管理部门众多，各自职责不同，沟通不足，造成文化与旅游难以融合。其中，文物部门更重视遗产保护，但在思索大运河旅游业的发展时对市场需求和文旅融合发展的规划等方面缺乏考量；旅游管理部门更重视旅游服务和市场化运行，但忽视了大运河文化内涵的挖掘，这造成大运河旅游发展停留在表面，缺少文化资源的支撑。当前以“运河”为主题的部分文化旅游项目显得简单粗放，其实质内容与大运河关联度较低，大运河文化、大运河非遗展示与传播效果不佳，文旅融合难，即使有些融合，在深度与广度上也均有不足。

3. 观念落后，产业融合不全

文化与旅游融合的观念比较落后，在融合过程中文化创意和高科技元素渗透较少，文旅产业链条不健全，上游和下游产业发展不足[3]，不能充分发挥文旅产业的巨大潜力，大运河旅游中的文化含量不高。在对大运河文化旅游资源的开发过程中，有关方面对物质文化遗产非常重视，对非物质文化遗产则重视不够，非遗文化资源与旅游相结合的产业不足。文化企业参与市场化运营的主动性不强，参与的文化产业较少，在很大程度上限制了文化与旅游融合发展的速度和规模。同时，大运河旅游产品向文化产品转化的能力不强，竞争力和市场影响力较强的文旅融合精品较少。另外，尚未建立起大运河文化旅游品牌体系和营销推广体系，文化旅游影响力和吸引力较弱。

四、高质量发展视域下北京城市副中心文旅产业发展现状

2020 年，通州区发布《通州区大运河文化带保护建设规划》《通州区大运河文化带保护建设三年行动计划（2020 年—2022 年）》。承载千年历史的北运河通州段将在 2022 年基本建成北京城市副中心的“黄金水道”和“城市名片”；到 2025 年再现大运河北首盛景。

（一）北京城市副中心文旅产业发展现状

2021 年 10 月 16 日，时任北京市委书记蔡奇到北京城市副中心调查研究

文旅产业发展时强调，文化旅游是北京城市副中心“3+1”主导功能之一，要抓住环球主题公园外溢效应，高标准抓好文旅区规划建设，推动北京城市副中心文旅产业发展[12]。

1. 北京城市副中心发展的现实基础

“十三五”以来，通州区全面贯彻落实北京城市副中心战略定位，大力推进改革创新，全面推行提质升级，以首善标准不断提升文化建设水平，以国际水准不断完善旅游服务环境，着力促进文化和旅游产业高质量发展，努力加强大运河历史文化遗产传承保护，纵深推进京津冀文化和旅游协同发展，为北京城市副中心建设作出了应有贡献。

（1）文旅公共服务水平迈上新台阶。高标准建设首都公共文化服务示范区，持续推进通州文化中心（文化馆、图书馆）、特色博物馆、美术馆等一批功能性文化设施建设，初步构建起三级公共文化设施网络，实现公共文化设施覆盖率100%。截至2020年底，通州区全区共有1 117处公共文化设施，人均公共文化设施建筑面积0.902 5平方米。建成一批智能微型自助图书馆和24小时城市书房[16]，率先推出“移动图书馆”和“电子图书”借阅服务，文化馆数字化资源全面上线。大力推动文化馆图书馆总分馆制，实现多样化公共文化服务配送。持续举办市民系列文化活动，每年举办各类文化活动近3万场，百姓获得感和幸福感明显提升[13]。旅游公共服务水平持续提升，台湖、宋庄及大运河沿线等重点地区标识导览和咨询服务水平实现新提升，成功启动大运河国家5A级旅游景区创建工作。

（2）历史文化遗产保护取得新成就。坚持传统文化保护和传承并重，文物保护工作得到显著提升。截至2020年底，全区共有238处不可移动文物登记项目，其中50处已公布为各级文物保护单位[14]。文物安全工作成效显著，进一步健全文物管理体制，实施近百项文物保护单位抢险、修缮及安技防工程，科学保护大运河文物古迹。深入挖掘通州区非物质文化遗产，三级名录体系日益健全。文物考古发掘工作持续开展，实施大运河历史遗迹、路县故城遗址、通州古城、张家湾古镇等专项考古。

（3）文化和旅游产业发展实现新跨越。文化及相关产业正在由以市场自发为特征的起步发展期逐渐转入以培育引导为特征的快速发展期，彰显出巨大的发展潜力和良好的发展前景。“十三五”期末，全区共有文化及相关产业市场主体25 850家[16]，文化及相关产业总收入为334.2亿元，规模以上文化及相关产业法人单位125家，规模以上文化及相关产业总收入为289.4亿元，同比增长高达293.2%，涨幅居全市第一。旅游产业踏上跨越式发展轨道。但受新冠疫情影响，2020年全区旅游接待游客量和旅游综合收入分别为392万人次和42亿元（2019年接待游客658.4万人次，实现旅游综合收入84.2亿元，分别比2015年增长了31%和148%）[15]。旅游产业体系不断扩大，截至2020年底，全区共有A级旅游景区4家，其中4A级旅游景区2家，3A级旅游景区2家；旅行社296家；住宿单位268家，其中星级饭店4家（四星级2家、三星级1家、二星级1家）；乡村旅游业态单位35家[14]。

（4）文化和旅游行业管理实现新突破。文化和旅游市场监管效能不断增强。聚焦文娱场所、演出市场、旅游景区等监管，严厉打击违法经营行为，确保北京城市副中心意识形态安全。注重开展跨区域合作，全面推进“护城河”工程，与相关地区开展联合行动，有效查处各类跨区域违法违规案件。

2. 北京城市副中心文旅产业的近期谋划与行动方案

北京城市副中心围绕功能定位，深化推进文旅区建设，加强顶层设计，狠抓项目落地，各项工作取得积极进展，成效应予肯定。同是，要认识到文旅区规划建设的长期性、系统性，保持定力、久久为功，研究把握环球主题公园与周边建设发展的联动性、适配性，总结经验、前瞻部署，增强工作主性，更好承接并放大主题公园的溢出效应。要注重提升就业带动性，加大培训力度，逐步提高吸纳本地劳动力就业比重，促进村集体经济发展和农民就业增收。要注重提升财源建设的带动性，充分发挥环球主题公园的集聚作用，加强多业态、全链条谋划，用好市场化机制，吸引高质量项目落地，精心培育本土IP，提高财源建设水平。注重提升民宿等配套服务带动性，借鉴经验做法，面向市场需求，加强整体部署和系统谋划，组织整合各方资源，积极引入社会资本，推动信息、物流、配送等服务共享，提升行业运营标准和水平，提升整体服务品质，塑造品牌、引流聚势，着力打造富有特色的文旅产业高地。

2022年2月，《北京城市副中心（通州区）“十四五”时期文化和旅游发展规划》（以下简称《副中心文旅发展规划》）发布。《副中心文旅发展规划》明确，要力争利用五年时间，将通州区建设成为文化和旅游品牌形象突出、文化和旅游产业发展强劲、文化和旅游氛围浓厚的全国智慧文旅引领区、国家文旅商融合发展示范区和现代国际旅游城市。具有时代感的运河北首盛景再现。到2025年，各项文化遗产得到全面保护、研究发掘工作全国领先，大运河国家5A级旅游景区全面建成，北运河非遗传习所等重大文旅融合项目建成开放，成功打造以大运河为主题的文化旅游精品线路。图4为《副中心文旅发展规划》文本的语义网络。

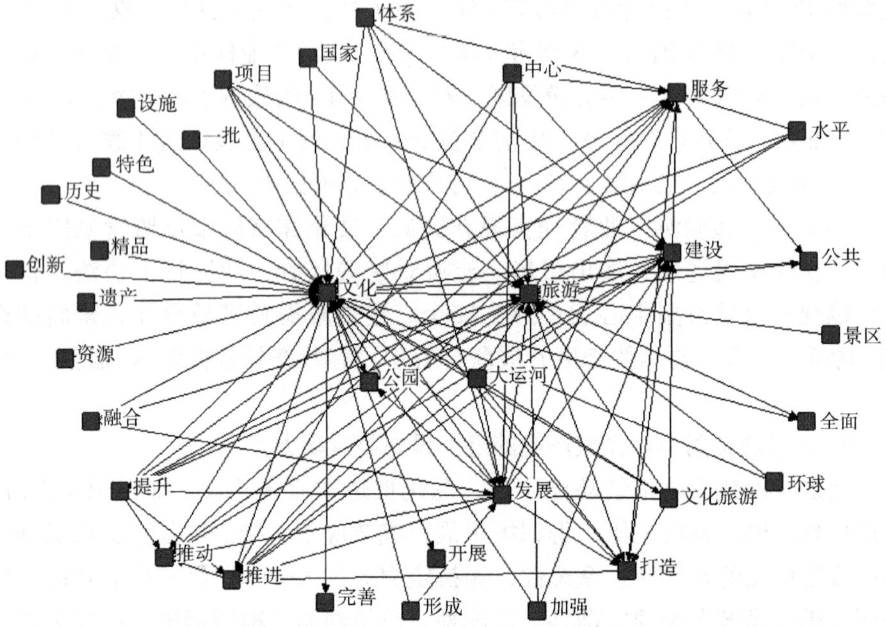

图 4 《副中心文旅发展规划》文本语义网络

资料来源：笔者根据《副中心文旅发展规划》文本绘制。

从图 4 中可见，文旅融合是主题，大运河历史、文化、公园建设成为重要抓手。结合文本内容，该规划的重点包括以下几个方面。

第一，具有时代感的运河北首盛景再现。到 2025 年，大运河国家 5A 级旅游景区全面建成，北运河非遗传习所等重大文旅融合项目建成开放，成功打造以大运河为主题的文化旅游精品线路。

第二，文化和旅游产业规模快速壮大。到 2025 年，文化及相关产业总收入突破 500 亿元，年均增长 8%以上，旅游综合收入突破 220 亿元，年均增长 20%左右。

第三，文化和旅游公共服务建设走在全市前列。建设一批国际化、精品化、品牌化旅游公共服务设施，力争到 2025 年，人均公共文化设施建筑面积达到 1.0 平方米。

第四，国家文旅商融合发展示范区初步建成。围绕环球主题公园建设运营，打造北京文化旅游新地标，力争到 2025 年将文化旅游区打造成为国家文旅商融合发展示范区。

第五，文化旅游科技融合发展引领全国。依托 5G、人工智能、云计算、大数据等新技术，打造一批世界级文化和旅游产品。到 2025 年，建设一批数字图书馆、数字博物馆、数字文化馆，各级文旅场馆和景区实现在线购票、在线预约和智能导览。

第六，文化和旅游行业治理水平大幅提升。持续推进“放管服”，力争到2025年，文化和旅游行政审批“一网通办”达到80%以上，文化和旅游领域投诉处理满意率达到95%以上。

3. 环球主题公园的虹吸作用及其外溢效应

2021年9月20日，北京环球影城开幕，成为北京文旅新地标，开幕运营以来，成为新闻热点，出现了一票难求的现象。2021年3个月实现营业收入16.45亿元，累计接待游客突破210万人次[16]。

（1）提升环球公园服务质量、拓展服务范围。环球主题公园开园后持续升温，成为北京乃至京津冀地区“最热门景区”。“蜜月期”结束后，提升主题公园内部运营管理水平，不断增强吸引力和竞争力是环球主题公园要加快应对的内容。应充分考虑园内流巨大的特点，确保游乐设施安全运行；加强与游客的良性互动，增强游客体验；加强员工培训，抓好酒店运营服务；及时回应社会关切，改进自身服务与管理；注重科技赋能，运用新技术，投放新应用场景、开发新产品新项目，每年都有“新变量”；依靠城市大道发展夜经济，打造又一个“三里屯”；精心设计萧太后河滨河景观，开发夜游项目。

（2）加强园区周边综合配套。周边配套是游客能否“多留一夜甚至两夜”的关键所在。应针对游客需求，积极培育特色酒店和民宿；用好周边乡镇资源，引入社会资本，有序扩大供给；加强交通组织，打通外部连接，做好内部接驳，注重运用智能化手段提升交通管理水平，公交、地铁适当延长运营时间，保障游客需求。

（3）通州区5A文旅区的筹划与建设。文旅区是主题公园溢出效应主要承载地，要高标准推进文旅区规划建设，打造有活力和魅力的现代时尚旅游目的地。首旅集团入驻具有标志性，要抓紧推进总部建设。同时要抓住“两区”建设契机，做好二次消费配套和产业链延伸。主题公园周边城市设计要作为专项精心打磨，确保园内外风貌相协调。应科学合理布局各类资源，突出文旅商融合特色，打造高品质步行街，引入更多优质项目和消费新业态。此外要增加冰雪体验项目，让冬季旅游“不降温”，做好战略留白。

（4）挖掘城市副中心的旅游资源。充分挖掘城市副中心旅游资源，开发若干精品旅游产品和线路。把环球主题公园与大运河、城市绿心、特色小镇、路县故城遗址公园等重要节点串联起来，吸引更多主题公园游客到周边旅游，讲好城市副中心文旅故事。大运河要创建国家5A级旅游景区；张家湾古镇要推进保护利用，形成本土IP文旅产品，设计小镇要加强设计、文创等开发；

台湖以国家大剧院舞美艺术中心为龙头，打造自主演艺品牌；宋庄聚焦艺术创意，发展相关新业态。通过办好环球主题公园撬动城市副中心文旅产业发展是一项重要任务，各相关部门主动作为，加强宣传推介，研究支持政策措施，共同把文旅区打造成为北京旅游的“金名片”。

（二）北京城市副中心高质量发展与大运河文旅产业建设

1. 北京城市副中心高质量发展下文旅产业的新要求

国务院最新发布的《关于支持北京城市副中心高质量发展的意见》中提出，城市副中心要加快文化体育旅游发展以及发展数字文化消费新业态、新模式的新要求。

（1）加快文化体育旅游发展。支持城市副中心创建文化、旅游、商务融合发展示范区。加快大运河国家文化公园、环球主题度假区建设及宋庄、台湖等特色小镇建设，将张家湾设计小镇打造成为城市设计发展高地。高标准完善博物馆、图书馆、文化馆（站）、剧院等公共文化设施建设。推进大运河文化资源跨区域共享，着力打造文化精品，支持举办大型文艺演出、优秀舞台艺术展演、文化展陈展示等文化活动。建设体育公园，打造全民健身新载体，支持举办国内外品牌体育赛事，支持足球、篮球等顶级职业运动俱乐部在北京城市副中心落户。

（2）发展消费新业态新模式。推动线上、线下消费的有机融合，发展数字文化等新型消费，加强消费产品和服务标准体系建设。建设国际科技消费展示平台，打造全球科技新品首发地。创新模式建设高端商业综合体，打造地标性商业街区和多层次差异化区域商圈。

2. 以大运河建设为契机打造运河文明典范地区

将大运河文化带打造为新时代文旅融合发展高地和国际交往高地，形成一条展现璀璨历史文化、承载当代复兴功能的中华民族伟大复兴之河。

（1）加强大运河历史文化遗产挖掘展示。加强重点河段保护和重点古迹修复。坚持保护优先，严格落实大运河遗产保护要求，推动大运河沿线遗址遗存、重点片区历史风貌和古镇、文物遗址等整体保护，留住大运河往事记忆。重点加强对玉带河故道、北运河故道等历史水系及古码头的考古勘探和发掘，恢复部分具备复原条件的历史水系重要点段。保护好通运桥、虹桥、东门桥、广利桥、张家湾石桥（善人桥）等古桥，合理疏解过桥交通功能、修复周边历史环境。恢复再现运河标志性历史文化景观，推动潞河驿等文物建筑复建。

促进大运河非物质文化遗产保护传承。深入研究通州历史维度上的运河文化、北京城市副中心建设背景下的大运河文化、全球视域下的大运河文化，推动大运河文化遗产的创造性转化和创新性发展。丰富大运河文化档案和典籍资源，实施“乡愁方舟”计划，建设大运河文献（资料）中心，搭建形成城市副中心大运河文化数据平台，做好地方志编修工作，出版《北运河流域民俗文化志》《大运河文化纵览》等书籍和画册。推进大运河沿线非物质文化遗产系统保护、主题展示和传播，完善非遗名录，开展口述史和非遗记录工作，运用现代科技与艺术演绎手段，实施大运河主题非遗展示中心工程，加强老字号传承创新，支持雕漆制作、风车制作等非物质文化遗产在历史文化街区、博物馆等地展示表演。传承大运河承载的敢为人先的创新精神、百折不挠的进取精神、兼收并蓄的包容精神，培育发展新时代北京城市副中心文化。

加强大运河文化遗产的科学展示。加强科学展示数字基础设施建设，加快推进大运河沿线无线网络和5G网络全覆盖。突出古为今用，创新大运河文化表达方式和载体形式，在大运河博物馆开辟专门的大运河文化数字展示厅，对大运河沿线主题博物馆、展览馆等进行升级改造，建设一批大运河文化名人名家纪念馆，利用大数据、5G、VR等新一代信息技术，加强数字化展示、强化沉浸式体验，让大运河历史文化“活”起来，“走”出去。推进重点文化载体可视化展示，通过景观营造、意向展示、地面标识等多种方式，因地制宜，科学再现明清通惠河、玉带河、北运河故道、潞河驿码头等，全面展示完整的大运河（通州段）历史水网和古码头群。

（2）打造大运河文旅商融合发展高地。加快创建国家5A级旅游景区。积极推进游客中心、大运河文化沉浸式体验、北运河非遗传习所等重大文旅项目建设。建设集水幕观影、灯光秀等于一体的大运河城市观景平台，按照国家5A级景区标准完善北运河智慧化旅游基础设施和公共服务设施，推动建设文化旅游商业休闲走廊，打造集展示、休闲、创意、度假、体验、购物于一体的大运河国家5A级旅游景区。

开发大运河文化旅游系列产品。精心策划水上旅游产品，开设快艇、皮划艇等水上娱乐项目。开发度假休闲产品，培育“漫游运河”系列产品，沿大运河积极建设旅游度假区、休闲街区、城市绿道、骑行公园，不断拓展城市休闲空间。发展体育旅游产品，推进开发运河骑行、健步走、马拉松、龙舟运动、沿运河跨省级徒步赛事等文化旅游体育融合项目。丰富文化娱乐产品，推进北运河资源跨区域共享，着力打造文化精品，支持举办大型文艺演出、优秀舞台艺术展演、文化展陈展示等文化活动。开发大运河数字旅游产品，积极发展与大运河文化相关的数字创意、数字艺术、在线视听等，推进大运河数字文化内容与云旅游融合发展。

培育大运河文化旅游精品线路。打造大运河水上观光旅游精品线路，以运河水韵为特色，开通“通州运河”航线，实现通州区境内全线游船通航，远期与武清、廊坊、雄安新区等共同开通北运河水上旅游线路。推出大运河非遗主题游，依托大运河沿线各类非遗项目，培育具有鲜明通州特色的非遗项目体验基地，常态化举办祭坝仪式暨开槽节，打造以非遗为主题的体验、研学精品旅游线路。推进大运河与环球主题公园水上连通，打通大运河与环球主题公园内部萧太后河连通河段，开通水上巴士，将环球主题公园与大运河进行水路连接，形成通州地区特有的水上旅游观光通道，有效引导环球主题公园客源到大运河文化带沿线，形成文化和旅游一盘棋总体发展格局。构建大运河生态文化景观廊道，打造连接北京中心城区和城市副中心的魅力走廊，推进大运河景观提升工程和照明亮化工程，营造“白天看景、晚上看灯”的历史光影长河。

积极推进大运河国家文化公园建设。牢牢把握运河北首品牌定位，加快建好大运河国家文化公园（通州段）。推动建成通州古城核心展示园，通过恢复水系、营造绿化植被、设置文化节点等综合手段，勾勒由通州古城墙、古城门和护城河等构成的历史风貌。以通州古城核心展示园为基点，建设通州大运河集中展示带，串联通州古城等历史文化遗产，延伸至大运河国家5A级旅游景区南端。在核心展示园和集中展示带以外，加强路县故城遗址、张家湾古城等具有特殊文化意义的文化资源展示，形成大运河主题特色展示点，满足公众参观游览体验需求。

（3）建设大运河沿线文化旅游综合体。加快建设张家湾设计小镇文化旅游综合体。发挥张家湾设计小镇资源集聚优势，围绕张家湾镇运河文化艺术中心、张家湾遗址公园等重大文化旅游项目建设，进一步深入挖掘漕运文化，研究恢复古城墙、古集市，建设漕运客栈、演艺茶楼等住宿餐饮设施，配套建设24小时城市书房、康体运动中心、休闲娱乐中心等现代化、时尚化公共服务设施，打造以运河漕运为主题的文化旅游综合体。

推动建设台湖演艺小镇文化旅游综合体。依托台湖演艺小镇资源，发挥国家大剧院舞美基地龙头带动作用，积极建设一批特色化剧场群落，持续举办一系列戏剧节、文化节等演出活动，发展以小剧场为主的原创剧和跨界融合类项目，形成高品质演艺产业生态体系。完善小镇精品民宿、特色小吃街等文化和旅游消费配套，形成北京城市副中心文化繁荣发展新板块和夜间经济新地标。

加快建设宋庄艺术小镇文化旅游综合体。以世界文化创意交流中心、中国艺术品产业化基地、国家艺术特色小镇典范为发展定位，打造艺术生活服务区、艺术产业综合区和原创艺术体验区。加快宋庄原创艺术主题街区、标识导览、主题餐饮、主题住宿等旅游综合配套服务体系建设，提升区域景观风貌、设计精品旅游路线，推进艺术与旅游融合发展，打造宋庄文化旅游融合发展示范区。

努力发展一批文化和旅游融合的传统村落。统筹大运河文化带保护利用和沿线美丽乡村建设，深入挖掘通州里二泗、沙古堆、儒林等传统村落的历史文化资源，加强与周边文物古迹、重要景观节点的联系，推动有机更新，提升村落整体景观形象，引入特色旅游休闲项目，配套精品主题酒店和精品民宿项目，整体打造传承大运河历史文化的特色村落。

（4）精心塑造大运河文化旅游品牌。塑造“千年运河”品牌体系。以“千年运河”为主题，完善统一标准体系，以标准化推进运河品牌创建。推动大运河沿线旅游住宿精品化、主题化、特色化，在建筑设计、形象标识和服务形式上更好体现大运河文化，实现星级旅游饭店、文化主题饭店、星级旅游民宿共同发展。将大运河文化元素融入手工艺品、土特产品、服饰商品等，加强对老字号的宣传推广。加强大运河国家5A级旅游景区与故宫、颐和园、长城等世界文化遗产的联动发展，将大运河文化内嵌于古都文化品牌体系，协同提升大运河文化品牌影响力。

创作大运河题材的文化艺术精品。加强大运河文化资源活化利用，深度挖掘通州大运河本土特色，鼓励大运河主题艺术创作生产，形成一批有社会传播力的新时代运河文化精品力作。围绕大运河历史文化、风土民情、人文典故，加强大运河IP转化，通过优秀戏剧、文学、音乐、舞蹈、曲艺、美术作品等系统展示通州大运河文化带建设的光辉历史，打造大运河艺术品牌。依托各类公共文化设施、文艺院团、社区文化活动中心，推出一批体现大运河文化特点、适合在大运河沿线开展的各类文艺活动，搭建展演平台，促进优秀作品走进群众。鼓励编制以大运河文化为主题的中小学课程和教材。

推出多样化、品牌性运河文体活动。持续高水平办好大运河文创大赛、影偶艺术周、运河“半马”比赛等活动，常态化开展大运河优秀文艺作品展演展览，探索举办大运河国际诗歌节、国际自行车骑行大赛、国际皮划艇大赛等。鼓励发展以大运河文化为主题的中小型、特色类、定制类旅游演艺产品，推出实景演出、驻场演出和旅游巡演项目。开展通州区传统工艺传习展评，满足多样化的市民需求，唤起市民对大运河文化的记忆与热情。

五、大运河文化带（通州区段）文旅融合建设成就与动向

（一）挖掘历史价值，梳理文化脉络

漕运史在通州留下了众多文物古迹。《副中心文旅发展规划》提出要按照世界文化遗产保护要求，加强对大运河古桥、古闸、古坝、古码头的保护和再利用。推动上码头、下码头、石坝码头等古码头的考古勘探、发掘，逐步恢复明清时期部分景观。对于土坝码头、中码头、里二泗码头等难以恢复的遗址，将设立统一的文化遗产保护和展示标识系统。

对潞河驿、验粮楼等具有重大历史价值、文献记载可靠、对后世文化影响较大、具有标志性的运河历史建筑，推动在原址有条件恢复，保留历史记忆。另外要改造和恢复玉带河约 7.5 千米的古河道，创造条件展现玉带河故道、明清通惠河、北运河故道等历史水系的重要点段历史风貌，为古运河水系变迁保留遗存。

（二）三古城相映生辉，构成文化标识区

《副中心文旅发展规划》提出，要对路县故城、通州古城、张家湾古镇进行整体保护和利用，打造城市副中心的大运河文化标识区。

开展路县故城遗址考古发掘，原址整体保护故城遗址，进一步恢复故城的护城河等原貌，建设汉代路县故城遗址博物馆和路县故城考古遗址公园。

通州古城按照明清历史格局，通过恢复水系、营造绿化植被、设置文化节点等综合手段，勾勒出由通州古城墙、古城门和护城河等构成的历史风貌。

张家湾古镇将在加强考古调查勘探和发掘的基础上，保护性开发运河码头、运河河道，保护城墙遗迹、琉球国人墓地、大运河古道等漕运遗址，恢复通运桥、善人桥及下码头，通过植被绿化、遗址公园建设等方式展示张家湾古镇城墙遗存，保留历史空间肌理。

（三）两河逐段通航，串联多维空间

按照《副中心文旅发展规划》要求，大运河两岸陆路交通贯通工程已基本完成，实现打通断头路，实现大运河通州段全线两侧或单侧堤岸沿线车道贯通；进一步完善了大运河绿道系统建设，增加亲水步道，以大运河绿道串联绿色生态空间、历史文化遗迹、公共文化展示场所。京津冀通航指日可待。

（四）打造5A级景区，现代与历史融合碰撞

文化旅游是北京城市副中心三大功能定位之一。大运河将创建北京东部的首个5A级景区。目前，“燃灯塔及周边古建筑群”景区、大运河森林公园等运河沿岸文化旅游资源已梳理及规划完毕，按照5A级景区标准完善旅游基础设施和公共服务设施，打造集休闲、度假、体验、购物于一体的5A级大运河景区。

未来还将结合通州段全线通航和一些已经或即将重大的文化项目，如2021年10月建成开放的环球主题公园，以及首都博物馆东馆、城市副中心图书馆和剧院以及特色小镇等，不断推出更多的内容更丰富的旅游精品线路，让游客在饱览美景的同时，感受运河文化魅力。

（五）文化资源汇集运河畔，特色小镇发展势头正旺

通州区大运河文化带2021年建设工作包括文化保护传承、文化内涵挖掘与数字展示、沿线环境治理、文化项目建设、旅游休闲功能、大运河全流域交流合作等七大类四十项重点工作。按照此前发布的《通州区大运河文化带保护建设规划》，2022年北运河通州段将基本建成北京城市副中心的“黄金水道”和“城市名片”[17]。

作为大运河文化带空间布局上的时代文化创新点，宋庄艺术创意小镇、台湖演艺小镇、张家湾设计小镇2021年也迎来了新变化。其中，宋庄艺术创意小镇通过编制艺术创意小镇规划设计及艺术产业发展规划，以建设中国艺术品交易中心为平台，举办艺术节、落地艺术银行等。张家湾设计小镇通过推进北京国际设计周主题园区建设，办好北京国际设计周，打造城市副中心东南部文化创意和设计服务的国际高地。台湖演艺小镇通过完成国土空间规划和交通体系专项规划，推进京城重工、图书城等老旧厂房改造提升，办好“台湖影偶艺术周”“台湖演艺艺术周”“台湖星期音乐会”等文化活动，并启动先行入市地块项目建设。

（六）推出大运讲述人，讲述“我们”的运河情缘

通州因漕运而兴，因大运河滋养而盛。2022年初，为挖掘汲取通州区沉淀千年的大运河历史文化内涵和时代创新精神，讲好通州区大运河故事，通州区文化和旅游局开展了“大运讲述人”征集活动[18]。此次活动作为北京（通州）大运河文化旅游景区创建国家5A级旅游景区宣传推广项目的重要组成部分，面向广大市民征集“我”的运河故事，讲述“我”的运河情缘，用故事讲述人们对运河的深情眷恋，用声音传递通州的运河精神，提升城市副

中心大运河文化的感染力和传播力。

城市副中心推出首批十位大运河讲述人，让土生土长的运河儿女在此集结，用扣人心弦的故事与趣味生动的言语描绘千年来这座城的一颦一笑，诉说岁月里的运河情缘。此次大运河讲述人围绕“史实讲述”“非遗文化”“民间传说”“运河家风”“运河美食”“运河蝶变”等六个主题方向开展创作，首批选定的十名优秀候选人获得“大运讲述人”资格，包括大运河礼物品牌创始人、运河计划文化领域领军人才冯建革等。

六、大运河5A级景区文旅融合建设的典型案例分析

（一）北京城市副中心大运河国家5A级景区建设的总体要求

积极推进游客中心、大运河文化沉浸式体验、北运河非遗传习所等重大文旅项目建设。建设集水幕观影、灯光秀等于一体的运河城市观景平台，按照国家5A级景区标准完善北运河智慧化旅游基础设施和公共服务设施，推动文化旅游商业休闲走廊建设，打造集展示、休闲、创意、度假、体验、购物于一体的大运河国家5A级旅游景区。

（二）建设大运河沿线文化旅游综合体，丰富国家5A级景区文化内容

1. 张家湾设计小镇文化旅游综合体的目标及问题

发挥张家湾设计小镇资源集聚优势，围绕张家湾镇运河文化艺术中心、张家湾遗址公园等重大文化旅游项目建设，进一步深入挖掘漕运文化，研究恢复古城墙、古集市，建设漕运客栈、演艺茶楼等住宿餐饮设施，配套建设24小时城市书房、康体运动中心、休闲娱乐中心等现代化、时尚化公共服务设施，打造以运河漕运为主题的文化旅游综合体。结合课题组调研与座谈，总结问题如下。

（1）土地盘活节奏有待加快。一是张家湾设计小镇存量建筑规模较大。建设年代大多在20世纪90年代末至21世纪初，现状总建筑规模约220万平方米，老旧厂房、新建厂房、楼宇和建筑资源150余栋，亟待在保留的基础上进行有机更新。二是小镇存量建筑产权主体分散。现有约116家产权单位，在区域环境整治带动土地价值提升的形势下，推进存量建筑的改造利用进程需要开展大量沟通协调工作。

（2）配套设施短板有待补齐。一是配置指标亟待调整。小镇用地以工业

用地为主，工业用地面积占比超过80%，公共设施按照原张家湾工业区的一般制造业基底进行配备，电力、通信和燃气等市政设施存在短板。二是交通体系有待完善。对外交通系统缺乏地铁支撑，内部交通系统微循环不够畅通、路网密度需要提高。三是配套服务设施供给不足。现有入驻企业类型多为投资、制药、工贸、精密加工等高精尖产业，就业人口多居住在周边村庄，缺乏住宿和商业等配套服务设施，高品质公共空间供给不足。

（3）高额改造投入有待平衡。一是项目改造升级需要投入大量资金。张家湾设计小镇是工业遗存再利用的城市更新项目，涉及土地性质变更、建筑设计、装修改造、基础设施建设等诸多方面的城市环境改善系统工程，需要投入大量资金。二是亟待研究入市楼宇运营模式、盈利模式。张家湾设计小镇入市楼宇当前资金回流方式单一，主要以租金收益为主，无法大幅提高产业空间租金水平，投资开发经济效益短期难以显现，且无法体现为企业减负增效的服务理念。

（4）产业集聚效应有待加强。一是产业要素亟待完善。张家湾设计小镇目前产业规模不大、国际龙头企业数量不多、科技创新要素不足、产业协同效应不强，即集聚效应不够明显。二是产业链亟须打通。张家湾设计小镇亟待探索产学研用一体化的科技成果转化路径，仍有待加快向产业空间注入高质量产业内容的节奏。

（5）专业运营能力有待提高。一是明确运营结构及主体职责。张家湾设计小镇现有多个“园中园”运营主体，分别负责各自园区内部运营。小镇整体运营主体的市场化职责有待明确。二是运营服务体系及专业化有待提升。该设计小镇紧密衔接“两区建设”，整体运营服务体系有待进一步完善，团队的国际化视野和专业素养有待进一步提高，涉外服务、渠道建设、运营管理等方面能力有待进一步提升，同时专业化运营团队的人才队伍建设有待进一步加强。

2. 台湖演艺小镇文化旅游综合体的目标及问题

依托台湖演艺小镇资源，发挥国家大剧院舞美基地龙头带动作用，积极建设一批特色化剧场群落，持续举办一系列戏剧节、文化节等演出活动，发展以小剧场为主的原创剧和跨界融合类项目，形成高品质演艺产业生态体系。完善小镇精品民宿、特色小吃街等文化和旅游消费配套，形成城市副中心文化繁荣发展新板块和夜间经济新地标。结合课题组调研与座谈，总结问题如下。

（1）土地问题存续，推进难度较大。该演艺小镇国土空间规划已于2020年基本稳定，但因项目所在区域有特殊军事属性，导致本版规划无法实现，项目无法落地。经与军地多次协商，军方提出三处迁建选址（均为600亩）。在首规委办与城市副中心实施处的牵头组织下，经多轮协商，当地与部队初步拟定选址位置。但三处迁建选址需要占用不同村庄、融通公司的土地，涉及资金量大、配套建设复杂，推进存在较大困难。

（2）市政交通、环境等基础设施滞后。市政基础设施与环境建设、公共交通配套严重滞后，目前的基础设施标准比较低，缺乏商业和公共服务配套设施，尤其是台湖演艺小镇文化产业园区与环球主题公园交通接驳存在不便。

（3）重大项目现金流压力明显。北京图书城在项目投资测算过程中，没有考虑补缴土地出让金事宜。未来5年过渡期满后，可能会追缴土地出让金，这将给项目带来沉重的现金流压力。

3. 宋庄艺术小镇文化旅游综合体的目标及问题

宋庄艺术小镇以世界文化创意交流中心、中国艺术品产业化基地、国家艺术特色小镇典范为发展定位，打造艺术生活服务区、艺术产业综合区和原创艺术体验区。加快宋庄原创艺术主题街区、标识导览、主题餐饮、主题住宿等旅游综合配套服务体系建设，提升区域景观风貌、设计精品旅游路线，推进艺术与旅游融合发展，打造宋庄文化旅游融合发展示范区。结合课题组调研与座谈，总结问题如下。

（1）产业用地、产业项目严重缺乏，产业支撑艺术区发展不够。按照减量化发展要求，宋庄镇规划的产业用地指标非常有限，并且用地零散，难以为重点产业项目提供充足的产业用地，对优质企业的吸引力不足。同时，目前艺术产业以创作为主，缺少评估、鉴定、交易、金融以及保险保存等环节，艺术产业结构单一，产业全链条不完善，艺术资源无法转化为产业资源，难以支撑艺术家与艺术生态的良好发展与培育，对地方经济发展的促进作用不明显。建议市、区在艺术创意产业发展政策、资源以及配套专项资金方面给予大力支持，引导市级文化创意类领军企业、优质艺术院校以及艺术品认证、交易、拍卖机构入驻艺术区，形成艺术创意产业示范引领作用。

（2）艺术家流失现象严重，内容创作内驱力不足。近些年，宋庄腾退了大量工业大院，导致依靠工业大院租赁、打造创作空间的艺术家无处可去。同时，随着该地区的发展，特别是城市副中心建设启动以来，宋庄小堡艺术区由于缺乏统一的对外运营管控，房租呈现无序上涨状态，加之各项生活成本增加以及子女教育问题等诸多因素，艺术家的流失越来越严重。

（3）土地、房屋问题纠纷和矛盾增多。宋庄小堡艺术区的大部分土地为集体性质，现存艺术场馆、艺术家工作室均由集体工业大院改建和租赁集体土地自建而成，总建筑面积约60万平方米，按照现行政策法规无法办理规划建设审批手续，合法性问题突出，极易产生违法建设。2022年，宋庄镇违法建设拆除任务达117万平方米，任务量为全区第一，工作压力增加。按照国际方案征集成果，宋庄小堡艺术区中区为腾退建新区，腾退任务繁重，容易引发纠纷和矛盾，造成舆情和不良影响。同时宋庄小堡艺术区北区为规划保留区，规划实施路径以保留提升为主，但目前合法性手续办理路径不明确。建议：①市、区研究保留区域建筑物的合法性手续办理问题，“一事一议”，明确实施路径；②区规自分局、区住建委、区消防支队开展建筑安全、消防安全检测鉴定，破解建筑使用有关手续办理难题。

（4）市政基础设施、公共服务配套严重滞后。宋庄小堡艺术区道路基础设施配套大多为镇村主导实施，缺少长远、统一的规划；建设等级标准不高，维护资金不足导致设施陈旧，老化严重；同时艺术区架空线路混乱，缺乏统筹布局，优质公共服务也严重缺项，与城市副中心规划建设标准不匹配，此外，提升改造所需的大量资金镇级层面难以解决。建议市、区在区域统筹解决基础设施及公共配套项目资金来源上予以研究、支持。

4. 努力发展一批文化和旅游融合的传统村落

统筹大运河文化带保护利用和沿线美丽乡村建设，深入挖掘通州里二泗、沙古堆、儒林等传统村落历史文化资源，加强与周边文物古迹、重要景观节点的联系，推动有机更新，提升村落整体景观形象，引入特色旅游休闲项目，配套精品主题酒店和精品民宿项目，整体打造传承大运河历史文化的特色村落。

（三）大运河国家文化公园与大运河国家5A级景区的同步推进

1. 大运河文化旅游国家5A级景区建设推进顺利

2018年，通州区政府印发了《北京（通州）大运河文化旅游国家5A级景区创建方案》，景区将整合“三庙一塔”、运河公园、大运河森林公园三大核心景点，辐射城市绿心、环球影城主题公园、路县故城、通州古城、张家湾古镇、西海子公园等北运河沿线文旅资源。按此方案，从2018年至2022年，当地计划用5年时间分两个阶段完成创建任务，即景观资源评审阶段和景区提升改造阶段[19]。

目前，景区建设已进入整体提升改造阶段，重点包括大运河通航、大运河文化旅游项目建设、大运河文化旅游产品开发等。当地将重点打造“三庙一塔”景区非遗传习所、主游客中心、西海子实景演艺、水马驿水资源保护利用中心、两岸营地、景区智慧化管理、应急救援服务等项目。同时，以

“三庙一塔”景区为重点，对景区内文物保护修缮、旅游配套服务设施完善、智慧景区建设、展览展示等方面进行全方位提升改造，打造大运河文化旅游景区重点历史人文地标符号。此外，与凤凰数字等八家企业签订框架协议，吸引社会优质力量为大运河景区提供智慧、技术、项目支撑[20]。同时，针对环球影城主题公园开园，发展精品民宿，提升服务设施配套标准。另外，深入挖掘以运河文化、通州文脉为代表的各类文化旅游资源，推出以“运河文化”“通州记忆”“非遗体验”“当代艺术”“特色小镇”“田园休闲”“文艺范儿”“健身康体”等八类文化旅游资源为主题的23条特色旅游线路，多角度打造城市副中心网红打卡地。

2. 北京市大运河国家文化公园建设有序展开

2021年，《北京市大运河国家文化公园建设保护规划》（以下简称《公园规划》）发布，提出了北京市大运河国家文化公园建设的时间表及建设目标。通州区作为北京市大运河国家文化公园的重要组成部分，又是北京同天津、河北的交界地，在国家文化公园建设中承担着关键节点以及重点区域的功能。《公园规划》从2021年、2023年、2025年三个时间节点对大运河国家文化公园建设目标进行了安排。

3. 大运河国家文化公园建设与5A级景区申报阶段相匹配

《公园规划》提出，要加快创建大运河国家5A级旅游景区。推进游客中心、大运河文化沉浸式体验、北运河非遗传习所等重大文旅项目建设。建设集水幕观影、灯光秀等于一体的运河城市观景平台，按照国家5A级景区标准完善北运河智慧化旅游基础设施和公共服务设施，推动建设文化旅游商业休闲走廊，打造集展示、休闲、创意、度假、体验、购物于一体的大运河国家5A级旅游景区。

牢牢把握运河北首品牌定位，加快建好大运河国家文化公园（通州段）。推动建成通州古城核心展示园，通过恢复水系、营造绿化植被、设置文化节点等综合手段，勾勒由通州古城墙、古城门和护城河等构成的历史风貌。以通州古城核心展示园为基点，建设通州大运河集中展示带，串联通州古城等历史文化遗产，延伸至大运河国家5A级旅游景区南端。在核心展示园和集中展示带以外，加强路县故城遗址、张家湾古镇等具有特殊文化意义的文化资源的展示，形成大运河主题特色展示点，满足公众参观游览体验的需求。

七、北京大运河文旅产业融合发展趋势与特色路径

京杭大运河沿线有湖泊、驿站纤道、泉水湿地、古塔寺庙、会馆民居、

桥巷等众多自然和人文景观，还有丰富的非物质文化遗产，这些都为旅游产业的发展提供了全新的成长空间。

（一）以大运河国家文化公园为抓手的大运河文旅产业融合路径

大运河作为一类典型的线性文化遗产，集民族精神、家国情怀和文化认同于一体。然而，要充分发挥文旅深度融合对大运河国家文化公园建设的综合效用，尚存在一些现实困境。

1. 大运河载体功能的变化使其文化表征更加抽象

大运河曾经的军事、漕运、盐运、水利等功能已经发生了深刻变化，其作为活态的文化遗产，主要承担的是生态文明建设和文化传承方面的功能，具有厚重的文化意义。

2. 沿线地区空间生产方式和类型的变化较为明显

大运河沿线地区空间生产方式和类型的变化模糊了人们对大运河文化的认知。沿线地区在不同阶段利用大运河的方式差异很大，历经多次整治和改道，使得以河道变化为主体的空间形制一直处于嬗变过程中，文化遗产在形式和类型上复杂多样。在大运河沿线地区的首批 58 处遗产点中，部分是所在地区高等级景区的核心吸引物，也有一部分属于“鲜有问津”的文保单位，一些遗产点在社会认知中并未将其与大运河建立联系。功能和空间上的变化，使得大运河国家文化公园的建设实际与人们的旅游需求和文化需求还存在一定距离。此外，旅游对文化生产形成重要影响，“文化的旅游化”特征日益明显。在这样的发展背景下，找准大运河文化与旅游深度融合的支点和载体尤为关键。

3. 文旅深度融合在大运河国家文化公园建设中的实践路径

文旅深度融合对大运河国家文化公园建设造成多维影响。文旅融合为大运河文化设施提升、文创产品打造、旅游产业链拉长和旅游品质提升提供了机遇，高质量的文旅供给及其创新实践则增强了人们对大运河文化自信与文化认同的适宜方式。

（1）构建点线面一体、错落有致的文旅融合空间。大运河沿线地区遗产点分布分散，对不同的资源要素必须要有所侧重、有所取舍。遗产赋存集中、历史环境较好的区域或河段要连点成线，城河关系紧密的地区可以点线面一体，加快建设文旅融合的先导区、示范区。城河关系不太紧密的地区则未必一定要“自我加压”，一些地方新建的文化生态空间要依附于特定的景观赋存，将文化空间与消费空间有机融合，在文旅事业和产业属性上寻求统一。

（2）探索物质文化与非物质文化遗产相匹配的利用模式。大运河沿线地区的众多古镇、古街、古村多已得到改建、复建，但过度商业化也带来了利用模式的同质化，业态类型、消费模式趋同度高，不同地区运河文旅项目的辨识度低，运河文化特色有被湮没甚至消失的可能。为此，应重视物质文化景观的场景效果，以创新创意的手法凸显大运河非物质文化遗产特色，运用现代科技手段，营造文化创意空间，在运河文化共性中彰显个性魅力。

（3）建立要素协同和治理架构一致的体制机制。新发展阶段，要素的市场化配置要达到效率目标，关键在于市场整体有效。要素协同的目的是寻求大运河文旅市场的整体高效，沿线地区应围绕“千年运河”的大品牌，根据实际打造各自的小品牌。科学布局，建设开放式文化空间，以拳头项目形成亮点和突破。同时，在主题公园、旅游景区、主题酒店等要素中展现大运河文化。要素协同需要克服行政区壁垒，完善国家文化公园建设的体制机制。强化顶层设计和跨区域统筹协调，沿线地区要加快完善协同发展的沟通机制。不同层级的机构在统一规划和政策协同上应强化担当，为不同河段和地区明确特色与功能，加快文旅深度融合提供全面指导。

（二）大运河通航“赋能”京津冀文旅产业融合的高质量发展

2022年6月，京杭大运河京冀段62千米实现互联互通[21]，标志着北京市第一次出现了跨省航道，第一次跨省水上旅游运输。京冀两地进一步整合北京（通州）大运河文化旅游景区、河北香河潮白河大运河国家湿地公园等优质资源，以大运河为主线，辐射沿线各地，深入挖掘、保护与传承大运河及其沿岸的自然景观、民俗风情、文化遗产等历史文化旅游资源。采取“点线并举、长短结合、水岸相融”等方式，共同开发包括水上观景、船上商务、岸上漫步、非遗展示、沿途采摘、营地休憩、沿河骑行等在内的“运河游船+”主题游线路，构建大运河（京冀段）旅游带。具体可以包括以下几个方面。

1. 加强大运河文化与景观展示性旅游

向游客集中展示运河的自然和社会文化发展状况，供游客欣赏。展示形式除了让游客坐在船上游览运河，还可以将蜿蜒壮观的船队和船队过船闸的景象呈现给游客；可以让游客走近古闸坝、古码头，感受先人的创造力；让游客游览会馆、古宅和园林，了解和学习古人的建筑技艺；如果游客想了解运河遗产的过去和现在，则可以走进运河文化展馆。大通桥到八里桥沿线既有CBD商圈的现代高楼，也有“运河壹号”这一复古建筑，具有很强的景观展示性特点，可以考虑开发文化景观展示性旅游水上线路。

2. 提升大运河文化体验性旅游

为游客提供参与性和亲历性活动，使游客在感悟中感受愉悦的旅游方式，如2022年通航的京冀段游客观看运河漕船如何过闸等就是体验式旅游，游客可以直观了解古人如何利用澳闸实现船舶过闸和保水的双重功能。目前，从紫竹院公园的紫御湾码头到颐和园南如意门的游船路段可以考虑开通运河水上巴士以及沿线体验性水上线路。除了沿线河岸景观，还可以在船上开设评话弹词、古筝等非遗表演并开启美食之旅，让游客在船上可以观景、体验，还可以吃到美食。

3. 提供大运河数字文旅服务

依托互联网技术和地理信息系统（GIS）技术开发可以使运河的历史面貌通过现代移动技术展示出来，外地游客在手机App上就能看到运河文化遗产的相关信息，并通过电子信息系统引导游客完成文化遗产点的参观游览。引入VR、AR等现代科技，建设运河文化展示馆，依靠光电技术和音频、视频自动调度技术实现三维场景展示、单点全景展示、船载全景展示等，形象生动地再现运河的前世今生、重要场景和重大历史事件，使游客如临其境，感同身受。与此同时，要加强政策规划引领，加快发展数字文旅，推进红色旅游融合发展，推进乡村旅游提质升级，因地制宜发展特色民宿，积极开展研学旅行，推进全域旅游向纵深方向发展。

（三）倾心打造运河文化旅游线路

以北京大运河作轴，实现“串珠成线，以点带面”，将历史文化遗产与水上游、沿线骑行、徒步等统筹起来，提供个性化、特色化的旅游产品和服务，构建具有运河特色和区域特色的专题文化旅游精品线路。

1. 推进北京大运河文化遗产研学游

依托北京大运河丰富的文化遗产，可以为本地及外地青少年等游客开发文化研学游，使游客对运河遗址的考古发掘、典型遗产点的保护、活态运河有所了解，了解运河线路的历史变迁和水利工程科技，也能体验运河独特的漕运商业文化以及运河历史名人风采等，从而打造一条依托运河的文化传承、教育实践线路。

2. 打造京津冀大运河沿线古镇记忆游

京津冀大运河沿线有众多的古镇，如北京的张家湾古镇、天津的杨柳青古镇等。各个古镇可以根据各自特色，逐步恢复一些老字号店铺，使运河名镇船舶往来、桨声绵绵的情景重现。利用运河号子等艺术形式将特色鲜明的运河古镇旅游点串成一条文化旅游精品线路，这条线路将综合展示运河风貌、生活美学、传统民居、生产场景等。2021 年，京津冀文旅部门推出 4 条京津冀自驾精品路线，其中包括北运河休闲自驾路线等，串联起通州大运河森林公园、大兴国际机场、潮白河国家湿地公园等京津冀重要文旅节点[22]。

3. 开发京津冀运河水上长线游

在京津冀协同发展的背景下，通过逐段推进“长线运河水上游”，使游客能更充分地感受运河，充分发挥其作为线形文化遗产的优势，让游客更好地感受大运河与沿岸城市的密切联系。因为大运河水上游览路线较长，为了免使游客感到旅途乏味，可以将清曲、古筝、昆曲、古琴、弹词、评话等非遗表演引入游船上供游客欣赏，同时也可以让游客参与一些非遗游戏，如斗茶、双陆、投壶等，形成富有特色、吸引游客的船上活动。

（参与本项目调研和报告撰写的还有沈晨光、刘雯雯、姚冠宇、牛静薇、肖德民、隆雨彤、胡彬等）

参考文献

[1]“北京文化 28 条”为新兴业态抓住机遇提供指引“文化+互联网”踩下油门提速［EB/OL］．［2022－02－11］．https：//www.beijing.gov.cn/renwen/sy/whkb/202003/t20200311_1867958.html.

[2]《北京文化产业发展白皮书（2021）》发布［EB/OL］．［2022-06-18］．http：//m.gmw.cn/2021-12/10/content_35372887.htm.

[3] 中国文旅产业发展报告（2020）［M］．北京：社会科学文献出版社，2020：12.

[4] 中国大运河发展报告（2021）［M］．北京：社会科学文献出版社，2021：9.

[5] 江苏：激荡千年运河水展现文旅新担当［N］．中国旅游报，2022-10-05（1）．

[6] 总投资 128 亿 聊城大运河假日世界项目今年将开建［EB/OL］．［2022-03-21］．https：//rmh.pdnews.cn/Pc/ArtInfoApi/article？id=9255573，2019-11-15.

[7] 2022 安徽两会期间，省人大代表王法立建议：打造安徽省大运河运河文化保护传承利用示范区。

[8] 浙江出台规划将实施大运河文化保护传承与利用［EB/OL］．［2022-01-17］．http：//cul.china.com.cn/2020-04/17/content_41126289.htm.

[9] 城水相拥 运河新韵：运河区全力推进大运河文化带建设探访［N］．河北日报，2022-09-26（7）．

[10] 推动高质量发展创造高品质生活天津西青打造现代化活力新城［EB/OL］．［2022-03-16］．https：//www.tjxq.gov.cn/xwzx/xqyw/202206/t20220616_5907527.html.

[11] 详见：北京市文化和旅游局发布的《2021 年北京市文化和旅游业统计报告》。

[12] 蔡奇、陈吉宁春节后首个双调研来到城市副中心，要求打造京津冀协同发展高

质量样板，北京日报，2022-02-12（1）.

［13］2025 年运河北首盛景再现［EB/OL］.［2022 - 01 - 14］. http：//kanbao. dayuntongzhou. com/UploadFiles/file/20220117/202201170101393358. pdf.

［14］据北京通州官方发布，截至 2022 年 6 月，通州线上推介运河文物遗产全区已登记不可移动文物 238 处。

［15］详见：北京市通州区文化和旅游局发布的《通州区“十四五”时期文化和旅游发展规划》。

［16］《2021 年北京市文化和旅游业统计报告》［EB/OL］.［2022-08-15］. http：// whlyj. beijing. gov. cn/zwgk/tzgg/202207/t20220708_ 2766556. html.

［17］“黄金水道”明年亮相城市副中心［N］. 北京日报，2021-07-13（9）.

［18］详见：《守望历史 记住乡愁 城市副中心首推大运讲述人》（北京市通州区融媒体中心 2022 年 3 月 15 日发布）。

［19］详见：《创建大运河 5A 级旅游景区 打造城市副中心文旅“金名片”》（北京市通州区融媒体中心 2022 年 6 月 12 日发布）。

［20］北京：大运河创建 5A 景区 绘就副中心新画卷［EB/OL］.［2022 - 01 - 19］. http：//my - h5news. app. xinhuanet. com/news/article. html? articleId = c8c608767b5d46cddabfefa09929a58b.

［21］大运河京冀段全线 62 公里通航［N］. 北京城市副中心报，2022-06-27（1）.

［22］古“运”新生，留住城市的历史基因［N］. 北京日报，2021-10-22（9）.

大运河文化带建设与京津冀高质量协同发展研究

李博雅

习近平总书记指出，“大运河是祖先留给我们的宝贵遗产，是流动的文化，要统筹保护好、传承好、利用好”。大运河文化带是依托京杭大运河提出的带状文化、经济区域，北接京津冀，南连长江经济带，流经我国东部六省（市）及中部两省，人口分布稠密，经济总量较高，对于促进沿岸地区经济发展及文化交流具有重要作用，对我国区域空间合理布局与全面协调发展也具有重要意义。自2019年中共中央办公厅、国务院办公厅印发《大运河文化保护传承利用规划纲要》以来，北京、浙江、江苏等地都将传承大运河文化、推进大运河发展作为“十四五”规划的重要内容。

当前，京津冀协同发展已经进入对接2030远景目标的新阶段，对产业转型、绿色发展、动能转换都提出了更高要求。2022年6月，大运河京冀段实现通航，为京冀两地互联互通、共进共融带来了新的契机。因此，分析未来时期京津冀高质量协同的主要难点与制约因素，挖掘京津冀大运河文化带建设带来的区域空间格局演化新动能，探索以大运河文化带动区域协调发展的新模式对于优化京津冀空间格局、探索绿色发展以及落实大运河文化带建设具有重要意义。本文通过分析京津冀段大运河文化带的发展情况及其对地区经济社会发展的影响，明确新时期京津冀高质量协同发展的成效、主要难点与制约因素；结合大运河文化带建设对区域空间格局演化的动能优势，探讨了未来京津冀高质量协同发展的总体思路及影响因素，并提出促进大运河文化带建设与京津冀高质量协同发展的对策建议。

一、京津冀大运河文化带的空间特征与战略影响

中国大运河由隋唐大运河、京杭大运河、浙东大运河三个部分组成，是目前世界上修建最早，利用时间最长，空间跨度也最大的人工运河之一，是我国古代劳动人民所建造的一项伟大水利工程，也是中华民族带给世界的珍贵遗产和流动文化。以下将系统梳理中国大运河文化带的空间格局与战略意义，阐述京津冀大运河节点城市的基本情况与面临的问题，分析大运河文化带建设对京津冀地区经济社会发展的影响。

（一）大运河文化带的空间格局与战略意义

京杭大运河连接北京、天津、河北、山东、河南、江苏、安徽、浙江等八省市，全长1 800多千米。依托京杭大运河形成的大运河文化带南接“长江经济带”，北连“环渤海经济区”，是贯穿我国南北的水运动脉，也是新的带状经济文化发展区域[1]。

1. 大运河文化带空间格局

大运河文化带包括我国东部六省市以及中部两省，人口分布稠密，经济总量占全国比重较大，发展质量相对较高。2021年，大运河文化带八省市总人口为52 221万人，占全国人口的37%，共实现国内生产总值47.1万亿元，占全国GDP的41.2%，人均地区生产总值90 228元，是全国平均水平的1.1倍，地方财政一般预算收入占全国的41.1%，地方财政一般预算支出占比35.3%。总体上看，大运河文化带经济发达程度高于全国平均水平（见表1）。然而，由于地理位置、资源禀赋和历史发展等原因，大运河文化带各省市的发展水平存在一定差异。八省市中，人口密集地区主要分布在山东、河南、江苏等地；人均地区生产总值最高的为北京市，是最低的河北省的3.4倍。

表1　大运河八省市经济与人口情况（2021年）

地　区	地区生产总值（亿元）	人均地区生产总值（元/人）	年末常住人口（万人）	第一产业增加值（亿元）	第二产业增加值（亿元）	第三产业增加值（亿元）
北京市	40 269.6	183 980	2 189	111.3	7 268.6	32 889.6
天津市	15 695.0	113 732	1 373	225.4	5 854.3	9 615.4
河北省	40 391.3	54 172	7 448	4 030.3	16 364.2	19 996.7
江苏省	116 364.2	137 039	8 505	4 722.4	51 775.4	59 866.4
浙江省	73 515.8	113 032	6 540	2 209.1	31 188.6	40 118.1
安徽省	42 959.2	70 321	6 113	3 360.6	17 613.2	21 985.4
山东省	83 095.9	81 727	10 170	6 029.0	33 187.2	43 879.7
河南省	58 887.4	59 410	9 883	5 620.8	24 331.6	28 934.9
八省市总量	471 178.4	90 228	52 221	26 308.9	187 583.1	257 286.2
全　国	1 143 669.7	80 976	141 300	83 085.5	450 904.5	609 679.7

续表

地　区	地区生产总值（亿元）	人均地区生产总值（元/人）	年末常住人口（万人）	第一产业增加值（亿元）	第二产业增加值（亿元）	第三产业增加值（亿元）
八省市占全国比重	41.2%	111.4%	37.0%	31.7%	41.6%	42.2%

资料来源：根据2022年中国统计年鉴整理。

总体上看，大运河文化带沿线八省市聚焦自身区域发展特点，将大运河文化历史传承与省域内部发展紧密联系起来。其以北京城市副中心为起点，自北向南串联了不同的文化特色和生态资源，体现了文化引领、绿色创新、文旅融合的基本特征，通过地区间文化带、生态带、旅游带等的融合发展，谋求更广泛的区域发展可能性与协调性[2]。

2. 大运河文化带的战略意义

大运河见证了中华民族几千年的发展历史，凝聚了古代劳动人民的智慧结晶，是中华民族精神的象征。大运河文化带是我国第一条以文化建设为主要指向的带状发展战略，建设大运河文化带对我国的战略意义重大而深远。

第一，有利于推动优秀传统文化的保护传承。大运河历史悠久，面积广阔，文化内涵丰富，承载着中华民族厚重的时代精神。大力发展大运河文化带，加强大运河所承载的丰厚优秀传统文化的保护、挖掘和阐释，将大运河的文化与新时代精神相结合，将为中华民族优秀传统文化的传承、发展注入新的生机与活力。

第二，有利于促进区域创新融合与协调发展。大运河拥有丰富的生态、航运、文化资源，是联系不同地区的重要经济带，也是贯穿南北的历史文化长廊。建设大运河文化带是我国重要的发展战略，对大运河的宝贵资源进行合理的可持续的开发利用，不仅有利于大运河沿岸旅游产业的发展和兴盛，而且能进一步带动沿岸地区的经济高质量发展，促进社会繁荣富强，为区域协调发展带来示范作用。

第三，有利于深化国内外交流与合作。大运河自古以来就是各个地区、不同民族进行交流合作的重要媒介，也是世界上各个国家互惠共赢的前沿地带，对国内外经济社会发展都具有重要影响。建设大运河文化带，传承大运河的文化内涵，弘扬大运河的时代精神，发掘大运河的宝贵价值，将不断促进中国与世界各国的交流互鉴，让中国在更广阔的平台上传播自己的声音，展示中国形象。

第四，有利于生态环境保护和绿色发展。大运河文化带也是一条自然生态带。在大运河的建设过程中，需要沿岸城市携手共建共治，始终秉持“绿水青山就是金山银山”的理念，休憩完善运河功能，不断修复治理周边生态，注重改善大气质量、水质量，打造山清水秀的绿色景观长廊，建设山水相依的运河整体景观带。随着大运河文化带建设各项工作的开展，各级政府与各类经济主体的共同努力将会进一步优化运河的生态环境，促进绿色发展。

（二）京津冀大运河文化带发展情况

京津冀区域大运河自北向南流经北京、廊坊、天津、沧州、衡水、邢台、邯郸七地，大运河文化带贯通相关的节点城市，见证了这些城市的发展变迁，给沿岸城市留下了宝贵的历史文化财富。对大运河的协同保护与建设也是沿岸地区携手合作的重要方式，有利于促进京津冀大运河沿岸地区的一体化发展。

1. 节点城市基本情况

（1）北京市。大运河（北京段）总长82千米，流经昌平、海淀、西城、东城、朝阳、通州六区，沿途名胜古迹为数多众、布局紧密、种类多样，是明清时期北京城连接西北园林的纽带，也是如今联系首都北京中心及其城市副中心的重要水系。

大运河北京段涉及相关的历史文化保护、公共交通建设、城市发展规划等各方面工作。2019年，《北京市大运河文化保护传承利用实施规划》和《北京市大运河文化保护传承利用五年行动计划（2018年—2022年）》正式发布，要求到2025年大运河文化带生态环境整体改善，水系水质全面改善，周边环境得到有效治理，滨水空间可达性、趣味性明显提升；2026—2035年，大运河文化遗产实现整体性、系统性保护，大运河滨河生态文化廊道全线建成；到2050年，全面建成魅力运河、美丽运河、多彩运河、协同运河。通州段运河作为北京地区文化传承的空间载体，是北京地区文化传承延续的重要出口，将文化保护传承与疏解整治促提升相结合，有利于将北京城市副中心建设成为中国文化与世界文明交流的重要承载地。

随着城市建设的加快，大运河沿岸也出现了诸多问题。一是文化保护不力。大运河的相关遗产遗址被破坏毁损，部分被强制占用，不利于大运河文化的保护和传承。二是大运河周边生态环境遭到破坏。随着城市建设和现代化发展，运河周围存在着一些非法建设，导致周围环境、水资源等遭到严重破坏。三是大运河空间环境有待改善。在当前城市建设中，尚未合理规划大运河沿岸的空间布局，大运河周围的公共设施和基础建设等没有合理地与运河相规划结合，导致部分沿岸区域功能不完善，发展活力不足。

（2）廊坊市。大运河廊坊段分为两部分：一部分是北运河段（香河），古称沽水、白河、潞河，现经北京通州桥上村南进入香河境内；另一部分是大清河赵五新河段，由白洋淀入文安、霸州境内，流经赵王新渠、东淀后，经海河干流入海，全长60千米。香河县境内运河两岸文物点共计8处，在发展和保护的进程中，提升大运河两岸景观面貌是关注的焦点。在完善北运河流域生态建设整改工程计划中，将分三次对北运河流域全段、堤线范围内的约26平方千米区域开展防洪、河流岸线恢复以及生态建设湿地、生态景观绿化工程等项目；开展运河大道绿化、运河文化公园等多项运河沿岸风景园林绿化项目，在沿岸两侧约1 000亩区域内均已全面完成绿化，绿化面积约8平方千米，生态景观整体面貌获得明显改善。同时，廊坊地区认真落实河长制，开展了河道整治项目，对河道内的违建实行全面清除，并对岸线废弃物实施了集中处理。

（3）天津市。北运河天津段是我国大运河历史文化遗产的重要组成部分，全长约190千米，列入申遗河段的运河长度约71千米，遗产区面积975公顷。为了打造贯穿南北的绿色生态廊道，实现水清、岸绿、河畅、景美的自然景观，天津市重点开展了三方面工作，对大运河环境进行相关改善。一是开展河道综合治理。通过梳理运河河道的淤泥，进行排污绿化等工作，改善运河河道的生态环境。二是保护运河水资源。通过与京冀各方协调共治，从源头改善水源质量，保障河道上游有更多的入水量，同时与天津当地共同治理地表水，实现水源质量的大幅改善。三是加强运河沿岸的管控治理。对运河沿岸的空间布局进行合理优化与改进，按照相关功能划分进行分区管理规划，切实保护运河沿岸的生态资源。

2020年，天津市编制出台《天津市大运河文化保护传承利用实施规划》，提出进一步整合天津市大运河沿线资源，以文化和旅游融合发展为导向，构建享誉全国的北方运河缤纷旅游带。此外，天津还制定了大运河文化遗产及周边环境风貌保护管控清单，进一步加强对文化遗产的保护修缮和展示利用。在进一步推动天津大运河文化带发展的工作中，成立了天津市大运河文化保护传承利用暨长城、大运河国家文化公园建设领导小组，以进一步统筹推进天津市大运河文化保护传承利用和长城、大运河国家文化公园建设。

（4）沧州市。沧州市境内南运河起于乌桥大兴庄村入口，经过吴桥市、东光市、南皮市、泊头市、沧县、沧州市区（包含运河区和新华区）、青县等县（市、区），最后在青县李又屯村北出沧州境，进入天津市境，全长253千米。沧州市区也是京杭大运河经过的城市中总里程最长的地区，其中共有不可移动文物 942 处、非遗代表性项目 375 个、A 级景区 15 家、省级文化产业示范园区及基地 8 家。2022 年 9 月 1 日，京杭大运河沧州中心城区段实现旅游通航，这对于沧州文旅发展特别是运河沿线文旅发展而言是一个难得的机遇。沧州城区大运河沿线建成了南川楼、百狮园、盐场、清风楼、锅市街、佟家花园等 12 座旅游码头，具备了旅游通航条件。

近年来，沧州市积极建设运河生态景观带，进行水体提升和边坡整治，开展全域河流清淤和岸坡保护，引蓄上游河道供水 1.8 亿立方米，实现了运河全线有水。乌桥、沧县、青县以及京杭大运河沿岸八个县（市、区）共投入 51 亿元建设 18 个特色文旅项目，努力构建运河文旅景观带，打造“运河古郡匠心文化传承之旅”等旅游精品线路。随着大运河文旅项目的快速推进，沧州市还将进一步通过多元化主体经济投入的形式，为其发展提供“源头活水”。通过推进城市更新，对大运河建设项目打捆分包、整合改造，以促进城市建设从单个项目开发向成片区域开发过渡。沧州京杭大运河经过之处，不论是旅游文化，抑或是经济贸易，都是燕赵大地一道亮丽的中轴线。

（5）衡水市。京杭大运河衡水舰河段自故城县南辛堤镇入境，经过故城、景县、阜城三个县城，最后于阜城张华镇北进入沧州市境内，总长 179 千米。其中，故城段 75.2 千米，景县段 73.2 千米，阜城段 36.5 千米。京杭大运河在衡水舰河段有故城郑口重力挑水坝、郑口山西会所遗迹、头屯镇黄窑遗迹、建城卫运河遗迹、景县城华家口夯土规、阜城码头运河遗迹、霞口扬水站、戈家坟引闸等重要古迹遗存。京杭大运河景县城河段由于保护完善，全段被列为世遗名单。衡水对大运河历史人文带的修建重点体现在文保腾退、文保修复、公共人文设施的重新布局、生态环境的改造、历史风貌的修复等方面，并通过“文化+”工程推动大运河文化带关键节点建设。

近年来，衡水市以大运河流域文明的继承发展项目为导向，积极推动大运河文化带工程建设，不断加强生态环境整治，深度发掘历史内涵，做好文化遗址的传承，统筹大运河沿线地方经济建设，积极探索文化发展内涵建设的新道路。一是做好京杭大运河企业文化保护传承利用。开展京杭大运河沿岸重要古迹、文化遗产抢救保护工程建设，实施京杭大运河传统文明遗址遗迹考古与发掘。二是开展京杭大运河非物质历史文化遗产保护工程建设，进一步发掘京杭大运河两岸的戏曲、民间传说和风俗等非物质文化遗产，做好传承人的保护和培养。三是开展大运河文明示范传播工程建设，统筹推动大运河各类博物院、陈列馆和展览点规划建设，培育了一批特色运河流域文明小镇和优美村庄，创作了一批京杭大运河文化主题文艺作品，筹办了国际运河民俗文化艺术节等高品质文化交流活动，打造了“大儒之乡、生态运河文化”名牌，把衡水构建成为京杭大运河文明带关键节点都市。

（6）邢台市。邢台境内大运河从临西尖冢汇入，沿临西、清和二县县境北去，从清和渡口驿过境，为冀鲁二省的边界河道，境内全长58千米，拥有全国重点文物保护单位4处，即清河县朱唐口险工、清河县油坊码头遗址及险工、贝州故城遗址、临西临清古城遗址。邢台市秉承“河为线，城为珠，线串珠，珠带面”的总体思想，着力推进建设古都家国片区，根据邢台传统文化艺术价值特征及村镇布局特征，发挥大运河文化带对城市空间结构的重构与综合优化功能，以卫运河文化为骨干塑造大运河流域文化的发展、保护与继承，环绕隋唐故道（永济渠旧址）构筑永济渠民俗文化廊道，细化临西、清河运河文化发展群体，形成了“一轴、一廊、两核”的京杭大运河邢台段综合开发布局。

（7）邯郸市。邯郸境内现有大运河（先后名为卫河和卫水渠）共计141.8千米，面积701.5平方千米，流经邯郸魏县、大名县、馆陶县等地，留存大批与运河流域相关的自然物质和非物质文化遗产。邯郸市段京杭大运河沿岸的历史人文遗存数量丰富、分布范围广阔，有邺都遗迹、大名府故城、大名天主教教堂等三个国家重点文物保护单位，大名古代长城、沙圪塔诫碑等两处国家级重点文物保护单位，以外还有多个省市县区文物保护单位未定类，不能转移文物遗存。

近年来，邯郸市将旅游业视为转型升级和高质量发展的关键抓手。2020年，邯郸市政府《关于快速推进运河古都文旅产业发展的议案》中提出：一是高标准地编制京杭大运河邯郸市段历史文明建设与保护发展的实施规划；二是加速推动沿线水体的自然恢复与沿线园林绿化工程；三是协调做好关键节点建设，促进周边的文旅业稳步发展；四是明确地方主体的优惠政策；五是加强对大运河邯郸段的宣传工作。大名以全域游的开发模式，谋划了“一带、两城、四镇、多节点”的大运河流域开发格局，将大名段大运河流域历史廊道和大名府故城考古遗迹公园等建设项目列入“十四五”计划。馆陶县政府制定了《馆陶县大运河文化带发展计划》，制作了《馆陶县大运河流域重点项目游览景点布置图》以及大运河流域的城市规划发展空间布置示意图，明确了“一廊、一带、二镇、多点”的开发建设工作思路。未来，邯郸市将结合大运河文旅产业的发展，加强大运河文化、文艺的创作，形成覆盖邯郸全域的大运河旅游品牌。

表2为大运河京津冀七个节点城市2020年的基本指标。

表 2　大运河京津冀七个节点城市的基本指标（2020 年）

地　区	地区生产总值（亿元）	人均地区生产总值（元）	常住人口（万人）	地方财政一般预算收入（亿元）	第一产业增加值（亿元）	第二产业增加值（亿元）	第三产业增加值（亿元）	空气 PM2.5 平均浓度（微克/立方米）
北京（通州）	1 103.0	59 943	184.0	78.7	13.0	410.5	679.5	37
天　津	14 083.7	101 614	1 386.6	1 923.1	210.2	4 804.1	9 069.5	48
廊　坊	3 301.1	60 989	553.8	360.1	221.5	1 022.0	2 057.6	42
沧　州	3 699.9	50 713	730.4	275.4	315.0	1 433.8	1 951.2	47
衡　水	1 560.2	36 938	418.7	127.3	235.1	489.6	835.5	52
邯　郸	3 636.6	38 623	936.7	287.8	376.6	1 571.3	1 688.6	57
邢　台	2 200.4	30 909	708.8	175.9	311.6	823.2	1 065.5	53

资料来源：北京统计年鉴、天津统计年鉴、河北统计年鉴等。

2. 京津冀大运河文化带发展所面临的困境

大运河文化带建设与发展的基础是运河的悠久历史与文化资源，千年运河遗留下来的重要物质文化遗产和非物质文化遗产必须加以全面发掘，通过文化资源的开发利用，形成有特色的文化产品。目前，京津冀对运河资源的开发利用，主要面临各自为政、生态环境与遗迹保护不力、文化特色开发不足、技术创新支撑力度不够和相关立法不完善等困境。

（1）京津冀三地各自为政。京津冀协同推动大运河文化带发展缺少具备可操作性的整体规划，如目前还没有完整的体现运河特色的游览路线等。尽管京津冀三地成功签署了《携手推动大运河流域文化保护继承运用建议书》，对京津冀协同推动大运河流域历史文化带的发展已经取得共识，但还没有提出长远计划、统筹管理等具体举措，当前对于大运河文化带发展问题还处在各自为政的阶段。例如，北京市通州区以运河文化为特色吸引城市建设项目，天津市主要以运河文化广场建筑和民俗观光为特点，河北省则大多停留在资源收集、规划的层次等方面，景观开发、文化建设等尚有待进一步发展和完善。

（2）生态环境与遗迹保护不力。京杭大运河水利工程年久失修，京津冀段大部分河流已废弃、枯竭，或改作他用，甚至成为倾倒垃圾的地方。大量工业废水和城市生活污水严重污染了京津冀段大运河环境。部分河道采用水泥或石材等作为衬砌的保护建筑材料，打破了运河与周围物质的动力系统，河流自净功能不强，补给地下水的作用也相对不足，运河沿岸自然生态环境严重退化。尽管京津冀各地十分重视对运河遗址的利用，但缺少科学、有效的统筹规划，部分地区对遗址保护不当。

（3）运河文化特色开发不足。京杭大运河的建设以自然景观、排水航运等功能型开发为主，京津冀沿岸历史文化遗迹规模较小且分布相对分散，相关景区缺乏整体规划且交通不顺畅，反映运河历史、体现运河文化底蕴的项目尚不多。由于京津冀地区的大运河有相当长一段时间断航，因此民众对大运河流域文化遗产保存的认知与意识也有所下降，居民与旅游者的互动不足，展现风俗习惯的人文活动开发力度较小[3]。如何合理、高效地挖掘运河文化特色，促进自然景观、人文资源与商业开发协调发展，延续大运河传统文化与风俗民情，是京津冀大运河文化带未来建设发展的重要方面。

（4）技术创新支撑力度不够。发展大运河文化旅游产业，既要有文化底蕴支撑，也应引入现代技术手段作为保障，可通过“互联网+运河文化旅游”等方式创新大运河文旅产业发展[4]。例如，以大数据、云计算、电子商务等创新技术发现、搜集、筛选、创造相关文化产品，通过移动信号网络，利用手机中的基于位置的服务（Location Based Service，LBS）功能，向相关用户发布运河周边风光、人文故事，增强游客的想象力与参与感，并通过平台的宣传分享，扩大相关产品和景区的知名度与影响力。当前，京津冀在大运河文旅产业发展中对现代技术手段的运用还有提升空间，特别是津冀两地在这方面的开发和应用仍显不足。

（5）大运河文化带相关立法尚不完善。在法律法规方面，已出台的《中国文化遗迹保护法》（2007）、《大运河遗产保育计划》是普适性的，其针对性、具体性欠佳，且现有法律多用于对运河文化的保护，缺乏关于大运河挖掘与管理的法律法规。目前，京杭大运河的开发仍处在认识、设计和浅层开发阶段，还存在立法层级不高、协调性不够、体系不完备等问题。现有的大运河文化带立法并未包含地理和生态环境等重要因素，环境保护的法律力度不足，难以满足大运河环境保护的现实需要。

（三）大运河文化带建设对京津冀地区的影响

大运河文化带是一条贯通南北的水上轴带，有助于优化我国国土空间格局，统筹推进区域协同联动，同时改善南北区域发展不平衡不协调的问题，对京津冀沿岸地区的经济、社会、生态、人文等各方面也具有显著影响。

1. 提高了京津冀美誉度和知名度

2014 年 6 月 22 日，京杭大运河被列入世界文化遗产名单。依托京杭大运河成功申遗的契机，充分利用运河沿岸城市的自然景观和文史资源，全方位展示京津冀各地的城市风貌与文化内涵，并通过运河保护工程、观光工程、人文工程等建设，进一步改善促进了北京、天津、廊坊、沧州、衡水、邯郸、邢台等沿岸地区居民的生活环境，促进了城市经济社会发展，提升了京津冀知名度和影响力，并有助于建设全区扩大开放新高地和对外开放的崭新平台。

2. 促进了京津冀文化的交流和融合

文化交流是京津冀合作发展的重要方面。绵延千年的沿运河流域文明，推动着沿河文明的互动和整合。大运河贯穿京津冀50余个县、400多个乡村，全长近600千米。对于京杭大运河的保护和建设应当是整体性的，运河沿岸的每一座城市和乡村都与运河文化建设密不可分。运河沿岸的县城、乡村之间应协调配合，根据国家文物保护单位与世界历史文化遗产的要求和规定，共同进行古运河航道整治、沿河海岸生态恢复以及历史文化街区维护等工作，并在这一协同合作过程中不断提升文化的认同感与民族的使命感。

3. 形成了京津冀经济发展新动能

京津冀不同城市地域、历史、人文各有明显不同的特点，区域发展差距过大、产业链衔接不足是当前京津冀协同发展面临的重大问题。应通过大运河文化带建设，大力发展旅游、商务、咨询、金融等第三产业，形成京津冀转型发展新动能，融合多种文旅资源，打通三地沟通渠道，不同城市按照各自特点形成不同功能的运河文化产业长廊或文化产业园，以文化产业合作、景区共建、基础设施共享等方式实现区域分工与协作，这将有效促进河北廊坊、沧州、衡水、邯郸、邢台等沿岸地区经济社会发展，缩短河北与北京和天津的发展差距，建立京津冀互惠共赢的新局面。

4. 推进了京津冀绿色高质量发展

绿色发展是区域高质量发展的重要内涵。大运河文化带建设全面发掘、整合了沿线自然资源，体现了生态优先、绿色发展的思想，通过强化环境联防联管联治工作，不断提升运河沿岸的生态环境；运用现代科技与现代创意方式，把沿线资源优势转化为生产资源优势，根据地方优势进行绿色生态开发；通过创新体制机制，实现供应链、产业链、技术链条的全面重构，以绿色转型促进京津冀高质量发展。

二、新阶段京津冀协同发展的成效、难点与展望

为疏解非首都核心功能、解决北京“大城市病”，中央提出了京津冀协同发展这一国家战略，以此调整优化城市布局和空间结构，扩大环境容量与生

态空间，推进产业升级转移，构建现代化交通网络系统，打造现代化新型首都圈，努力形成京津冀优势互补、互利共赢的协同发展新格局。至 2022 年，京津冀协同发展已走过八年的时间，在非首都功能疏解、交通一体化建设、生态环境治理等方面取得了显著成效。随着我国经济步入高质量发展阶段，京津冀协同发展也步入 2030 年远期目标新阶段，这对京津冀协同发展提出了新的要求和目标。总结京津冀协同发展取得的成效与存在的问题，剖析制约京津冀高质量协同的关键因素，对促进新阶段京津冀协同发展迈向高质量发展具有重要的意义。

（一）京津冀协同发展的成效与问题

1. 京津冀协同发展取得的成效

京津冀协同发展战略秉持严格控制增量，着力疏解存量的方针，着力于重组内部功能与产业转移疏解[5]。时至今日，疏解北京非首都功能已在经济、交通、产业协同，生态治理等方面取得阶段性成效。

（1）区域联系不断加强，经济总量均有所提高。区域间经济联系总量的增加是各省市经济社会不断发展与各区域不断提高的生产能力相互促进、相互作用的结果。2010 年以来，京津冀经济联系比较紧密的地区主要集中在北京以东，其中北京与天津、廊坊的空间联系最为密切，与河北其他地市的关联度次之。在这之中，核心城市北京的对外经济联系总量最大，天津、河北依次位列第二、第三。虽然新冠疫情对 2020 年经济影响比较大，但是不难看出，截至 2019 年，京津冀各省市货物进出口总值相比 2016 年仍有着明显提升（见图 1）。

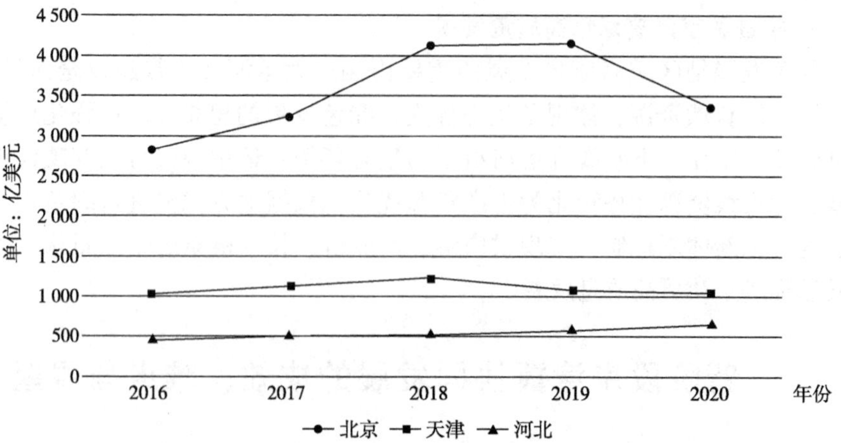

图 1　京津冀各地 2016—2020 年货物进出口总值

数据来源：笔者由 2021 年的北京统计年鉴、天津统计年鉴、河北统计年鉴整理而成。

2018—2020 年，京津冀各省市的地区生产总值逐年提升（见图 2），其中北京的地区生产总值最高，天津、河北分别位于第二、第三。2020 年，京津冀第一、第二、第三产业总值分别为 4 197.9 亿元、24 117.7 亿元，58 077.6 亿元。其中，河北第一、第二产业分别以 3 880.1 亿元与 13 597.2 亿元的份额占据京津冀第一、第二产业的 92.4%与 56.4%。

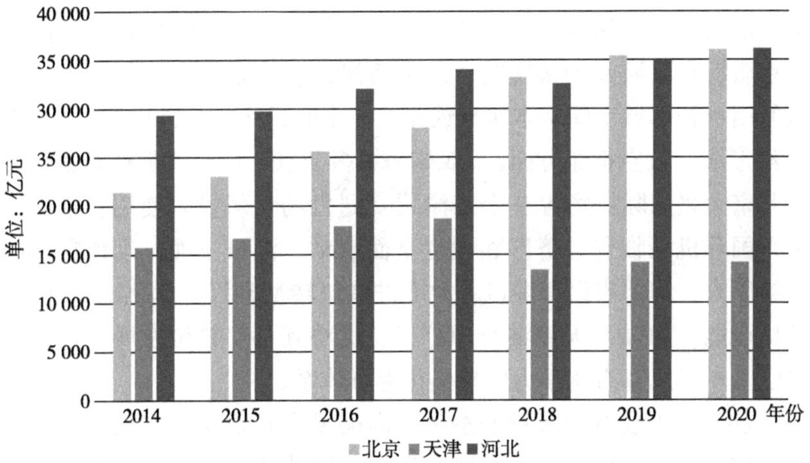

图 2　京津冀各地 2016—2020 年地区生产总值

数据来源：笔者由 2021 年的北京统计年鉴、天津统计年鉴、河北统计年鉴整理而成。

2020 年，京津冀三地产业发展总体实现“三-二-一”结构（见表 3）。近年来，随着河北省经济社会发展水平的提高，其与京、津二地在经济方面的关联性逐步加强，这也与河北的工农业优势息息相关，其主要工农产品产量居全国前列，在京津市场上有着较强的竞争力。河北省得益于其环京津地势，已经形成了一批服务京津需求、具有产业链延伸性质的工农业产品加工配套供应基地和连锁市场。

表 3　2020 年京津冀产业结构情况

	北　京	天　津	河　北	京津冀
第一产业	107.6	210.18	3 880.1	4 197.9
第二产业	5 716.4	4 804.08	13 597.2	24 117.7
第三产业	30 278.6	9 069.47	18 729.6	58 077.6
地区生产总值	36 102.6	14 083.73	36 206.9	86 393.2

数据来源：笔者由 2021 年的北京统计年鉴，天津统计年鉴，河北统计年鉴整理而成。

（2）交通一体化水平显著提高，多核多节点格局初成形成。促进交通一体化是京津冀协同发展的核心目标之一。近5年来，京津冀持续推动交通一体化纵向发展，已初步形成多核、多节点的交通网络格局。

公路方面，京台高速、京昆高速、京礼高速、大兴国际机场高速等先后建成通车，截至2021年，北京市高速公路总里程已增至1 176千米，京津冀地区基本形成了以“四纵四横一环”运输通道为主骨架，多节点、网格状的区域交通新格局。铁路方面，京张高铁、京雄城际、京哈高铁京承段等建成通车，京唐、京滨城际加快实施；北京清河站、北京朝阳站两大火车站建成并投入使用，相邻城市间基本实现铁路1.5小时通达，京雄津保“1小时交通圈”已经形成。航空枢纽方面，“双核两翼多节点”的京津冀机场群已经布局完成，北京大兴国际机场等9个京津冀规划机场全部投入使用，京冀共建共管的大兴国际机场临空经济区建设也全面启动。港口方面，京津冀协同发展战略实施以来，河北省沿海港口着力推进港口转型升级，优化港口功能结构，提升港口运能，加强与天津港合理分工、优势互补、错位发展，目前津冀沿海港口已基本形成富有竞争力的现代化港群体系。

（3）构建产业协同发展核心载体，高端平台建设实现突破。经过多年发展，京津冀区域已经初步形成由河北省承载制造业，以北京为产业销售与融资的核心，以天津为交通运输枢纽的分工格局，为京津冀协同发展与产业转移打下了坚实的基础。

京津、京冀产业合作不断强化。天津滨海-中关村科技园已累计注册企业2 000余家；宝坻-京津中关村科技城完成27个项目投资协议书的签署，落地总投资额约163亿元；保定中关村创新中心吸引包括中国信通院、中创燕园等近400家知名企业和机构注册办公，入驻企业累计研发投入超亿元。“十三五”期间，天津市共引进北京项目3 062个、投资到位额4 482亿元。截至2020年底，河北省累计承接京津转入法人单位24 771个、产业活动单位9 045个。

长期以来，河北省高端承载平台和产业发展载体欠缺，一定程度上制约了京津冀产业协同发展。随着雄安新区的建设与中关村创业大街项目的设立，有效缓解了河北承接产业的压力，其对北京非首都功能的承载能力也不断加强。雄安新区设立五年来，已累计完成投资4 300多亿元，仅2022年上半年，新区总投资已达1 481亿元，项目开工96个，固定资产投资增长34.7%。同时，政府正在完善雄安新区的基础设施，并出台了一揽子配套政策，为来自北京的企业设立“绿色通道”。

（4）生态环境治理成效显著，生态环境大幅改善。京津冀地区是国内环境问题比较突出的区域，“十三五”期间，京津冀在生态环境治理方面取得长足进步。各省市主要空气污染物浓度显著下降（见图3），其中河北省二氧化硫（SO_2）浓度下降达68.29%，北京市二氧化氮（NO_2）、PM2.5与PM10的浓度下降分别达39.58%、39.13%与47.95%。

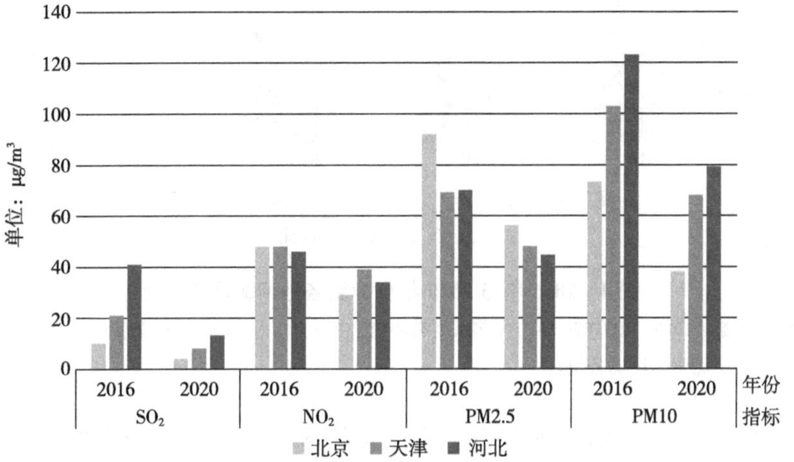

图3　京津冀各省市2016年与2020年主要空气污染物对比

数据来源：2016年和2020年的《北京生态环境公报》、《天津生态环境公报》、《河北生态环境公报》和《中国生态环境公报》。

在水资源质量方面，京津冀地区河流水质明显改善，2020年的河流Ⅰ～Ⅲ类水质占比相较2016年有着明显增加，尤其是天津地区的增加比例百分点高达175.00%，率先完成了劣Ⅴ类水质河流的清零（见图4）。

2. 京津冀协同发展存在的问题

中国经济已由高速增长阶段转向高质量发展阶段。京津冀三地通过在交通、生态、产业协同等领域深度合作，开创了京津冀区域协同发展的新局面，但由于京津冀三地的资源禀赋、产业结构和民生基础不同，造成三地发展逐渐失衡。京津冀三地经济落差较大、核心城市辐射功能不足、空间结构不合理等问题仍是阻碍京津冀协同迈向更高质量的重要因素。

（1）三地经济落差仍然较大。北京、天津两个特大型城市作为京津冀发展的核心，吸引了大量的资源要素流入。巨大的人口规模造成这两个大城市的快速扩张，住房、教育、交通、医疗、环境等众多资源和基础设施所承受的压力也越来越大。北京凭借其巨大的经济优势，在京津冀城市群中影响力最大，天津则位居第二，相较而言，河北省城市数量虽多，但经济总量较小，

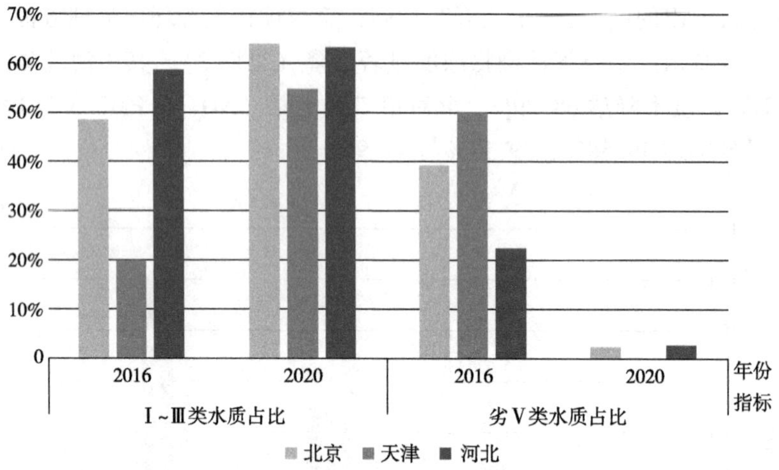

图4　2016年与2020年京津冀各地河流水质占比

数据来源：2016年和2020年的《北京生态环境公报》、《天津生态环境公报》、《河北生态环境公报》和《中国生态环境公报》。

影响力大为不足。2016—2020年，京津冀各省市人均GDP与人均可支配收入稳定提升，但各省市之间的差距却在逐渐增大（见图5、图6、图7），较大的收入差距导致劳动力不断流向京津大都市，河北部分欠发达地区出现劳动力不足、“未富先老”等现象。

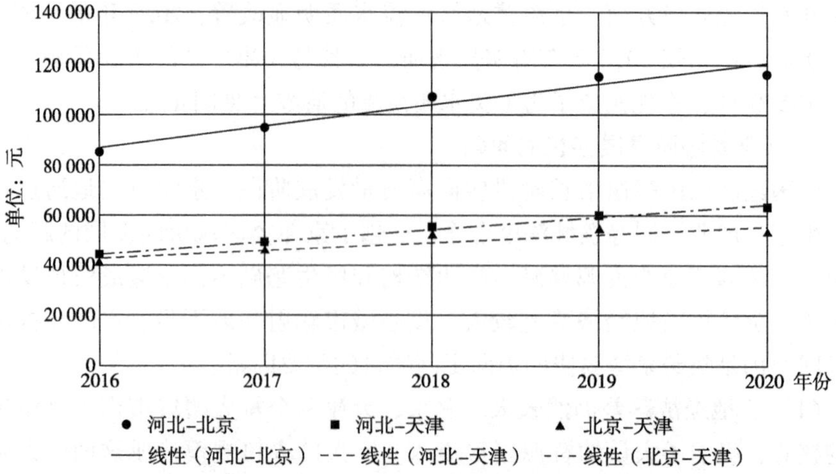

图5　2016—2020年京津冀各地人均GDP差距变化

数据来源：笔者由2021年的北京统计年鉴、天津统计年鉴、河北统计年鉴整理而成。

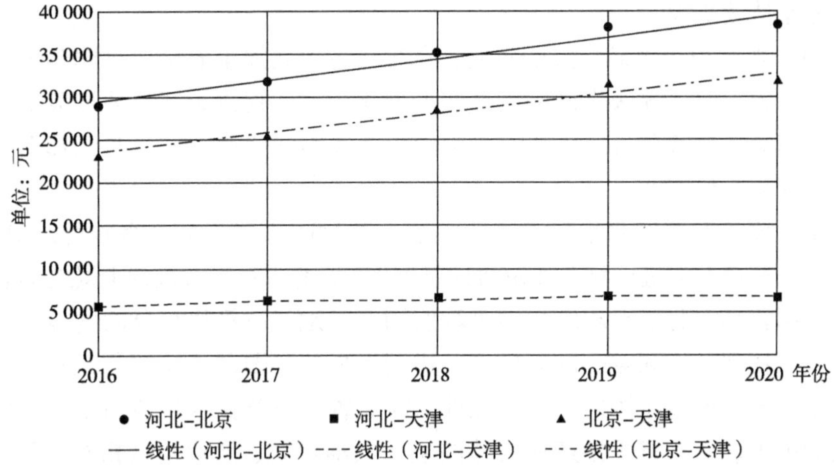

图 6　2016—2020 年京津冀各地城镇人均可支配收入差距变化

数据来源：笔者由 2021 年的北京统计年鉴、天津统计年鉴、河北统计年鉴整理而成。

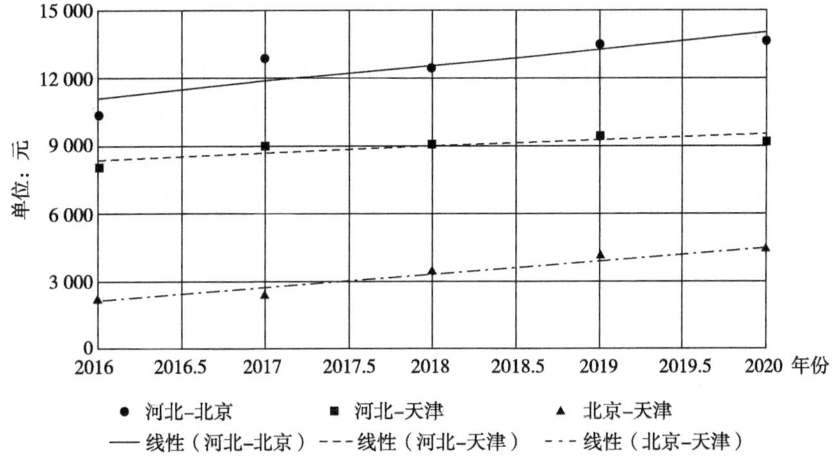

图 7　2016—2020 年京津冀各地农村人均可支配收入差距变化

数据来源：笔者由 2021 年的北京统计年鉴、天津统计年鉴、河北统计年鉴整理而成。

（2）城镇规模体系不合理。京津冀城市群规模等级两极分化严重，拥有北京与天津两个超大城市，缺少人口 500 万～1 000 万规模的特大城市，大中城市数量也较少，河北各市中心城区人口在 100 万～500 万的城市只有 5 个，人口在 300 万～500 万的城市很少。大城市过大、小城市过小、中等城市发育不良的问题在京津冀地区十分突出，直接后果则是京津两市的产业过度聚集、产业和产业链因为找不到适宜的发展环境而无法向周边地区扩散，构建跨区域产业链和创新链难度较大，导致河北各市与京津两地在发展上相互脱节，区域差距持续扩大。

（3）核心城市辐射能力不明显。京津冀各地之间主要是通过明确分工与核心城市辐射两种方法来调配区域间的要素流动，促进京津冀协同发展。但是区域间的行政壁垒与河北产业承接能力弱等因素限制了北京与天津两座核心城市的辐射作用。

京津冀城市群以北京与天津为核心，通过政策与规划，突破行政分割，消除市场壁垒，促进区域合作及协同发展[6-7]。北京在行政级别上既是直辖市又是我国首都，北京市政府与中央政府同在一地。政策执行目的的偏差必然会涉及职权划分、利益分配等问题，进而形成非必要的竞争与行政壁垒，不利于京津冀区域整体协同发展。此外，河北省自身产业承接能力不足的问题也尤为突出。河北省承接产业转移的生态成本较高、产业政策相对缺失、劳动力素质不高、工业园区建设滞后等问题同样是河北承接京津二市产业转移的巨大阻碍。

（4）生态环境仍有待改善。虽然京津冀生态环境治理在过去几年里效果明显，但是与上海、广州等地相比，其空气污染物治理仍不达标（见图 8）。从京津冀全域来看，能源消耗总量增长迅速，且过度依赖煤炭；区域水资源供给难以自足，地下水受到不同程度的污染，近岸海域水质普遍较差；重点行业污染治理效率低，地区间和行业内部差异较大；缺乏相应的生态预警防范体系，造成生态系统破碎化程度高，三地生态协同发展不均衡。

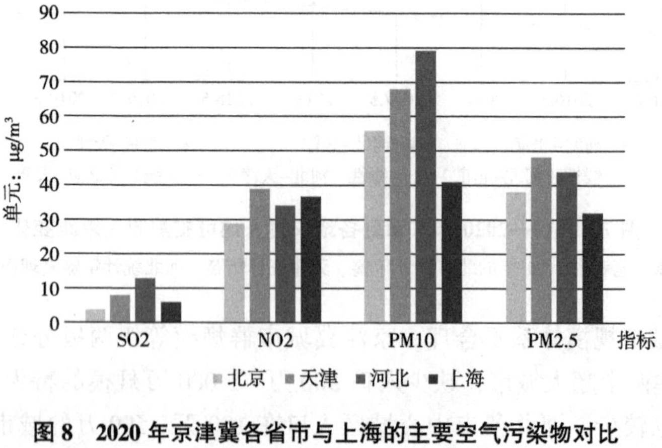

图 8　2020 年京津冀各省市与上海的主要空气污染物对比

数据来源：2020 年的《北京生态环境公报》、《天津生态环境公报》、《河北生态环境公报》和《上海生态环境公报》。

（二）京津冀迈向高质量协同的制约因素

随着我国经济由高速增长向高质量发展转变。高质量发展是兼顾协调性、稳定性与可持续性的发展。在过去的 8 年多里，京津冀协同发展已经取得巨大成效，但仍存在经济落差大、城市空间结构优化不足等问题。所以，总结京津冀协同发展过程中存在的问题，聚焦创新、协调、绿色、开放、共享新发展理念，立足京津冀区域空间格局优化的现实需求，探讨未来一段时期京津冀迈向高质量协同的制约因素，对于京津冀迈向高质量发展有着重要意义。

1. 创新要素分布不均且动力不足

京津冀协同发展的根本在于创新驱动。《京津冀协同发展规划纲要》将“全国创新驱动经济增长新引擎”作为京津冀协同发展的功能定位之一，并提出“大力促进创新驱动发展”，推动形成“京津冀协同创新共同体”，主要体现为北京研发、天津转化、河北应用推广的分工格局。然而，当前京津冀创新驱动的发展格局尚未完全形成，三省市的科技创新资源分布不均，没有形成创新驱动产业转型升级的合力，北京对天津和河北的创新带动作用不突出，科技成果转化比例较低，河北的高技术产业发展相对落后，导致三地难以形成基于产业链和创新链的合作。经济成果在京、津二市过度集中，造成京津冀区域发展倾斜，这不仅会分散有效创新力量，而且会对科技创新有一定的顶端抑制作用，削弱创新动力，同时也限制了京津冀区域整体迈向高质量发展。

2. 被动性产业转移效果不佳

到目前为止，为疏解北京非首都功能，各地出台了多项承接产业转移的优惠政策。政策主导的产业疏解转移，从短期来看效果显著，却不利于长期发展。京、津二市“虹吸效应”过强的根本原因是河北地区缺少核心竞争优势，其基础设施与公共服务水平与京津等地相比存在较大差距。政策引导可以在短期内解决产业转移与承接过程中的问题，但是未充分考虑不同地区的特点与要素最优分配的需要，产业长期发展还是取决于产业本身。

3. 绿色发展理念与机制不完善

近些年，京津冀区域的环境治理取得了一定的成果，但是生态环境在全国排名中仍处在下游。在主要空气污染物中，河北省的 SO_2 仍未达到全国平均水准，PM10 仅北京刚刚达标，京津冀三地的 NO_2 与 PM2. 5 均未达到全国平均水准。全国河流Ⅰ~Ⅲ类水质占比为 87. 4%，劣Ⅴ类水质占比为 0. 2%，京津冀三地中只有天津在劣Ⅴ类水质占比方面达到全国平均水准。此外，京津冀生态治理效率未达到绿色可持续发展的要求。生态治理不应该成为各省市经济竞争中可一压再压的成本，而应成为各省市可持续发展的基础。目前，京津冀各地尚缺乏一体化的生态治理理念，生态补偿标准不统一，生态补偿机制建立难度较大，生态环境治理更多的是满足各地自身的利益，导致京津冀绿色发展水平不充分且不可持续。

4. 对外开放程度与共享水平不足

京津冀协同发展的推进旨在打造面向全球的世界级城市群。世界级城市群应有多层级的人口发展格局、完善的产业层级结构、发达的城市群交通网络、多主体联动的区域协调机制[8]。近年来，我国南北发展在经济、工业生产、创新能力等方面的差异也呈现逐步扩大的趋势。京津冀作为引领我国北方地区发展的重要地区，与世界级城市群相比，经济总量与人口规模不大，对外开放程度不高，公共服务均等化水平仍显不足，交通网络与区域联动机制也不够完善，其在我国构建双循环新发展格局与促进共同富裕中应发挥怎样的作用亦有待深入挖掘。

（三）京津冀高质量协同发展的总体思路

当前，京津冀协同发展已经取得诸多成效，步入“滚石上山、爬坡过坎、攻坚克难”的攻坚阶段。京津冀高质量发展应以推进区域合作为总抓手，加强内部联系，通过产业模式创新与产业链高效衔接构建协同发展新格局；通过空间结构优化打破行政壁垒，强化核心城市辐射带动作用；通过创新驱动，激活经济动能，实现转型发展，打造全方位绿色治理体系，促进京津冀协同迈向高质量发展。

1. 探索产业链衔接新路径

京津冀高质量协同发展应充分发挥三地比较优势，因地制宜地围绕产业价值链进行分工，深化京津冀企业间上下游合作，形成错位竞争、链式发展的整体态势。一方面，三地应依托城市建设做大做强优势特色产业。北京应着重提升第三产业尤其是高端服务业、生产性服务业、高新技术产业水平，更好地辐射周边地区、服务全国、面向世界；天津应充分发挥现代制造业和港口区位优势，围绕国家高水平现代制造业和研发转化基地优化产业结构；河北拥有丰富的土地、劳动力资源和雄厚的工农业基础，应提高传统产业竞争力，积极培育新兴产业，对接京津转移产业，探索发展新道路、新途径，提升现代化水平。另一方面，三地要从京津冀全局出发，统筹三地产业规划协调工作，合理布局重大产业和基础设施项目，凝聚各地比较优势，形成京津冀整体竞争力。这就要求探索出一条能够充分发挥京津冀各地资源禀赋优势，符合高质量发展要求，促进产业链高效衔接的新路径。

大运河沿线丰富的遗产资源是大运河文化带建设过程中保护的主要内容、传承的重点对象、利用的核心资源，文旅开发是大运河文化带建设的主要途径[9]。与此同时，京津冀一体两翼协同发展旅游业，有着良好的文旅融合基础。2016—2019 年，京津冀区域旅游业持续走高，旅客人数与旅游总收入逐年提高（见表 4）。北京是我国的政治中心、文化中心，也是京津冀的核心城市，有着浓厚的历史色彩，风格突出，游客承载量较高；天津作为两翼之一，基于其特殊的历史形成了中西文化相互交融的特色景区，是兼具东西方特色的旅游城市；而河北省作为另外一翼，其错综复杂的地理环境造就了独具风格的自然景观，同时也保留了从古至今的多种文化与特色，形成了多样化的文化旅游区域[10]。京津冀文旅产业发展需要活化、利用大运河文化遗产，以开发创新性项目作为文旅开发的核心与前提，结合自身地区特色，打造一条以文化为主题、地域风格为特色的文旅产业链。

表 4　京津冀区域 2016—2020 年主要旅游指标

年　份	2016	2017	2018	2019	2020
入境旅客（万人）	147.59	160.25	175.77	187.91	7.89
国内旅客（万人）	46 531.7	57 073.9	67 610.0	78 078.9	37 952.5
旅游总收入（亿元）	4 654.5	6 140.9	7 636.4	9 313.4	3 676.7
国际旅游收入（亿美元）	6.69	7.60	8.49	9.36	0.30
国内旅游收入（亿元）	4 610.1	6 089.6	7 580.2	9 248.7	3 674.7

数据来源：笔者由 2021 年的北京统计年鉴、天津统计年鉴、河北统计年鉴整理而成。

2. 进一步优化京津冀空间结构

除北京外，京津冀缺少具有强大辐射传导功能的大型城市，导致核心城市辐射效率低，中小城市与核心、特大城市发展差距大、质量参差不齐。城市群内城镇等级存在断层，不利于产业的传导和构建完整的产业体系，因此优化空间布局是京津冀协同发展的重点[11]。应充分考虑各个城市的发展前景与在京津冀高质量协同发展中的定位，加快建设区域中心城市，形成大中小城市及小城镇协调发展的格局。进一步提高北京对周边地区的辐射带动作用，将北京建设成为具有全球影响力的世界城市，引领京津冀世界级城市群建设。加快天津经济中心的建设，促进金融、商贸、会展、科技、信息、文化教育等服务业发展，使天津成为信息汇集、商贸兴旺、人才集中的区域性经济中心。与此同时，要提高河北作为产业转移承载中心的战略地位，针对不同类型的产业转移，设置不同类型的节点城市。真正做到多点多核，多核循环的产业结构与空间布局，从而促进北京去功能化，天津去中心化，河北去重型化。同时，应充分把握雄安新区建设这一历史机遇，推动雄安新区高标准建设、高效能管理、高质量发展，打造北京的“反磁力中心”，进而释放京津冀协同发展新动能，促进京津冀协同发展迈向更高水平。

3. 协同治理推动绿色发展

绿色可持续发展是高质量发展的核心要义。京津冀现有生态治理体系与补偿机制不足以支撑大规模产业转移与承接，需要创新完善生态治理系统，发掘协同治理路径。以创新为动力，改进效率为目标，解决京津冀现存环境问题，在此基础上通过政策制定、文化教育、人才培养与宣传建立一套协同且完整的生态治理体系。围绕大运河流域环境治理问题，首先，应构建京津冀污染协同治理机制。健全信息通报、环境准入、企业监管、生态修复等一体化的跨界生态环境污染综合防治体系，联合制定跨界河流综合整治和生态修复规划。其次，应推进环保基础设施共建共享。京津冀内部应统筹规划、合理布局，共建共享污水处理设施和污泥处置设施，实现管网互联互通，消除危险废物跨行政区转移危机。

4. 转变发展方式激活经济动力

京津冀地区中的河北与北京、天津两地相比，发展差距过大，河北各地产业结构单一，综合实力不强，既有的产业结构多具有高污染、高排放、高耗能的特征，既不符合高质量发展的要求，又难以实现快速转型升级。因此，河北需要探寻新的经济增长点，积极发展低碳产业、特色产业，促进低消耗、高附加值产业的发展，激发内生经济增长动力，提高城市发展水平，缩小与北京、天津的发展差距。河北可依托大运河文化带建设契机，积极挖掘和开发可利用文化遗产资源，大力推动河北大运河文旅项目建设，构建大运河遗产廊道，培育大运河 IP，形成彰显河北特色的运河文化品牌，打造大运河文旅资源融合产业集群，并进一步发挥数字经济、现代信息技术的优势，将数字化手段运用到开发、展示、传播大运河文化的过程中，进而增强各城市经济活力，提高经济效益。

三、大运河文化带建设对京津冀高质量协同的影响

京津冀城市群的发展与大运河文化带的建设密不可分。千百年来，大运河是中华文明传承赓续的主要动脉，也是不同文明互学互鉴的重要纽带。依附于大运河的贸易交换、人员交往和信息交互，孕育出独特的以开放性、兼

容性和互利性为主要特征的大运河文化，成为形塑中华文明的重要基因。在我国构建新发展格局和京津冀协同迈向更高水平的时代背景下，需要充分依托大运河历史文化内涵，推动文旅产业发展，实现生态资源的经济转化，打造绿色引领、生态优先、协同推进的新格局。

（一）发展文旅产业促进区域产业协同

知识经济时代的到来和新一轮信息技术革命的兴起，促使文化和科技深度融入了传统经济增长模式。特别是20世纪以来，随着传统的土地、资本、劳动力等要素成本的提高，世界各国不断将文化资本、创新要素等作为刺激经济增长的新的动力源。文化旅游产业是以文化和旅游资源为基础的一种旅游产业，是满足人们文化旅游需求的旅游产业的一部分。大运河京津冀段流经的区域保留了诸多历史遗迹、水利枢纽和非物质文化遗产，依托众多文旅资源优势，通过打造大运河文旅IP、构建精品旅游路线，将有效推进京津冀文旅产业协同发展。

首先，文化旅游产业可以充分调动京津冀各地餐饮、住宿、交通、商务、金融等相关产业，激活大运河文化和遗产资源，促进传统文化转型创新，形成京津冀第三产业协同发展新动能。其次，文化旅游产业为京津冀大运河旅游创新开辟了新空间。当前，旅游业发展更注重游客在履行过程中的参与感和体验感。因此，要保护好大运河文化遗产，就要充分利用好沿线文旅资源，结合各地风俗民情与地方特色，融合现代潮流元素，通过打造大众化、多样化的文化产品，增加非遗技术体验项目，加强游客的文化体验，这样不仅满足了当前年轻人对美学和创意旅游的需求，而且为京津冀古色古香的景区增添了时代的色彩。最后，文旅产业发展可以促进京津冀城市群生态治理的协调统一。文化旅游业以旅游为主题，渗透各地文化内涵，可以通过旅游业提高游客的生态环境保护意识，有助于三地创新完善生态管理体系，促进区域间合作。

根据京津冀地区经济文化发展的实际情况，三地应共同加强高层设计，拓展合作领域，不断完善旅游联合开发体系。

第一，政策红利为京津冀文化旅游的融合提供了新的机遇。近年来，国家颁布了《关于促进文化和旅游结合发展的指导意见》《国务院关于推进文化创意和设计服务与相关产业融合发展的若干意见》等相关政策，提出了一系列促进文化旅游融合的措施。京津冀三地联合规划了《京津冀文化产业协同发展行动计划》《京津冀旅游协同发展工作要点（2018—2020年）》，建立文旅产业合作发展平台。

第二，投资主体多元化为京津冀文化旅游产业的成长创造新动力。根据《2018 中国文旅产业投资发展趋势》，在京津冀地区 106 个主要旅游投资项目中，旅游企业投资者占 26.7%，非旅游企业投资者占 73.3%。大型非旅游公司通过投资和并购加速进入旅游产业，促进产业模式的整合和调整。恒大、华侨城、中信、华夏幸福、绿地、新华联、首钢等多个领域的投资者在京津冀地区布局文化旅游项目，逐步完善产业链，构建消费闭环，拓展盈利空间。

经过不懈努力，京津冀文旅产业协同在各个方面皆取得一定成效。

第一，逐步建立了由地方政府主导、社会多方力量参与的发展机制。以大运河文化带建设为重点，鼓励文化机构、社会组织和企业在产业链上分工，形成开放、多层次、立体的分工体系。充分发挥政府规划和统筹作用，强化企业自主创新、成果转化的职能，提高金融机构、中介机构的项目支撑作用和服务功能，不断推动文旅产业融合与产业链延伸，加强各主体间的联系与合作。

第二，提升了京津冀地区的文化品位。通过建立大运河文化区、促进区域文化产业发展，扩大了京津冀运河文化辐射范围，提高人们对大运河文化的认识和理解，进一步增强了发展的地域特色。大运河京津冀段的文化水平和品位不断提升，让京津冀地区文化生态更加生动多样。

第三，加强了区域间资源共享和优势互补，京津冀文旅融合成效显著。河北积极与北京、天津等地的文化旅游资源、产品、产业和品牌互动，促进文化旅游资源交流、公共服务互动和平台共享。例如，河北香河和北京通州签署了文化旅游合作协议《香河县与通州区文化和旅游协同发展战略合作框架协议》，加强高级文化旅游项目深度合作，共同设计开发大运河文化旅游精品线，联合开发大运河文化创意精品店，促进两个区域文化创意产品互动销售。

（二）提升水陆通达能力促进区域联动

区域联动是区域可持续发展的基础。由交通干线、通信干线等组成的基础设施往往对周边区域具有较强的经济吸引力和凝聚力[12]。交通运输方式的多样化发展提升了城市之间的联系程度，改变了城市间的相对区位结构，扩大了交通枢纽城市的服务范围[13-14]，并且交通方式的改变也会影响居民的出行行为和企业的区位选择，加强了要素在不同地区之间的流动和重新配置，使区域一体化趋势更加明显[15]。

首先，大运河便捷的水运交通有效促进了沿岸地区商贸物流发展。纵观历史，运河沿线是中国历史上工商业发育最早的地区，北京、天津、德州、苏州、扬州、杭州等城市的兴盛皆因运河而起，便捷的水运交通带动了工商业的快速发展，进而促进了人口和产业的集聚，沿河地区逐渐形成了一条密集的城镇发展轴，并通过区域之间的商贸往来建立起密切的经济联系。其次，内河交通成为京津冀区域交通运输体系中新兴、重要的补充形式。京津冀协同发展将促进交通一体化作为重要任务之一，经过多年建设发展，已初步形成完善的交通网络，但缺乏大容量、高效率、多级运输系统，水陆联动不够。尽管大运河京津冀段目前并不具备开发货物航运的条件，但通过水上客运航线的设立，也可构建水陆通航、区域联动的网络化格局，将周边旅游资源结合到区域间联合开发中，进而增强区域之间的文化交流、提升区域间的经济社会联系。最后，大运河文化带建设充分发挥了区域资源一体化的优势，能够有效衔接京津冀协同发展与雄安新区建设两大国家战略。大运河北段主要河流全长 530 多千米，沿途经过廊坊、沧州、衡水、邢台、邯郸等 5 市 17 个县，其中的白洋淀-大清河水系是大运河北段的重要组成部分，是与雄安紧密联系、对接京津冀协同发展的核心区域。雄安新区的规划建设和大运河的复航，使以大运河、白洋淀景区为代表的水上旅游新业态应运而生。

（三）加强生态环境保护实现绿色发展

近年来，北京、天津和河北三地协同维护生态平衡，推进绿色发展，湿地保护率与森林覆盖率逐渐提高，但土地资源后备不足、水资源紧缺、空气质量不达标、生态环境脆弱等问题仍然阻碍着京津冀迈向高质量发展。大运河文化带建设以“保护好、继承好、利用好”为目的，充分利用大运河的历史文化资源，并修复和保护生态环境。

首先，大运河文化带建设可以推动各地政府协同治理京津冀城市群生态环境。建设大运河文化带能够从区域战略的角度整合各地资源，各省市共同努力，依托大运河建造一条南北通达的文旅融合经济带。京津冀各省市可以以此建立协调统一的生态治理体系，达成生态保护共识，完善各地生态补偿机制，共同进行河道修复、沿岸绿化、植被保护等工作，进而达到互利共赢的局面。其次，大运河文化带建设能推进企业绿色转型与技术创新。大运河文化带的建设要求京津冀不断改善优化生态环境，这会对运河沿岸企业提出新的要求，推动企业开展节能减排与技术创新。最后，以文旅产业为主线建设大运河文化带可提高国民环保意识。通过发展文旅产业让运河文化深入人心，提高居民环保意识。这不仅可以改善大运河以及京津冀城市群生态环境，而且对全国乃至全世界发展经济与绿色生态共存格局有着重要意义。

针对京津冀绿色发展存在的问题，三地凭借大运河建设的契机，采取了一系列措施以加强生态环境保护。例如，以生态产品价值转化为立足点，在保护和修复湿地资源的前提下，以运河湿地生态系统和历史文化为主要景观资源，开展湿地旅游、科教、度假休闲活动，致力于保护湿地生态学功能、确保运河水质和湿地生物多样性、实现运河生态系统的可持续发展。具体来看，北京以大运河的起点——通州为节点，开发运河文化景观和产业开发链；天津武清新建北运河郊野公园；河北雄安新区致力于修复、保护好白洋淀，关注淤积地底泥累积污染、聚焦水生植物释放污染、旅游运输二次污染等问题，实施一系列强有力的对策和实践。

在京津冀共同努力实践下，三地在生态治理方面取得了一定成就。大运河两岸绿化带长35千米，新建绿地150万平方米，种植乔木灌木88万多株，建设景观广场5处，亲水平台、景观小品等30处。此外，经过5年多的规划和建设，雄安新区水质由Ⅴ级变为Ⅲ级，水位维持在6.8米左右，水面积275平方千米，为过去十年来最高水平，累计植树造林45.4万亩，植树造林2 300多万株。

（四）汇聚资源优势形成开放共享格局

京津冀协同发展旨在形成人口、资源、经济协调发展格局，实现京津冀优势互补、高质量发展，将京津冀城市群发展成为以首都为核心的世界级城市群、区域整体共同发展的引领区、国家创新主导的经济增长新引擎、生态修复环境改善示范区。大运河文化带建设的战略布局，是发掘大运河文化资源、弘扬中国传统文化的重要环节。一直以来，大运河沿线各地是传统与现代、东方与西方文化碰撞交融的最前沿，也是中华文明内聚性和外延性高度统一的文化窗口。大运河文化带建设与京津冀协同发展的战略目标具有一致性，既是对标高质量发展的内在要求，也是促成开放、共享格局的重要手段。

从国内来看，大运河建设助力国内南北循环畅通，有助于缩小南北发展差距。大运河由北至南贯通北京、天津、河北、山东、河南、安徽、浙江、江苏八个省市，通达海河、黄河、钱塘江、长江、淮河五个水系，串联起京津冀、长三角、环渤海、中原城市群等中国具有活力的现代都市圈和城市群，京津冀城市群位于大运河最北端，通过共建、共管、共享、共治的合作机制，发挥大运河遗产廊道的联动作用，有效整合南北方各类资源，开发文旅融合精品线路，打造区域协调的文旅产业，不仅能构建南北联动的区域性产业链，而且能够带动北方经济与旅游业发展，促进运河沿线区域协调发展，进而缩小南北差距，助力国内南北循环畅通。

从国际来看，新时代的大运河既是中国的，也是世界的。大运河文化带蕴含的兼容并蓄、和谐共生、合作共赢的精神内核与各国所追求的和平发展、中国所倡导的人类命运共同体理念一脉相承，为新发展格局注入了磅礴的文化向心力。京津冀作为中国社会发展最为成熟、创新要素最为集中、对外交流最为活跃的地区，要以首都北京着力建设的四个中心为基础，充分整合运河及其两岸资源，以建设世界级城市群为目标，打造具有中国北方特色的京津冀形象与国际地位，促进国内国外双循环格局的形成，让京津冀成为讲好中国故事的第一页。

四、促进大运河文化带建设与京津冀高质量协同的对策建议

大运河是中国劳动人民的智慧结晶，承载了中华民族生生不息的厚重文化。大运河文化带将京津冀城市群、山东半岛城市群、中原城市群和长三角城市群更加紧密地联系起来，是串联我国南北方重要城市群地区的水上轴带，其建设既符合我国国土开发与空间布局优化的要求，又能促进我国南北区域再平衡。京津冀协同发展是我国区域重大战略之一，肩负着提振北方经济、创新引领全国经济发展、参与国际竞争的使命。作为大运河最北端的“龙头”部分，京津冀地区迈向更高水平协同发展与大运河文化带建设的战略目标与发展路径具有一致性。因此，应以大运河文化带建设为契机，实现大运河文化带与京津冀高质量协同融合共建，推动区域协调发展。

（一）完善顶层设计，做好京津冀大运河规划

大运河文化带建设是一个长期的系统性工程，涉及沿岸各地、多级政府部门及企业、居民等多元经济主体共同参与。统筹大运河文化带建设和京津冀高质量发展的顶层设计，即从保护、传承、利用的协调关系做好大运河文化带在京津冀空间布局中的定位与规划。

第一，对标京津冀三地出台的关于大运河文化保护传承利用实施规划、《京津冀协同发展规划纲要》以及《京津冀旅游一体化协同发展规划》等政策文件，由三地共同拟定京津冀大运河文化保护与传承利用实施规划，在运河文化内涵、遗传保护、生态环境修复、文旅产业融合等方面进行统一规划部署，确立京津冀大运河文化带的功能定位、建设规划和工作机制，并设立常态化联席会议，统一协调省、市等多级政府部门，协调明确沿线城市、乡村的发展方向与战略定位，负责京津冀段大运河文化带建设的统筹协调与管理。

第二，以区域协调发展为导向，促进国家重大战略的有机衔接。大运河文化带与京津冀协同发展、雄安新区建设、长江经济带建设乃至“一带一路”建设等国家重大发展战略对接，对促进区域协调发展和实现南北差距缩小具有重要作用。应突出大运河在连接通州、天津、廊坊和冀东南地区的轴带作用，通过运河文化交流传承，带动相关地区商贸往来和产业合作。同时，应积极对接雄安新区建设，既要与雄安新区实现文化对接，依托雄安新区的文史遗迹与区位优势，将雄安新区建设成为京津冀文化交融的重要窗口，又要与雄安新区实现生态对接，对此可以将大运河设计作为白洋淀的水源出口，并将白洋淀的治理保护纳入大运河生态修复与治理体系。

（二）打造产业集群，保护好利用好运河文化

目前，对京津冀大运河文化的传承开发仍停留在遗产发掘与保护的阶段，缺乏对大运河文化遗产的深入解读，对京津冀共同文化基因挖掘不足，且三地在文化遗产的开发、利用和定位上还存在同质化问题，不利于形成衔接顺畅的上下游分工格局。因此，需要统筹京津冀三地运河文化资源，充分发挥运河沿岸各地优势，将大运河文化带建设成为一个产业集聚、生态友好、文化丰富、经济繁荣的复合型发展轴带。

第一，加快推进文旅产业发展。以文化保护与传承为理念，沿线地区应充分挖掘自身运河文化特色，明确发展定位，将文化资源变为产业发展优势。依托北京（通州）、天津、廊坊、沧州、衡水、邯郸、邢台等大运河沿岸节点城市，支持一批创新性强、附加值高的优质项目，重点培育一批战略文化企业，发展一批包含文化教育、休闲购物、文艺娱乐、旅游度假等多元模式在内的综合文旅融合产业，推进特色小镇建设，通过建立合作联盟、产业基金、重大文化项目等形式，实现差异化发展和高效协同的格局。对此建议，北京可将什刹海-玉河京味文化、通州古城漕运文化、城市副中心大运河文化等作为重点关注领域；天津可将泥人张、杨柳青木版年画等非物质文化遗产作为重点扶持对象；河北可重点关注沧州漕运文化、吴桥杂技、衡水内画、邯郸成语、廊坊京东大鼓、邢台广宗太平道乐等非物质文化遗产，进行精品创作和生产。

第二，加大运河文化遗产保护力度。大运河的价值不仅体现为带动了沿岸地区经济社会发展，而且体现在其所展示的丰厚文化底蕴和历史文化之中，并且突出文化遗产资源保护、传承和利用是建设大运河文化带的第一要务。对此，应依托数字经济发展契机，通过大数据、云计算等现代智能技术，建立运河遗产数据平台，对大运河流经的各个地区的文化遗产进行分类整理和

数字化存储、转化，并应用现代化技术准确预测环境气候的变化，及时对文化遗迹进行保护。

第三，加强运河文化带产业竞争力。一是大力发展战略性新兴产业，创新驱动大运河沿线地区产业转型发展，推动生产组织、企业管理、商业运营模式不断创新，对已有的文化资源进行功能转换或是通过附加新的要素来提升原有文化资源的利用价值，打造新的产业链条，拓展新的产业领域，形成相应的文化产业集聚区。二是在保护好大运河生态资源的同时，利用好沿线农业资源，借力推进农业优势产业带和特色产业带建设，打造高水平现代农业发展示范区。三是加快发展现代服务业，围绕服务实体经济的需求，优先发展金融保险、现代物流、航运服务、电子商务等生产性服务业。四是从京津冀整体出发，综合规划，将大运河文化带建设成为京津冀地区文化产业的重要基地和示范基地，由三地协同规划文化产业园区，构建大型高层次运河文化产业公园和文化产业市场集群，打造文化博览会产业集群、创意文化产业集群，形成内涵丰富、形态不同的文化带。

（三）完善基础设施建设，强化运河沿岸联系

大运河文化带建设应重视各地区基础设施布局和产业功能的协调性，构建并强化大运河文化带建设的基础设施支撑体系，提升京津冀内部区域联系，畅通京津冀地区对外沟通的渠道，实现高效的经济发展联动与文化贸易交流。

第一，加大力度构建贯通大运河文化带的交通物流等基础设施。交通基础设施的完善和网络化布局是重塑区域空间格局的重要推动力。区域空间结构的扩展基于交通布局的改善，基础设施的完善与网络化发展提高了各地区的可达性，扩大了区域之间的关联半径，使得区域之间人口流动、知识共享、技术交流、创新协同等的频率大大提高，各区域之间的关系更加密切，区域一体化水平也有所提高。因此，应以加强大运河文化带交通联系为目标，形成纵贯南北的综合交通体系，使经济辐射传导路径更加顺畅。

第二，加强航空港、港口之间的分工与协作，完善航空港、海港合作机制。支持沧州等沿线地区发展条件优越、腹地范围广阔的节点港口城市建设成为内河型保税区，发展成为集仓储、加工、物流于一体的综合产业园区。促进天津港、秦皇岛港、唐山港、沧州港的合作，加强港口后方铁路、公路、空运、水运建设，形成综合性、多功能的现代化交通运输体系。

第三，引导产业有序转移与合理布局，借助京津冀大运河文化带建设契机，提升河北各地的综合承载能力，通过基础设施共建共享、跨区域共建产业园区等方式，形成产业合作与联动发展格局，促进运河沿岸节点城市产业

布局与区域资源环境相协调。

（四）健全生态补偿机制，协同治理运河环境

大运河文化带建设是实现文化遗产保护、经济发展与生态环境保护相协调的重要途径，也是落实绿色发展理念的重要抓手。大运河流经京津冀七市，上游地区的生产生活行为直接影响着下游地区的生态环境质量。沿线地区应加强合作，加强运河绿色引领，构建运河生态文明，实现大运河文化带可持续发展。

第一，建立健全流域生态环境联防联控机制。实施重点流域综合整治，开展运河流域生态环境保护管理体制创新试点，统筹规划、统筹标准、联合监测、联合执法。制定大运河绿色发展规划，将“绿水青山就是金山银山”的发展理念融入规划的制定和实施中，推进绿色发展的制度创新。

第二，完善京津冀运河流域突发环境事件应急机制，提高与生态环境风险程度、污染物种类等相匹配的突发生态环境事件处置能力。河道是大运河的主要载体，河道水系治理和生态系统保护修复需要科学配置和优化调度水资源，应加强岸线保护，加快恢复和提升大运河河道和岸线保护、防洪排涝功能。

第三，建立信息共享平台，健全信息通报、环境准入、企业监管、生态修复等一体化的跨界生态环境污染综合防治体系，联合制定跨界流域综合整治和生态修复规划。

第四，构建京津冀污染协同治理机制。建立生态补偿专项基金，加强京津两市在生产性服务业、科技信息、高新技术等方面对河北各市的辐射带动作用，提高对植树造林、水资源输送等方面的补偿标准，使京津冀生态补偿机制常态化、长期化。

第五，推进环保基础设施共建共享。鼓励京津冀运河沿线地区率先打破行政区限制，统筹规划、合理布局，共建共享污水处理设施、污泥处置设施、生活垃圾处理厂等，全面深化危险废物环境管理，消除危险废物跨行政区域转移障碍。

第六，加强生态环境保护工作的监督考核。建立健全京津冀运河流域生态环境指标体系的监测、统计和评价制度，加强生态环境保护工作的监督考核，定期公开运河流域生态环境信息，统筹各地区环保、水利、检察等部门和机关的协作。

（参与本项目调研和报告撰写的还有郭世凡、罗曼、范冬雪）

参考文献

[1] 孙久文，易淑昶．大运河文化带建设与中国区域空间格局重塑［J］．南京社会科学，2019（1）：11-16，33.

[2] 王佳宁，孙静，王君也．新时代中国大运河文化带建设总报告：8 省市基本态势、总体评估和趋势展望［J］．人口与社会，2018，34（6）：4-24.

[3] 杨英法，李彦玲，韩峰．京津冀协同发展与大运河文化带建设互融共建探讨［J］．社会科学家，2019（6）：38-42.

[4] 李国平．京津冀协同发展：现状、问题及方向［J］．前线，2020（1）：59-62.

[5] 肖渭明．深入学习贯彻习近平总书记重要讲话和指示批示精神 推进北京非首都功能疏解取得新突破［J］．宏观经济管理，2022（1）：6-7，17.

[6] 李博雅．经济区的区域划分与协调机制构建［J］．开放导报，2021（4）：53-61.

[7] 姚一雯．科学把握新发展阶段　深入推动京津冀协同发展［J］．金融发展研究，2022，（1）：89-92.

[8] 潘芳，田爽．美国东北部大西洋沿岸城市群发展的经验与启示［J］．前线，2018（2）：74-76.

[9] 冷南羲．文旅融合视域下大运河文化带遗产资源开发研究［J］．江南论坛，2021（10）：10-12.

[10] 刘雪芹，张轩宇．城市文化背景下京津冀文化旅游产业协同发展研究［J］．价值工程，2022，41（14）：4-6.

[11] 肖金成，李博雅．京津冀协同：聚焦三大都市圈［J］．前线，2020（8）：59-65.

[12] 陆大道．关于“点一轴”空间结构系统的形成机理分析［J］，地理科学，2002，22（1）：1-5.

[13] 周一星，胡智勇．从航空运输看中国城市体系的空间网络结构［J］．地理研究，2002（3）：276-286.

[14] 王姣娥，金凤君．中国铁路客运网络组织与空间服务系统优化［J］．地理学报，2005，60（3）：371-380.

[15] 侯雪，刘苏，张文新．高铁影响下的京津城际出行行为研究［J］．经济地理，2011，31（9）：1573-1579.

大运河经济带建设及区域协调发展研究

杨　扬

大运河地跨北京、天津、河北、山东、河南、安徽、江苏、浙江等八个省份，贯通了我国东部的海河、黄河、淮河、长江、钱塘江五大水系，贯穿了中国富庶的长三角、山东半岛、京津冀、中原等我国东中部主要经济区，经济总量占全国的半壁江山，这些地区中大部分城市的人均 GDP 突破 1 万美元，而且，这些地区的经济和文化产业基础较好，为大运河经济带的发展与振兴奠定了强大的产业基础。因此，建设大运河经济带将具有重大战略支撑意义。大运河经济带的目标是依托大运河，恢复建设以通航为基本特征的综合交通运输体系，推动沿线地区形成完善的集生态、旅游、商贸、文化、娱乐、休闲等为一体的带状区域经济系统，打造纵贯南北、平衡东西、文化繁荣的大运河经济带。

大运河流域是我国重要的生态屏障和经济区域，在我国的经济社会发展中具有极其重要的战略地位。大运河的生态环境保护和高质量发展现已成为重大国家战略之一，是新时代区域经济发展的代表，是生态文明战略的空间格局的重要遵循。运河城市群的生态环境、产业发展与经济增长三者彼此影响，相互作用，协调发展，三者缺一不可，任意一项要素的缺失都会影响到大运河经济带的高质量发展。本课题首次将大运河流域划分为大运河北段的通惠河、北运河城市群，大运河中段的通济运河城市群、会通运河城市群、卫运河城市群、中运河城市群，大运河南段的南运河城市群、淮扬运河城市群、江南运河城市群、浙东运河城市群等三部分，对大运河城市群协调发展系统构建进行水平测算，通过分析大运河城市群平均协调度与大运河河段城市群多系统耦合度，得出大运河经济带不同城市群的协调发展情况。不同城市群之不同要素的协调程度存在着较大区别，是一个极其复杂的社会发展系统，各区域间之间的社会发展水平与经济水平都存在较大差异。因此，本课题更进一步对大运河沿岸的协调指数评级进行深化研究，将各城市的协调发展系统升级为区域协调指数[1]、城乡协调指数、物质精神协调指数、经济绿色协调指数[2]并进行具体分析，针对以秦岭-淮河为分界线的南北两部分城市群进行综合评估。在此基础上，本课题追溯大运河城市群协调水平的历史成因并得出有关结论。

一、大运河经济带建设及区域协调的背景

（一）大运河的发展现状

改革开放以来，社会主义市场经济取得巨大成就，空前快速的发展使大运河越过了处于孕育期的商业萌芽，进入了绿色协调发展的新阶段。顺应历史与时代的双重感召，若想以运河商业文化复兴带动区域经济繁荣，必须重构运河文化和商业职能，推进北方与南方、传统与创新、区域与区域均衡全面协调发展。

基于习近平总书记在《深入理解新发展理念》一书中指出的“着力推动区域协调发展、城乡协调发展、物质文明和精神文明协调发展，推动经济建设和国防建设融合发展”的发展理念，参考邹一南、韩保江关于协调发展评价指数的测算，本文设定了关于运河沿线京、津二市协冀、鲁、苏、浙四省协调发展的指标测度。以“区域协调”、“城乡协调”、“物质文明与精神文明相协调”以及“经济建设与绿色发展相协调”为主要测度依据，运用2000—2020年城市统计年鉴数据，对运河沿线自北向南共计22个城市进行了测算和排序，并由高至低分为A、B、C、D四个阶梯。依照运河流经顺序，沿线城市协调发展的指标表现出较显著的差异性。

在区域协调发展发面：①运河两端城市经济发展和个人收入的增长性明显优于运河中段；②科、教、卫、文发展支持力度的增长性则表现出向运河南端城市的明显倾斜；③特别需要注意的是，在承载水路客运、货运方面，主要承载量均集中于运河东南段沿线城市。除天津外，北-中段沿线城市已经部分地缺失了大运河的历史职能，亟待恢复。在城乡协调发展方面：①运河两端城市在城乡经济建设和城镇化水平方面均表现出明显的优势。②沿线城市城乡产业结构差异则比较明显。在物质文明与精神文明相协调以及经济发展与绿色发展相协调方面，运河两端城市的优势再次凸显出来。值得指出的是：①文化发展水平有向运河南端集中的趋势；②绿色发展水平则显著地表现出由北向南依次递减的态势。

在新时代、新发展理念之下，大运河在流域城市中发挥的职能作用已经发生转变。

第一，运河承载的水路运输的职能亟待被唤醒。交汇疏流、沟通有无是自大运河历史烙印中得出的结论，大运河有效减缓了陆路、航空运输压力，调动水路发展能动性，促进地区往来互通，是区域协调发展必不可少的一环。

第二，运河沿线城市协调发展程度有待加强，启动大运河文旅商业建设势在必行。由于运河职能和文化内涵的转变，运河不同流域表现出极不相同的城市特征。整体来看，两端的经济发展明显优于中段，应建立文化、旅游、创新产品和商业链条在运河道上的流通传递，令运河两端和中段优势互补，带动薄弱地区经济发展，方能促成协调共进。

第三，绿色发展的观念在运河中-南段的推行亟待加强。在全球气候变暖的背景下，推行绿色可持续发展的道路已迫在眉睫，“碳排放”“碳中和”“新能源”“城市绿化”“垃圾处理”等概念的推行无不指向各产业部门生产方式的转变[3]。大运河以水为媒，天然以绿色理念为本[4]，在文旅、商业属性的基础上，特别强调绿色发展的重要性，恢复运河的流动，促成水域互通，这是恢复运河生态的第一步。

（二）大运河发展规划政策背景

2019 年 2 月，中共中央办公厅、国务院办公厅正式印发《大运河文化保护传承利用规划纲要》（以下简称《纲要》）。《纲要》明确了 6 个重点、4 项工程、2 项活动、5 个保障、3 个带，包括文化遗产保护传承、河道水系治理管护、生态环境保护修复、文化和旅游融合发展、城乡区域统筹协调、保护传承利用机制创新等 6 个重点，文化遗产保护展示、河道水系资源条件改善、绿色生态廊道建设、文化旅游融合提升等 4 项工程。《纲要》要求“加强党的领导、做好组织实施、完善政策措施、健全法律保障、抓好督查评估”，指出“共抓大保护，不搞大开发，坚持科学规划、突出保护，古为今用、强化传承，优化布局、合理利用的基本原则，打造大运河璀璨文化带、绿色生态带、缤纷旅游带”，同时提出“展现大运河遗存承载的文化，活化大运河流淌伴生的文化，弘扬大运河历史凝练的文化”等相关要求。在《纲要》的统领下，这两年来，大运河所流经的 8 省市、25 个城市都在加紧开展相关规划。其规划重在“融合”二字，包括沿线省市之间统筹协调融合、自然与人文融合、物质与非物质文化融合、城乡一体化融合，传承保护与创新利用融合、多规合一融合等一系列发展方向[5]。

在《纲要》的指引下，上述 8 省市已经陆续颁布了以下相关规划。

1. 北京市

大运河北京段全长 82 千米，横跨昌平、海淀、西城、东城、朝阳、通州等六区，沿线文物等级高、分布密集、时代跨度长、类型丰富，既是明、清时期北京城连接西北部园林的纽带，也是古代中国连接南北方的大动脉，如今还是连接北京中心城区与城市副中心的枢纽。2019 年 12 月 5 日，《北京市大运河文化保护传承利用实施规划》和《北京市大运河文化保护传承利用五年行动计划（2018 年—2022 年）》正式发布。以时间为轴的“三阶段”中长期发展目标被提上日程。预计到 2025 年，大运河文化带生态环境将得到整体改善，水系水质也将全面改善，周边环境将得到有效治理，滨水空间的可达性、趣味性也将明显提升；2026 年至 2035 年，大运河文化遗产将实现整体性、系统性保护，大运河滨河生态文化廊道也将全线建成；到 2050 年，魅力运河、美丽运河、多彩运河、协同运河将全面建成。目前，北京已开始着手建设以大运河为轴线的“一河、两道、三区”的大运河文化带发展格局。“一河”即以大运河北京段为轴线，组织推进大运河文化保护传承利用，建设大运河文化带；“两道”即全线滨河绿道和重点游船通航河道，其中重点推进南长河、玉河、通惠河、潮白河、北运河等绿道建设升级，同时开发重点游船通航河道，确保通惠河部分河段、潮白河部分河段、北运河通州段实现游船通航；“三区”即运河文化展示区、运河生态景观区和疏解整治提升区建设。

2. 天津市

北运河天津段是我国大运河历史文化遗产的重要组成部分，文献记载的北运河修建于金泰和五年（1205），目的是南粮北运，保障首都供给，此后元、明、清三代延续使用。天津境内大运河全长约 190 千米，列入申遗河段的运河长度 71 千米，遗产区面积 975 公顷。该段运河是北方城区运河的典型段落之一，南运河与北运河的交汇处，是元代海漕转运节点的重要历史见证。2019 年，天津市编制出台了《天津市大运河文化保护传承利用实施规划》，进一步整合天津市大运河沿线资源，以文化和旅游融合发展为导向，构建享誉全国的北方运河缤纷旅游带。2020 年 4 月，在进一步推动天津大运河文化带发展的过程中，天津市人民政府办公厅公布了调整后成立的“天津市大运河文化保护传承利用暨长城、大运河国家文化公园建设领导小组”名单，以进一步统筹推进天津市大运河文化保护传承利用和长城、大运河国家文化公园建设[6]。

3. 河北省

大运河河北段全长 530 千米，包括北运河、南运河、卫运河、卫河及永济渠遗址，流经廊坊、沧州、衡水、邢台、邯郸等 5 市。大运河已于 2014 年成功申遗，河北省南运河沧州—衡水段、连镇谢家坝、华家口险工“两点一段”列入其中。2019 年，随着《河北省大运河文化保护传承利用实施规划》的编制完成，启动了邢台段、邯郸段以及大清河文物资源调查，进一步加强文物安全管理；并规划开展隋唐运河、大清河流域考古调查，开展有关河道、堤防、码头、设施等遗址考古。大运河流经的河北境内的廊坊、沧州、衡水、邢台、邯郸等市，也由此开启了“大运河文化”聚焦发展模式。

4. 山东省

大运河山东段南起山东与江苏两省交界处的大王庙闸，北到德州德城区第三店，流经山东省枣庄、济宁、泰安、聊城、德州 5 市 16 个县（市、区），全长 643 千米。2014 年的申遗点段包括南运河德州段、会通河临清段（元运河、小运河）、会通河阳谷段、会通河南旺枢纽段、小汶河、会通河微山段、中河台儿庄段等 8 段运河 15 处遗产点，总长 186 千米，遗产区面积为 16 603 公顷，缓冲区面积 29 501 公顷。2020 年 3 月 25 日，《山东省大运河文化保护传承利用实施规划》正式印发，对山东境内大运河文化发展区域进行规范。其中，规划核心区为运河主河道流经的 18 个县（市、区）；拓展区为沿运河的 5 个市，由北向南依次为德州市、聊城市、泰安市、济宁市、枣庄市。与北京大运河发展相关规划展望相同的是，山东省也将大运河文化发展视线延伸至 2050 年，同样分为“三阶段”，其中文化遗产作为文化传承的核心被作为阶段性聚焦发展的重点。2020 年至 2025 年，大运河（山东段）文化遗产实现全面保护，不可移动文物保护状况显著改善，现场标识、展示水平全面提升，逐步建成一批阐释水平高的大运河专题遗址博物馆、陈列馆或展示馆。核心区范围内现有文化遗产梳理、甄别全部完成，各类文化遗产资源保护实现全覆盖，分级、分类展示体系基本建立，重大遗产保护工程建设取得重要阶段性成果。2026 年至 2035 年，大运河文化遗产实现整体系统保护，现代化展示体系全面建成，大运河文化价值和精神内涵得到深入挖掘和活态传承。

5. 江苏省

大运河江苏段纵贯江苏全境，全长约 700 千米，流经徐州、扬州、苏州等八个城市，联通了长江、淮河两大河流，及太湖、高邮湖、洪泽湖、骆马湖、微山湖等五大湖泊，将楚汉文化、淮扬文化、吴文化等地域文化有机串联起来。2019 年 12 月，《江苏省大运河文化保护传承利用实施规划》出炉，在全国率先构筑起大运河文化带建设的“四梁八柱”。迄今为止，江苏省已成立省大运河文化带建设工作领导小组；编制出台全国首部地方性法规《江苏省人民代表大会常务委员会关于促进大运河文化带建设的决定》；设立全国首个大运河文化旅游发展基金（初始规模 200 亿元）；发行了全国首个大运河文化带建设专项债券，规模 23.34 亿元，用于资助 13 个大运河文化带建设项目等一系列效果卓绝的措施[7]。

6. 浙江省

中国大运河浙江段包括江南运河（嘉兴—杭州段）和浙东运河。江南运河为京杭大运河的南段，北起江苏镇江，南至浙江杭州。浙东运河又名杭甬运河，西起杭州市，东至宁波市甬江入海口，全长 239 千米。2020 年 4 月 14 日，浙江省发展改革委、省自然资源厅、省文化和旅游厅、省委宣传部等单位联合发布《浙江省大运河文化保护传承利用实施规划》，明确浙江省大运河文化保护传承利用的空间范围，覆盖杭州、宁波、湖州、嘉兴、绍兴等五市沿大运河的 25 个县（市、区）。该规划提出分阶段发展目标：近期为 2025 年之前，是强化保护和科学利用阶段；中远期为 2026 年至 2035 年，是深化巩固和全面提升阶段；远景展望至 2050 年，力争将大运河浙江段打造成为文化浙江的“亮丽名片”和中华民族伟大复兴的文化标志性品牌。此外，“1+5”战略定位成为浙江大运河文化带建设的重要依托。“1”是总体定位，即将大运河浙江段打造成为国际影响最广泛、遗产保护最有效、功能价值最突出、生态环境最优越的中国大运河华彩段。“5”是着力打造五条带：一是推进大运河遗产保护由区域性保护向全面性保护发展，打造树立国际标杆的文化遗产展示带；二是推进大运河沿线山水林田湖草生命共同体建设，打造践行“绿水青山就是金山银山”理念的生态文明示范带；三是贯通全省运河及沿线的历史文化长廊和休闲游憩长廊，打造传承中华文明的文化旅游精品带；四是畅通大运河航运通道，加快推进运河航运转型升级，打造重现通江达海的千年古道水运带；五是立足浙江在长三角区域一体化发展国家战略中的重要地位，充分发挥大运河连接“一带一路”、长江经济带的纽带作用，打造承接国家战略的沿河开放利用带[8]。

7. 河南省

大运河河南段主要是指隋唐大运河的通济渠和永济渠。隋唐大运河是中国大运河的重要组成部分，最早开凿于隋代。隋唐大运河以洛阳为中心，以通济渠、永济渠为“人”字状延伸，沟通了海河、黄河、淮河、长江、钱塘江等五大水系，北通涿郡（今北京），南达余杭（今杭州），全长 2 700 多千米，成为中国古代南北交通的大动脉。2020 年 1 月，《河南省大运河文化保护传承利用实施规划》（以下简称《实施规划》）正式发布。《实施规划》划分了核心区、拓展区和辐射区：核心区指大运河主河道流经的 40 个县（市、区），拓展区指主河道流经的洛阳、郑州、开封、商丘、焦作、新乡、鹤壁、安阳、濮阳等 9 个省辖市除核心区之外的地域范围，辐射区包含除核心区和拓展区之外的省域范围。其中，河南谋划“两轴三极七片区”的空间布局。“两轴”是指依托隋唐大运河南、北两段运河，根据沿线城镇历史地位、文化资源等，打造沿通济渠古都发展轴、沿永济渠古城发展轴。“三极”是指发挥洛阳、开封、郑州三大古都历史资源富集优势和辐射带动作用，打造运河示范城市。“七片区”是指发挥沿线文化地理特征突出的优势，推动形成资源要素分类集聚、错位互补、特色鲜明、联动发展的区域空间布局，通过打造通济渠洛阳片区、通济渠郑州片区、通济渠开封片区、通济渠商丘片区、永济渠焦新片区、永济渠安鹤片区、大运河濮阳片区等，构筑大运河实体与地域文化伴生共荣的集中展示空间。

8. 安徽省

隋唐大运河在安徽省境内属于通济渠，沟通黄河和淮河，流经淮北和宿州两市，全长 180 千米。其中，通济渠淮北段主要在濉溪县境内，全长 41.5 千米，均为废弃河道，部分河床为地下遗址。泗县境内则留有隋唐运河故道，这也是隋唐大运河现存唯一一段“活运河”。在“中国大运河”中，安徽柳孜运河遗址、通济渠泗县段两个申遗点入选。2019 年 12 月，安徽省委、省政府印发了《大运河安徽段文化保护传承利用实施规划》，进而编制了《大运河安徽段国家文化公园建设保护规划》和《大运河安徽段文化遗产保护传承专项规划》。淮北市、宿州市先后编制了《柳孜运河遗址景区旅游规划》《柳孜运河特色旅游小镇规划》《大运河文化保护传承利用三年行动方案》等。安徽省发挥境内大运河段 9 项音乐类国家级非遗项目的资源优势，将泗州戏、渔鼓道情、花鼓戏、梆子戏、唢呐等表演与流动的运河相融合，令观众有了美妙的沉浸式视听享受。宿州泗县投入建成隋唐大运河博物馆，展馆内共设置“隋唐气象”“人工开河”“水路繁花”“南北余韵”“又见运河”等 5 个固定展厅，多角度还原人工开凿运河缩微场景，展示粮船、人物、工具、隋唐大运河水系图、古运河漕运等场景，再现历史上运河繁忙的水运状况。淮北市隋唐运河古镇位于淮北市相山区，根据规划设计，古镇将结合隋唐文化、运河文化、民俗文化，打造集吃、住、行、游、购、娱于一体的大型文化旅游综合体，如今已经初具规模。此外，淮北隋唐运河古镇和泗县运河小镇项目皆入选安徽首批“512”旅游重点项目，计划总投资 40 亿元。泗县大运河文化公园和新汴河景区综合提升创建项目也被纳入安徽省第二批“512”旅游重点项目推荐名单，计划总投资 70 亿元。

北京、天津、河北、山东、江苏、浙江、河南、安徽等 8 个省份在大运河文化带建设规划侧重点上各有千秋，聚焦自身区域发展特点，将大运河文化历史传承与省域内部发展相联系，谋求更广泛的区域发展可能性与协调性。更有助于大运河经济带的建设[9]。

（三）大运河经济带的阐述

中国大运河是世界文化遗产，始建于公元前 486 年，由京杭大运河、隋唐大运河、浙东运河共三大部分组成。地跨北京、天津、河北、山东、河南、安徽、江苏、浙江等8个省份，是我国古代劳动人民创造的一项伟大的水利工程，是世界上开凿较早、规模最大、线路最长、延续时间最久的人工运河，曾入选《国际运河古迹名录》，被视为世界水利工程史上的里程碑。2 500多年来，大运河在维护国家统一，繁荣社会经济，推动民族融合，促进文化交流方面发挥了不可磨灭的重要作用。然而，随着时代更迭，现代交通的快速发展，大运河的航运功能逐渐消退，“南有苏杭，北有临张”中的“临张”二地已经从旧时的交通枢纽变为现在的交通末梢。但流淌千年的大运河在当代仍然拥有着非常重要的经济价值，例如紧密依托大运河发展的苏州、杭州两地，如今仍是GDP过万亿的大城市，大运河经济带的建设是近代以来逐渐衰弱的沿线地区十分重要的发展契机。随着中国经济的强势崛起，世界经济和文化中心正重新回归东方，世界的目光也日益聚焦中国，与此同时，中央提出“两个一百年”的奋斗目标和实现中华民族伟大复兴的中国梦。在这样的时代背景下，2014年6月22日，中国大运河在第38届世界遗产大会上获准列入世界遗产名录，成为中国第46个世界遗产项目。这进一步促进了大运河经济带的建设。

与此同时，大运河经济自古以来就是一种内嵌式的经济模式。富裕起来的大运河沿线地区人们平均受教育程度高，文化底蕴深厚，迫切需要进行产业与消费的转型升级。特别是中国经济发展由高速增长阶段转向高质量发展后，大运河沿线地区亟待进行转型升级，寻找新的经济增长点。同时，中国的区域经济也亟待融合。近年来，随着新型城镇化时期的到来，土地财政驱动城市发展的模式越来越难以为继，大运河沿线越来越多的地方政府和人民希望通过文化和新兴产业的建设重新塑造各地的差异性，提升地方魅力和发展的可持续性，而大运河经济带无疑提供了这样一个不竭的源泉。

大运河经济带的目标是依托大运河，恢复建设以通航为基本特征的综合交通运输体系，推动沿线地区形成完善的集生态、旅游、商贸、文化、娱乐、休闲等为一体的带状区域经济系统，打造纵贯南北、平衡东西、文化繁荣的大运河经济带。

（四）大运河经济带区域协调发展导向

从1999年西部大开发的启动开始，其间经历了“东北振兴”、“中部崛起”和“东部率先发展”等国家级战略的实施，到“十一五”时期正式形成中国区域发展总体战略。同时，为了实现更加协调的国土开发，国家提出了主体功能区战略，希望通过确定主体功能定位来明确区域开发方向，控制开发强度，规范开发秩序，完善开发政策，逐步形成人口、经济、资源环境相协调的空间开发格局。目前，已成为国家战略的三大经济带为：环渤海经济带（京津冀为核心）、长江经济带和丝绸之路经济带。

大运河经济带这一定义的提出，是对中国区域空间结构的优化。大运河连接北京、天津、河北、山东、江苏、浙江、安徽、河南等八省（直辖市），以大运河为纽带，形成了贯穿南北的水运动脉。从区域空间结构优化讲，在南北地区的经济文化连接中，大运河经济带是最有效果和最能够进入操作层面的空间单元。全国经济地理研究会会长、中国人民大学区域与城市经济研究所所长孙久文提出，我国当前的三大经济带：京津冀、长江经济带和新丝绸之路经济带（起自陕西），都没有包括河南和山东这两个人口、经济大省，大运河文化带正好弥补了这个缺憾。对于大运河经济带的具体作用，孙久文认为，应把大运河经济带纳入中国区域空间结构优化当中，立足国家战略大格局，积极谋划大运河经济带与雄安新区建设、京津冀协同发展、长江经济带发展、“一带一路”建设的对接。

大运河经济带的建设可以实现空间在结构上的优化，“空间优化”是要求经济与人口在一定空间趋于均衡，使各地区获得大致相同的发展机遇。大运河通过的地区，如山东大运河沿线的聊城、菏泽、济宁等，属于经济相对落后区域，与山东半岛存在发展差距，这种差异也是空间结构造成的。此外，大运河经济带的建设可以调整产业布局，大运河经济带的产业发展特点是以文化为资源的旅游产业优先发展。从大运河沿线文化遗产资源、运河功能和区域发展水平等方面，对其基本情况进行系统梳理，解决资源环境、生态空间、合作机制等方面的问题。因此大运河经济带建设要以区域协调发展为导向，突出其发展的重要意义，大运河经济带的建设是新时代中央作出的一项重大决策部署，也是立足国家战略大格局，实施区域协调发展的重大举措。

（五）运河城市群划分及依据

大运河地跨北京、天津、河北、山东、河南、安徽、江苏、浙江等八个省市，贯通了我国东部的海河、黄河、淮河、长江、钱塘江五大水系，贯穿了中国富庶的长三角、山东半岛、京津冀、中原等我国东中部主要经济区，经济总量占全国的半壁江山。本文首次将运河流域进行了以下划分。大运河北段为通惠河、北运河城市群。北运河发源于北京市昌平区及海淀区一带，其向南流入通州区，在通州区北关上游称作温榆河；后流经河北省香河县、天津市武清区，在天津市大红桥汇入海河；自西北而东南，至通州北关与通惠河相汇合后始称北运河。大运河中段为通济运河城市群、会通运河城市群、卫运河城市群、中运河城市群。通济渠自河南省郑州市荥阳出黄河，沟通了江苏盱眙境内的淮河，全长 650 千米，共流经三省六市。会通河界定范围为自山东省临清事以南到江苏省徐州市以北的一段运河。卫运河系指于馆陶县徐万仓汇合后至四女寺枢纽河段，基本为山东、河北两省边界。中运河上起山东台儿庄区和江苏邳州市交界处，下与里运河相接，全长 179 千米。大运河中段沿岸的城市，如郑州、洛阳和开封等都是中原城市群的核心城市，具有较为雄厚的经济实力。大运河南段划分为南运河城市群、淮扬运河城市群、江南运河城市群、浙东运河城市群，其中淮扬运河又名里运河，指的是从江苏省淮安市（中国大运河与古淮河交点）到扬州市（中国大运河与长江交点）的这段河道，全长 170 千米。江南运河自长江南岸谏壁口经丹阳、常州、无锡、苏州、平望至杭州联通钱塘江，全长约 330 千米。江南运河浙江段航线分为两段，老航线即由江苏平望入浙，经嘉兴、石门、崇福、塘栖、武林头至杭州的老航线，航程约 130 千米，继续通航；同时又发展新航线，由江苏平望入浙后，循澜溪塘，经乌镇、练市、新市、塘栖、武林头至杭州，航程缩短至 107 千米。

表 1 为大运河城市群的划分情况。

表 1　大运河城市群划分

运河流域	划分依据	运河航段	途径省市
大运河北段	黄河以北	通惠河、北运河、南运河、卫河	北京市、天津市、河北省（邯郸、邢台、保定、沧州、廊坊、衡水），山东省（聊城、德州、滨州），河南省（安阳、濮阳、焦作、新乡、鹤壁）
大运河中段	黄河以南、淮河以北	会通河、中河、通济河、	山东省（济宁、枣庄、泰安），河南省（开封、郑州、洛阳、菏泽、商丘），安徽省（淮北、宿州），江苏省（徐州、连云港、宿迁）
大运河南段	淮河以南	淮扬运河、江南运河、浙东运河	江苏省（南京、无锡、常州、苏州、淮安、盐城、扬州、泰州、南通、镇江），浙江省（杭州、宁波、嘉兴、湖州、绍兴、金华、衢州、舟山）

本文对大运河北段、中段、南段三部分流域的经济发展系统协调水平得分、水资源系统协调水平得分、农业现代化协调水平得分进行了划分。子系统得分显示的是各子类协调水平状况。很明显，大运河北部地区经济系统得分较有优势，尤其是通惠河、北运河城市群的经济发展水平显著高于南运河城市群，这也符合经济客观事实。北运河覆盖城市包括首都北京以及直辖市天津和河北省的重要经济核心城市，因此表现出较为优秀的经济发展系统得

分水平。南运河城市群表现出的水资源系统协调水平得分较高，且高于同属于大运河北段的通惠河、北运河城市群，说明其覆盖城市较为重视水资源系统的利用。当然，此地区的水资源较为丰富，也为其得分水平提供了支撑。

二、运河城市群协调发展系统构建

（一）运河城市群协调发展系统阐述

我国区域经济协调发展作为一个复杂的社会发展系统，各区域间存在着明显的差异，如从沿海到内陆的社会发展水平与经济水平都存在较大差异，但是即便根据不同依据所划分出的个体“地带”间存在巨大差异，它们仍然是构成我国经济协调发展的重要组成部分。在我国经济发展的过程中，各地区发展存在的问题是由一系列因素造成的，如自然因素、历史因素、文化因素、政治因素等，因此，我国区域经济协调发展是由多种因素共同构成的社会系统工程，在协调平衡的过程中要保持不同区域在总体上具有超均衡特性，即跳出两极的局限性，选择稳定发展的协调道路。在协调的过程中，除了要考虑区域间的经济协调问题，也要考虑不同区域之间的文化差异问题、环境差异问题、体制差异问题等各方面因素。

城市群是高度发达的空间一体化的城市形态，是全球经济发展的重要载体之一。党的十九大报告提出，要以城市群为主体构建大中小城市和小城镇协调发展的城镇格局。城市群作为中国新型城镇化的空间主体，是我国经济发展过程中的核心增长极和战略支撑点，因此运河城市群的协调发展建设也是大经济带能够明确战略定位与目标的重要因素。只有运河城市群的协调发展，才能进一步指明大运河经济带建设中在未来产业布局、环境保护、基础设施、对外开放等方面的发展方向。要充分发挥运河城市群在沿河流域的带动引领作用，增强运河流域的高质量发展动力，推动周边经济蓬勃发展，促进形成协调发展的运河城市群这一区域经济布局。运河经济带的协调发展便是大运河北段、大运河中段与大运河南段三部分运河城市群之间的经济协调发展，是在承认区域之间存在个体差异并充分发挥各地比较优势的基础上，通过相互之间取长补短来促进各种生产要素的合理流动，并达成资源的优化配置、逐步缩小区域之间的发展差距与推动全运河流域经济的积极发展的目标。

（二）运河城市群协调发展系统构建要素说明

大运河经济带的目标是依托大运河，恢复建设以通航为基本特征的综合交通运输体系，推动沿线地区形成完善的集生态、旅游、商贸、文化、娱乐、休闲为一体的带状区域经济系统，打造纵贯南北、平衡东西、文化繁荣的大运河经济带。目前，针对运河经济带建设的研究通常集中在水资源承载力、资源环境保护、环境规划下的产业转型和流域的综合治理等方面。经济增长、产业发展以及环境保护三者的相互作用形成了推动运河沿岸城市及运河城市群实现高质量发展的重要手段。对大运河进行进一步的生态保护，即对水资源的重点保护可以提升整个社会福利，不论是从漕运方面、渔业方面、农业方面还是从旅游行业来说，生态环境的改善都有助于促进运河城市群产业的发展。依托大运河而存在的重要产业是农业，农业的发展可以直接推动地区经济增长，农业结构的改善可以使大运河流域的沿岸农业区之间的资源要素更加合理地流动，进而进一步促进运河城市群的经济发展。运河城市群居民的经济情况可以最直观地反映大运河经济带的协调发展情况。本文将对运河城市群协调性的“环境—产业—经济”三个系统的研究细化为针对下述运河城市群协调发展系统构建要素的分析。

作为依托水而建立起来的大运河经济带，水资源自然成为其协调发展的重要因素之一。我国各地区拥有的水资源存在差异，大运河各流域、各城市群所拥有的水资源量也存在差异，且我国多数水资源区域都受到点状或是面状的污染，并日益严重，水资源与社会、经济和环境系统的协调发展成为资源短缺的当今社会的重点研究对象。因运河的漕运特性以及生活供给特性，因此本文将水资源细分为水资源条件、水资源环境治理以及水资源使用结构三个部分，其中又将水资源条件细化为水资源总量、地表水资源、年降水情况与生活供水量等四项内容；水资源环境治理要素包括工业废水排放、工业废水治理设施、工业废水治理投资与生活污水处理等四项内容；水资源使用结构要素则包括水产品产量、水资源客运量、水资源货运量与节水灌溉面积等四项内容。

在拥有充足水资源、气候条件适宜、土壤资源肥沃和排灌条件良好等优越条件下，大运河沿岸建立起了绵延数千年的农业系统，随着人口增长和经济发展，大运河经济带的建设带动了沿线农村实现农业转型，有机协调旅游业与农业。大运河沿岸的农业生产气氛浓厚，农林景观优美，大运河经济带的建设可以在满足农业产品正常生产的同时促进旅游业的发展与文化的传播。农业现代化发展水平是衡量运河城市群协调发展系统构建水平的重要因素，本文将农业现代化发展水平划分为农业产业现代化、农业生产现代化以及农业经营现代化三个衡量标准。在此基础上，每一个标准又细分为四项不同内容，农业产业现代化包括第一产业占比、农业产业结构、农业技术投入以及农村劳动力投入；农业生产现代化包括农业机械化情况、农业化肥施用、农村电气化情况以及农村生产水平；农业经营现代化包括新型经营主体、农村生产经营投资、传统经营主体以及相关服务业情况。坚持创新、协调、绿色、开放、共享的新发展理念，以大运河经济带建设为引领，以农业供给侧结构性改革为主线，着力构建运河城市群协调发展系统，发展运河两岸生态景观、拓展现代都市型农业功能，打造特色农旅产业，促进农业和旅游业融合发展，城乡区域统筹协调。

表2为大运河流域生态环境、产业发展与经济增长耦合协同综合评价指标体系。

表2　大运河流域生态环境、产业发展与经济增长耦合协同综合评价指标体系

Ⅰ级	Ⅱ级	Ⅲ级	指标说明	编　码	方　向
水资源	水资源条件	水资源总量	人均水资源总量（万立方米）	a1-1	+
		地表水资源	人均地表水资源（万立方米）	a1-2	+
		年降水情况	人均年降水量（万立方米）	a1-3	+
		生活供水量	人均生活供水量（万立方米）	a1-4	+
	水资源环境治理	工业废水排放	人均-年工业废水排放总量（万吨）	a2-1	-
		工业废水治理设施	人均-年废水治理设施数（套）	a2-2	+
		工业废水治理投资	人均-年废水治理投资完成额（万元）	a2-3	+
		生活污水处理	人均-生活污水处理率（%）	a2-4	+
	水资源使用结构	水产品产量	人均水产品生产总量	a3-1	+
		水资源客运量	水资源客运量（万人）	a3-2	+
		水资源货运量	水资源货运量（万吨）	a3-3	+
		节水灌溉面积	人均节水灌溉面积总量（千公顷）	a3-4	+
农业现代化发展水平	农业产业现代化	第一产业占比	第一产业产值占GDP比重（%）	b1-1	+
		农业产业结构	农业产业总产值占第一产业比重（%）	b1-2	+
		农业技术投入	农业技术人员占比（%）	b1-3	+
		农村劳动力投入	农业劳动力占乡村劳动力比重（%）	b1-4	+
	农业生产现代化	农业机械化情况	人均农业机械总动力（万千瓦时）	b2-1	+
		农业化肥施用	人均农业化肥施用量（万吨）	b2-2	+
		农村电气化情况	人均农村用电量（亿千瓦时）	b2-3	+
		农业生产水平	人均农作物总播种面积（千公顷）	b2-4	+
	农业经管现代化	新型经营主体	规范经营合作社数量	b3-1	+
		农村生产经营投资	农村人均固定资产投资（亿元）	b3-2	+
		传统经营主体	农村规模以上企业数（内资+外资）（个）	b3-3	+
		相关服务业情况	人均相关服务业产值（亿元）	b3-4	+

续表

Ⅰ级	Ⅱ级	Ⅲ级	指标说明	编码	方向
经济发展质量	经济增长情况	地区生产发展水平	人均地区生产总值（亿元）	c1-1	+
		地区经济增长水平	地区生产总值增长率（%）	c1-2	+
		城乡经济增长差异	城乡居民收入比（%）	c1-3	-
		经济波动情况	消费品价格指数（%）	c1-4	-
	经济发展结构	第三产业占比	人均第三产业增加值（亿元）	c2-1	+
		创新产业发展	高新技术产业占工业总产值比例（%）	c2-2	+
		技术创新投资	人均科学技术经费支出（万元）	c2-3	+
		精神文明建设	规模以上文化产业就业人数占比（%）	c2-4	
	经济效益水平	人均生产总值	人均地区生产总值（亿元）	c3-1	+
		居民收入水平	居民人均可支配收入（亿元）	c3-2	+
		居民消费水平	居民人均消费支出（亿元）	c3-3	+
		人均财政水平	人均财政收入（亿元）	c3-4	+

三、子系统及综合协调发展水平测算、依据及过程

区域经济协调发展是一个整体的动态社会发展系统。因此，在空间结构上要求大运河北段城市群、大运河中段城市群以及大运河南段城市群这三个地区的生产力布局必须与大运河经济带整体能够最大限度地相互适应。同时，要求大运河北段城市群、大运河中段城市群以及大运河南段城市群这三个地区在进行产业结构优化时立足该区域的基础，必须与大运河经济带区域相协调，必须从宏观全局高度全面考虑整体与局部、局部与局部、整体与层次、整体与环境之间的关系。其视野决不能只局限于本区域的产业结构与功能的发挥，而必须按照地域分工规律在更高层次上或更大的范围内进行比较与思考。在时间序列上看，随着工业化的推进，区域产业结构的调整也逐渐表现为一个整体，运河城市群不能只从某一阶段来进行区域经济结构的调整，而应从大运河流域整体出发来考虑区域经济结构的调整与定位。这就要求运河北段城市群、运河中段城市群以及运河南段城市群这三个地区应根据自身的区位特点、资源优势和人文环境等各方面的因素，必须从整个产业结构演进的一个相当长的动态过程角度来分析其区域产业结构的优化与功能发挥，全面考虑当前和长远之间的关系。

（一）大运河城市群平均协调度

大运河流域是我国重要的生态屏障和经济区域，在我国的经济社会发展中具有极其重要的战略地位。运河生态环境保护和高质量发展现已成为重大国家战略之一，是新时代区域经济发展的代表，是生态文明战略的空间格局的重要遵循。运河城市群的生态环境、产业发展与经济增长三者彼此影响、相互作用、协调发展，缺一不可，任何一项要素的缺失都会影响大运河经济带的高质量发展。本文将运河城市群协调性的“环境-产业-经济”三个系统的相关研究细化为针对上述三类运河城市群协调发展系统构建要素的分析，三大系统之间的耦合协同发展及其变化趋势直接影响着运河城市的高质量发展。为了更加直观地评估大运河沿岸各城市的协调指数水平，本文进一步对大运河沿岸城市的子系统水平进行加权平均，旨在直观地得出大运河流域各城市的得分排序，从而更有针对性地提出适应性政策建议。由图 1 展示的大运河城市群平均协调度指标可以看到，各城市之中宁波市的水平最高。排在宁波市之后依次为嘉兴市、杭州市、南通市、苏州市、盐城市、德州市等，运河南段城市群的部分城市排位靠前，这是由于南段城市群地理位置较为优越，水资源丰富，为农业、漕运、渔业以及旅游业的发展提供了较好的条件，并且部分城市作为交通枢纽，城市之间存在着良好的要素平衡转移趋势，这进一步增加了这些城市的城市平均协调度。虽然在子系统中看到南段城市群的协调水平较高，但是纵向排序后的结果依然出乎意料。首都北京的平均协调水平在大运河流域中排名第 10，直辖市天津市排名第 17，这说明城市协调水平得分与城市政治资源或政策倾向性关系不大。排名最靠后的三座城市分别为淮北市、宿州市和开封市。这三座城市在大运河流域中经济总量相对较低，城市水资源总量也较为匮乏，居于末端属预料之中。

（二）大运河河段城市群多系统耦合度

大运河经济带是一个整体，推动流域的生态保护和高质量发展，必须坚持整体推进与重点突破相结合，从战略高度进行顶层设计，抓住“牵一发而动全身”的重要领域制定以绿色发展为导向的空间联动的协同发展战略。大运河流域生态环境、产业发展以及环境增长耦合协同是一个较为复杂的机制，是由多种因素共同控制作用的结果。本文暂选取水资源作为运河城市群协调发展系统构建要素的驱动因素作为分析对象。由于运河流域存在特殊性，各城市群之间的水资源存在失衡现象。在水资源日益短缺的当下，大运河流域的水循环失衡问题成为影响周边地区的重要因素，现存的水资源问题可能导

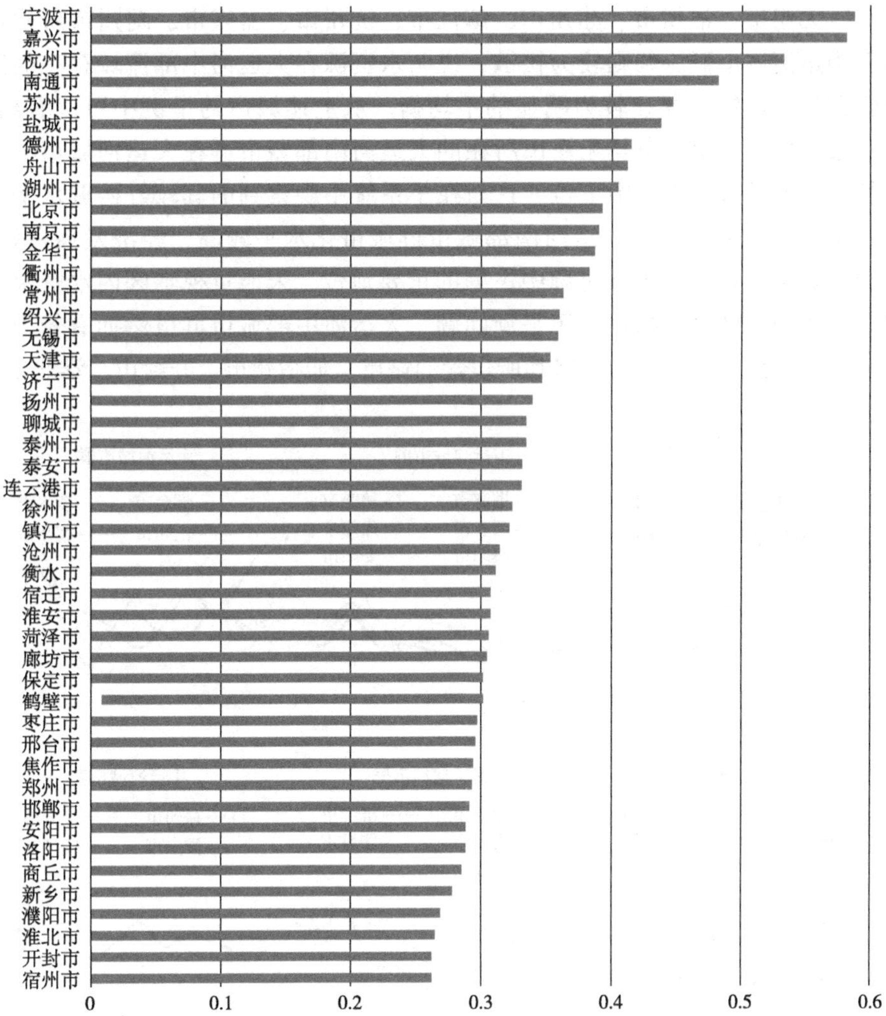

图 1　大运河城市群平均协调度

致运河沿线的生态系统屏障薄弱，漕运能力变弱，农业灌溉系统出现问题等一系列影响大运河经济带经济发展的不良结果。本课题选取了 2009—2020 年的水利相关数据对协调耦合度进行纵向分析，结论如图 2 所示。大运河北段卫运河城市群耦合变化趋势较为一致，同在北段，通惠河、北运河城市群的耦合变化趋势则较为松散；大运河中段的趋势较为一致，尤其是中运河城市群；大运河南端分布的三个城市群相较于大运河北段，耦合度表现都较为松散。初级协调的地市集中于大运河中段，说明大运河中段城市群的城市如枣庄市、济宁市、泰安市、聊城市、菏泽市、徐州市、连云港市、淮安市与宿迁市之间的水资源分布较为平衡，有着相对稳定的水资源跨区协调能力。南京市、无锡市、常州市、苏州市、镇江市、杭州市、嘉兴市、湖州市所构建的江南运河城市群协调则较为松散，说明水资源在大运河中部流域存在的区域性差异，水资源存在较为明显的不均衡。从上述城市的举例中可以看出，经济较为繁荣的南京市与无锡市所在的大运河南部城市群在大运河城市群平均协调度的调查中占据中下位，这与在子系统中观察到的其较好协调水平存在一定差异，这是由于大运河南部城市群城市化水平较高，经济发展良好，因此忽略了水资源在区域协调中占据的重要地位，未能重视辖区内水资源的有效利用与跨区之间的水资源平衡问题。大运河中部城市群虽然拥有较为稳定的水资源跨区协调能力，但其所包含的城市，如宿州市、开封市、淮北市、

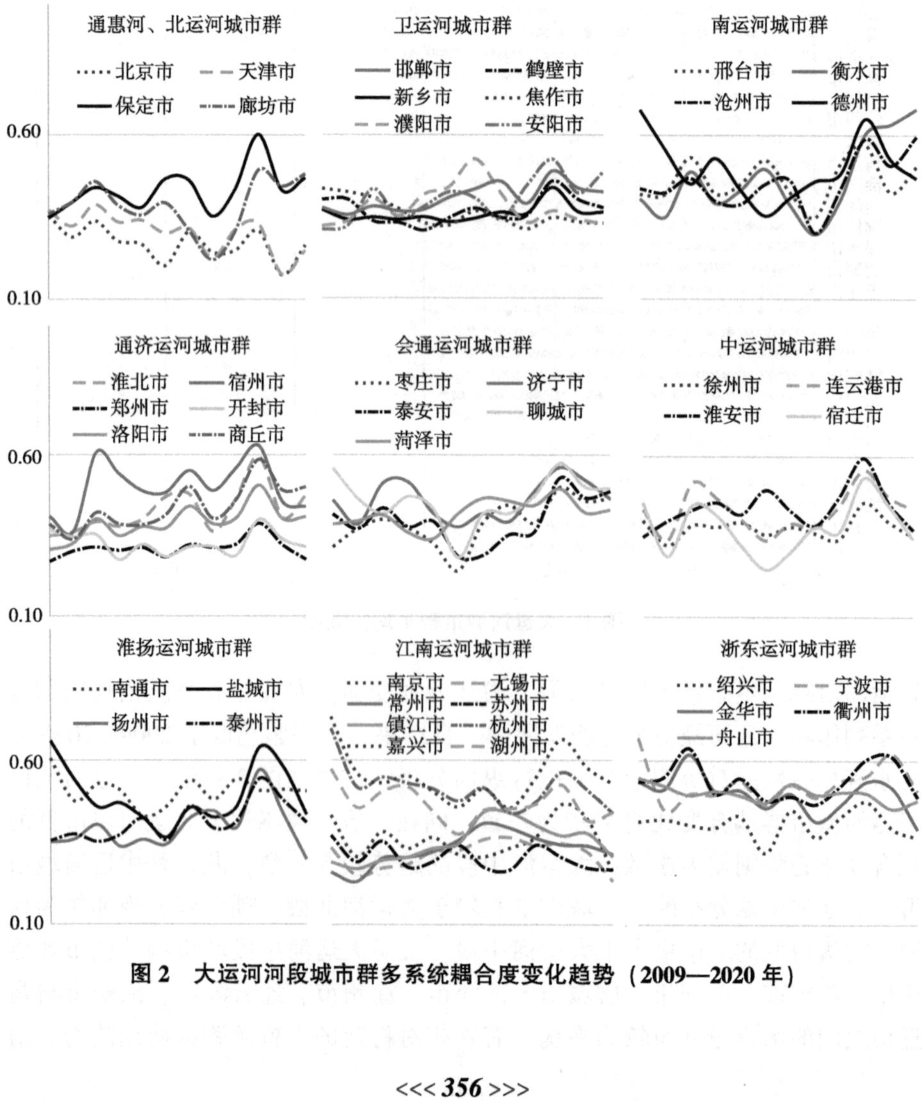

图 2　大运河河段城市群多系统耦合度变化趋势（2009—2020 年）

商丘市以及洛阳市都排在大运河城市平均协调度排名的末位，这是由于这几座城市在大运河流域中的经济总量相对较低，城市水资源总量也较为匮乏，即便水资源数据耦合度较高，也仍不能大幅度地促进这些地区经济的高质量发展。此项指标可以协助在研究中从历史纵向直观展示各城市群落的耦合变化一致水平。

四、大运河城市群子系统得分情况

（一）大运河北段城市群子系统协调水平得分

从城市群子系统协调水平得分（见图3）可知，大运河北段城市经济发展系统具有比较优势，这可能与我国政治中心北倾的区位选择有较大关系，在大运河北段城市中，北京市经济发展系统的优势巨大，天津市则稍逊一筹，但综合相比，天津在运河北段城市群、运河中段城市群以及运河南段城市群三个城市群整体中仍在经济发展系统方面占据一定优势。大运河南段城市群落在协调水平得分中表现出“各有优势”的状态：如德州市在水资源与农业资源，尤其是水资源使用结构与农村生产现代化方面占据较为明显的比较优势；衡水市有着很平衡的水资源与农业资源，在南运河城市群处于平均状态。大运河北段的特点在于每个城市群落都凸显出一个核心城市。通惠河北运河城市群拥有经济发展显著优越的北京市，还有紧随其后的天津市，由于这些城市的经济发展水平较高，会通过耦合关系影响其他系统，使得总体的耦合协调度相对较高，所以总体仍处在可以协调的范围。作为南运河城市群代表的德州市，由于其跨省大河主要有黄河、卫运河、漳卫新河，也有数条跨市骨干河流，因而拥有充足的水资源。虽然德州市内部存在着水资源分配不均的现象，但从综合数据来看，德州市仍然拥有在运河北段城市群、运河中段城市群以及运河南段城市群三个城市群体中占据明显优势的水资源与占据较大优势的农业资源。除核心城市的明显优势外，其他城市，如位于通惠河、北运河城市群的廊坊市，位于南运河城市群的衡水市、沧州市和邢台市的优势在于三个子系统的协调水平得分平均，使得大运河北段城市群在核心城市的带动下，在三个子系统的得分水平均高于其他城市。

对数据情况进行简单概述可以看出：位于通惠河、北运河城市群的北京市，其在经济发展质量类别中的经济效益水平方面有着较大的比较优势；廊坊市在农业现代化发展水平类别中的农业生产现代化方面，有着较自身其他系统较为明显的比较优势；天津市在经济发展质量类别中的经济效益水平方

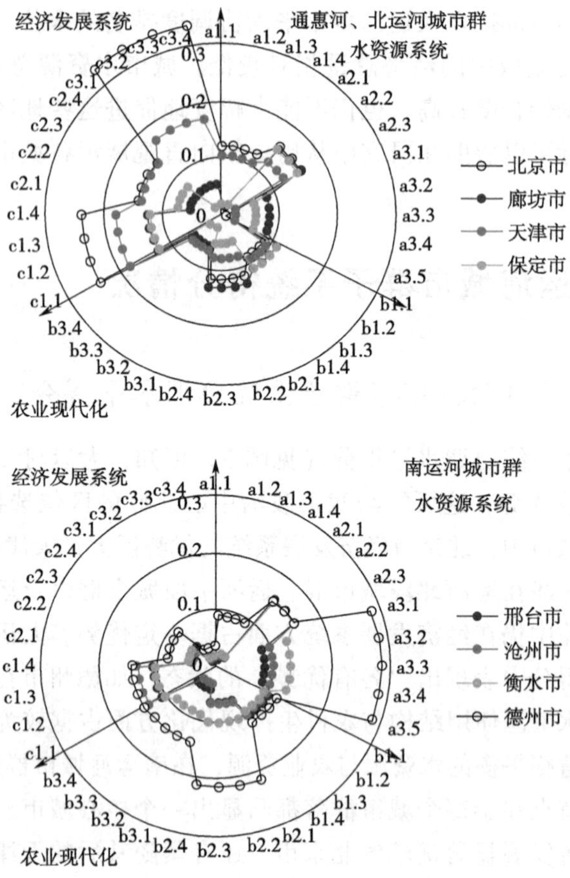

图3　大运河北段城市群子系统协调水平得分

面以及经济增长情况方面，有着较自身其他系统较为明显的比较优势；保定市在水资源类别中的水资源环境治理方面，存在相较自身其他系统较为明显的比较优势。位于南运河城市群的邢台市在水资源类别中的水资源环境治理方面存在相较自身其他系统较为明显的比较优势；沧州市在经济发展质量类别中的经济增长情况方面，存在相较自身其他系统较为明显的比较优势；衡水市的三个子系统协调水平较为平衡；德州市在水资源类别中的水资源使用结构方面以及农业现代化发展水平类别中的农业生产现代化方面，存在相较自身其他系统较为明显的比较优势。此区域得分较高也符合经济客观事实，鉴于大运河北段城市群的部分城市处于长三角区域，随着2018年长江三角洲区域一体化发展上升为国家战略以及2019年《长江三角洲区域一体化发展规划纲要》的审议通过，“经济高质量发展”和“区域一体化建设”已成为新时代背景下长三角城市群发展的关键，长三角区域经济飞速发展，加之长三角地区经济腹地一直以来是我国的经济优势区域，使大运河北段城市子系统协调水平综合得分较高。

（二）大运河中段城市群子系统协调水平得分

笔者在研究过程中发现，大运河中段的城市群落无论是在经济发展系统、水资源系统、还是在农业现代化方面都没有明显的优势（见图4），这说明大运河中段的协调水平发展指数存在普遍不足。以通济河城市群中的商丘市为例，2018年，商丘市生产总值、规模以上工业增加值、固定资产投资、全民人均可支配收入、城镇居民人均可支配收入、农村居民人均可支配收入、专利申请量、实际利用外资等八项经济指标增速均位居河南省第一，经济增长连续数年领跑河南，经济发展较为迅速。商丘市拥有较为丰富的天然河川径流以及地下水，地下水资源是商丘市的主要供水水源，地表水资源是农业用

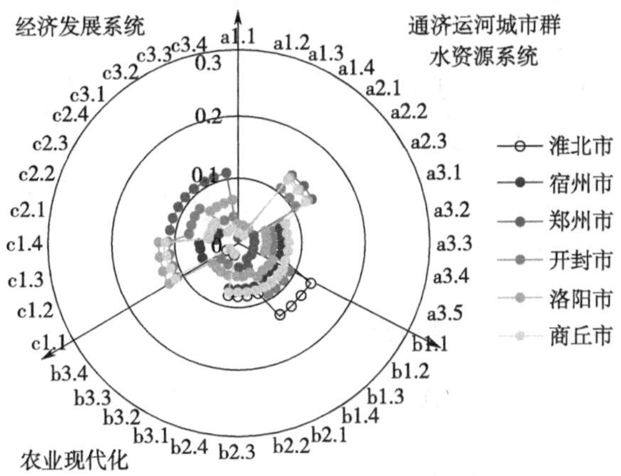

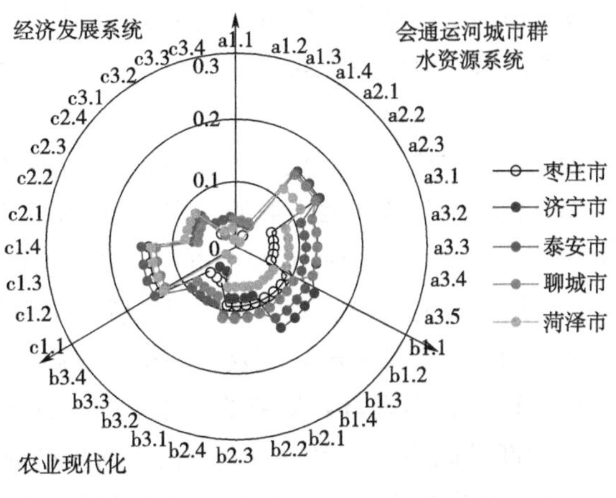

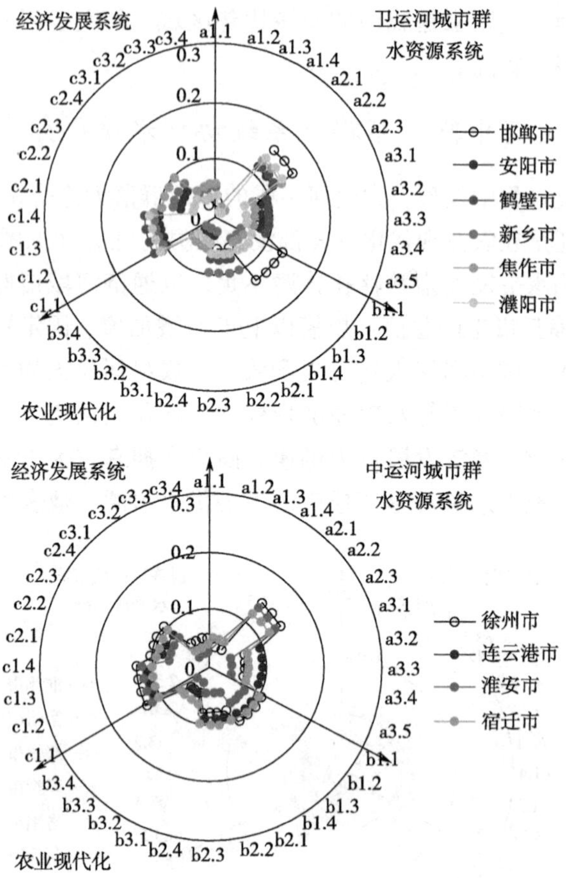

图4　大运河中段城市群子系统协调水平得分

水的主要来源，不存在明显的用水矛盾，这使得商丘市在水资源协调水平上也拥有较高得分。但商丘市的农产品生产的特色化不明显，标准化生产得不到实施，未能优先发展具有地域优势的特色农产品，其生产的农产品未能具有明显的地域竞争优势，产品同质化明显。此外，商丘市的土地流转面积有限，耕种小片化现象严重，难以实现现代化规模化生产。因此，商丘市的经济发展系统和水系统协调水平得分相较于其他同城市群的城市得分较高，但是农业现代化明显低于其他同城市群的城市。在会通河城市群中，同样的问题也较为明显。以聊城市为例，其主要用水方向是农林牧渔业，但水资源不是非常充足，随着对水资源需求的不断增加，水资源回收处理这一项得分较高。但与此同时，聊城市总体技术力量很薄弱，在实现自处创新的道路上存在许多瓶颈：一方面，由于传统产业居多，创新基础薄弱；另一方面，由于新兴产业创新激励不足，科研创新研发支出较少，所以出现了水资源系统和农业现代化水平在同城市群中遥遥领先，但是经济发展系统却表现出得分偏低的情况。

对数据情况的简单概述如下。

位于通济河城市群的淮北市，在农业现代化发展水平系统类别中的农业现代化生产方面有着较明显的比较优势；宿州市在水资源系统类别中的水资源使用结构与农业现代化发展水平系统类别中的农业产业现代化方面，有些许比较优势；郑州市在水资源类别中的水资源环境治理方面与经济发展质量类别中的经济发展结构和经济效益水平方面，较其自身其他系统内容有着明显的比较优势；开封市在水资源类别中的水资源环境治理方面与经济发展质量类别中的经济增长情况方面，较其自身其他系统内容有着较为明显的比较优势；洛阳市在水资源类别中的水资源环境治理方面与经济发展质量类别中的经济增长情况方面，较其自身其他系统内容有着明显的比较优势。

位于会通运河城市群的枣庄市，在农业现代化发展水平类别中的农业生产现代化与农业经管现代化方面，较其自身其他系统内容有着一定的比较优势；济宁市在水资源类别中的水资源环境治理方面与农业现代化发展水平类别中的农业景观现代化方面，较其自身其他系统内容有较明显的比较优势；泰安市在水资源类别中的水资源条件方面，较其自身其他系统内容有一定的比较优势；菏泽市在水资源类别中的水资源环境治理方面和经济发展质量类别中的经济增长情况方面，较其自身其他系统内容有着较为明显的比较优势。

位于卫运河城市群的邯郸市，在水资源类别的水资源环境治理方面与农业现代化发展水平类别的农业产业现代化方面，较其自身其他系统内容有较明显的比较优势；安阳市在经济发展质量类别中的经济增长情况方面，较其自身其他系统内容有一定的比较优势；鹤壁市在水资源类别中的水资源环境治理方面，较其自身其他系统内容有明显的比较优势；新乡市在农业现代化发展水平类别的农业现代化方面，较其自身其他系统内容有一定的比较优势；焦作市在水资源类别中的水资源环境治理方面，较其自身其他系统内容有较为明显的比较优势；濮阳市在水资源类别中的水资源环境治理方面与经济发展质量类别中的经济增长情况方面，较其自身其他系统内容有一定的比较优势。

位于中运河城市群中的徐州市，在水资源类别中的水资源环境治理方面较其自身其他系统内容有明显的比较优势；连云港市在水资源类别中的水资源使用结构方面与农业现代化发展水平类别中的农业现代化方面，较其自身其他系统内容有一定的比较优势；淮安市在水资源类别中的水资源环境治理方面，较其自身其他系统内容有一定的比较优势；宿迁市在水资源类别中的水资源环境治理方面，较其自身其他系统内容有一定的比较优势。

总体来看，大运河中段城市群的部分城市在水资源方面有着一定的比较优势，这是由于水资源较为充足并且环境治理较为良好带来的正向效应，同时可以看出大运河中段城市群的城市发展协调水平低于大运河北部城市群的发展协调水平，且在同城市群落中也存在发展不均衡的状况。

（三）大运河南段城市群子系统协调水平得分

大运河南段城市群的子系统协调水平得分水平较高（见图5）。其南段城市群包括淮扬运河城市群、江南运河城市群和浙东运河城市群。

以大运河南段城市群中的嘉兴市为例，近年来嘉兴市牢牢把住乡村产业振兴这个关键，首创农业经济开发区模式，持续推动乡村产业高质量发展，有力促进了产业增效、农民增收。农业经济开发区突出一二三产联动开发，加强乡村建设、乡村治理等，推动融合发展，打造现代农业新结构。各种政策的颁布为嘉兴农业现代化提供了新机制，助力共同富裕示范区典范城市建设，实现嘉兴现代农业不断向高质量发展方向迈进。在经济方面，嘉兴作为浙江东北部的城市之一，是浙江接轨上海“桥头堡”和承接上海辐射“门户”，因嘉兴的融沪、连杭、接苏、通甬，“东西南北中”全域融入长三角城市群等经济政策取得了成功。2020年，嘉兴市全市生产总值、规上工业总产值分别突破5 500亿和1万亿，进出口总额突破3 000亿，财政总收入、一般公共预算收入年均分别增长6.1%和5.9%，上市公司总数达到66家，金融机构存贷款余额双双突破万亿大关，成为全国第9个“双破万亿”的地级市。江南的大运河城市群在农业发展系统、农业现代化和水资源系统的协调水平均表现较好，嘉兴市表现得尤为明显。

通过淮扬运河城市群子系统协调水平可以明确得出，南通市相较于其他同城市群城市在水资源子系统的协调水平得分有明显优势。

这是由于在2009年到2013年南通市的水资源承载状态为“差”，城市进一步完善循环用水系统、加强推广节水器具，从工业、农业和生活三方面提高用水效率，南通市的水资源承载状态自2014年由“差”转变为“中”，在协调发展整体上呈现上升趋势，用水总量变化不大，水体污染负荷不断减少，水资源子系统状态逐渐好转，且其另外两个子系统得分与同城市群中其他城市的协调水平发展并无太大区别。作为我国现代化农业发展农事的第一批试点地区的江苏省，南通市是其中农业人口密度最大的地区，也是重要的农业生产基地，并且是中国GDP的百强城市。正因如此，南通市的农业现代化发展水平可能较江苏省其他市区的程度为强，也说明南通市在淮扬运河城市群中表现出明显优势。

浙东运河城市群中宁波市存在较为明显的优势，从农业方面来看，宁波全市各级农业部门认真贯彻落实中央及省生态文明建设以及市委、市政府

“五水共治”决策部署，以示范创建为抓手，明确目标责任，创新推进机制，大力开展农业面源污染防治，生态循环农业发展理念不断提升，力度不断加大，氛围不断浓厚，全市现代生态循环农业获得较大发展。从水资源方面看，在本地水资源长期紧缺的紧急情况下，宁波市水务环境集团充分发挥每一滴水的价值，将重点聚焦于再生水上。再生水成为环境用水不仅能够有效增加供给水量，而且能够优化宁波市的分质供水体系，形成新型水资源循环。从经济方面来看，虽然宁波经济发展存在一些问题，如经济以传统产业为主、科技创新能力还不够强、城市核心功能和枢纽地位不够突出和区域发展不平衡等，但宁波市在2020年的居民人均收入仍能达到59 952元，其中城镇居民人均收入68 008元，超过了国内绝大多数城市；农村居民人均收入39 132元，超过了上海等发达城市的农村人均收入，居全国第一。因此，相较于其

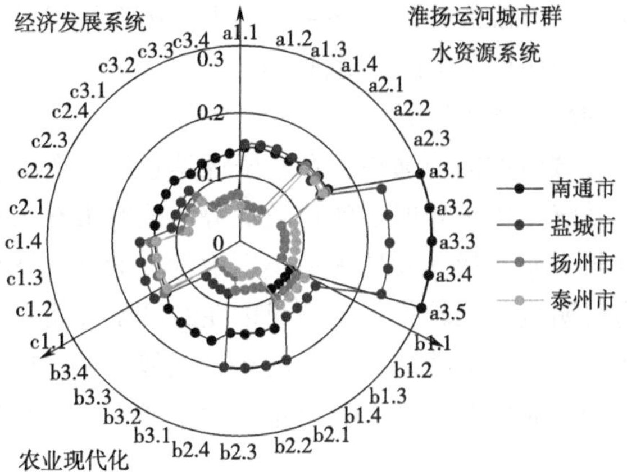

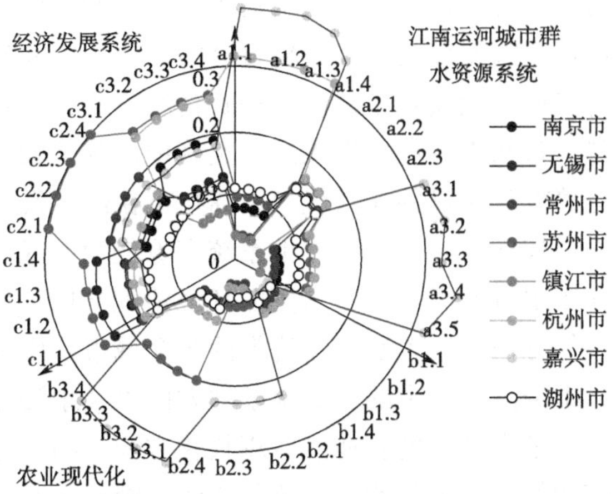

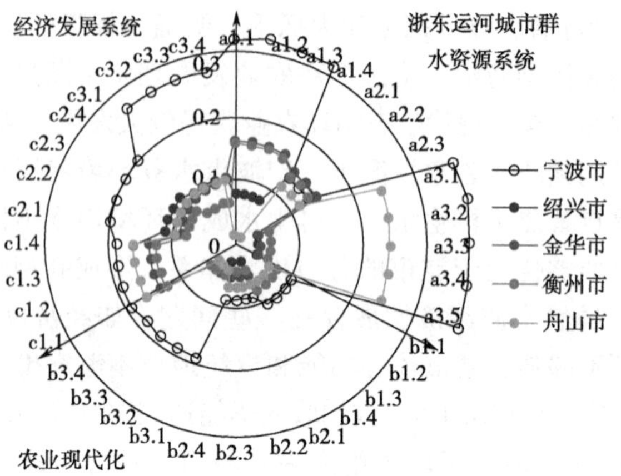

图5　大运河南段城市群子系统协调水平得分

他同城市群的城市，宁波的经济发展系统、水资源系统以及农业现代化水平均大大领先，属于同城市群中的绝对优势城市。

对数据情况的简单概述如下。

位于淮阳运河城市群的南通市，在水资源类别的水资源使用结构方面较同城市群的其他系统相比有着明显的比较优势；盐城市在水资源类别的水资源使用结构方面与农业现代化发展水平类别中的农业现代化生产方面，较自身的其他系统有着明显的比较优势；扬州市在经济发展质量类别中的经济增长情况方面，较自身的其他系统有一定的比较优势；泰州市在水资源类别中的水资源使用结构方面以及经济发展质量类别中的经济增长情况方面，较自身的其他系统有一定的比较优势。

位于江南运河城市群的南京市，在水资源类别中的水资源条件方面与经济发展质量类别中的经济发展结构方面较自身的其他系统有着一定的比较优势；无锡市在经济发展质量类别中的经济增长情况方面，较自身的其他系统有一定的比较优势；常州市在经济发展质量类别中的经济发展结构方面，较自身的其他系统有着较为明显的比较优势；苏州市在经济发展质量类别中的经济发展结构方面，较同类城市群的其他系统有着较为明显的比较优势；镇江市的比较优势在于水资源类别中的水资源环境治理方向；杭州市在水资源类别中的水资源条件方面，较大运河经济带的各个城市群中都具有明显的比较优势；嘉兴市在水资源类别中的水资源条件方面以及水资源使用结构方面与农业现代化发展水平类别中的农业经管现代化方面，与大运河经济带各个城市群中的城市相比都具有极其明显的比较优势；湖州市在水资源类别中的水资源环境治理以及经济发展质量中的经济增长情况方面，拥有较自身其他系统的一定的比较优势。

位于浙东运河城市群的宁波市，在水资源类别中的水资源条件与水资源使用结构方面与大运河经济带各个城市群中的城市相比都具有明显的比较优势；绍兴市在经济发展质量类别中的经济发展结构方面，相较于自身的其他系统有一定的比较优势；金华市在水资源类别中的水资源条件方面，相较于自身的其他系统有一定的比较优势；衢州市在水资源类别中的水资源条件方面，相较于自身的其他系统有一定的比较优势；舟山市在水资源类别中的水资源使用结构方面，相较于自身的其他系统有明显的比较优势。

总之，在有较多核心城市带动下的情况，大运河南段城市群的子系统协调水平得分水平较高。

五、深化研究：运河沿岸协调指数评级

大运河流域的区域经济协调发展是一个复杂的社会发展系统，沿岸各区域间存在着明显的差异，以秦岭淮河为分界线，从南方到北方的社会发展水平与经济水平都存在较大差异。为了深化论证运河沿线城市协调发展水平，本文还将各城市的协调发展系统升级为区域协调指数、城乡协调指数、物质精神协调指数、经济绿色协调指数。对北京市、天津市、河北省、山东省、江苏省、浙江省分别计算，计算结果如表 3 所示。A、B、C、D 分别表述此项评估的级别，A 为最优、D 为最差，B、C 为中间程度。表 3 对上述大运河流经省份各城市的具体指标进行了标定级别。

表 3 将区域协调指数具体描述为区域发展水平（人均 GDP 增长率）、区域发展结构（第一、二产业就业比例）、区域收入水平（职工工资增长率）、区域教育水平（人均教育支出增长率）、区域卫生水平（人均医疗卫生院所数增长率）、区域投资水平（人均固定资产投资占比增长率）、区域水路运输水平（年均水路客运占比 · 千分比）、区域水路运输水平（年均水路货运占比）与区域社保水平（基本养老保险覆盖增长率）；将城乡协调指数具体描述为城乡财政指数（人均一般公共财政预算支出增长率）、城镇化水平（城镇人口占比增长率）与城乡产业结构指数（城乡第三产业产比差异增长率）；将物质文明与精神文明协调指数具体描述为文化发展水平（文化产业在业人数占比增长率）、文化场所指数（人均文化场所数增长率）与图书馆藏指数（人均图书馆藏数增长率）；将经济发展与绿色发展协调指数具体描述为碳排放指数（单位 GDP 二氧化碳排放增长率）、城市绿化指数（人均绿地覆盖增长率）与垃圾处理指数（城市垃圾无害化处理率增长率）。

表 3　运河沿岸各城市协调指数评级

指标类型		北京市	天津市	河北省				山东省					江苏省								浙江省		
				廊坊市	沧州市	邢台市	衡水市	德州市	聊城市	泰安市	济宁市	枣庄市	徐州市	宿迁市	淮安市	扬州市	镇江市	常州市	无锡市	苏州市	嘉兴市	湖州市	杭州市
区域协调指数	区域发展水平（人均GDP增长率）	A	C	C	D	D	D	C	C	D	D	D	B	A	A	A	B	A	B	B	B	C	C
	区域发展结构（第一、二产就业比例）	A	D	B	A	B	B	B	C	C	D	B	A	A	A	D	B	C	C	C	C	D	D
	区域收入水平（职工工资增长率）	A	C	A	D	B	B	A	B	B	C	A	D	A	B	D	D	C	C	C	D	D	D
	区域教育水平（人均教育支出增长率）	D	C	A	A	A	A	A	A	B	B	B	B	D	D	C	B	C	C	C	D	D	D
	区域卫生水平（人均医疗卫生院所数增长率）	A	B	A	D	D	D	C	B	B	B	C	C	A	D	D	D	B	A	A	C	D	B
	区域创新水平（人均科教支出增长率）	C	D	C	D	D	B	A	D	D	C	D	C	A	A	B	B	C	B	A	A	A	A
	区域投资水平（人均固定资产投资占比增长率）	D	C	C	B	C	D	D	A	A	c	B	B	B	B	A	A	A	A	B	D	C	D
	区域水路运输水平（年均水路客运占比、千分比）	D	C	D	C	D	D	D	D	B	A	B	D	D	C	B	B	A	A	B	C	C	A

续表

指标类型		北京市	天津市	河北省				山东省					江苏省								浙江省		
				廊坊市	沧州市	邢台市	衡水市	德州市	聊城市	泰安市	济宁市	枣庄市	徐州市	宿迁市	淮安市	扬州市	镇江市	常州市	无锡市	苏州市	嘉兴市	湖州市	杭州市
区域协调指数	区域水路运输水平（年均水路货运占比）	D	A	D	C	D	D	D	D	C	B	C	B	B	A	A	C	B	B	B	A	A	A
	区域社保水平（基本养老保险覆盖增长率）	C	C	B	A	B	B	B	C	A	C	A	A	C	B	D	C	D	D	D	D	A	D
城乡协调指数	城乡财政指数（人均一般公共财政预算支出增长率）	D	D	B	A	A	A	A	A	c	B	D	C	B	C	B	C	D	D	C	A	B	D
	城镇化水平（城镇人口占比增长率）	D	C	A	A	A	A	D	C	D	D	D	B	B	A	B	B	C	C	C	A	B	B
	城乡产业结构指数（城乡第三产业产比差异增长率）	B	B	D	C	A	D	C	C	A	B	A	D	D	D	C	C	B	C	A	A	B	D
物质文明与精神文明协调指数	文化发展水平（文化产业在业人数占比增长率）	A	C	D	C	D	D	B	B	D	C	C	C	C	D	B	B	A	B	A	A	A	A
	文化场所指数（人均文化场所数增长率）	A	A	C	C	A	B	B	B	C	B	A	D	A	C	D	D	D	B	C	B	D	A
	图书馆藏指数（人均图书馆藏数增长率）	D	D	A	C	C	A	B	D	A	D	C	D	D	B	B	B	C	C	A	A	B	B

续表

指标类型		北京市	天津市	河北省				山东省					江苏省								浙江省		
				廊坊市	沧州市	邢台市	衡水市	德州市	聊城市	泰安市	济宁市	枣庄市	徐州市	宿迁市	淮安市	扬州市	镇江市	常州市	无锡市	苏州市	嘉兴市	湖州市	杭州市
经济发展与绿色发展协调指数	碳排放指数（单位GDP二氧化碳排放增长率）	A	A	B	D	B	A	C	D	C	D	B	B	D	C	A	A	C	D	B	B	C	A
	城市绿化指数（人均绿地覆盖增长率）	A	A	D	C	D	D	D	B	B	B	A	B	C	A	C	D	B	C	A	C	B	A
	垃圾处理指数（城市垃圾无害化处理率增长率）	A	A	A	A	A	B	B	B	B	B	B	C	C	C	C	C	D	D	D	D	D	D

对区域协调指数进行分析时，在区域发展水平层面与区域发展结构层面的评估中，北京市与江苏省更占优势；在区域收入水平层面的评估中，北京市与山东省更占优势；在区域教育水平层面的评估中，河北省在综合测评中占据极大优势；在区域卫生水平层面的评估中，北京市与江苏省存在一定优势；在区域创新水平层面的评估中，江苏省与浙江省占据较大优势；在区域投资水平层面的评估中，江苏省占据较大优势；在区域水路运输水平方面，浙江省与天津市占有较大优势；在区域社保水平层面的评估中，山东省占据较大优势；在针对整个区域协调指数的分析时，江苏省在总体上占据更大的优势。

对城乡协调指数进行分析时，在城乡财政水平的评估中，河北省体现出了极大优势；在城镇化水平层面的评估中，河北省展现出了较大的优势；在城乡产业结构指数层面的评估中，江苏省具有轻微优势；在针对整个城乡协调指数的评估中，河北省在总体上更占优势。

对物质文明与精神文明协调指数进行分析时，在文化发展水平层面的评估中，北京市与浙江省占据极大优势；在文化场所指数层面的评估中，北京市与天津市占据较大优势；在图书馆馆藏等层面的评估中，各省与各直辖市均不存在明显优势；在针对整个物质文明与精神文明协调指数的评估中，北京市占有较大优势。

对经济发展与绿色发展协调指数进行分析时，在碳排放指数层面、城市绿化指数层面以及垃圾处理指数层面的评估中，北京市与天津市均存在较大优势。

可见，如果将运河流域城市划分为北方城市与南方城市的话，大运河北段的城市 A 和 B 的占比明显多于南方，北方城市的评估水平在此系统中优于南方。这一结果的成因可能是在于，一是中国的政治中心在北方；二是北京、天津等地靠近经济中心，拥有较为健全的基础设施，较大的人口密度以及较为发达的经济水平。

六、大运河城市群协调水平历史成因

（一）大运河的历史经济意义

从春秋至明清，大运河经历了开凿、修葺、加固、整治等阶段，距今已有两千余年的历史。大运河发于余杭、止于涿郡，汇通黄河、贯穿长江，全长近 3 200 千米，是世界上距离最长、规模最大的运河。2014 年，大运河正式列入世界遗产名录；2019 年，中共中央办公厅、国务院办公厅印发《大运河文化保护传承利用规划纲要》，提出“文化遗产保护传承、河道水系治理管护、生态环境保护修复、文化和旅游融合发展、城乡区域统筹协调、保护传承利用机制创新”等六方面要旨，为沿线各城市发挥新时代大运河“连线织网、融汇交流”的职能提供了新的方向。

大运河的开凿源于古代社会对水上运输的需要。这种通过航运输送粮食、调控物资的形式，史称“漕运”，是古代社会各地物资保障的重要举措。漕运作为古代皇权专制统治思想下的产物，自产生起便是一项政治性极强的社会活动。以河道流域为基础，漕运辐射领域广阔，交通运输、区域开发、社会生活的安定以及农业经济的发展等，均离不开漕运的发展。春秋时期，“邗沟”为沟通吴国、齐国的行军路线，由夫差组织开凿，成为华夏大地上有记载的第一条运河。自此开始，到南北朝，以“邗沟”为基点，大量分散的局部运河开凿通运。但很快，随着南北政治、经济、文化的沟通和发展，这些分散的河道渐渐不能满足社会发展的需要。直至隋代大运河的开通，对分散布局的河道进行了整合，平衡了南北地域优势，加强了各地政治和经济的交流，也促发了运河沿岸城镇的兴起。水路的便利使大运河流域人口随之增加，货物沟通的需要与日俱增，商贾与货物汇集在运河沿线，交换往来，形成了“南至江西，北至淮南，岁一往来，其利甚博”的商品经济雏形，“北通涿郡之渔商，南运江都之转输”。至唐高宗永徽年间，为控引商旅，开永济渠入于新市，运河流域进一步拓宽，商旅往来愈发频繁，商品经济一派繁荣。唐开元末年，“移永济渠，自石灰窠引流至州城西，都注魏桥，夹州制楼百余间，以贮江淮之货”南北物资交流又得新的助力。至宋代，“漕运自荆湖南，北米至真、扬交卸，舟人皆市私盐以归，每得厚利”，运河开凿、漕运建设、商业发展均已具规模。

及至明代，以“包买商”为代表的人员及其商业活动，以其资本主义萌芽的性质和“逐利性”的思想观念，给漕运带来了巨大冲击。丰厚的利润使漕运人员不惜违背官府命令，借转输之便，广泛参与社会商业活动。彼时，明政府为补助漕运人员生计和运粮脚价不足，放宽了漕运人员附载的免税商品数量。然而，漕运人员乘宽松政策之势变本加厉，继续深入漕运交易，严重影响了漕粮货运规则的公平和效率。到清朝年间，商品经济的发展势如破竹，政府一方面完善了漕粮转运体系，另一方面被迫对商品流通放出了更多利好空间，以顺应民间诉求。随着商业气氛渐趋浓厚，清朝统治者逐步放宽附带土宜限额。此外，回空漕船捎带的食盐、粮米和烧煤等日用物资，也多被漕运人员出售，使得回空漕船名不副实，成为实际意义上的商船。当时，由于回空南下对漕粮运输的影响相对较小，清政府对此的限制并不严格。但无论北上运漕或是南下回空，随着漕运节制的放宽，商品经济的开放程度均得到了进一步的提升。

封建社会中后期，漕运承载的社会功能愈发广泛，粮运职能在统治者手中充分发挥调控作用，升级为社会物资的调节器。随着商业氛围的浸染，自给自足的经济模式潜移默化地转向了商品经济与自由贸易。城市的发展受到商业化水平的影响，制度的不断放宽和完善为进一步建立商业关系提供了物质基础。

大运河如贯通大地的动脉，流淌过传统社会赖以生存的血液——漕粮，也流通着滋补商业经济的血液——商品。虽然漕船不是商船，漕军不是商人，漕粮不是商品，但到封建社会后期，漕运也已不是单纯的封建漕粮的运输活动，鲜明的商业属性烙印在大运河的历史上，亦成为当代重启运河、带动区域协调发展的重要线索。

（二）大运河沿线各城市群的古今职能

1. 大运河北端城市群

大运河北端城市群包含北京市、天津市与河北省廊坊市，即北运河干流的重要沿岸城市。作为京杭大运河的重要组成部分，北运河在中国社会发展历程中占据重要地位。自隋朝大运河的开通伊始，大运河北端城市群便是各朝各代军事重镇与漕粮转运中心。元朝统一南北之后，定都于大都，将经济重心南方的各种物产调到政治重心北方的大都，兼行海运和河运，都必须在直沽转运或接运经白河（今北运河）达通州。当年，这里樯连帆叠，舳舻蔽水，加上附近又开辟盐池制盐，为朝廷重点管理区域。

到了明代，朱棣登基称帝后将首都迁到北京。1404 年，朱棣在三岔河口筑城墙，运河南北全线疏浚通航，朝廷决定停止海运，把运河作为漕运的主要渠道，大量的人流、物流在此集散。明代诗人作诗《天津》，以展示当时作为重要漕运点城市之天津的繁华程度："玉帛都来万国朝，梯航南去接天遥。千家市远晨分集，两岸沙平夜退潮。贡赋旧通沧海运，星辰高象洛阳桥。河山四塞喉襟地，重镇还须拥使轺。"那个时候，大运河北段城市群格外繁华，大运河上粮艘商舶，鱼贯而进，几无虚日，成为沟通京师与江南的经济政治重地，豪商巨贾、显贵达人与码头夫役、文学艺人等云集。

直到清朝，北运河仍是南北漕运的重要河段，曾盛极一时。光绪二十七年（1901），清政府下令停止漕运。宣统二年（1910），全河断流，因漕运停止而河务废弛，河道节节淤塞。1912 年，津浦铁路通车，大运河的运输功能有所下降，并逐渐被铁路运输所代替。但是，大运河的运输功能仍不容忽视。清末民初，北运河沿河城镇乃至乡村地带社会经济的发展仍受水运之利的影响。北运河水路运输，以天津、武清、香河、通县、顺义、密云、怀柔等县域的物产为主，以天津为集散中心。由天津水路运出的货物以面粉为主，杂货、棉线布、木材、小麦、杂粮、油、盐等次之；由北运河运往天津的主要物资，以小麦、豆类、鸡蛋、棉花、玉米等为主。就北京而言，近代著名地理学家、方志学家林传甲在1919年出版的《大中华京兆地理志》中写道："京兆地方，通道于东南各省，逾河、逾淮、逾江、逾浙，莫若运河之纵贯南北。而北运遂为南漕北来之通道，且运盐则近自长芦，运铜则远及云南。铁路未通以前，洋广杂货，由海船运天津者，莫不由北运至通州，自通州而下达天津，亦为各货南行所取道。"即便在铁路开通以后，对于北京城郊的百姓而言，水路也是出行之首选。

随着新中国的成立，尤其是改革开放以来，北运河的职能重点也相应得到更新。以天津市为例，2019年12月，《天津市历史文化名城保护规划（2020—2035年）》公布。该规划提出，依托运河文化遗产和资源，天津市要推动运河国家文化公园建设，打造运河重要节点，全力构建以点带面、以面带全、以节点集聚要素资源，辐射带动周边的发展格局。通过强化运河文化遗产保护传承、加强生态环境保护治理、推动文化和旅游融合发展等措施，全面展示运河文化魅力，构筑京津文化高地。加强对重点长城段落的维护修缮，组织专门力量研究与挖掘大运河的历史文化底蕴，将其融入天津市文化旅游业发展中，扩大天津历史文化影响力。传承历史文脉，彰显天津深厚的历史文化底蕴与多元并蓄的地域文化特色，建设富有文化魅力与现代活力的和谐宜居城市。完善历史文化名城保护体系，全面保护天津市历史文化资源。在城市与市域两个层面加强文化遗产保护传承与合理利用。同时，形成"一城、双区、两带、多点"的整体保护结构，形成"一带多片，中西融合"的城市空间格局。可见，从古至今，北运河沿岸城市，即大运河北端城市群的城镇经济的发展都从不同方面，揭示了区域经济协调发展的内在关联性。

2. 大运河中、北段城市群

大运河中、北段城市群包括沧州市、衡水市与邢台市。2014年，南运河沧州—衡水段成功申遗，南运河也是流经大运河中、北段城市群的主要干流。南运河是中国隋唐南北大运河和元代京杭大运河的重要组成部分，隋唐时期称永济渠，宋元时期称御河，明清时期称卫河，其南接卫运河、鲁运河，原以山东临清为南起点，以天津市海河三岔河口为北终点，与北运河相接，全长436千米。20世纪50年代扩建四女寺枢纽，开挖独流减河。把南运河截断后，南运河南起于四女寺节制闸，东北流经山东省德州市，河北省衡水、沧州地区，至静海区十一堡与子牙河汇合止，全长309千米（以下被独流截断）。至天津市金刚桥（三岔河口）为止，全长349千米。南运河自隋代开凿起至明清止，始终是国家的交通命脉，明清两代每年都有约400万石漕粮经沧州运至北京。此外，还有大量瓷器、盐、煤等货物靠运河水路运输。漕运的繁忙和南北物资的融汇给沿河德州、沧州、吴桥、泊头、天津等地带来了两岸经济的繁荣。1978 年，由于缺乏水源，南运河航运全线中断，成为海河流域南部的排水河道及引水通道。引黄入津、引岳入津都是通过此河道。

2013 年 3 月，中国文化遗产研究院编写的《中国大运河申遗文本》提交联合国教科文组织，将沧州段大运河的东光连镇谢家坝——吴桥第六屯段河道、连镇谢家坝列入南运河沧州—衡水—德州段遗产区。2014 年 6 月 22 日，在卡塔尔首都多哈举行的第 38 届世界遗产大会对中国提交的“大运河”文化遗产申请项目进行了表决，该项目成功入选《世界遗产名录》，成为我国第 46 处世界遗产。大运河申遗成功是一个里程碑，不仅仅提高了沧州在全国的知名度，最重要的是提高了其在全世界知名度。“运河三老”之一、古建筑学家罗哲文在申遗期间曾对大运河河北段遗产价值进行评价，他说：“大运河河北段遗址线路清晰，体系完整，拥有较为完整的人工河道和堤防体系，代表了我国北方大运河遗产的特色，是我国大运河体系中不可或缺的重要文化遗产。”习近平总书记在党的十九大报告中指出，要推动文化事业和文化产业发展，加强文物保护利用和文化遗产保护传承。这为我们保护好、传承好、利用好大运河，推进大运河文化经济带建设提供了重要遵循。当今，社会对运河的漕运需求逐渐降低，社会为运河赋予了新的社会职能，如提高个体收入水平、促进教育事业发展、加强垃圾处理等能够促进文化传播、经济发展以及环境保护等区域经济协调发展的因素。

3. 大运河中段城市群

大运河中段城市群主要包括德州市、聊城市、泰安市、济宁市与枣庄市等。自隋唐大运河开通以来，山东省的交通网在此基础上逐渐建立起来。这是因为从元朝至清朝，由于国家的政治中心在北方，而北方的经济水平不如南方高，因此仰仗东南向北方供应银粮，在海运技术尚不成熟的当时，又因为运河水路运输运量大、成本低廉，运河就成为经济运输交通的首选。于是京杭运河自江淮北上，由山东南部的台儿庄入山东，循山东西部穿鲁西平原，过德州入今天河北境内，全长近千里。山东境内运河不仅使沟通南北漕运畅通无阻，而且沟通了东西走向的水系，并改变了山东西部地区交通闭塞的局面，形成了以运河为轴心的水陆交通网。由于当时北方的战乱与天气原因，大量的漕粮都被暂时保存在了距北京、天津等政治中心不远的运河沿岸城市，因此，当时的政府在山东的运河沿岸城市建立了大型官方仓库。当时“于水运之次随便置仓”，称为水次仓。彼时的临清、德州等地都设有水次仓，也是运河四大仓库所在地。因此，作为南北经济文化交流的大动脉，大运河对山东运河城市发展的带动作用是十分的巨大的。

时至今日，由于山东省有着极其丰富的海洋资源以及相对成熟的海运技术，运河的运输作用已经不再是大运河中段的主要职能，山东省独特的文化气息以及京杭大运河蕴含的丰富历史文化资源，使得大运河中段城市群如今的职能转变为促进教育事业与提高个体收入这两个主要因素。2020 年 3 月 25 日，《山东省大运河文化保护传承利用实施规划》正式印发，对山东境内大运河文化发展区域范围进行规范，将文化遗产作为阶段性聚焦发展的重点，促进大运河北段经济功能转型，如文化旅游经济转型，这将对其他地区都产生一定的示范与带动作用。

历史上的大运河曾经将北方地区的山东、河北及京津两地紧密地联结起来，在经济作用下的地区“一体化”特征较为明显。如今，京津冀协同发展国家战略的提出为大运河中段的开发利用提供了新的机遇，大运河中段城市群的发展需要将自身与其他运河城市紧密连接，才能让古老的运河区域为区域协同发展作出更大贡献。

4. 大运河中、南段城市群

大运河中南段城市群主要包括徐州市、宿迁市、淮安市、扬州市、镇江市等江苏省的主要城市（也包括浙江省的一些城市），主要流经干流为中运河、里运河与通济渠。中运河是指自台儿庄向南穿过淮河至淮阴清江大闸的一段大运河，长 186 千米，清康熙二十七年竣工。中运河与微山湖、骆马湖和洪泽湖互相连通，原为发源于山东的泗水下游故河道，后为黄河所夺，又为南北漕运所经，成为大运河的一部分。里运河介于长江和淮河之间，北接中运河，南接江南运河，长 170 余千米，流经淮安市和扬州市，自清江浦至瓜洲古渡（古伊娄河）入长江。隋炀帝在连通淮安东都洛阳时，开凿了通济渠，连接了黄河与淮河。通济渠自河南荥阳的板渚出黄河，经鸿沟、蒗荡渠、睢水沟通了江苏盱眙境内的淮河，西起洛阳，东至山阳（今淮安），后因黄河变道而消失。

在民国之前，大运河最兴盛的河段之一便是里运河段，“每届漕运时期，帆樯如林，百货山积，经数百年之取精用宏，商业勃兴而不可遏。当其盛时，北至塔湾，南至头闸，绵亘数十里，市肆栉比，有肩摩毂击之势”。大运河中南段畅通后，一直是沟通南北的交通要道，许多古城、古镇因此而兴起，此外还造就了许多运河遗迹，如宿迁的乾隆行宫、淮安的镇淮楼、淮安漕运公署、扬州瘦西湖、无锡清名桥、苏州宝带桥等。以淮安市为例，由于其位于大运河中部，正好位于黄河、海河与运河的交汇处，因此淮安市成为明清时期治理运河和漕运物资的关键枢纽。明清两代管理漕政的最高机构——漕运公署和管理河道的最高机构——河道总督衙门都设在淮安，造就了当时是不夜城的河下镇，形成了运河上的一串明珠。

当今，大运河中南段城市群的当代职能已逐渐演变成为促进经济发展、个体收入增加、创新和投资、水路运载、城乡协调、城镇化与文化发展等。目前，大运河的江苏、浙江段航运功能还在使用中，连接着中国两个最具活力的经济带，即沿海经济带和长江经济带；连接着两个经济圈，即长江三角洲经济圈和环渤海湾经济圈，在交通运输、防洪抗旱和南水北调中发挥着黄金水道的重要作用。运河文化孕育了商业文明，这就使得运河文化具有鲜明的商业性、开放性、都市性、消费性等地域特点，为发展全域旅游搭建了良好平台，更加促进了区域间的协调发展。

5. 大运河南端城市群

大运河南端城市群主要包括嘉兴市、湖州市与杭州市等浙江省内各城市，作为江南运河流经的主要城市，见证了运河发展的历史。运河浙江段的形成历史久远。据《越绝书・吴地传》记载，早在春秋后期，吴、越两国之间就有“百尺渎、奏江，吴以达粮”。百尺渎又名“百尺浦”“越王浦”，从今苏州向南，通过吴江、平望、嘉兴、崇德，直达钱塘江边，是所见记载最早的吴、越运粮渠道。至秦，从由拳（即今嘉兴）至钱唐（即今杭州）的运渠亦已开通，且与浙江（即今钱塘江）相通，开始出现后世运河浙江段的雏形。隋代江南河是在秦汉以来历代所凿运河的基础上加以拓阔、疏浚、顺直而成的，江南河开通后，北过长江接邗沟，再过淮河接所凿通济渠，再过黄河接所凿永济渠，中国历史上第一次形成以隋东都（即今洛阳）为中心，西通京都（即今西安），北至涿郡（即今北京）附近，南抵余杭，长达 2 500 多千米的南北大运河。元代统一全国后，改金之中都（即今北京）为大都，成为全国的政治中心，南方粮赋的北运仍然是首要任务，遂着手开通自大都直达杭州的大运河，于至元三十年（即 1293 年）全线贯通。这是继隋代开凿南北运河的又一伟大壮举。整个浙江省在古代拥有四通八达的交通网络，运输成本极低的水运与发达的漕运能力带来了大运河南端城市群商业的发达。同时，随着江南农耕经济发展，“四水”带来了水稻文明。水稻种植的精细化和土地资源的缺乏创造了更多的农闲时间，因此人们有更多精力投入到手工业中，使大运河南端城市群在拥有发达农业的同时，也在不断发展制造业，成为南北经济产业交流的命脉之一[10]。

随着经济发展，大运河南段城市群的当代职能转变为促进卫生和社会保障、创新和投资、水路运载、城乡协调、城镇化、文化发展与绿色发展。以杭州为例，近 15 年来开展的京杭大运河综合治理保障工程主要集中在杭州老城区，由此在老城区运河范围内形成了以“工艺美术”和“非物质文化遗产”为特色的国家级博物馆群落，集聚了一批以特色餐饮、休闲娱乐、运动健康、博览展示、教育培训为特色的旅游休闲产业。同时，通过水上观光线路和陆地绿道的串联，形成了贯穿市区、初具规模的特色休闲产业带，目前，运河沿线文化旅游休闲产业布局基本形成。同时，杭州市委、市政府将运河综合治理保障向北延伸并推动城北地区崛起作为近期重点工作。城北地区是杭州市的传统重工业集聚区，面临着运河二通道上马等重大机遇。传统水运关联产业将随着二通道进行产业转移从而释放出巨大的产业转型升级和城市化建设空间，且区域内具备优越的生态人文发展基础。大运河南端城市群借助发达的交通条件以及繁荣的经济条件，促进了区域间的协调发展以实现整体城市群的高质量发展。表 4 为大运河沿线各城市群的地理优势与古今职能。

表 4　大运河沿线各城市群的地理优势与古今职能

<table>
<tr><th>区　域</th><th>城　市</th><th>地理优势</th><th>古代职能</th><th>当代职能</th></tr>
<tr><td rowspan="3">北　端</td><td>北京市
通州区</td><td rowspan="3">河海交界</td><td rowspan="3">“玉帛都来万国朝，梯航南来接天遥。千家市远晨分集，两家沙平夜退潮。贡赋旧通沧海运，星晨高象洛阳桥。河山四塞喉襟地，重镇还须拥使轺。”</td><td rowspan="3">促进经济发展、个体收入增加，教育事业，卫生和社会保障，城乡协调、城镇化，文化发展，绿色发展，垃圾处理等</td></tr>
<tr><td>天津市
武清区</td></tr>
<tr><td>廊坊市</td></tr>
<tr><td rowspan="3">中、
北段</td><td>沧州市</td><td rowspan="3">—</td><td rowspan="3">—</td><td rowspan="3">促进个体收入增加、教育事业、垃圾处理等</td></tr>
<tr><td>衡水市</td></tr>
<tr><td>邢台市</td></tr>
<tr><td rowspan="5">中　段</td><td>德州市</td><td>南北船只必经之地</td><td>“南北杂货商业颇属繁盛”，每年数千艘粮船停泊于此，商业繁荣</td><td rowspan="5">促进个体收入增加、教育事业等</td></tr>
<tr><td>聊城市</td><td>北段会通河枢纽</td><td>河槽兴盛，殷商富贾云集，南北货物贸易十分活跃</td></tr>
<tr><td>泰安市</td><td rowspan="2">闸漕中枢</td><td>麦、豆、煤、米交易码头</td></tr>
<tr><td>济宁市</td><td>“当河漕要害之冲，江淮百货走集，多贾贩，民竞刀锥，趋末者众”</td></tr>
<tr><td>枣庄市</td><td rowspan="3">会通河与卫河交界</td><td rowspan="3">“每届漕运时期，帆樯如林，百货山积，经数百年之取精用宏，商业勃兴而不可遏。当其盛时，北至塔湾，南至头闸，绵亘数十里，市肆栉比，有肩摩毂击之势”</td></tr>
<tr><td rowspan="8">中、
南段</td><td>徐州市</td><td rowspan="8">促进经济发展、个体收入增加，创新和投资，水路运载，城乡协调、城镇化，文化发展等</td></tr>
<tr><td>宿迁市</td></tr>
<tr><td>淮安市</td><td rowspan="2">漕运重要停泊点</td><td rowspan="2">漕运总督驻扎，漕船在此接受盘查，因此商业繁荣</td></tr>
<tr><td>扬州市</td></tr>
<tr><td>镇江市</td><td rowspan="4">南北漕运咽喉要道</td><td rowspan="4">南北杂货贸易为基础，日趋繁荣，专业性市场兴起</td></tr>
<tr><td>常州市</td></tr>
<tr><td>无锡市</td></tr>
<tr><td>苏州市</td></tr>
</table>

续表

区　域	城　市	地理优势	古代职能	当代职能
南　端	嘉兴市	江南运河中段	漕船集中地，运销杭州、嘉兴中转码头，发展为重要商业城市	促进卫生和社会保障，创新和投资，水路运载，城乡协调、城镇化，文化发展，绿色发展等
	湖州市			
	杭州市			

资料来源：吴琦．漕运与中国社会［M］．武汉：华中师范大学出版社，1999：179.

（参与本项目调研和报告撰写的还有孙毅昂、刘亚宁、夏玉、张琳奕、栗艺轩、马皓芃、李春波）

参考文献

［1］李强，韦薇．长江经济带经济增长质量与生态环境优化耦合协调度研究［J］．软科学，2019（5）：117-122.

［2］石涛．黄河流域生态保护与经济高质量发展耦合协调度及空间网络效应［J］．区域经济评论，2020（3）：25-34.

［3］赵安周，王冬利，王金杰，等．京津冀城市群城市化-旅游业-生态环境耦合协调度及障碍因子诊断［J］．水土保持研究，2021（4）：333-341.

［4］王兆峰，杜瑶瑶．长江中游城市群交通-旅游产业-生态环境的耦合协调评价研究［J］．长江流域资源与环境．2020（9）：1910-1921.

［5］孙久文，孙翔宇，夏添．中国区域经济发展报告：新时代区域协调发展的理论与实践［M］．北京：社会科学文献出版社，2018.

［6］天津市历史文化名城保护规划（2020—2035 年）［S］. 2019.

［7］李琦芸，董增川，杨光，等．基于协调发展度的南通市水资源承载状态预警［J］．水利经济，2022（5）：65-70，95.

［8］秦智雅，俞洁，孙国金，等．基于水足迹的嘉兴市农业产业结构优化模型［J］．浙江大学学报（理学版），2022（9），613-622.

［9］林传甲．大中华京兆地理志［M］．北京：中国青年出版社，2012.

［10］郭涛．大运河承载中国水利文明的活态文化遗产［A］. 2013 年中国水利学会水利史研究会学术年会暨中国大运河水利遗产保护与利用战略论坛论文集［C］. 2013.